民主监督思与行

全国政协常委朱永新2022年履职实录

朱永新 著

团结出版社

图书在版编目（CIP）数据

民主监督思与行：全国政协常委朱永新 2022 年履职
实录 / 朱永新著 . -- 北京：团结出版社，2023.3
ISBN 978-7-5234-0046-3

Ⅰ . ①民… Ⅱ . ①朱… Ⅲ . ①中国人民政治协商会议
－工作－文集 Ⅳ . ① D627-53

中国国家版本馆 CIP 数据核字 (2023) 第 040491 号

出　版：团结出版社
　　　　　（北京市东城区东皇城根南街 84 号　邮编：100006）
电　话：（010）65228880 65244790（出版社）
　　　　　（010）65238766 85113874 65133603（发行部）
　　　　　（010）65133603（邮购）
网　址：http://www.tjpress.com
E-mail：zb65244790@vip.163.com
　　　　　tjcbsfxb@163.com（发行部邮购）
经　销：全国新华书店
印　装：三河市东方印刷有限公司

开　本：160mm×230mm　16 开
印　张：31
字　数：479 千字
版　次：2023 年 3 月　第 1 版
印　次：2023 年 3 月　第 1 次印刷

书　号：978-7-5234-0046-3
定　价：82.00 元

2022 年 1 月 10 日，朱永新在故宫参观韩美林艺术展

2022 年 2 月 25 日，朱永新代表民进中央接受中新社专访

2022 年 3 月 14 日，朱永新在国家教育行政学院授课

2022 年 4 月 7 日，朱永新在新华社录制"世界读书日"节目

2022 年 4 月 14 日，朱永新（中）录制人民网云端阅读讲堂

2022 年 4 月 22 日，朱永新在政协委员读书交流座谈会上发言

2022 年 4 月 28 日，朱永新就民进中央年度重点调研相关问题接受央视采访

2022 年 5 月 24 日，朱永新为全国政协"非洲青年议员提高议政能力研讨班"授课

2022 年 6 月 30 日，朱永新等在江西赣州调研污水处理

2022 年 7 月 4 日，朱永新会见原银保监会同志

2022 年 7 月 13 日，朱永新参观宁波张明养故居

2022 年 7 月 20 日，朱永新带队在株洲开展"双减"专题调研时与学生交流

2022 年 9 月 20 日，朱永新陪同民进中央主席蔡达峰在新余开展专项民主监督调研

2022 年 9 月 20 日，朱永新陪同民进中央主席蔡达峰在新余开展专项民主监督调研

2022 年 11 月 14 日，朱永新参加人民政协网教育沙龙

2022 年 12 月 28 日，朱永新参加马叙伦纪念馆开馆仪式

目　录

前　言　1

序　踔厉者永新，勇毅者常青　蒋作君　9

关于切实提高新时代人民政协民主监督实效的思考　朱永新　12

两会手记

履职一年间　3

"专委会"的成绩单　7

再为阅读写提案　11

我的两会"对话日"　18

团结唱响奋进歌　23

行稳致远新征程　28

共商国是　35

委员论道大会堂　42

司法保障安民生　49

心系教育事　54

交一份生命的合格答卷　61

年度提案

关于建立国家阅读节　以全民阅读夯实共同富裕的精神基础的提案　69

关于严厉打击图书盗版的提案　72

关于建立国家英才教育体系　培育拔尖创新人才的提案　75

关于在"双减"政策背景下完善基础教育保障体系的提案　79

关于借鉴学习强国经验　建设国家在线教育资源平台的提案　82

关于加强县级教师发展机构建设的提案　88

关于支持非营利性民办学校发展的提案　93

关于建设书香企业　促进经济社会高质量发展的提案　96

关于促进中小企业数字化转型　增强企业国际竞争力的提案　100

关于严厉打击向未成年人租售游戏账号的提案　103

关于办好"世界城市日"的提案　105

调研手记

"坚持节约优先，加快形成绿色低碳生产生活方式"专题调研
　　——民进中央 2022 年年度重点考察调研手记　111

为美丽乡村保驾护航
　　——长江生态环境保护民主监督调研手记（江西赣州、南昌）　123

"民进中央'双减'与高质量基础教育体系建设"调研手记　130

防治面源污染，共护一江清水
　　——长江生态环境保护民主监督调研手记（萍乡、新余）　141

参政之声

发挥民主监督优势　讲好多党合作故事
　　——提交全国政协十三届五次会议的大会发言　　153

绿色低碳生活方式是实现"双碳"目标的基础
　　——提交全国政协十三届二十二次常委会的发言　　155

加强少数民族优秀文化艺术保护传承
　　——在专题协商会上的综述发言　　158

加强高校科研人才团队建设　促进自主创新能力提升
　　——提交全国政协专题协商会的发言　　160

加强青年就业扶持　促进重点群体就业
　　——提交全国政协十三届二十三次常委会的发言　　162

同心创未来　携手奔复兴
　　——代表民进中央在全国政协十三届二十四次常委会上的发言　　165

向未来睁大好奇的眼睛　　168

在朗读声中感受榜样的力量　　170

"书香政协"助力学习型社会　　172

处理好"双减"五对关系　促进基础教育高质量发展　　174

促进家庭教育健康发展　　183

大学是读书的天堂　　185

家庭教育促进法是生活化的家教读本　　189

用阅读丰盈儿童的精神世界　　192

未来学校——重新定义教育　　194

在履职尽责中学习贯彻落实好《中国共产党政治协商工作条例》　　197

培养担当民族复兴大任的时代新人　　200

教师的节日　　203

美育之"重"　　206

为坚持好发展好完善好中国新型政党制度贡献力量　　211

见证民主监督"拔节生长、抽穗灌浆"　　215

推进全民阅读需要加强理论研究　　218

有幸见证我国教育的历史性跨越　　221

教育要积极应对中国式现代化战略需求　　223

"书香政协"促进"书香社会"建设　　230

让青春在阅读中美丽绽放
　　——为"新知读书交流群"点赞　　232

阅读是教育之基　　234

经典是真正的光源
　　——读卡尔维诺《为什么读经典》　　239

坚定中国新型政党制度的历史自信　　245

阅读是精神的护身符
　　——读黑塞《书籍的世界》　　252

社情民意

探索缩短基础教育学制的时机已经到来　　259

互联网反垄断应首先从公共服务和政务办公的排查清理入手　　262

数字化政务系统互通互联亟需打破接口管理瓶颈　　266

稳就业应注意帮助青年群体走好职业生涯"第一步"　　270

我国科技人才结构存在的突出问题及建议　　274

"双减"增效仍需近中长期对策配套　　278

公园城市建设亟需提质扩量　　281

加快出台个人信息保护法配套措施　　285

继续将人民生活满意度作为衡量工作的"标尺"　288

"中国式现代化"赋予"科教兴国"更高地位、更重使命　293

快递服务跃升应聚焦"末端服务"瓶颈　297

准确把握二十大报告关于教育的新提法新要求　300

城市应急安全管理需提升治理系统性　305

加快构建"中国式现代化"公共服务新体系　309

我国城市商业服务业进入高质量发展"新赛道"　314

基层治理需行政与自治有效衔接　317

媒体关注

《人民政协报》："秀才人情纸半张"　323

《中国教育报》：朱永新："双减"背景下要适当增加教师编制　325

《中国教育报》：朱永新委员：建立国家英才教育体系，培养拔尖
　　创新人才　327

《南方都市报》：全国政协常委朱永新：义务教育阶段建议调整生
　　均公用经费标准　329

中新网：民进中央副主席朱永新：增强履职效能　建言资政与凝聚
　　共识双向发力　333

新华网：全民阅读凝聚人心　垒砌国家竞争力重要基石　336

《人民政协报》：全国政协常委朱永新："双减"后，经费保障
　　不应"姗姗来迟"　338

《新京报》：专访全国政协副秘书长朱永新：建议设立国家阅读节，
　　建设书香中国　340

《人民政协报》：朱永新委员：电商平台不应成为盗版书销售的新
　　土壤　342

《检察日报》：朱永新委员：严厉打击向未成年人租售游戏账号

　　行为　344

《光明日报》：人才强国　奏响高质量发展新乐章　346

《团结报》："幸福比成功更重要，成人比成才更重要"

　　——访全国政协常委、民进中央副主席朱永新　350

央广网：朱永新委员：加速研发中小企业数字化"工具箱"　353

《中国青年报》：朱永新委员连续 20 年呼吁建立国家阅读节：

　　实现阅读的"共同富裕"　356

中国青年网：朱永新：建议加强世界城市日宣传　向青少年传播

　　可持续的城市发展理念　358

《中华读书报》：全国政协常委朱永新：阅读是个体生命走向

　　幸福完整的必由之路　360

《新民晚报》：朱永新：我的 2022 两会关键词　363

《团结报》：深化阅读推广　共建"书香中国"

　　——全国两会代表委员建言深入推进全民阅读（摘要）　365

《人民政协报》：政协书香开卷有"溢"

　　——委员畅谈参加全国政协委员读书活动的感受与思考（摘要）367

《中国科学报》：大学生阅读太"浅"了吗？（摘要）　370

《人民日报》：以阅读助力乡村教育发展

　　——一项在中西部六省开展的乡村儿童调研报告　373

中国新闻网：专家：亟需加强"双碳"人才的教育与培训　376

《中华读书报》：朱永新：我是行动的理想主义者　378

《中华读书报》：讲好中国特色新型政党制度故事　389

中国网：全国政协委员热议绿色低碳生活　绿色小举动连接

　　"双碳"大目标　391

《现代快报》：朱永新：阅读是终身之事　　396

《株洲日报》：全国政协副秘书长、民进中央副主席朱永新
　　在株调研　　399

《人民政协报》："委员气质"是怎样炼成的？　　400

《人民政协报》：好提案需要用心"铸就"　　402

《21世纪经济报道》：中学少年班数量"缩水"：
　　高潜能儿童何处去？（摘要）　　404

《中国教育报》：朱永新荣获"一丹教育发展奖"！
　　为推动教师发展，他做了这些努力……　　406

《香港文汇报》：苏州大学教授朱永新斩获"一丹奖"　　415

中国新闻网：教育"行动派"朱永新的"十年如一日"　　417

中央电视台《新闻1+1》：二十大报告中重申"实施科教兴国
　　战略"，有何深意？（摘要）　　418

《新京报》：专访全国政协副秘书长朱永新：加快中小企业
　　数字化建设　　421

《人民政协报》：孩子应该如何阅读？全国政协常委朱永新
　　给出建议　　423

《人民政协报》：朱永新跨界对话科学家企业家艺术家　　428

《中华读书报》：朱永新：新教育实验的"长征"，把论文
　　写在祖国的大地上　　435

《人民政协报》：朱永新荣获2022年"一丹教育发展奖"　　447

《人民政协报》：教育麦田的守望者——新教育实验纪实　　449

后　记　　455

前　言

2022 年，是极不平凡的一年。中国共产党第二十次全国代表大会胜利召开，国家防疫政策有重大调整，各民主党派和工商联换届顺利完成，我国各项事业取得历史性成就、发生历史性变革，迈上全面建设社会主义现代化国家新征程。

2022 年，也是我本职工作的丰收年。据统计，我参与或负责开展会议、调研等全国政协、民进中央的各类履职活动共 236 项。

一

作为全国政协常委兼副秘书长，我一直要求自己积极主动参加全国政协各类会议、活动，同时充分发挥桥梁纽带作用，确保民进中央在全国政协的协商平台高效履职。

2022 年，我参加了常规性的全国政协常委会议、主席会议、秘书长会议、专题协商会、远程协商会等，以及全国政协机关党组民主生活会、全国政协主席会议组成人员务虚会、全国政协常委专题座谈会、全国政协中非友好小组会议，还有提案委员会、文化文史和学习委员会等召开的会议，共计 60 余次。我把每次会议都视为学习、履职的宝贵机会，认真参加，积极发言。

此外，2022 年我还为全国政协北戴河培训中心组织的培训班授课 3 次，作为全国政协重大专项工作委员宣讲团成员在甘肃宣讲中国新型政党制度，为"非洲青年议员提高议政能力交流研讨班"授课等。

积极主动履职建言，是政协委员应尽的义务。一直以来，我都严格要求自己主动撰写提交提案、发言，平时注意报送社情民意信息，积极主动履职建言。在全国政协十三届五次会议上，我以个人名义及联名的方式提交了 10 件提案和 1 篇大会发言，内容涉及民办教育、课程改革、教师、全民阅读、未成年人关怀等方面。其中，《关于借鉴学习强国经验　建设国家在线教育资源平台的提案》《关于严厉打击盗版图书的提案》等得到媒体的广泛关注和报道。两会期间，各类媒体关于我提案的报道 50 余篇。提案也得到了中宣部、教育部等相关办理部门的高度重视和认真答复。

在 2022 年召开的全国政协第十三届常委会第二十二次、二十三次、二十四次会议上，我分别提交了题为《推动生活方式绿色变革　助力双碳目标实现》《加强青年就业扶持　促进重点群体就业》《同心创未来，携手奔复兴》的大会发言，在专题协商会上提交了题为《加强高校科研人才团队建设　促进自主创新能力提升》的发言，并多次在小组会上发言。2021 年我提出的《关于妥善解决中小学教师队伍性别结构失衡问题的提案》曾引起社会广泛关注，2022 年被评为政协第十三届全国委员会优秀提案。

2022 年，全国政协委员读书活动仍在如火如荼地开展。作为委员读书指导组成员，我认真参加了委员读书指导组的各次会议及读书交流活动，坚持在"委员读书漫谈群"开设专栏，在各种场合积极宣传委员读书活动，认真读书、积极荐书、宣传阅读；此外，2020 年读书试水群"疫情防控读书群"的成果汇编《守护人类健康美好未来》一书，根据 2021 年主持"委员读书漫谈群"的"家庭教育大家谈"专题讨论整理的书稿《家庭教育何为？——全国政协委员谈》由中国文史出版社正式出版。2021 年作为全国政协委员履职记录的《协商的力量》，也由团结出版社正式出版。

二

作为民进中央分管参政议政工作的副主席，2022 年我带领民进参政议政部门同志深入学习贯彻中共二十大和中央经济工作会议精神，贯彻落实中共中央重大决策部署，坚持围绕中心、服务大局，坚持议政建言和凝心聚力双向发力，落实民进十四届五中全会工作部署，巩固反映社情民意信息主题年成果，聚焦政治协商、民主监督、参政议政的人民政协基本职能，增进思想共识，提高履职能力，推动工作取得新进步，体现履职尽责新作为。

2022年，民进中央参政议政工作稳步推进。我们做好参加中共中央召开的党外人士座谈会等有关工作，民进中央领导分别就政府工作报告等发表协商意见，提出相关建议。同时，围绕经济社会发展重大问题积极建言，报送《关于保障碳达峰碳中和目标下我国战略性金属资源供应安全的建议》《关于强根固本全面深化"双减"工作的建议》等10余份建议，全部得到中共中央有关领导同志批示。此外，认真做好中共中央统战部有关约稿及征求意见工作，围绕开展基础研究和人才培养等主题，共提交建言材料4篇，并就有关文件征求意见稿提出意见建议。

2022年，我们努力做好政协大会和协商座谈会相关工作，向政协第十三届全国委员会第五次会议提交党派提案46件、民进界别提案28件、个人提案或联名提案184件，《关于推进城乡公共文化服务一体建设，促进人民精神生活共同富裕的提案》《关于加快发展普惠托育服务，构建生育友好型社会的提案》《关于持续完善京津冀协同发展实施机制的提案》《关于完善碳排放核算标准体系，加强碳核查数据质量监管的提案》等14件提案入选《全国政协十三届五次会议重点提案题目和督办方式》；大会期间，民进中央发言《推动"双减"政策更加落实落地》引起了社会的广泛好评，新华网、人民网、光明网等主流媒体都给予了关注；《关于缩小居民收入差距，扎实推动共同富裕的提案》《关于深化公共财政投入改革，保障义务教育新发展的提案》等5件提案入选全国政协2021年度好提案；委员运用国务院办公厅开设的"2022·代表/委员对政府工作留言"小程序，积极提交意见建议，21位委员通过社情民意信息平台、快报等途径反映重要信息62篇，得到国家有关部门的办理回应。

2022年，我们围绕"坚持节约优先，加快形成绿色低碳生产生活方式"主题开展重点考察调研。调研之前，共收集整理参考文件、报告等146份，计约70万字；印发《关于民进中央2022年重点考察调研有关事项的通知》，委托 6 个省级组织、3 个专委会开展调研并提供报告；采用线上线下相结合的形式召开重点考察调研专题研讨会，听取专家意见建议。结合疫情防控相关要求，以线上调研与视频会议相结合的方式，在河北省、内蒙古自治区开展了重点考察调研，通过调研学校、社区、企业、科研院所，并与政府有关部门、相关企业和科研院所等进行在线座谈交流，听取情况汇报和意见建议；强化保障支撑，为民进省级组织和民进中央专门委员会结合工作实际积极参与提供服务，共形成《民进中央"坚持节约优先，加快形成绿色低碳生产生活方式"调研报告》等 54 份调研报告。注重推进成果转化，形成调研协商座谈会发言 1 份、全国政协议政性常委会大会口头发言 1 份和书面发言 2 份，以及一批相关社情民意信息。

2022 年，我们扎实开展长江生态环境保护民主监督工作。坚持稳中求进、长短结合，注重承上启下、提质增效，认真履行工作领导小组办公室职责，积极开展各项工作。把学习放在首位、贯穿始终，及时收集整理和印发学习资料，编发工作简报。做好民进中央主席蔡达峰年初带队走访生态环境部的具体工作，加强与生态环境部土壤司的日常工作联系。我带队走访生态环境部华东督察局、中科院南京土壤所，加强工作联系。广泛听取江西有关方面的工作建议，召开专家研讨会，研究起草年度工作计划，提交领导小组会议审议通过。做好各民主党派中央、无党派人士开展长江生态环境保护民主监督工作座谈会相关工作，召开专项民主监督工作研讨会，学习贯彻座谈会精神、部署年度工作，总结专项民主监督的做法和经验，启动民主监督历程、成果和经验整理工作，配合最高检在长江沿线各省开展"益心为公检察云平台"试点工作。研究制订专家随机调研工作方案，召开长线课题研究专题会，初步遴选和部署启动 6 个长线课题研究，更好发挥专家团队作用。研究制订定点调研工作方案，组织 11 个地市的民进组织开展定点调研 20 余次，组织沿江各省级组织开展联合调研和网络调研 3 次。加强与江西方面的日常联系，交换工作信息，健全工作机制，推动该省全部地市成立支持开展长江生态环境保护民主监督工作领导小组。

2022 年，我们扎实做好反映社情民意信息工作，不断夯实工作基础。持续巩固拓展反映社情民意信息主题年工作成果，支持各省级组织加强社情民意信息制度建设，规范工作程序、健全工作机制；充分发挥各级组织领导班子成员、人大代表和政协委员、代表性人士引领作用，带动各级组织和广大会员、会内外专家学者积极参与，进一步扩大社情民意信息工作参与面；针对各省级组织情况提出工作建议，推动全会社情民意信息工作均衡发展，增强全会反映社情民意信息工作的整体合力。加强与全国政协信息局的工作沟通。我们注重发挥民进组织优势，结合界别特色、会员本职专业专长，有针对性地围绕疫情防控等重点选题、聚焦教育文化出版传媒领域的热点问题组织开展约稿；加强社情民意信息与提案、发言、建议的工作协同和相互转化，将调研、会议中了解的情况和问题及时通过社情民意信息渠道反映，社情民意信息为参政议政提供选题和参考素材；统筹议政建言和凝心聚力两大任务，将反映重要情况的社情民意信息转送有关部委或机关相应部门参考，并向反映人反馈办理意见，发挥社情民意信息工作在解疑释惑、凝聚共识、化解矛盾、协调关系方面的积极作用。

2022年，我们继续加强参政议政体制机制建设，坚持部门工作会议制度，全年各月部门工作会未曾间断，效果良好。通过部门工作会议，各处室及整个部门总结上月工作、研究下月及今后一段时间工作，会后形成会议纪要报送民进中央领导并发给部门全体同志，便于领导了解情况、部门推进工作。本届以来，部门月会形成制度，更加规范，有力推动了部门工作和民进中央参政议政工作的开展。

2022年，我们努力推动工作制度建设，正式印发了《中国民主促进会反映社情民意信息工作条例》，并做好条例解读、配套学习试题等工作；参与制订并正式印发《中国民主促进会专门委员会工作条例》，进一步提升工作的制度化、规范化、程序化水平；开展《中国民主促进会参政议政工作条例》执行情况检查工作，书面调研各省级组织制度执行情况；协助办公厅做好各省级组织制度备案的有关会商工作。

2022年，我们在专门委员会建设方面继续发力。坚持课题引领，积极协助和推动各专门委员会围绕年度重点考察调研主题、重要履职活动及重点议题，开展实地调研、网络调研。加强上下联动，积极推动有关专门委员会组织召开民进中央—省级组织主任联席会议；组织召开专门委员会专职副主任工作会议，推进年度重点工作，研究部署本届专门委员会工作总结事宜；召开专门委员会经验交流暨 2022 年主任会议，总结五年工作、交流建设经验。编印《民进中央专门委员会工作简报》3 期，展示各专委会工作开展情况，加强专委会工作总结和交流。

2022 年，我们继续深化与参政议政合作平台的工作联系，通过会议、论坛、调研等多种形式，不断巩固和深化与上海社会科学院、北京师范大学中国教育政策研究院、清华大学政治经济学研究中心、中国科学院科技战略咨询研究院等参政议政合作平台的联系与合作。

2022 年，围绕民进中央中心工作，结合疫情防控要求，我先后参加了在河北省、内蒙古自治区开展的年度重点调研；带队赴湖南株洲开展"'双减'与高质量基础教育体系建设"专题调研；带队赴江西赣州、南昌开展"推动农村改厕、生活污水与垃圾治理协同投入和设施一体化运行管护"专项民主监督调研；参加民进中央蔡达峰主席带队在江西新余、萍乡开展的长江生态环境保护民主监督调研，赴民进广元市委会开展基层联系点活动等。每次调研我都认真准备，并坚持撰写调研手记，记录调研路上的所见所思。

此外，我还主持召开或参加了参政议政、民主监督领域各类会议、论坛等，如：中国教师发展论坛、基础教育改革座谈会、开明出版传媒论坛、参政议政年会等。

在工作实践中，我深深体会到：履职有为，必先提升能力。要结合工作开展研究，以专业立身、学问报国。民进是"教育党"，处理好专业研究与党派工作的关系，一直是我思考和探索的问题。我的体会是，以本职工作为中心，开展自己的专业研究，发挥自己的专业优势，做好参政议政工作，相辅相成，相得益彰。

在 2022 年 12 月 19 日的中国民主促进会第十五届中央委员会第一次全体会议上，我光荣当选为新一届民进中央常务副主席。我知道，这是组织的培养和会员的信任，这更是一份沉甸甸的责任。我将在蔡达峰主席的领导下，团结民进的同志们继承优良传统、发挥民进优势，为中国教育、文化、出版传媒事业建言谋策，为中华民族伟大复兴的中国梦作出自己绵薄的贡献。

三

作为教育界的民进会员，我发起的新教育事业在 2022 年也有了长足的发展。我们在革命老区四川旺苍成功召开了以"写作创造美好生活"为主题的年度研讨会，在线上召开了以"学习贯彻二十大精神，深耕新教育实验"为主题的新教育实验工作研讨会、以项目式学习与阅读为主题的领读者大会。

特别值得一提的是，我作为新教育人的代表，获得了 2022 年度的"一丹教育发展奖"，香港特别行政区行政长官李家超先生和该奖创始人陈一丹先生作为主礼嘉宾出席颁奖典礼，"一丹教育发展奖"评审小组主席、联合国教科文组织教育应用资讯科技研究院理事多萝西·戈登评价说："朱永新教授致力于推动教育公平和教育普惠——与世界各地的教育工作者所关注重要教育议题不谋而合。新教育实验鼓励以全方位学习带来个人成长，为此，培养教师及学生的阅读、写作和沟通能力至关重要。这些措施逐渐改变教师专业发展模式和学生在校内外的学习方式。更重要的是，他提醒了我们：学习也可以充满快乐。"

据了解，全球 122 个国家和地区的媒体刊发了消息。人民网、新华社、《光明日报》《中国教育报》等数十家媒体予以关注。《中华读书报》发表了陈香采写的长篇报道《朱永新：新教育实验的"长征"，把论文写在祖国的大地上》。

2022 年，新教育实验在"走出去"方面有行动进展，又有部分著作被翻译成外文出版，主要有英文版的《未来学校》（美国麦克劳希尔教育集团）、《当代中国教育：迈向教育强国》（美国 PORTICO 出版公司）、《追梦人：朱永新教育诗歌选》《教育的对白》（英国康河出版社），土耳其语的《朱永新教育小语》（Akdem publishing），波兰语的《致教师》（Time Marszalek Group），哈萨克文的《享受教育：朱永新教育诗歌选》（哈萨克欧亚国立大学出版社），印度尼西亚语的《朱永新教育诗歌选》（印度尼西亚印地传媒出版社），墨西哥语的《新教育实验：为中国教育探路》（Grupo

Somos Libros）和荷兰语的《中国新教育实验》（数字未来欧洲出版公司）等。

2022年，我与罗晶合作撰写的《中国共产党与中国教育百年》获得《教育研究》年度优秀论文。商务印书馆出版了《朱永新谈读书》《拓展生命长宽高：新生命教育论纲》《童年与教育：朱永新对话蒙台梭利》《习惯与教育：朱永新对话叶圣陶》《阅读与教育：朱永新对话苏霍姆林斯基》《经验与教育：朱永新对话杜威》。这些对话录都是近十年来的读书笔记，在学生们的帮助下整理出版了。人民教育出版社出版了《行走的教育学：朱永新教育文选》，选编的《父爱的力量：名家忆父亲》和《母爱的学问：名家忆母亲》也由团结出版社正式出版。根据中国学生发展核心素养选编的《中国优秀传统文化故事》也由安徽少儿出版社正式出版。这些书都是过去十余年的积累，集中呈现出来，还是让我有一些成就感。

> 虎越雄关驱瘟神，
> 玉出蟾宫又一春。
> 好趁东风新鼓翼，
> 披肝沥胆绘乾坤。

即将过去的2022年，是洋溢着丰收喜悦的一年。随着新的一年的到来，五年一届的政协委员生活也要画上一个句号了。我感到非常欣慰的是，自己一直勤勉履职、努力工作。每年一本的履职实录，既是自己的年度履职报告，也是一本民间的"政治报告"，它见证了中国共产党领导的多党合作与政治协商制度的生动实践，也见证了中国民主政治的发展进程。

序

踔厉者永新，勇毅者常青

思考是智者的享受。永新同志是一位思考者、思想者。

我认识他是从他担任政协第十二届全国委员会副秘书长开始。当时他虽年逾"知天命"，但依然保持了强烈的求知欲和创新精神，不仅完成了多部教育学术著作，而且融合了教育实践和理论创造，提出了新教育实验，推动了中国的教育行动的研究，不仅靠腿站立，而且靠思想站立。因此，永新同志获得了"中国改革十大新闻人物""2022年一丹教育发展奖"等诸多殊荣。颁奖词中这么盛赞他——"教育改革，放飞梦想。强调教育者的反思，诉诸被教育主体的心灵追求，为打破教育异化和矫正扭曲的教育改革做出了有力探索，被称为发于民间的新希望工程"。

在参政议政履职岗位上，永新同志异常勤奋，昔靠"三寸舌"，今凭"一支笔"，坚持笔耕不辍，亲笔撰写提案和调研建议，"高产"了大量的履职成果，每年出版一本书反映这些履职成果。全国政协主席汪洋曾亲自为他颁发了2020年度全国政协委员优秀履职奖。这本《民主监督思与行》是永新同志的新作。字字看来都是履职的"脚印"。全书文风朴实无华，真情流露，一个个鲜活的事例激起读者无限的共鸣。具体而言，有三个特点。

一是"原味"。其中，《两会手记》《调研手记》章节全景式再现了他参加全国两会和开展实地调研的全过程。管中窥豹，可以发现他数十年如一日，每天必5点起床，晚上休息前必撰写日记。这种自律的生活为他高强度的履职工作提供了有力的支撑。他几乎天天都有履职活动，年年都有著作出版，而且不止一本。最吝啬时间的人，时间对他最慷慨。他每著一本书，都是人生的一次升华。

二是"丰富"。《年度提案》《参政之声》《社情民意》章节则收录了他近一年的提案、大会发言和社情民意信息，涉及促进教育事业发展、培养全民阅读习惯、传承优秀传统文化、推进实现"双碳"目标等内容。每件履职成果都浸透了他辛勤的汗水，完美地将"国之大者"和"己所长者"相结合，用责任担当浇灌履职之花。"所见者真"来源于"所学者广"和"所知者深"。"丹心从来系家国"，从这些沉甸甸的成果中我们仿佛看到了这样一种人，他们对家国的情怀炽热而深沉，对信念的坚守恬静而执着，宛若星辰一般散射着熠熠光彩。

三是"深刻"。最让我印象深刻的是永新同志对民主监督的解读。民主监督作为全过程民主、中国特色社会主义监督体系的重要部分，是中国共产党领导的多党合作和政治协商制度中的一项基本职能和重要实践。中共十八大以来，以习近平同志为核心的中共中央胸怀天下，海纳百川，把民主监督和自我革命作为跳出"历史周期律"的新路，支持各民主党派、无党派人士开展民主监督，不断加强和改进人民政协民主监督，多党合作和政治协商事业蓬勃发展。在这样的时代大背景下，永新同志作为民进中央分管参政议政的副主席，身体力行，活跃在参政议政和民主监督的第一线。他在书中结合自身的履职实际，对民主监督在推进国家治理现代化、在党和国家监督体系中发挥作用做了深入的思考，并讲述了参政党围绕脱贫攻坚、长江生态环境保护等国家重大战略开展专项民主监督的鲜活故事，让读者真正明白了一个真理——中国特色的协商式监督是靠深入调查研究后"说得对"的真知灼见。

一直以来，有些人总有个疑问——中国参政党的履职到底有没有实际效果？西方某些别有用心的人更是不遗余力地抹黑我们国家的新型政党制度和政治制度。永新同志用自己的声音回答了疑问、回击了偏见，用自己的方式让人们明晰了中国之治和西方之乱的本质区别和制度差异。这恐怕是这本书的最大价值所在。

书中乾坤大，笔下天地宽。感谢永新同志能有新作让我们先睹为快，也期待永新同志在新的工作岗位上再接再厉，再结履职硕果。

因为学习，所以永新。

是为序。

蒋作君

2023 年 3 月 22 日

关于切实提高新时代人民政协民主监督实效的思考

朱永新

  民主是全人类的共同价值，监督是人民权利和国家治理的重要内容。人民政协民主监督是我国社会主义监督体系的重要组成部分和社会主义协商民主的重要实现形式，是在目标一致的前提下通过提出意见、批评、建议的方式开展的协商式、合作性监督，对于加强党对各项工作的领导、发展全过程人民民主、推进国家治理体系和治理能力现代化具有重要意义。人民政协的民主监督，凝聚着中国共产党人的高超智慧，体现了"中国之治"的优势、韧性、活力和潜能，也为世界民主政治发展贡献了中国方案。

  党的十八大以来，在党中央的坚强领导下，人民政协民主监督工作取得了积极进展，有效服务了党和国家中心任务。2017年，中共中央办公厅印发了《关于加强和改进人民政协民主监督工作的意见》（以下简称《意见》），有力促进了人民政协民主监督工作常态化、制度化开展。但囿于历史和现实的各种因素，无论是在监督体系、国家治理体系中，还是在政协的三大主要职能中，人民政协民主监督都显得相对薄弱，缺乏切实有效的抓手。适应新阶段新要求，人民政协应不断深化民主监督理论和实践，切实提高民主监督实效。

  习近平总书记在党的二十大报告中明确指出，要"健全党统一领导、全面覆盖、权威高效的监督体系，完善权力监督制约机制，以党内监督为主导，促进各类监督贯通协调，让权力在阳光下运行"。政协民主监督作为国家监督体系的重要组成部分，如何推进监督的具体化、精准化、常态化，发挥人民政协民主监督在推进国家治理现代化中的优势和效能，是摆在我们面前十分重要而紧迫的课题。

一、发挥人民政协民主监督在推进国家治理现代化中的优势和效能

人民政协在不同历史时期积极参与完善和发展国家治理，处于国家治理的第一线，为国家的社会经济发展和五个文明建设发挥了不可替代的作用，作出了不可磨灭的贡献。习近平总书记提出"人民政协是国家治理体系重要组成部分"的科学论断，进一步指明了人民政协制度与国家治理体系的密切关联。党中央把人民政协定位为专门协商机构，凸显出人民政协在国家治理体系中的独特政治功能和组织作用。加强新时代人民政协民主监督工作，理应着眼于发挥其在推进国家治理体系和治理能力现代化中的独特作用，加强有关理论和实践的探索创新。

（一）深刻把握人民政协民主监督与推进国家治理现代化的内在联系和独特价值

人民政协与国家治理体系在制度架构上高度契合，在实践中相互嵌合，并突出体现了多主体协商、互动和共治的现代治理理念和治理现代化的特征。人民政协民主监督作为政协主要职能之一、社会主义监督体系的重要组成部分、民主政治运行程序中的重要环节，是完整体现人民政协广泛代表性、巨大包容性、有序参与性、充分协商性、合作共治性、有效监督性等优势的治理制度安排，是体现广大人民群众意志的独特监督方式，内嵌于国家治理体系的多个方面。

人民政协民主监督能够充分发挥政协系统与政权系统、社会系统良性互动的体制优势，形成各项政治制度在国家治理中的综合效能，充分利用人民政协作为上达党政、下连各界的通道，各党派团体和界别群众表达意愿的平台，形成国家与社会间的一个信息整合、动态平衡机制，在改进和完善党的领导、监督党和国家重大方针政策及重要决策部署贯彻落实、推动解决人民群众关心的实际问题等方面发挥

作用。

人民政协民主监督是我国社会主义民主政治的独特创造，具有独特价值：

一是稀缺的治理资源。纵观人类政治文明，民主监督这种集协商、监督、参与、合作为一体的建设性、合作性监督，是最稀缺的治理资源，有效克服了竞争性、制衡性监督相互倾轧、你死我活、议而不决、决而不行等弊端，创造性实现了坚持中国共产党领导和加强对中国共产党监督的统一。这种制度化的批评、柔性化的监督也是国家治理现代化要加强的方面。

二是凝聚共识上的引领作用。凝聚共识、传播共识是人民政协的新的重要任务，难在凝聚，重在共识。与政治协商、参政议政相比，民主监督与党内"团结—批评—团结"的方针一致，更契合凝聚共识规律，民主监督的过程也是螺旋式提升共识和认同的过程。把凝聚共识作为民主监督履职成果，将引领实现更高水平的凝心聚力。

三是推动落实的监督作用。监督在保障政策执行、促进发展方面发挥重要治理功能。人民政协民主监督作为社会主义监督体系的重要组成部分，近些年有效推动了不少政策的出台和落实。

四是为关键领域治理赋能。民主监督主体多元化、专业化是其最显著的治理价值。政协委员作为各界别各行业的代表性人士、党政领导岗位转任来的治理人才，政治影响大、专业水平高，所提意见、批评、建议针对性好、操作性强，尤其在科技创新、现代教育、公共卫生、生态环境、非传统安全非常态危机等关键领域，在抗击新冠疫情、决战脱贫攻坚等重大任务中，深入调研、前瞻研究、深度协商，形成新观点、新思路、新举措，为党和国家科学决策提供有见地、有价值的意见和建议，为全球治理的中国智慧、中国方案贡献了力量。

五是在平安中国建设中发挥不可替代作用。追求社会和谐稳定和国家长治久安，是我国国家治理的一个突出特点。人民政协民主监督以其特有的高层次、包容性、协商性和完整的制度程序，发挥着社会风险"阻尼器"作用，帮助党委和政府协调关系、排除风险、化解矛盾、纠偏失误，减少社会转型期矛盾和问题引发的风险，增强社会和谐稳定的因素。

六是发展全过程人民民主的重要实践。全过程人民民主是中国共产党带领人民探索的民主新路，是一种全覆盖、全流程、持续性的民主形式。人民政协民主监督既是全过程人民民主的重要环节，也是发展全过程人民民主的生动实践，在纾民困、解民忧、聚民心、汇民智，解决人心向背、力量对比等方面具有重要意义。

（二）探索人民政协民主监督推进国家治理现代化的路径措施

加强人民政协民主监督，创新人民政协民主监督实践，推动政协制度优势转化为国家治理效能，在国家治理体系现代化中发挥更大作用，本身也是国家治理体系建设的重要内容。

一是加强党的领导。要加强党对人民政协民主监督工作的领导，并贯穿于全过程，确保正确政治方向，确保民主监督成为坚持和加强党对各项工作的领导、把政协制度优势转化为国家治理效能的生动实践。推动民主监督纳入党委常委会年度工作重点，与全局工作同研究、同部署、同落实、同检查，把政协特色优势与党的领导最大优势更紧密地结合起来。

二是加强专门协商机构建设。专门协商机构是人民政协新的综合性定位，加强专门协商机构建设是把政协制度优势转为国家治理效能的着力重点。要完善政协职责，把专门协商机构职能定位突出出来，搭建协商平台，坚持双向发力，推动政协协商与各类协商有效衔接，补齐民主监督短板，更好发挥专门协商机构在国家治理中的独特作用。

三是加强科技支撑。近年来，人民政协大力推动信息化与履职工作融合发展，不断创新"互联网＋"工作载体。随着社会治理加速进入智慧治理时代，应探索"互联网＋民主监督"模式，使民主监督不再是静态地、对某个点的监督，而是动态、全周期、全链条的分析研究，不仅对政策在事中进行监督，还对政策运行趋势分析研究，提高监督的系统性和前瞻性。

四是突出"专"的优势。要把服务国家治理现代化作为人民政协民主监督的主责主业，发挥专门委员会的基础性作用，用好专家协商会等形式，在重要领域增加专家型委员，加强专项民主监督、专项调研、专题报告、专门评议等方面的监督机制建设，通过组织创新和制度创新，提高民主监督专业化水平。

二、发挥人民政协民主监督在党和国家监督体系中的优势和效能

监督是治理的内在要素，是人民政协民主监督的重要属性。新时代加强人民政协民主监督工作，应注意发挥其在健全党和国家监督体系、协助党和政府改进工作等方面的作用。

（一）深刻把握人民政协民主监督在党和国家监督体系中的地位和作用

人民政协民主监督是社会主义监督体系的重要组成部分。政治制度决定了相应的监督方式。中国共产党领导的多党合作和政治协商制度作为国家基本政治制度，是民主监督存在和发挥作用的基石，决定了协商是民主监督的方式和原则，也决定了坚持党的集中统一领导是民主监督的逻辑起点和使命终点。中国共产党把人民政协民主监督写进党内法规，主动部署推动各民主党派、无党派人士开展民主监督，是中国共产党长期执政的重要制度安排，可以帮助党更好领导人民、服务人民，跳出"历史周期律"。我国已初步形成以党内监督为主导，人大监督、民主监督、行政监督、司法监督等组成的权力运行制约和监督体系，人民政协民主监督作为独具特色的监督方式，能够填补党纪、法律、行政等监督的盲点，发挥独特作用。

人民政协民主监督是坚持和完善党和国家监督体系的重要方面。面对中华民族伟大复兴战略全局和世界百年未有之大变局，我国经济社会关系深刻变化，立破并举、涤旧生新，这对加强民主监督、健全党和国家监督体系提出了更高要求：新社会阶层不断产生，利益诉求更加多元化差异化，要求拓展监督主体，畅通监督渠道；全过程人民民主理念不断深入，要求进一步丰富监督形式，提高监督实效；"十四五"规划实施，要求发挥监督合力，促进贯彻落实；党领导的伟大斗争、伟大工程、伟大事业、伟大梦想，推进的具有新的历史特

点的科技、金融，以及教育、医疗、出行、娱乐等民生领域的国家治理，要求监督保障和支撑。

人民政协民主监督有利于促进党政机关改进工作、转变作风、反腐倡廉。人民政协民主监督虽不是权力监督，但政治性、程序性和组织性强，能够将对党和政府离散的意见批评建议凝聚为系统的、制度化的监督成果。人民政协民主监督立场中立，使党政机关能够听到"另外一种声音"，从另一种视角看问题，有助于"治未病"。同时，敢讲真言诤言、能提真知灼见、反映真实问题，有助于党政机关克服工作中的不足。通过国家制度性安排而固定下来的民主监督，将会产生强大社会影响力、政治权威性，有利于推动党政机关改进工作、转变作风、反腐倡廉。

（二）探索人民政协民主监督更好融入党和国家监督体系的路径措施

一是深化人民政协民主监督实践。很长一段时间以来，人民政协民主监督发展相对滞后，履职主要采用政治协商、参政议政的机制架构，与真正的监督尚有一定距离，难以充分发挥作用。应准确把握协商式监督的性质定位，创新形式载体，从确定选题、制订方案、组织实施、形成意见、协商互动到反馈落实全过程，探索契合监督要求、体现监督特点的监督实践。各地政协积极探索创新，特约监督员监督、民主监督组监督、民主评议监督、专项民主监督等监督形式不断涌出，有的还成立民主监督委员会。全国政协可梳理总结经验做法，加强理论工作指导，鼓励探索更多履行民主监督的专门形式，适时召开专题会议加强工作研讨、深化监督实践、丰富监督理论。

二是推动民主监督融入"十四五"建设中。"十四五"规划是未来五年党和国家各项事业的总施工图。习近平总书记在十九届中央纪委第五次全会上强调，要"推动完善党和国家监督体系，使监督融入'十四五'建设之中"。政协应紧扣"十四五"规划开展协商式监督。建议突出重点，围绕"三新一高"、供给侧结构性改革、提高人民生活品质、守住安全发展底线等重大决策，巩固拓展疫情防控和经济社会发展成果、强化国家战略科技力量、增强产业链供应链自主可控能力、扩大内需等重点任务和加快农业农村现代化等部署要求，持续开展监督，提出有根据、可操作的意见、批评和建议。

三是促进形成监督合力。中国共产党十九届四中全会《决定》提出，以党内监督为主导，推动各类监督有机贯通、相互协调。人民政协民主监督可发挥联系广泛、形式灵活、智力密集等特点优势，对接、配合其他监督形式，发挥平台、渠道和桥梁纽带作用，助推形成监督合力。例如，建立措施配合、成果共享机制，向有关监督形式抄送政协会议监督意见报告、视察监督报告、专项监督报告、监督类提案等，扩大监督成果应用；健全监督联席会议制度，以党内监督引领和带动民主监督，围绕党内监督条例明确的管党治党重要领域和重大问题，共同聚焦发力，实现监督内容贯通。此外，"上面千把锤，下面一根钉"，要妥善处理好加强民主监督与减轻基层负担的关系。

三、推动人民政协民主监督常态化制度化

政协职能的形成经历了数十年的历史，体现为一种有序制度化的政治发展历程。中共十八大以来，在中共中央坚强领导下，人民政协坚持守正创新，推动民主监督工作取得积极进展，有效服务了党和国家中心任务。

完善是最好的坚持，是抵御西化的利器。适应新时代新要求，要进一步推动人民政协民主监督常态化制度化，坚持问题导向，查找薄弱环节，及时解决民主监督存在的弱化、碎片化、履职不均衡不充分，以及一些机构和委员存在的能力不足和不敢监督、不会监督等问题，真正做到秉持公心愿监督、直言不讳真监督、有理有据善监督，不断提高人民政协民主监督实效，深化政协民主监督实践。

一是要加强党对政协民主监督工作的领导。要深入学习习近平总书记关于政协民主监督工作的重要论述，把党的领导贯穿于确定选题、制订方案、组织实施、形成意见、协商互动、反馈落实全过程，确保正确政治方向。要准确把握协商式监督的性质定位，发挥政协人才荟萃、智力密集、联系广泛、位置超脱等优势，深入调查研究，深度协

商交流，提出有根据、可操作的意见、批评和建议，实现建言资政和凝聚共识双向发力。

二是要加强民主监督职能建设。要加强专门协商机构的理论研究和制度建设，进一步明确新时代政协的职能定位和主要任务，使民主监督有规可依、有章可循。梳理、规范政协制度文件中关于民主监督的表述，与党内文件最新表述保持一致，准确阐述民主监督职能，强化各级党委和政府接受民主监督的政治责任。建议参考地方做法，依据《中国人民政治协商会议章程》，研究出台全国政协职能的规定，厘清三大主要职能的内涵、边界，提高政协职能系统性、科学性，推动政协制度更加成熟定型。

三是要加强民主监督制度体系建设。建议全国政协加强民主监督活动的组织与协调，设立专门工作部门，建设专门人才队伍，增强政协在监督领域的制度优势。建设独立、高效、有针对性的民主监督履职模块，构建有分有合的政协履职新模式，从融合式履职向条块衔接、结构合理、权责明晰的履职方式转变，实现政协全体会议、常委会议、主席会议等各类会议以及大会发言、提案、反映社情民意信息等重要履职活动，能大体均衡地服务于三大主要职能。支持各党派团体和各族各界人士制度性参与，广泛开展有界别特色的监督，实现两种民主监督协同发力。鼓励地方探索协商式监督的方式，加强上下联动、左右互动，形成整体效能。落实落细意见、批评、建议三种民主监督方式，提出工作样式，提高监督的针对性、实效性。探索建立民主监督评价体系。这些既是工作体系，也是责任体系。

四是要提高民主监督实效。政协履职不能上下一般粗，但对于三大主要职能，对于《意见》明确的八个方面监督内容，全国政协应加强工作指导，推动实现两个方面的全覆盖。在重点监督议题纳入政协年度协商计划的基础上，制订民主监督年度计划和中长期规划，增强工作计划性。完善会议监督、视察监督、提案监督、专项监督，推动政协委员参加党政部门组织的调查、检查、听证等活动，提高政协应有关部门邀请推荐特约监督员或组织民主监督小组等其他形式监督的制度化水平，确保监督不停在纸面、不流于形式。加强民主监督程序建设，在《意见》监督程序的基础上，细化流程，对责任主体、工作要求作出具体规定。探索"回头看"、与部门联合调研等促进监督意见落实机制，加强工作成效宣传，破除"白说论"。

五是提高民主监督能力。要加强理论研究，深化规律性认识，完善知情明政、协调落实、办理反馈等机制，细化操作流程，提高监督能力，不断提高政协民主监督工作水平。要用好网络主题议政、委员读书交流、社情民意恳谈、联系界别群众等活动，持续开展学习研讨。总结全国政协、地方党委和政协、民主党派民主监督工作，深化规律性认识，借鉴行之有效的经验做法。加强市县人民政协民主监督能力建设。发挥委员主体作用，扩大参与面，同时营造既畅所欲言、各抒己见，又理性有度、合法依章的监督氛围，让委员敢监督、善监督。提高调查研究能力，创新调研方式，探索"四不两直""解剖麻雀""定点跟踪"等实地调研方式，开展视频调研、问卷调查等，夯实调研基本功，提高监督质量和水平。

人民政协民主监督既是一个十分重要的理论问题，也是一个非常紧迫的实践课题。一方面，需要我们进一步加强理论研究，从理论上厘清人民政协民主监督在国家治理体系和国家监督体系中的独特作用和实现方式；另一方面，需要我们加强实践探索，鼓励各级政协组织和民主党派进行民主监督的实践探索，进一步总结经验教训，不断丰富完善人民政协民主监督的理论与实践。

两会手记

　　虽然写日记是多年养成的习惯，但是像每年两会这样写手记，还是从 2003 年左右开始的。20 多年来，每年的两会手记，不仅成为媒体关注的焦点，也是许多读者了解两会的窗口。《人民政协报》和《新京报》也邀请我作为"两会日记"的专栏作者，坚持了好几年。我的两会手记是全景式的，几乎是原生态地记录了两会的全过程。我的两会手记又是个性化的，是用我自己的眼睛观察和记录的。所以有人说，这是一部中国的民间"两会史"。

履职一年间

2022 年 2 月 28 日，星期一，晴

　　早晨 5 点起床。又进入了一年一度的"两会时间"。

　　按例还是上网发政协委员读书群的专栏文章、新浪微博和头条号的专栏文章。

　　读中国社会科学院杨早先生寄来的签名本《早生贵子》一书。这本书有一个副标题："帮不了你养娃，但能帮你觉悟"。看得出，作为一位 10 岁孩子的父亲，学者杨早也有自己的烦恼与无奈。现在养孩子为什么这样苦、这样累？前 30 年享受父母无微不至的哺养与照顾，后 30 年为无微不至地哺养照顾下一代而努力，这种交叠的传承图景，真的是我们想要的人生吗？4 岁孩子不肯睡觉怎么办？幼儿园该不该学英语？高学历的父母为什么还要追求学区房？……书中的 50 个关于教育的问题，每个都是杨早的拷问，也是他的回答。虽然他不是严格意义上的教育学者，但他对教育的叩问，是严肃而认真的。

　　上午 8 点 45 分出发去中央统战部，参加年度重点调研选题介绍会。

　　上午 10 点会议开始，中央统战部分管日常工作的副部长陈小江主持会议。今年中共中央委托各民主党派、全国工商联和无党派人士的重点调研课题分别是"扎实推动共同富裕"和"统筹推进碳达峰碳中和"，为了帮助大家更好地了解相关背景，中央统战部邀请中央办公厅调研室、中央政策研究室、国家发展改革委、国务院研究室有关负责同志介绍有关情况。会后与参政议政部部长黎晓英商量了下一步

工作开展的问题。

下午 1 点 30 分，《中华读书报》记者陈香来访，交流关于中国童书榜评选和她正在撰写的一部儿童文学评论集等事宜。

下午 2 点，参加参政议政部的部门工作会议。每月月末召开部门工作会议，是我多年形成的工作习惯，按例总结本月的工作，研究下个月的工作计划，重点就 3 月、4 月的几个调研和会议进行了研究。

下午 3 点 30 分出发去友谊宾馆。明天是全国政协十三届常委会第二十次会议开幕会，按照全封闭的要求，今天下午 5 点前报到。

下午 4 点 30 分到达驻地。从今天到 3 月 10 日，从常委会会议到全体会议，将有连续 10 天的两会时间。

不知不觉，又是一年过去了，晚上好好盘点了一下这一年的履职情况。

一年来，作为全国政协常委兼副秘书长，我一直积极参加全国政协各类会议、活动，同时充分发挥桥梁纽带作用，确保民进中央在全国政协的协商平台高效履职。一年来，我参加了常规性的全国政协常委会会议、主席会议、秘书长会议、专题协商会、远程协商会等 60余次会议。我把每次会议都视为学习、履职的宝贵机会，认真参加，积极发言。此外，我还从"输入"到"输出"，为全国政协北戴河培训中心开展的培训班授课，讲述如何当好政协委员、解读中国新型政党制度白皮书等。

这一年，全国政协委员读书活动仍在如火如荼地开展。作为委员读书指导组成员，我积极参加了委员读书的各项工作。我先后参加了全国暨地方政协委员读书经验网上交流会，全国政协"委员读书漫谈群"线下交流会，委员读书活动指导组全体会议（三次），第六期委员读书活动群主工作交流会，全国政协书院"品读红色经典，汲取奋进力量"线下讲读会，政协委员读书活动线下交流会暨政协委员读书笔记图书出版座谈会，读书指导委员会考察阅文集团、全国政协委员读书活动群主座谈会等十余次会议活动，积极为委员读书活动的更好开展出谋划策，贡献自己的智慧和力量。第二季度，我和吕世光委员一起担任了第四期"委员读书漫谈群"的群主。我们制订了详细的活动计划，设置相应主题，欢迎委员们表达观点，鼓励开展互动讨论。同时，按照全国政协党组开展党史学习教育部署和《网上"全国政协书院"开展"党史学习"读书交流活动总体方案》要求，紧扣党史学习重点内容开展讲读解读和学习研讨。除了常规的读书学习栏目外，特开设了"委员风采"栏目，共邀请 60 余位委员进行主题分享，为委员们开拓视野、普及知识；还围绕加强科研队伍建设、民办教育、京剧等相关问题组织开展了三次委员辩论活动，取得了良好的效果。同时，应《人民政协报》邀请，开设了"一言难忘"的专栏，连载我的读书笔记，受到了委员和读者的好评。此外，我 2021 年 12 月在读书群组织开展的关于家庭教育大讨论的成果汇编《家庭教育何为——全国政协委员谈》（朱永新、贺春兰主编）一书，也于今年作为第一批政协委员读书笔记正式出版。12 月，全国政协委员读书活动指导组对 2021 年度 144 位委员读书积极分子给予了表扬，本人也忝列其中。

这一年，我一如既往地在政协大会、常委会、专题协商会等议政性会议上认真撰写提交提案、发言，平时注意报送社情民意信息，积极主动履职建言。在全国政协十三届四次会议上，我以个人名义及联名的方式提交了 11 件提案和 1 篇大会发言，内容涉及民办教育、课程改革、教师培训、全民阅读、未成年人关怀等方面。其中，《关于妥善解决中小学教师队伍性别结构失衡问题的提案》《关于制定未成年人游戏国家标准，家校企协同履行监护责任的提案》《关于提高青少年心理健康水平、预防自杀自残高发的提案》得到媒体的广泛关注和报道。两会期间，各类媒体关于我提案的报道 40 余篇。提案也得到了中宣部、教育部等相关办理部门的高度重视和认真答复。在全国政协十三届十七次、十八次、十九次常委会会议上，我分别提交了题为《优化科研环境，激发科技人才创新活力》《强化国家战略科技支撑　提高公共安全保障能力》《从百年党史中汲取教育改革发展不竭动力》《深入学习贯彻中共十九届六中全会精神，为全面建设社会主义现代化国家贡献力量》的大会发言，并多次在小组会上发言。在全国政协与民进中央合办的"全面加强新时代中小学劳动教育"等远程协商会上，我也提交了书面材料，并作了现场交流发言。在反映社情民意信息方面，先后报送了关于"管控国家级媒体发布应试型教育培训类广告行为”等方面的信息 5 篇。

此外，我还积极参与政协理论研究，撰写了政协民主监督方面的理论文章；参与了政协教科卫体委员会组织的“全面加强新时代中小学劳动教育”调研；参加了庆祝中国共产党成立 100 周年大会和文艺演出，“烈士纪念日”向人民英雄敬献花篮仪式，纪念辛亥革命 110 周年大会以及纪念中国人民抗日战争暨世界反法西斯战争胜利 76 周年座谈会等重要活动。

这一年，我还与其他 19 名委员一起，获得了首届“全国政协委员优秀履职奖”。给我的颁奖词是：“耕好读书田，书香伴履职。他是全国政协委员读书活动的探索者、首位群主，引导委员投身‘书香政协’建设；调研途中，笔耕不辍，记录下泥土芳香的基层民情。他把履职的点滴心得集合成册，成为政协委员履职的参考书。”3 月 8 日，在全国两会上，全国政协主席汪洋亲自为我们隆重颁奖，这既是对我们尽责履职精神的高度肯定，也进一步激励我们强化自身的责任担当意识。

一路行走一路思，及时记录履职的情况与心路历程，是我多年坚持的“规定动作”。2021 年全国两会前夕，我的《使命与担当：全国政协常委朱永新 2019 年履职实录》由团结出版社出版发行。这几天，《书香政协满庭芳：全国政协常委朱永新 2020 年履职实录》一书也将正式面世。《协商的力量：全国政协常委朱永新 2021 年履职实录》也已交付出版社。连续 20 年记录自己的履职情况，讲述中国共产党领导的多党合作与政治协商故事，也是委员代表的另一种履职方式。

晚上抓紧时间对提案进一步打磨。11 点休息。

"专委会"的成绩单

2022 年 3 月 1 日，星期二，晴

　　早晨 5 点 15 分起床。修订昨天的两会手记。为了让委员集中精力开好两会，从今天开始全国政协委员读书智能平台控制使用。这样，专栏文章也要停发 10 天左右。

　　读《不一样的 1》（吴亚男文，柳垄沙绘，信谊图画书出品，明天出版社 2021 年版）。这本书是第八届"信谊图画书奖"的图画书文字创作奖首奖，是一本关于尊重儿童个性、培养儿童自信的图画书，也是一本父母和老师的教科书。图书的主人公是棕熊老师。它教孩子们学写数字"1"，每个人都学得很认真。但是，每个人写出来的"1"都不一样。小螃蟹横着爬，写出来的"1"也是横着的。棕熊老师说，这是正在睡觉的"1"。小蚂蚁在纸上写了一个很小很小的"1"，大家找了半天才发现。棕熊老师说，这是正在躲猫猫的"1"。小鸡费劲地写下了一个歪歪扭扭的"1"。棕熊老师说，这是正在跳舞的"1"。小鼹鼠视力不好，没有看清楚老师的字，写了一个很像 7 的"1"。棕熊老师说，这是一个戴了帽子的"1"。小鸟没有学会写"1"，它飞来飞去，找来了一根树枝当"1"。棕熊老师夸它"真厉害呀，你找到了大树写的'1'"。小狗狗肚子饿了，就在报纸上画了一个像骨头的"1"。棕熊老师说，这个"1"看上去很好吃！乌龟写得很慢很慢，棕熊老师说，没有关系，这是一个正在成长的"1"。小蛇什么也没有写，它直挺挺地躺在纸上，得意地喊着："哈哈，我自己就是一个'1'！"棕熊老师惊喜地为它鼓掌：这是一个有生命的"1"！每个孩子都不

同，每个孩子都很棒。

这是一本值得父母、老师与孩子共读的图画书，不仅富有童真童趣，而且富有哲理和因材施教的教育观，表达了对于儿童的信任、尊重和友善。这本书的插图也很有特点，注重细节的渲染，例如乌龟写字的画面，用连续 12 张小图，说明时间的长度和老师的耐心。

上午 8 点 55 分出发去全国政协机关。

9 点 30 分在政协礼堂参加政协第十三届全国委员会常务委员会第二十次会议开幕会。全国政协主席汪洋出席会议，副主席张庆黎主持开幕会。会议审议通过了关于召开政协第十三届全国委员会第五次会议的决定，听取了《关于政协全国委员会常务委员会工作报告（草案）》《常务委员会关于政协十三届四次会议以来提案工作情况的报告（草案）》起草情况的说明和有关人事事项的说明。会议听取了政协第十三届全国委员会各专门委员会 2021 年工作情况的汇报等。全国政协副主席兼秘书长李斌等分别就有关议题作了说明。会议采取"现场会议＋视频会议"的方式举行，在全国政协机关设主会场，在深圳设分会场。

每年两会前的常委会会议上，政协各专门委员会（以下简称"专委会"）的工作汇报总是一个规定动作，它与常委会工作报告和提案工作报告互为补充，构成了政协全年工作的"大拼图"。"专委会"是在常委会议和主席会议领导下，组织委员进行经常性活动的工作机构，也是政协履行职能的重要方式。2021 年，各个"专委会"坚持以习近平新时代中国特色社会主义思想为指导，全面贯彻党的十九大和十九届历次全会精神，不断提高建言资政和凝聚共识水平，履职成果得到党和国家领导人多次批示，为服务"十四五"开局起步作出了重要贡献。

每个"专委会"在围绕中心、服务大局的同时，也结合自身特点调查研究、建言献策。比如：

经济委员会聚焦"共同富裕的实现路径"开展重大问题研究，召开 15 次专家协商会，形成了 6 份研究报告及多篇专题报告。

农业和农村委员会落实好与党外委员谈心谈话制度，小范围谈和一对一谈相结合，提前实现了所联系的 117 位党外委员全覆盖。

人口资源环境委员会围绕气候变化应对、生育制度、碳达峰碳中和等问题，组织了 4 期委员读书活动，400 余人发言 1.3 万余次。

教科卫体委员会加强委员的联络服务，创建专委会委员活动《简讯》，每周一次刊发委员履职活动情况，全年编发 45 期共千余条消息，401 位委员和 84 位专委会委员参与其中，激发了委员履职热情。

社会与法制委员会在读书活动"外溢"效应上深耕细作，出版了《学好用好民法典》（上、下册），成为传播政协书香的亮丽风景。有关建议被多部法律法规和多份文件采纳。

民族和宗教委员会注重培训委员履职能力，委员们就做好民族宗教和疫情防控等工作反映了 54 条社情民意信息，帮助解决了界别委员和群众关切的难点问题。

港澳台侨委员会在创新协商方式上下工夫，在移动履职平台开设了 5 个主题议政群，精心录制"委员说"微视频，搭建传播共识新平台。

外事委员会坚持服务国家外交大局，针对美国将所谓"维吾尔强迫劳动预防法案"签署成法等持续发声，积极配合我国对外舆论引导和斗争，有力地服务了对外工作大局。

文化文史和学习委员会全年举办了 4 期委员读书活动，开设了 48 个全国政协委员读书群和 8 个地方政协委员读书群，2000 多名全国政协委员入群发言 20 多万条，浏览量达 136 万人次。

"专委会"的成绩单，琳琅满目，丰富多彩，特色鲜明，成果丰硕。

开幕会结束之后，在第九会议室参加本次会议的小组召集人会议。作为民进、工商联、共青团和社科界的小组召集人，我和徐乐江、孙谦委员参加了会议。张庆黎副主席主持会议并讲话。他在讲话中提出，这次常委会主要是为即将召开的全国政协十三届五次会议做准备，希望大家深入学习贯彻习近平总书记近期有关重要讲话精神，充分认识全国政协十三届五次会议的重大意义，认真总结十三届四次会议以来常委会的工作成绩，准确把握做好今年工作的各项部署和要求，以高度的政治责任感把这次常委会会议分组讨论组织好、引导好，以实际行动迎接全国两会胜利召开。

12 点左右回到友谊宾馆。与出版社联系抓紧处理了《给新孩子的中华优秀传统故事》丛书事宜。这是一套贯彻落实习近平总书记的"四个讲清楚"、以教育部《中国学生发展核心素养》为体系、请教育学者选编、童书作家原创的童书，希望能够为实现全面复兴中华优秀传统文化做一点实事。

午餐后稍事休息。

下午 2 点 25 分出发再去全国政协机关。下午 3 点参加分组会议。全国工商联党组书记徐乐江主持会议，全国政协副主席汪永清、刘新成、高云龙参加我们的小组讨论。下午的议程主要是审议常委会工作报告（草案）和提案工作情况报告（草案）。许仲梓、吕忠梅、磨长英、姚爱兴、王学典、徐乐江、徐晓、叶青、张震宇、张帆、潘碧灵等委员先后发言。大家对过去一年政协的工作给予高度评价，对两个报告也给予充分肯定，一致认为两份报告内容丰富、总结全面、文字简洁、重点突出、理论创新。

姚爱兴委员说，政协这一年的工作抓得紧、抓得实、抓得好。以"四史"学习为重点的学习教育活动成效好，以考察调研为基础的建言资政成果多，以提高履职能力为目标的自身建设措施新。

许仲梓和张帆委员都参加了近 25 年的两会，感慨万千。张帆委员说，这几年政协在理论创新方面下了很大工夫，每年的工作报告都有理论的思考，政协作为专门协商机构的定位更加清晰了。

全国政协委员们也对改进政协工作提出了一些意见和建议，如进一步加强县级政协组织建设，更好发挥政协作为"智库"的作用等。

汪永清、高云龙两位副主席在总结讲话中也就委员关心的问题做了回应，同时就改进提案工作、高举大团结的旗帜等发表了看法。

两个小时的讨论很快就过去了。下午 5 点散会。

晚餐后读今天的《人民日报》和《参考消息》，一直关注俄乌局势。与《中国教育报》俞水等联系落实两会期间的采访等事宜。与人民政协网副总编解艳华沟通两会手记专栏的问题。

晚上写两会手记。期间，9 点去跑步 40 分钟左右。

晚上 11 点休息。

再为阅读写提案

2022 年 3 月 2 日，星期三，晴

　　早晨 5 点 5 分起床。继续修订完善今年两会准备提交的个人提案。

　　按照全国政协对于提案工作的要求，近年来我也适当控制了提案数量，每年保持在 10 个左右。投入在数量上的时间少了，能够在质量方面下的工夫就更多了。每年都有一些提案得到了社会的高度关注。"高铁阅读"的提案被评为全国政协年度"好提案"，"退伍军人当教师"的提案一直到昨天还有媒体关注。

　　今年准备提交的 10 个提案中，阅读仍然是我最关心的。《关于建立国家阅读节以全民阅读夯实共同富裕的精神基础的提案》仍然是我自己的"1 号提案"。2021 年，习近平总书记在《扎实推动共同富裕》中对"共同富裕"提出了明确的界定和新的要求，其中特别强调，共同富裕是全体人民共同富裕，是人民群众物质生活和精神生活都富裕，不是少数人的富裕，也不是整齐划一的平均主义。促进共同富裕与促进人的全面发展是高度统一的。如何有效地促进人民精神生活共同富裕？我认为推进全民阅读是最基础、最便捷、最便宜、最有效的路径。为此，我提出了建立国家阅读节，为推进全民阅读搭建活动平台；把孔子诞辰日作为国家阅读节的时间；进一步推进阅读公平；加强公共图书馆的建设等 4 条建议。

　　从 2003 年开始，我在每年的全国两会上一直在呼吁建立国家阅读节。这真的不是可有可无的建议，而是基于我们对于阅读价值的理

解和对于阅读现状的认识提出来的，尤其在网络时代，在信息大爆炸的背景下，阅读的重要性有增无减。阅读需要唤醒，需要仪式，需要平台，就像战士出征前的宣誓、擂鼓一样。阅读是个体生命走向幸福完整的必由之路，是家庭文化传承与创新的重要根基，是理想学校建设与发展的根本手段，是社会改良与历史进步的主要工具，是民族精神振兴与升华的基本途径，是人类命运共同体建设的重要通道。阅读的"共同富裕"是精神生活"共同富裕"的前提，也是物质生活"共同富裕"的保障。希望通过设立国家阅读节等方式，进一步推动全民阅读，建设书香中国，夯实共同富裕的精神基础。

与阅读相关的第二个提案是《关于严厉打击图书盗版的提案》，我在提案中提出，图书作为特殊文化产品，在传播知识、启迪智慧、传承文明中发挥着不可替代的重要作用。但是，在互联网时代，图书销售的重要渠道——电商平台，渐成盗版书销售的新土壤，同时数字出版产业也面临着规模化的盗版侵权现象，长期以来严重地伤害着著作权人和出版单位的权益，阻碍着出版行业的正常发展，损害了消费者的利益。如果不严厉打击盗版书产业链，将会给成长中的年轻一代的世界观、价值观带来不良的影响。为此，我提出了加强电商平台遵纪守法的管理力度，完善电商法律法规体系，斩断数字出版盗版利益链，建立全网信用信息共享体系和加大宣传及奖励力度等 5 点建议。其中关键是加强对于平台的管理力度。

与阅读相关的第三个提案是《关于建设书香企业　促进经济社会高质量发展的提案》，近年来，我参加了总裁读书会的一些活动，与宋志平理事长和刘世英秘书长等多次讨论交流过关于企业家读书和书香企业建设的问题。这个提案就是在我们交流的基础上撰写的。在我国，企业从业人员 7 亿—8 亿人口，如果广大企业广泛推动全员读书，将把全民阅读活动真正扎实落地，由企业全员阅读带动影响家庭阅读、社会阅读，全民阅读必将扎实落地，书香中国也会水到渠成。同时，企业提供越来越多的高质量的产品和服务，是实现我国经济高质量发展和人民美好生活的基础和保障。要实现企业产品和服务的提升，普遍提高企业职工思想文化素质是前提和关键。要提高员工素质，就要努力建设书香企业，在企业中大力提倡全员阅读。为此，我提出了推动企业建立读书会、建立企业图书馆、研制适合企业家和企业员工的阅读书目、建设企业读书云平台等具体建议。

在教育方面，今年也提交了 5 个重点关切的问题。一个是《关于在"双减"政策背景下完善基础教育保障体系的提案》。我在提案中提出，"双减"政策全面实施以来，对于全面贯彻党的教育方针，落实立德树人根本任务，强化学校教育主阵地作用，营造良好教育生态，促进中小学生健康成长全面发展起到了重要作用。但在政策推进过程中，也出现了相关保障不到位、教师负担加重、课后服务质量不高等问题。为此，提出了适当增加教师编制，加强教师培训；调整义务教育阶段生均公用经费标准；建立校外教育机构公共服务购买机制等建议。

《关于建立国家英才教育体系　培育拔尖创新人才的提案》是在 2021 年民进中央重点调研的基础上精心准备的建议。英才儿童是指同龄人中表现出高成就或有着取得更高成就潜能的儿童。与同龄人相比，他们具有更大的发展潜能，学得快、学得好，更容易早成才、成大才，是人力资源储备中的"富矿"。英才儿童是一个国家的战略资源和稀缺资源，能否开发好、利用好，涉及国家的核心利益，也直接影响到我国建设创新型国家、推进创新驱动发展战略、提升国际科技竞争力的成效。从国际范围来看，美国、英国、德国、俄罗斯、澳大利亚、韩国、日本、新加坡、以色列、新西兰等都建立了完备的国家英才教育体系，重点大国还上升到立法层面对英才早期开发予以保障。相对而言，我国英才教育远远滞后于发达国家，一方面是缺乏从低年龄段开始直到高等教育阶段的英才教育完整体系，另一方面是面向部分学业优异青少年开展英才教育的重点校、重点班培养方向出现严重偏差。为此，我在提案中提出要走出观念和认识误区，为英才教育正名；加强英才教育政策的顶层设计；健全英才教育体系与教育模式；建立起"小学—初中—高中—大学"相贯通的英才教育系统，为不同教育阶段的英才儿童提供"全覆盖"的特殊教育服务；建立英才教育研究与资源支持体系等具体建议。

教育方面的第三个提案是《关于借鉴学习强国经验　建设国家在线教育资源平台的提案》。提案认为，随着现代信息技术的快速发展和广泛应用，在线学习日渐成为全民终身学习的重要实现途径和参与方式。特别是新型冠状病毒疫情发生以来，从国家到地方，在建设和推广应用在线学习资源平台等方面积累了大量经验，尤其是全国性大型学习平台学习强国的成功运行，探索了许多成熟的做法。但总的来说，我们的教育资源平台建设仍然存在平台载体分散、不够集成，资源内容庞杂、结构凌乱，宣传监管乏力、效益低下等问题。为此，我提出了加强综合平台建设、加强资源开发应用、加强宣传监管力度等具体建议。

今年年初，教育部教师工作司司长任友群一行走访民进中央，我们一起交流了关于教师教育与教师发展的诸多问题，谈到了制约乡村教师成长的关键问题之一，是县级教师发展机构比较薄弱的问题。不少县级教师发展机构整合不到位、政策和经费保障不到位、功能定位不清晰、专业人员力量薄弱。在调查研究的基础上，我提出了《关于加强县级教师发展机构建设的提案》，建议国家相关部委把县级教师发展机构建设作为下一步教师发展工作改革的重点，支持建设一批示范性的县级教师发展机构，纳入教育强国推进工程，示范带动区域内基础教育教师发展体系建设。协调东部地区教师发展机构帮扶欠发达地区薄弱教师发展机构，在基础条件建设、人员能力素质提升等方面进行重点支持。县级教师发展机构缺少优秀专业人员和教师发展资源，可以借鉴新教育网络教师学习中心的经验，为他们提供经过认证的高水平网络继续教育课程。

在教育方面的第五个提案是《关于支持非营利性民办学校发展的提案》。我在提案中提出，民办教育是社会主义教育事业的组成部分。通过改革开放 40 多年的发展，我国民办学校尤其是非营利性民办学校从无到有、从小到大、从弱到强，为促进经济社会发展作出了重要贡献。一方面，非营利性民办学校充分发挥自身优势，特色化办学，扩大了优质教育资源覆盖面，在一定程度上缓解了部分地方教育资源供需矛盾，满足了人民群众日益增长的对优质化、选择性、多样性教育的需求。另一方面，非营利性民办教育在坚持教育公益属性的同时，与公办学校相比，在管理等方面更为灵活，自主性更强，更有利于开展多样化的教育实践和探索，因而具有独特的生机和活力，为公办学校深化办学体制、管理体制和育人机制改革积累了经验、提供了借鉴，推动建立了政府为主、社会参与、办学主体多元、办学形式多样的办学体制。但是，当前非营利性民办学校发展仍然面临一些瓶颈问题，地方政府存在保障不足、管理不到位，审批难、配套政策不健全，民办学校举办者比较关注的土地问题、税收优惠、补偿或奖励标准等问题仍不明确，导致举办者举棋不定。我在提案中提出了尽快出台我国民办教育发展的中长期规划，明确民办教育发展方向、稳定发展预期、引领民办教育持续健康发展；落实好《中华人民共和国民办教育促进法实施条例》中有关非营利性民办学校财政支持、税收优惠和用地保障等方面的扶持措施；给予非营利性民办学校更多的办学自主权，发挥好民办学校灵活管理的优势，鼓励非营利性民办学校的各项改革，鼓励、引导民办学校提高质量、办出特色，满足多样化教育需求；鼓励公益性基金会捐资举办非营利性民办学校等具体建议。

此外，我还完成了《关于严厉打击向未成年人租售游戏账号的提案》《关于促进中小企业数字化转型　增强企业国际竞争力的提案》等。

每年的提案准备工作，从上一年两会结束之时就开始了。我曾经说过，两会是中国人的"政治春节"，提案和建议则是代表委员们在这个节日为人民献上的"拜年礼物"。用一年的时间深入调查研究，认真撰写提案，争取交一份好"礼物"，是人大代表和政协委员应尽的责任。

今年本来还有一些已经完成的提案，如《关于破除知网困境，推动知识共享和科研创新的提案》《关于缩短基础教育学制，延迟普职分流时间的提案》《关于加快提升基础教育教师队伍学历的提案》等，考虑到有些问题还可以进一步研究、细化，准备等文本更成熟时再提交。

上午8点25分出发，到达会场后，利用会前的间隙与民进中央刘新成常务副主席、张雨东副主席、黄震副主席等研究今年民进中央重点调研的问题。

上午9点，继续参加分组会议。全国政协常委孙谦主持会议。今天讨论的主要是审议有关人事事项和有关文件，反映社情民意。民进中央刘新成常务副主席第一个发言，介绍了今年提案工作报告的亮点和新变化。接着，李少平、何志敏、尚勋武、孙谦、吕忠梅、陶凯元、许仲梓、李和平等委员先后发言，对进一步发挥委员主体作用、加大知识产权保护力度、修订《国籍法》、加强相关部门行政司法权、学制改革与普职分流等问题提出了意见与建议。我也就打击图书盗版等问题反映了社情民意信息。

上午 11 点，列席主席会议，听取全国政协副秘书长邹加怡介绍分组会议关于人事事项和文件草案讨论情况的综合汇报。以往是各个小组分别汇报，费时较长，改为综合汇报后，极大地提高了效率。

11 点 20 分左右会议结束后乘车返回友谊宾馆。

中午稍事休息，下午 2 点 25 分出发去全国政协。

下午 3 点在常委会议厅听取外交部副部长乐玉成作了《百年未有之大变局中的国际形势》专题学习讲座。在俄乌冲突的关键时刻，这个讲座引起政协常委们的格外关注。

下午 4 点举行常委会闭幕会议。汪洋主席主持闭幕会并讲话。闭幕会审议通过了全国政协十三届五次会议议程（草案）和日程、全国政协常委会工作报告和关于提案工作情况的报告、全国政协十三届五次会议秘书长和副秘书长名单以及有关人事事项。我很荣幸再次当选为大会的副秘书长。

汪洋主席在讲话中对过去一年政协常委会的工作给予高度评价，称赞常委们履职尽责富有成效，以实际行动诠释了专门协商机构在国家治理体系中的优势作用。同时强调，全国政协十三届五次会议召开在即，政协常委作为政协工作的骨干，要坚持发扬民主和增进团结相互贯通、建言资政和凝聚共识双向发力，切实增强开好大会的责任担当。要用好中共党史学习教育成果，从党的百年奋斗中深刻领悟中国共产党领导的政治优势、中国特色社会主义的制度优势和中华儿女大团结的力量优势，不断增强乘风破浪、勇毅前行的信心。要结合自身经历和工作实际，多做解疑释惑的工作，多鼓团结奋斗的干劲。要保持良好会风会纪，严格遵守疫情防控规定，确保大会安全有序。

下午 5 点左右会议结束，乘车回到友谊宾馆。晚餐，收拾行李。

晚上 7 点 30 分，转场去大会期间民进界别组的驻地丰大国际大酒店。

　　晚上 8 点 30 分左右到达丰大国际大酒店。与民进组小组秘书组组长陈鸣见面交流会务的有关情况。陈鸣同志已经连续 10 年上会服务，很有经验。

　　晚上继续修订完善提案，撰写两会手记。

　　晚上 11 点 45 分休息。

我的两会"对话日"

2022 年 3 月 3 日，星期四，晴

　　早晨 5 点 25 分起床。

　　读艾利森·高普尼克的《园丁与木匠》一书，最近一直在读这本很有意思的著作，同时通过网络与父母和老师们分享。我一直认为，要把教育常识变成社会共识，是学者的重要使命之一。这本书的作者是牛津大学的心理学博士和加州大学伯克利分校的心理学教授与哲学教授，也是国际公认的儿童学习与发展研究领袖，对于儿童的大脑、心智和学习方式有丰富的研究成果和独到的见解。

　　她在书中介绍了一个很有意思的实验，发现早期的打闹游戏与长大后更好的社交能力有关。科学家们将幼时参与打闹的老鼠与幼时不参与打闹的老鼠进行了比较研究，发现幼时缺乏玩耍打闹的老鼠在成年后与其他老鼠相处有困难，它们不知道见机行事，"无论是在打架还是在献殷勤，它们都无法像幼时玩耍过的老鼠那样对其他老鼠做出迅速、灵活、流畅的反应"。随着年龄的增长，所有老鼠的大脑都变得不那么灵活，但是幼时有玩耍打闹经历的老鼠，即使长大了也能够保持改变的能力，"因为它们的大脑更具有可塑性"。通过对老鼠大脑的解剖研究发现，幼时玩耍过的老鼠会在前额叶皮层负责社交的部分产生某些化学物质，尤其是胆碱类的神经递质，这些化学物质是大脑保持可塑性的重要原因。因此，玩耍虽然不一定能够帮助老鼠"做任何一件具体的事情，却能帮助它们学会以更灵活、更多样的方式做很多事情"。虽然老鼠与人不可完全等同，但我们还是可以从中得到

某些启发的。

浏览新闻，发现两会已经成为了热点。昨天关于我的委员履职方面的新闻有 10 余条。

澎湃新闻发表了《朱永新委员：阅读需要仪式，连续 20 年呼吁设立国家阅读节》。中国教育电视台《两会谈教育》发表了专题报道《全国政协副秘书长朱永新：落实"双减"完善基础教育保障体系》。

中新社记者李雪峰、杨程晨在中国新闻网发表了两会观察《"双减"之后"鸡娃"家长为何忧？》。《中国教育报》记者董鲁皖龙一口气在中国教育新闻网和《中国教育报》发表了 5 篇文章：《全国政协副秘书长、民进中央副主席朱永新："双减"背景下要适当增加教师编制》《朱永新委员：建立国家英才教育体系，培养拔尖创新人才》《朱永新委员：打造国家在线教育资源平台》《朱永新委员：建议加快提升基础教育教师队伍学历》《朱永新委员："双减"背景下要适当增加教师编制》。《南方都市报》记者宋凌燕、实习生张雨发表了两会代表委员履职记《朱永新："双减"落地需经费保障，对教师提升学历应给予补偿》。

早晨 7 点，《中国教育报》技术人员测试晚上的采访设备。为了今天晚上的采访，他们在 3 月 1 日专门做了一个两会问卷调查《孩子阅读有哪些让你头疼的问题？朱永新为你解答》，有 1000 多人参与了问卷调查。

问卷中显示，大部分学生对阅读持有喜欢的态度。44% 的学生喜欢阅读，25% 的学生非常喜欢阅读。也有部分学生不喜欢阅读，以及特别不喜欢阅读，分别占 15% 和 2%。

在阅读书目种类的选择上，孩子的喜爱度排序分别是：儿童绘本、童话故事、科普作品、科幻小说、历史书籍、经典名著、诗歌作品。其中，喜欢阅读儿童绘本的比例最高，达到 21%。喜欢诗歌作品的最少，占比为 3%。

从阅读时间上来看，大部分学生的每日阅读时间在 10—30 分钟内，占比为 54%。其次，30—60 分钟占比为 24%。不足 10 分钟占比 16%，超过 60 分钟占比 7%。

在孩子的阅读方式上来看，学生主要的阅读方式还是独自阅读、亲子阅读、在学校和老师同学一起阅读。50% 的学生在家里独自阅读，31% 的学生在家里和家长亲子阅读，12% 的学生在学校与老师、同学一起阅读。

从父母的阅读来看，大部分父母的阅读时长为 10—30 分钟，占比为 44%。其次是 10 分钟以内，占比为 27%。阅读时长为 30—60 分钟家长，占比为 20%。阅读时长超过 60 分钟的，占比为 9%。大部分家长认为自己不是孩子阅读的榜样，占比为 62%。

在培养孩子阅读兴趣的做法上，大部分家长认为需要让孩子养成经常阅读的习惯，占比为 24%。其次很多家长认为应该让孩子在阅读中获得美好的阅读体验，占比为 21%。

认为为孩子营造舒适的阅读环境，以及为孩子选择合适书籍比较关键的家长持平，分别占比为 20%。最后，有 14% 的家长认为提升孩子的阅读能力和技巧很重要。

孩子在阅读中遇到的最大难题是没有掌握阅读的方法，占比为 23%。其次是注意力不集中，占比为 18%。也有很多学生认识的字有限、读不懂书中的内容而影响阅读体验，分别占比 17% 以及 15%。

"双减"之后，孩子有了更多可以阅读的时间、空间。有 86% 的老师、家长希望在课后服务时间，由老师带着学生进行阅读。

在带孩子阅读中，有很多困惑老师、父母的难题。其中，怎样让孩子爱上真正的阅读、怎样让孩子把阅读作为自觉的行动、怎样激励孩子阅读更有效、如何为孩子选择合适的书籍是老师和家长最希望得到帮助和知道的问题。

8 点吃早餐。

9 点参加《人民日报》海外网的大型融媒体系列访谈节目——《海客两会对话》，主持人和《人民日报》海外版记者部副主任叶晓楠就"双减"背景下如何合理减轻教师负担并提供有效激励与保障，未来社会对于人才素质的要求和教育发展的趋势，如何培养良好的阅读习惯等问题进行了 35 分钟的视频采访。

上午 10 点在驻地的新华社网络视频室接受新华网的连线采访，回答了为什么连续多年呼吁设立"国家阅读节"，全民阅读对于建设文化强国的意义，如何平衡课内学业和课外阅读，目前我国少儿读物的创作和出版呈现出怎样的态势，如何培养孩子良好的阅读习惯，通过哪些措施打击盗版图书，国家在线教育资源平台的建设应该在哪些方面着手发力等问题，并与来自新疆的网友进行了交流。

采访结束以后，《光明日报》的融媒体记者又赶来"加餐"，提出了几个关于教育与阅读方面的问题。

上午 10 点 40 分，通过腾讯视频会议系统，接受了央广中国之声、《中国青年报》《新京报》《经济日报》、腾讯网等多家媒体的联合采访。最近几天各种采访要求不断，实在无暇应接，与民进中央宣传部门商量，只能采取这样的方式。媒体较多，话题也多，从打击盗版到阅读节，从家庭教育到"双减"，采访一直持续到 11 点 35 分左右。

中午稍事休息。继续准备晚上的两个采访应答。

下午 2 点 30 分出发去全国政协。根据以往的经验，从丰大国际到全国政协路途较远，带了一本《精英的傲慢：好的社会该如何定义成功》。这是哈佛大学教授迈克尔·桑德尔继《公正》《金钱不能买什么》之后的又一部力作。作者提出了一个发人深省的问题：大学文凭是通向成功的敲门砖吗？赚钱越多的工作，对社会贡献越大吗？只要努力就能成功的社会，就是公正的吗？这本书对于文凭主义对公民社会生活带来的破坏性的结果做了深刻分析，为我们反思现代教育存在的问题提供了一个很重要的线索。

下午 4 点 30 分，在全国政协机关常委会议厅参加全国政协十三届五次会议委员小组召集人会议。全国政协副主席兼秘书长李斌主持会议并通报大会有关情况，全国政协副主席张庆黎在讲话中对会议组织工作提出了要求，希望大家引导委员们切实增强政治责任感和历史使命感，集中精力开会，心无旁骛履职，让大会简约不简单，精简更精彩，确保开出正能量、开出精气神，开成一个民主、团结、求实、奋进的大会。

会后回驻地，正好赶上晚高峰，路上走了一个半小时。来回近 3 个小时，加上在会议室等待的时间，这本《精英的傲慢》读了一大半，颇有所获。

晚上 6 点 30 分回到驻地，匆匆忙忙吃完晚饭，就开始参加中央电视台农业频道的 2022·两会时间"三农三人谈"节目——聊聊

"双减"之后。与北京大学教育学院副教授丁延庆等就"双减"的大背景下，学校的教学质量和孩子学习效果的提升以及如何给孩子创造一个良好的成长成才环境进行交流。

晚上 8 点 30 分在《中国教育报》好老师平台直播间做《"双减"之下，如何让孩子爱上阅读》专题讲座，回答网友问题。《中国教育报》的俞水老师告诉我，有 50 多万用户观看，中国教育报刚开始准备了 11 台服务器，没预料到那么多人，后来加到了 23 台。加上其他平台，达到近百万人次观看。据说静宁县等教育局还专门发文件，通知学校组织教师和父母观看。

因为要赶写《人民政协报》的专栏文章，不得不在 9 点 40 分左右结束直播。

我一直说，真正的访谈是对话，提问和回答是互相的激发。从早晨 7 点到晚上 9 点 40 分，从视频访谈到网络直播，今天是名副其实的"对话日"。人们一直都说，两会媒体可以把智者的声音放大、把弱者的声音远播。其实，这样的对话，在人与人之间，包括在委员代表和记者之间，还是一个沟通交流的过程，是一个不断形成共识的过程。

晚上 10 点开始写手记，11 点完成，休息。

团结唱响奋进歌

2022 年 3 月 4 日，星期五，晴

　　早晨 5 点 45 分起床，浏览新闻。仍然有不少媒体刊发了我的文章和相关提案的报道。《人民政协报》和《新京报》的专栏今天正式开张连载，这是每年两会的"保留节目"。

　　昨天拿到了团结出版社刚刚出炉的新书《书香政协满庭芳——全国政协常委朱永新 2020 年履职报告》。这本书虽然讲述的是 2020 年的履职故事，但其中许多事情宛如昨日发生，印象深刻。这一年，我作为全国政协委员读书群的首任"试水群主"，在抗疫最紧张的两个月，与委员们共读了《病毒来袭》《逼近的瘟疫》《人类的终极问题》《生命的法则》等著作，学习人类抗击病毒的历史经验，为国家的公共卫生政策和抗击疫情建言献策做出了一点贡献。

　　这本书，以个人的视角，从一个小小的侧面记录了人民政协围绕"国之大者"努力工作的情况。全国政协文化文史和学习委员会副主任叶小文先生为这本书撰写了序言。他的序言溢美之词颇多，我视为先生对我的期许：

　　"这本书，厚重！无论两会手记，调研手记；抑或提案发言，参政声音，社情民意；还是议政网事，媒体关注，不仅琳琅满目，让你目不暇接；更有沉甸甸的分量，让你满目生辉。

　　这个人，永新！文如其人，名副其实。其特质，正是'永新'——永远在路上，孜孜以求；永远在读书，昼夜不息；永远在写作，笔耕不辍；永远在出新，开拓创新。"

早晨继续修订提案。考虑再三，在今年提交的提案中增加了一个《关于办好"世界城市日"的提案》。

2013 年 12 月第 68 届联合国大会通过决议，决定从 2014 年起将每年的 10 月 31 日设为"世界城市日"（World Cities Day, WCD），"城市，让生活更美好"（Better City，Better Life）（2010 年上海世博会主题）成为"世界城市日"的总主题。这是迄今为止唯一由中国政府在联合国推动设立的国际日，它的设立反映了当前国际社会对全球城市化问题的关注，也显示出中国在全球城市化发展进程中话语权的增强。

从近几年"世界城市日"国内相关活动的举办情况来看，虽然主管部门和有关城市做了一些工作，也取得了一定成效，但是，从国家当前和未来发展需要来看，还存在明显的不足。

一是国内"世界城市日"活动缺乏总体规划。从中央到地方，针对"世界城市日"的宣传介绍严重不足，公众知晓度偏低，有关活动社会动员不足，活动内容缺乏统筹规划，"世界城市日"概念尚未落地。

二是"世界城市日"活动主题集中在城市建设方面，内涵有待深化。历届"世界城市日"活动主题主要集中在城市设计、城市治理、人居环境等方面，较少涉及城市化道路选择、城市文明、城市文化等战略议题，难以对接国家城镇化战略，不利于树立延续历史文脉的文化自觉，也未能充分体现"让生活更美好"的永恒主题，也不利于社会动员和公众参与。

三是社会参与面窄，组织动员面不广，影响力不足。由于参与主体仅限于住建部门和中国主场城市，即使在上海，"世界城市日"社会知晓度和影响力都不高，在国内其他城市和国际社会上的影响力更低。

所以，我提出要明确目标定位，统筹制定规划，从国际政治互动角度进行整体谋划与精细设计，把"世界城市日"打造成推进中国城市文明进阶发展的广阔平台；选择贴近城市生活的主题，把城市的建设、发展和更美好的城市生活联系起来；加强与国际组织、外国城市的联系，把"世界城市日"活动办成高层次、高水平探讨全球城市问题的平台；充分利用新媒体手段加强活动宣传，扩大"世界城市日"的影响力。

一直忙到 9 点 30 分，终于把今年的大会书面发言稿和全部提案"齐清定"全部完成。

上午 10 点参加全国政协十三届五次会议民进组预备会议。根据安排，我主持了上午的小组会，传达了昨天委员小组召集人会议的精神，学习了《严肃会风会纪的措施》，推举产生了民进界别组组长，我和姚爱兴、张雨东、陶凯元、黄震分别担任组长和副组长。会议讨论通过了民进界别小组会议的议题为"健全学校、家庭、社会协同育人机制"，同时对民进组的提案进行了表决。

今年我们共征集了民进组提案素材 64 篇，前期经过征求相关专家意见，召开提案推稿会，遴选出 17 篇提案素材予以重点推荐，形成了提案素材汇编。会前已经把相关电子文本发送给委员，今天的会议上，焦龙斌、尚勋武、何志敏、杨静华等委员先后就提交的提案做了说明，委员投票产生了向大会提交的 28 篇提案。

上午 11 点 30 分，录制中国网关于职业教育问题的视频。去年，国务院印发了《关于推动现代职业教育高质量发展的意见》，明确鼓励各类企业依法参与举办职业教育。不难预见，2022 年是职业教育提质培优、改革攻坚的关键年。面对不同年龄层、不同人群的多样化职教需求，在新的 2022 年，如何改变社会对职业教育的刻板印象，增强职业教育的吸引力，让职业教育真正"有学头、有盼头、有奔头"？我提出关键在于要对普职分流、高等职业教育与普通教育之间的立交桥建设、提高技能人才的政治、经济、社会地位等方面加大力度。

中午稍事休息。

下午 1 点 25 分出发去人民大会堂。在车上再次翻阅常委会工作报告和提案工作报告。这两份报告，从政协的秘书长会议开始，到主席会议、常委会议，已经先后学习过多次。

两份报告，加起来不到一万字，但是内涵丰富，观点深刻，亮点颇多。文章越短越难写，常委会的工作报告也是如此。据说先后修改的稿次达八九十次，仅仅在常委会期间就根据常委们的意见修改了

50多处，花脸稿密密麻麻。

下午3时，全国政协十三届五次会议在国歌声中开幕。习近平等党和国家领导人出席会议。全国政协副主席张庆黎主持会议，全国政协主席汪洋代表常委会做工作报告，副主席刘新成代表常委会做提案工作报告。

整个会议开得很紧凑，一个小时左右。两份报告给我印象最深刻的主要体现在四个方面。

一是以提高政协制度效能为目标，推进专门协商机构建设取得了明显成效。这一年，全国政协锚定开局"十四五"，围绕中心，服务大局，建言谋策，履职尽责，为党和国家事业作出了新的贡献。在完善协商内容、丰富协商形式、健全协商规则、培育协商文化、提高协商能力上有了新的进步。先后举办了重要协商活动25次，开展视察考察调研82项，提案立案5039件，编发大会发言867篇，有效服务了决策。

二是委员读书氛围浓厚，"书香政协"助力学习型社会取得了明显成效。这一年，围绕庆祝中国共产党百年华诞，全国政协深入开展以中共党史为重点的"四史"学习教育，把学习党史贯穿48个主题读书群，385名全国政协委员分别担任群主、导读，委员发言27万余条，浏览量超过142万人次。同时，注重与地方政协联动和读书成果外溢，使书香政协成为全民阅读的一道亮丽风景。

三是本届政协首创了专家协商会，组织跨界别、跨学科、跨领域的专家委员和有关学者，进行小范围、多轮次的深度协商，就前瞻性议题召开了36次会议，一些重要的建议和成果得到有关领导和部门的充分肯定和采用。

四是明确提出为加强中华儿女大团结努力奋斗，唱响政协"团结歌"。最近几年，常委会工作报告有一个鲜明的特色，就是不仅对工作进行总结和部署，而且对政协的理论问题进行研究与阐述。每次汪洋主席报告的第三部分，总是新意迭出，妙语连珠，生动形象，深刻精辟。汪洋主席在报告中说，力量生于团结，使命呼唤团结。人民政协作为最广泛的爱国统一战线组织，是大团结大联合的象征。人民政协因团结而生，依团结而存，靠团结而兴。要深刻认识到团结要有圆心，坚持党的领导，固守圆心才能万众一心；要深刻认识以协商凝聚共识，以共识固团结的重要性；要深刻认识每位委员都是加强中华儿女大团结的重要力量，在勤勉履职中增进团结，在合作共识中巩固团结，在共同奋斗中深化团结，推动形成全体中华儿女心往一处想、劲往一处使的生动局面。

是啊，团结和奋进，一体两面。共同唱响中华民族伟大复兴之歌，让团结促人奋进，奋进团结众人！

下午 4 点 10 分左右从人民大会堂乘车回驻地，半个小时左右到达丰大国际大酒店。回程的路上，小组秘书帮助我们部分委员拍了一张车中合影。

下午 5 点 30 分，与小组秘书处沟通民进组提案的投票情况和提案提交的细节。

晚上 6 点 30 分晚餐，与几位民进界别的委员餐叙，介绍民进中央今年的重点调研等。

晚上写两会手记。晚上 8 点准备跑步，但外面的风太大，委员们戏称"丰大"应该是"风大"，故在室内跑步机上运动。

我一边跑步，一边看北京冬残奥会的开幕式，与北京冬奥会开幕式一样，冬残奥会也是充满诗意。

不知不觉跑了 54 分钟左右，跑了 5.4 公里，大汗淋漓。

晚上读完《精英的傲慢》。应该说，桑德尔的这本新著，对于当下文凭主义的横行，以及社会精英与普通劳动者的对立等问题的认识是深刻的。对于转型期的中国，也有很大的启发意义。

晚上 11 点休息。

行稳致远新征程

2022 年 3 月 5 日，星期六，晴

　　早晨 5 点 10 分起床。今日惊蛰，在新浪微博"朱永新"和今日头条"朱永新教育观察"发布"新父母晨诵"专栏，介绍了韦应物的《观田家》：

> 微雨众卉新，一雷惊蛰始。
> 田家几日闲，耕种从此起。
> 丁壮俱在野，场圃亦就理。
> 归来景常晏，饮犊西涧水。
> 饥劬不自苦，膏泽且为喜。
> 仓廪无宿储，徭役犹未已。
> 方惭不耕者，禄食出闾里。

　　"一雷惊蛰始。"农民从这天开始耕种自己的庄稼。

　　当我们坐在餐桌前，曾经想到过耕种者吗？究竟应该怎样做才不会"方惭不耕者"呢？

　　生命如同一片田野，一年四季生长着万物。在这一声春雷的召唤下，我们政协委员打算如何耕种自己生命的庄稼呢？我们准备播下什么？我们又将如何耕耘？其实这也是我们应该深思的问题。

　　读《园丁与木匠》。作者在书中所说，老鼠、狐狸和孩子都会打闹，乌鸦、海豚和孩子都会玩"玩具"，但是，只有人类的孩子会做

假装的游戏。

"儿童从一岁起就会假装，在三四岁左右达到顶峰。"考古学家发现，在青铜器时代的儿童生活区域就有 4000 年前的"洋娃娃"和微型厨房用具，这可能意味着那个时候的儿童就有"过家家"之类的假装游戏了。假装游戏对于儿童来说究竟有什么意义呢？心理学家皮亚杰曾经认为，儿童喜欢假装游戏，是因为他们不能够区别现实与幻想。但是，事实证明，即使很小的儿童也是可以区分这两者的。

所以，作者认为，这是儿童的一种"反事实思维能力"的表现，也就是说，人们可以通过新的证据来推翻原来的假设，取代他们以前暂定为"真理"的想法。儿童会像科学家一样，关注"不同的假设对于世界如何运作的不同描绘"，没有一个绝对正确的假设。所以，我们也不要小看儿童的假装游戏，因为这本身也是他们探索世界的一种方式。

浏览新闻。《中国青年报》发表了中青网记者李华锡的评论文章《读书以后少了官气多了清气》。《新京报》记者孙文轩、《中国教育报》记者杜京虹发表了多篇关于我的相关提案的报道。

7 点 20 分早餐。7 点 45 分发车去人民大会堂。带了一本《超文本和超链接》的小书在车上翻阅。

上午 9 点，列席十三届全国人大五次会议开幕会，听取国务院总理李克强关于政府工作的报告。全国人大常委会委员长栗战书主持今天的开幕会，习近平等党和国家领导人出席会议。

李克强总理的报告与以往一样，分为三个大部分，第一部分是 2021 年工作回顾，第二部分是 2022 年经济社会发展总体要求和政策取向，第三部分是 2022 年政府工作任务。这是政府每年的"成绩单"，也是新一年的"集结号"，虽然篇幅与以往差不多，但是总理用的是简本，"跳跃性"地选读，将时间大大压缩了。

会议结束不久，网上就有了整个报告的"极简版"，只用了 600 个字就概括了总理报告的要点：

一、去年工作回顾。国内生产总值增长 8.1%，居民人均可支配收入实际增长 8.1%，城镇新增就业 1269 万人，新增减税降费超过 1 万亿元，疫苗全程接种覆盖率超过 85%。

二、今年主要预期目标。国内生产总值增长 5.5% 左右，城镇新增就业 1100 万人以上，居民消费价格涨幅 3% 左右，粮食产量保持在 1.3 万亿斤以上。

三、今年部分重点工作。财政：今年赤字率拟按 2.8% 左右安排，中央对地方转移支付增加约 1.5 万亿元、规模近 9.8 万亿元；政府投资：今年拟安排地方政府专项债券 3.65 万亿元；减税：预计全年退税减税约 2.5 万亿元，其中留抵退税约 1.5 万亿元；就业：使用 1000 亿元失业保险基金支持稳岗和培训；政务服务：扩大"跨省通办"范围，基本实现电子证照互通互认；消费：继续支持新能源汽车消费，鼓励地方开展绿色智能家电下乡和以旧换新；创新：实施基础研究十年规划，实施科技体制改革三年攻坚方案；乡村振兴：支持脱贫地区发展特色产业，启动乡村建设行动；开放：推动与更多国家和地区商签高标准自贸协定；环保：完善节能节水、废旧物资循环利用等环保产业支持政策；教育：继续做好义务教育阶段减负工作；医保：居民医保和基本公共卫生服务经费人均财政补助标准分别再提高 30 元和 5 元；社会保障：完善三孩生育政策配套措施，发展普惠托育服务；住房：探索新的发展模式，加快发展长租房市场，推进保障性住房建设；文体：建设群众身边的体育场地设施；港澳台：支持港澳发展经济、改善民生，坚决反对"台独"分裂行径。

作为"教育党"的委员，我自然特别关注教育文化方面的内容。今年教育的内容在政府工作报告中的篇幅明显超过往年。

在工作回顾部分提到：2021 年加大了农村义务教育薄弱环节建设力度，提高学生营养改善计划补助标准，3700 多万名学生受益；减轻义务教育阶段学生作业负担和校外培训负担；超额完成高职扩招三年行动目标；国家助学贷款每人每年最高额度增加 4000 元，惠及 500 多万名在校生等内容。

在今年重点工作中强调，要进一步促进教育公平和质量提升，按照常住人口配置教育资源，加强乡村教师定向培养，多渠道增加普惠性学前教育资源，继续做好义务教育阶段减负工作，加强县域普通高中建设，办好特殊教育、继续教育，推进高等教育内涵式发展，支持中西部地区高等教育发展等。虽然没有许多新的政策，但是在注重进一步扎实地推进更加公平更高质量的教育。尤其是最后那句话，"我国有 2.9 亿名在校学生，要坚持把教育这个关乎千家万户和中华民族未来的大事办好"，很温暖，也很有力量。

在政府工作报告征求民主党派意见的阶段，我们提的许多意见被采纳，如明确把"深入推进全民阅读"再一次正式写入报告等。

李克强总理报告结束之后，全国人大常委会副委员长王晨在会上作了关于地方各级人民代表大会和地方各级人民政府组织法修正草案的说明、关于十四届全国人大代表名额和选举问题的决定草案的说明、关于香港特别行政区选举十四届全国人大代表的办法草案的说明、关于澳门特别行政区选举十四届全国人大代表的办法草案的说明。

上午 10 点半左右，从人民大会堂乘车回驻地。

中午稍事休息。为我们小组的委员签名送书《书香政协满庭芳》，书里记录了我们小组的讨论情况。每个人都是政协故事的主人。

下午 3 点，参加民进组的第二次小组会议，讨论全国政协主席汪洋的常委会工作报告和副主席刘新成的提案工作报告。民进中央副主席姚爱兴主持会议，首先传达了民进中央主席蔡达峰关于开好两会的意见和大会秘书处的有关通知。接着，严可仕等 17 位委员先后发言交流。

福建省人大常委会副主任严可仕委员认为，汪洋主席的报告是一份饱含政治担当、创新精神和鼓舞人心的好报告。他对报告中提到的读书氛围浓厚、服务大局卓有成效、民生精彩谏言方面印象深刻。

海南省政协副主席史贻云特别提到全国政协充分利用信息技术手段创新协商方式，提高了协商议政的效能。同时，在指导地方政协工作方面成效显著，为海南自贸港建设提供了很多有价值的建议，发挥了政协的独特作用。

对此，贵州省政协副主席左定超委员感同身受，他介绍说，在全国政协领导下，中国经济社会理事会大力支持西部地区的发展，多次深入贵州调查研究，帮助向有关部委呼吁，贵州迎来了高质量发展新的黄金十年。

河北省人大常委会副主任张妹芝委员和民进上海市委会原副主委胡卫委员分别讲述了自己在政协读书群的故事，高度评价全国政协委员读书群不仅丰富了学习内涵，也起到了凝聚共识的作用。

甘肃省政协副主席尚勋武认为，2021 年全国政协工作之所以可圈可点，是因为政协围绕中心工作发挥作用越来越明显，越来越重要，各级党委更愿把一些难点和重点问题交给政协来研究。政治协商逐步向基层延伸，这个过程能提前发现一些苗头性问题，在化解矛盾、促进团结上发挥了重要作用。

民进湖南省委会主委潘碧灵委员表示，今年是本届政协履职的最后一年，要提升水平，笃行致远，深入开展调查研究，按照汪洋主席要求的那样，要始终心怀大志，把服务大局与联系群众紧密地结合起来。潘主委发言的时候，雷鸣强委员作为《人民政协报》两会特约记者，拍摄了讲话的全过程。

重庆市政协副主席陈贵云委员对生态文明建设持续推进和期盼已久的国家公园的设立感到欣慰，建议国家对市场主体的统计和管理更加精准，努力提高市场主体发展质量。

来自清华大学的罗永章委员提出了一点建议，希望探索全过程的民主监督制度、机制，对于政协委员的提案也要全过程的监督和评估。

民进新疆区委会原主委牛汝极委员用四个字概括自己的学习体会。"责"：坚持团结和民主两大主题，坚持政协性质定位，强化思想政治引领。"效"：克服疫情影响，认真落实年度协商计划，紧扣民生关注，拓展协商深度，提高履职质量。"实"：人民政协要落实中央政协工作会议精神并达成共识。"合"：坚持大联合大团结，有效运用制度优势，寻求最大公约数，画出最大同心圆。

西京大学校长任芳委员、民进江西省委会主委汤建人委员等对政协的理论创新印象深刻，认为政协作为实现人民民主的一个重要形式，需要在理论上进行创新，充分发挥专门协商的机构效能，以高质量建言服务高质量发展。

扬州市政协副主席董玉海委员对汪洋主席报告中提出的服务联系界别群组深有体会。他现身说法，讲述了自己联系一位民进企业家委员的故事，表示加强团结是人民政协的必修课，以后我们要加倍努力，多做促进团结的事。

江苏省政协副主席朱晓进委员表示，听了汪洋主席的报告深受鼓舞。作为政协委员，要站稳政治立场，胸怀"国之大者"，与国家共命运、与人民同呼吸，以新思想、新理念凝聚社会共识，围绕中国共产党和国家中心工作参政议政，聚焦国计民生、社会福祉建言献策，以实际行动和履职成效迎接中共二十大胜利召开。

鲁修禄委员表示，作为政协委员，要努力做"两个确立"的坚决拥护者和"两个维护"的坚定践行者，讲好全过程人民民主的中国故事，成为"大团结大联合"的担当者、践行者。要聚焦"国之大者"和民之关切建言履职，以高质量建言推动高质量发展，为粤港澳大湾区建设和"双碳"目标下的可持续高质量发展贡献智慧力量。

虽然今天主要是讨论政协的常委会工作报告和提案报告，但是现场的媒体希望有委员能够就政府工作报告做一个发言。为此，安徽省政协副主席李和平委员等先后发言。李和平用"讲政治、勇担当、求实效、惠民生、谋发展"五个词概括了他对于政府的工作报告的总体印象。

张妹芝委员对李克强总理报告中关于丰富人民群众精神文化生活的内容感触颇深。她介绍说，北京携手张家口举办的冬奥会圆满成功，促进了京津冀协同发展，张家口这个贫困地区成了世界上最美的最专业的冰雪小镇，期待进一步研究后冬奥时代如何利用好这些设施，统筹发展京张文体旅事业。

来自冰雪体育发源地的黑龙江省政协副主席张显友接过张妹芝的话题说，今年的北京冬奥会美轮美奂，中国代表团的金牌从上次的1块金牌到这次的9块，其中黑龙江就拿了4块。他建议要抓住契机，继续推动中国由冰雪体育大国向冰雪体育强国迈进。

全国政协副主席、民进中央常务副主席刘新成最后讲话。他表示完全赞成汪洋主席报告。这一年，全国政协常委会坚决贯彻落实党中央的决策部署，坚持团结和民主两大主题，坚持政协性质定位，以庆祝中国共产党成立100周年为主线，强化思想政治引领；以促进"十四五"良好开局为重点，认真履职尽责；以提高政协制度效能为目标，推进专门协商机构建设，为党和国家事业发展做出了新的贡献。

刘新成副主席表示，今年一个突出印象，就是政协更加注重履职的质量，高度重视提案在国家政策当中的体现，提案工作报告中也特别强调了这一点。其次就是有许多创新的举措，比如专家协商、远程协商、自主调研等。他结合自己在山西农村的调研，讲述了自主调研的意义与方法。他指出，汪洋主席专门用一段来讲团结，这是很有深意的。我们每一个委员都是做团结工作的主体，要把我们身边的群众团结起来。

下午的发言一如既往踊跃。在下午的发言中，好几位委员谈到了一个字："稳"。的确，无论是政府工作报告，还是政协常委会工作报告，字里行间都透露着这个"稳"字。在李克强总理的报告中，"稳"字先后出现了 52 次之多。2021 年，我们胜利地实现了第一个百年奋斗目标，开启了建设社会主义现代化国家、向第二个百年奋斗目标进军的新征程。在新的一年里，面对风险挑战明显增多的国际国内形势，如何坚持稳中求进的工作总基调，为保持平稳健康的经济环境、国泰民安的社会环境、风清气正的政治环境做出贡献，真正做到行稳致远，是摆在我们每个政协委员面前的一项重要任务。

晚上读会议配送的《人民日报》《人民政协报》和《参考消息》等报纸，上网浏览新闻。今天新华网特别节目《两会青年问答》发表了我与青年网友快手达人"压力差阿连"的连线访谈《全民阅读凝聚人心　垒砌国家竞争力重要基石》，登上了新华网的首页。网页显示 6 个小时中有 32.5 万人次阅读。

阅读也是行稳致远的力量：关注阅读的人越多，全民阅读的内驱力也就越大，全民素养的提升就越快。我和一些朋友共同发起了"中国阅读三十人论坛"，计划把 4 月作为"读书月"，连续开展 30 场公益活动深入推进，中午还在紧锣密鼓地筹备着。

晚上抓紧写手记，9 点 30 分跑步半个小时。

晚上 10 点处理邮件和信息。收到一位朋友发来的短信，他说："朱老师的《履职实录》其实就是各级政协委员培训读本，尤其是新的政协委员，通过这本书就知道自己如何落地了！我自己看了介绍都深有感触，原来政协委员有这么多具体扎实的工作要落实。"看来，需要有更多的政协委员讲述自己的故事，才能让人们更多地了解政协，了解政协委员的工作。

晚上 11 点休息。

共商国是

2022 年 3 月 6 日，星期日，晴

早晨 4 点 50 分起床工作。

两会期间，民进界别组的工作安排、各种媒体的采访，几个专栏的约稿，特别是每天的手记，的确很忙。记录中国共产党领导的多党合作与政治协商制度的生动践行，传递政协的力量、传播党派的智慧，这也是委员代表的职责之一。晚上稍晚一点休息，早上稍早一点起来，就成了我这 20 年个人的"两会时间"。

今天上午的会议安排是民盟、民进委员共商国是。为了今天活动的主持组织，我早早用餐完毕，就开始进入会场做相关准备工作。

上午 9 点，共商国是活动准时开始。中共中央政治局常委、全国人大常委会委员长栗战书，中共中央书记处书记、统战部部长尤权，全国人大常委会副委员长、民盟中央主席丁仲礼，全国人大常委会副委员长、民进中央主席蔡达峰，全国政协副主席、民盟中央常务副主席陈晓光，全国政协副主席、民进中央常务副主席刘新成，以及全国人大常委会、大会秘书处有关负责同志参加了会议。

根据会议安排，我担任会议的主持人。

第一位发言的是民盟中央副主席、著名数学家田刚，他就如何在粤港澳大湾区建设国际科技创新中心，打造世界教育和人才高地提出几点建议：一是加快大湾区城市基础设施互联互通，提升粤港澳三地高效便捷流动。二是建立粤港澳三地科教资源共享与合作机制，推动产学研更好发展。三是将大湾区大学的筹建列入国家重点项目给予

重点支持，加快大湾区大学的筹建。目前，粤港澳三地每百万人口拥有的高校约 2.64 所，远低于纽约、旧金山和东京等湾区的比例。

接着发言的是安徽省政协副主席、民进安徽省委会主委李和平。他曾经担任过安徽省教育厅厅长，对于教育问题有比较深入的研究。他的发言呼吁在《教师法》修订中更加重视教师权益保障，厘清"教师是受国家委托、从事公共教育服务的专业人员"的身份地位，明确教师工作的公共属性，确认教师的教学自主权等基本职权，强化教师福利待遇保障，实行编内、编外教师统一的工资标准，在"法律责任"中增加对相关部门人员不作为、渎职、侵害教师权益行为进行惩戒的条款，让《教师法》"长出牙齿"。

民盟湖南省委会主委杨维刚就《加大勘查力度，实施新一轮找矿突破战略行动》发言。他提出，我国是全球最大矿产品生产国、消费国和贸易国。但目前勘查找矿工作面临许多问题，一些地方把找矿开矿当成"政治包袱"，甚至以"破坏生态环境"为名"一刀切"。没有把"矿产资源安全"上升到与"粮食安全"同等的政治责任高度。一些地勘单位积累了队伍庞大、政事不分、事企不分等系列错综复杂的历史矛盾问题。为此，他提出要认真落实关于促进地质勘查行业高质量发展的指导意见，把矿产资源纳入国家重大安全计划，加大勘查找矿支持力度，有针对性地加大战略性矿产资源的勘查评价力度，建立战略性矿产地储备制度。同时，加大基础地质研究力度，提高深部资源探测能力，加大先进开采技术开发应用。

河北省人大常委会副主任、民进河北省委会主委张妹芝委员是中学教师出身，曾经担任河北省教育厅领导和国家督学。针对贯彻落实《家庭教育促进法》还面临的突出问题，她提出要开创家校社协同育人的局面，妇联、关工委、教育部门、宣传部门、村（社区）等政府和社会力量都要各负其责、协同配合，共同促进孩子的健康成长；要让家庭教育回归生活教育本位，教育孩子学会生活、学会做人、学会做事；要加强家庭教育指导服务体系建设，加强对家庭教育指导培训行业的监管，避免其成为社会资本的新逐利点，尽快建立家庭教育教师专业资格标准和准入制度。通过购买服务、税务政策调节、发放专项补助等方式，引导鼓励社会力量参与家庭教育公共资源的开发。

　　民盟吉林省委会主委、吉林省文化和旅游厅厅长杨安娣就后冬奥时代中国冰雪经济发展问题提出建议。她认为，乘冬奥之东风，开启全面建设冰雪强国新征程，是后冬奥时代冰雪经济发展的应有之义，要坚持冰雪经济思想引领，强化冰雪强国战略统筹，大力培育中国冰雪文化，着力构建现代化冰雪经济体系，制定"冰雪丝路"建设指导意见，破解冰雪经济发展中的资源和要素瓶颈。

　　民进湖南省委会主委、湖南省生态环境厅副厅长潘碧灵委员就《贯彻实施长江保护法　守护好一江碧水》发言。他指出，长江是我国重要生态宝库，是中华民族发展重要支撑。为守护好母亲河，全国人大 2020 年出台了《中华人民共和国长江保护法》。从实施的情况来看，一些工作仍有差距，长江保护修复仍有短板，长江水环境仍存在多方面污染风险，建议完整准确把握习近平生态文明思想深刻内涵，坚持"生态优先、绿色发展""共抓大保护、不搞大开发"；更加突出精准治污、科学治污、依法治污；探索人大监督与民主监督贯通衔接，共同为长江大保护贡献力量。

　　民盟天津市委会副主委、天津教育科学研究院副院长李剑萍委员就深入推进"双减"必须多样化办好中等职业教育发言。他提出，"双减"工作实施半年多以来取得显著成效。要确保不反弹不回潮，必须关注家长学生的现实需求和底层逻辑。为此，他提出要多样化办好中等职业教育，扩大综合高中数量，增加高中阶段优质资源供给，建立职业教育和普通教育的"立交桥"，让家长学生看到接受中等职业教育的成长路径更宽更好；完善初中后普职分流政策；依法实施中考改革，提高中考的统一性和科学性。

　　最后发言的是广西壮族自治区人大常委会副主任、民进广西区委员会主委杨静华。作为民族地区的政协委员，她就补齐边疆民族地区公共卫生服务短板，巩固脱贫攻坚战伟大成就作了发言。她提出，2022 年是进入脱贫过渡期的第二年，部分脱贫地区公共卫生基础薄弱，基本诊疗设备落后陈旧、更新慢，基本药物配送率低，脱贫人口仍普遍缺乏健康知识和健康习惯养成，传染病、地方病防控压力仍然很大，边疆地区还面临"外防输入"压力。为此，她建议从国家层面支持边疆民族地区卫生服务体系和服务能力建设，持续加强健康教育，打造长期稳固"卫生国防"体系；把解决好脱贫地区严重传染病和非传染病防治、公共卫生短板作为巩固脱贫攻坚成果重要内容，把疾控和公卫领域建设工作纳入东西部协作和对口支援的重要内容。

8 位委员发言之后，栗战书委员长作了重要讲话。在充分肯定和具体呼应了委员的发言之后，栗战书委员长高度评价了民盟和民进为国家经济社会发展建言献策，为支持毕节试验区"开发扶贫、生态建设、人口控制"接续奋斗、久久为功，为脱贫攻坚和长江生态环境保护民主监督所做的卓有成效的工作。

栗战书委员长指出，过去一年，以习近平同志为核心的党中央，团结带领全国各族人民，推动党和国家事业取得了新的重大成就，这也凝聚着包括民盟、民进在内的各民主党派、工商联和无党派人士的奋斗，希望民盟、民进积极建言献策，以实际行动迎接中共二十大胜利召开。一是坚持中国共产党的领导，进一步深刻领悟"两个确立"的决定性意义，切实转化为"两个维护"的自觉行动。二是坚定不移走中国特色社会主义政治发展道路，坚持和完善中国共产党领导的多党合作和政治协商制度，推进全过程人民民主建设。三是在服务大局中更好履职尽责，为全面建设社会主义现代化国家凝心聚力。

中午 12 点 20 分，接受《光明日报》记者罗旭的专访，就建立人才强国的问题，谈了我的一些思考与建议。许多素材与观点让罗旭感觉比较系统深刻，其实这是集体智慧，2021 年民进中央就"强化国家战略科技力量"做过相关调查研究。

中午 1 点，《人民日报》海外版的海客"两会对话"播出了我的专题节目《推进教育高质量发展》。

中午 1 点 30 分，接受中央电视台网络视频采访，就政府工作报告提出的深入推动全民阅读和我关于建立国家阅读节的提案进行交流。

下午 3 点，参加民进组会议，讨论政府工作报告、计划报告和预算报告。张雨东副主席主持下午的讨论。

杨静华、陶凯元、鲁修禄、左定超、蔡秀军、焦斌龙、张震宇、张金英、雷鸣强、谢双成、史贻云、黄震、张涛、张帆、姜军、王伟明、包安明、郑福田、罗永章、朱晓进、胡卫、何志敏、张颐武等

23位委员先后发言。

大家表示，完全赞同李克强总理代表国务院所作的政府工作报告。在百年未有大变局这个背景之下，政府工作报告既深谋远虑又关注当下，既鼓足干劲又"稳"字当头，既放眼大局又细致入微，是一份难得的好报告。大家表示一定要认真学习贯彻两会精神，积极投身到国家改革发展的生动实践中，认真开展调查研究，在凝聚共识和建言资政上双向发力，以高昂奋进的姿态迎接中共二十大胜利召开。

委员们也提出了许多很好的意见建议。在教育方面，有委员建议将报告中"规范民办教育发展"的表述修改为"支持与规范民办教育发展"；有委员建议政府工作报告中能超越民生谋划教育，因为教育不仅是一个民生问题，而且是更重要的影响和决定民族复兴的大事，需要从国家层面做好顶层设计，要从为经济社会发展提供强有力的人力资源支撑高度去谋划；有委员建议对于有劳动能力的农民进行全员培训，使广大农民掌握一技之长，提高农民巩固拓展脱贫攻坚成果与乡村振兴有效衔接的能力；有委员建议大力培养面向制造业的人才，多培养能工巧匠、大国工匠；有委员建议积极推动不同学科的交叉融合，培养创新人才，提升对科技创新重大突破的支撑能力；等等。

在生态文明建设方面，有委员建议加快落实能耗双控向碳排放总量和强度双控转变建议；有委员建议尽快出台农村畜禽散养污染治理的法规，依规加强农村生态环境综合治理；有委员建议进一步推进电力体制改革，理顺煤价和电价关系，促进电力市场发展，发挥好市场配置电力资源的作用；有委员建议充分考虑内蒙古自治区作为能源输出省份，在生态环境、产业调整方面的迫切需求，多支持、多关注、多支援。

在社会民生保障方面，有委员提出完善三孩生育政策配套措施，降低育龄妇女生育的经济成本、时间成本、工作机会成本和健康成本，构建一个产后有关爱、有健康、有保障的生育友好型社会。

此外，在经济发展方面，还有委员分别提出支持贵州打造"四区一高地"，加大对中小微企业的资金支持，建立防止经济脱实向虚的长效机制，发挥财政政策的主动作用和货币政策的保障作用，支持浙江高质量发展建设共同富裕示范区，支持海南本土种业发展，完善科技特派员工作机制和激励机制，清理就业过程中对学历、性别、年龄的歧视，推进智慧社区建设等。

下午的讨论很热烈，一直到五点半，整整两个半小时，一直没有休息，23 位委员先后发言。

会议室边上就是餐厅。会议结束以后直接用餐。

昨天小组秘书送来了 2021 年全国政协读书活动积极分子的证书和奖品。这两天太忙，一直没有时间打开看。晚餐后回到房间，终于有时间翻看了：一张简朴的证书和一套商务印书馆《辞源》。这是鼓励我们继续好好读书呢。

晚上写两会手记。

晚上 9 点多，边跑步边观看重播的《新闻联播》和《新闻 1+1》。正好看到白岩松讲政协新闻出版界别组热议李克强总理报告中"深入推进全民阅读"的内容。白岩松也是"中国阅读三十人论坛"成员之一，还记得他在论坛举办的"阅读推进社会公平"主题沙龙中强调公共图书馆对促进社会公平的重要作用。这些年来，我们大家都在持之以恒地呼吁着，期盼全民阅读能够更好地为明天奠基。

晚上 10 点，浏览今天的报纸。《人民政协报》记者吕巍对我的提案的报道《电商平台不应成为盗版书销售的新土壤》引起了许多委员的关注。有出版机构发来了一些盗版的证据。

《新京报》发表了我的政协笔记专栏文章《全国政协常委朱永新：建立国家阅读节，仍然是我的"1 号提案"》。

《成都商报》红星新闻发表了记者吴阳等的报道《全国政协副秘书长朱永新："双减"之下要建立校外教育机构公共服务购买机制》。

晚上 10 点 30 分完成了人民政协网的两会日记。一天的工作告一段落。

洗漱后看了两本图画书：一本是《我说话像河流》（加拿大乔丹·斯科特文，西德尼·史密斯绘，启发童书馆出品），另一本是《外婆的蓝色铁皮柜轮椅》（刘毛宁文图，浪花朵朵出品）。

这两本书都是北京联合出版有限公司 2021 年引进的书籍，讲述的都是一个小男孩的故事。前者是讲一个口吃的男孩如何在父亲的帮助下成为了不起的诗人；后者是讲一个偷钱的孩子如何在外婆的宽容与理解下，自己去解决成长中的烦恼。我主张成年人也可以读一些图画书，其实这些书也都是非常棒的教育书籍。

晚上 11 点 10 分休息。睡前读书，枕书而眠，是人生的幸福。

委员论道大会堂

2022 年 3 月 7 日，星期一，晴

　　早晨 5 点 40 分起床工作。

　　阅读第十七届文津图书奖的相关书籍和资料。最近一直在读文津奖的入围图书。评选于 2021 年 11 月 17 日正式启动，共收到图书馆、出版社、读者、评委等方面推荐图书两千余种。经过组委会秘书处的初评，有 100 多种图书进入终评环节。浏览这么多的书还是非常需要时间的，好在有一些书此前已经读过。

　　早晨 7 点 15 分吃早餐。7 点 45 分乘车去人民大会堂。照例带上了一本小书——《少即是多》。

　　这本书的作者是日本的本田直之，他发现日本人比北欧人富裕，但是幸福指数却比北欧人低很多，于是去北欧寻找答案，采访了很多人，发现其实幸福很简单，真正的幸福不是拥有，而是不被外在的物质所累——从物质中取得幸福感的时代已经结束！他提出了新幸福的 10 个条件：享受工作，有关系亲密的朋友和家人，拥有稳定的经济来源，身心健康，拥有富于刺激的兴趣和生活方式，拥有自己的时间和自由，能够选择适合自己的居住环境，有效的思维习惯，放眼未来，感觉自己每天都在不断地向目标前进。

　　上午 9 点，全国政协十三届五次会议第二次全体会议举行大会发言。全国政协副主席邵鸿主持会议，国务院副总理孙春兰、中宣部部长黄坤明到会听取委员意见与建议。

　　中共十九届中央候补委员，山东省政协主席葛慧君第一个发言。

她在发言中表示，作为政协委员和政协工作者，要自觉把"民之关切"作为"行之所向"，心系"万家灯火"，情牵"柴米油盐"，深入基层一线，走近界别群众，用心听民声察民情聚民智，为民办实事解难事做好事，展现"为国履职、为民尽责"的情怀和风采，在新时代中国昂扬奋进的新征程上展现人民政协的使命担当，以实际行动迎接中共二十大胜利召开。

国务院发展研究中心原副主任王一鸣委员在发言中表示，稳预期是经济回稳向好的关键。当前，既要关注疫情多地散发和消费需求疲软对需求端的影响，也要注重解决"缺芯""缺柜"和大宗商品价格上涨等供给端问题，但更重要的是回应社会关切，稳定市场预期。他建议要保持战略定力和耐心，不把长期目标短期化，系统目标碎片化，不把持久战打成突击战。

王红委员代表民革中央就壮大乡村产业，实现稳定脱贫与乡村振兴有机衔接问题发言。她建议要以自然和文化为基础衍生新业态，夯实稳定脱贫和乡村振兴的产业基础；以要素流动为核心促进新融合，形成稳定脱贫与乡村振兴的强大动力；以创业为手段培育新动能，助力实现稳定脱贫与乡村振兴的有机衔接。

中国社会科学院副院长高培勇委员就促进共同富裕要正确处理效率和公平的关系发言。他认为，共同富裕由"共同"和"富裕"两个关键词组成。"富裕"需要把"蛋糕"做大，"共同"则要求把"蛋糕"分好，两者是辩证关系。只有坚持在高质量发展中促进共同富裕，在持续不断"做大蛋糕"基础上"分好蛋糕"，厚植共同富裕基础，才能最终实现共同富裕。不能够只讲效率不讲公平，造成两极分化和阶层固化，也不能只求公平不要效率，搞平均主义。要发挥三次分配对于改善分配结构的补充作用，但主要通过自愿慈善捐款方式进行，反对任何形式的"逼捐""诱捐"。既要关注"富口袋"，增加城乡居民收入，又要关注"富脑袋"，满足人民文化需求、增强人民精神力量，促进人的全面发展和社会全面进步。共同富裕要不搞"齐步走"，不做"过头事"，不盲目攀比和冒进，把保障和改善民生建立在经济发展和财力可持续基础之上。

北京联东投资（集团）有限公司董事长刘振东委员就切实发挥民

营企业在稳增长中的积极作用发言。提出要加强预期引导，展现增长前景；扶持中小企业，夯实增长基础，大力气解决中小企业发展的堵点痛点难点；激活民间投资，释放增长潜力，解决当前民营企业"不敢投""不愿投""不能投"的问题；防范化解风险，守住增长底线等建议。

中国农业科学院原党组书记陈萌山委员在发言中提出，国家应在东北平原、黄淮海平原、长江中下游平原整体布局，率先建设高水平国家粮食安全产业带。要突破耕地和种子两大瓶颈，全面提高粮食综合生产能力；推动粮食精深加工和高效养殖，全面提高粮食综合效益；建设粮食运输走廊，连接国家粮食储备库和加工基地，形成既能产得出，又能调得快、供得上的高效供应链。

红杉中国创始人及执行合伙人沈南鹏委员在发言中强调，碳中和布局要做好"全国一盘棋"，重点"算好三本账"。一是算好"西能东输"的经济账，把西部地区的清洁能源优势转变为经济优势；二是算好"产业转移"的效益账，不让西部地区在"存量减碳、增量避碳"的产业发展中掉队；三是算好"固碳增汇"的生态账，打通西部地区"点绿成金"的转化通道。

黄震委员代表民进中央围绕"推动'双减'政策更加落实落地"作了大会发言。他指出，"双减"政策群众关心、社会关切。实施半年来取得良好开局，但仍然存在部分家长"唯分数"的思想观念尚未转变，"培优补差"仍有很大生存空间，相关配套保障措施亟待完善等问题。希望进一步做好政策宣传解读，广泛凝聚社会共识；完善基础教育保障体系，强化学校教育主阵地作用；深化教育综合改革，促进"双减"政策产生实效。

中国国家话剧院院长田沁鑫委员结合自己参与创作文化节目《故事里的中国》、民族歌剧《扶贫路上》、电视节目《典籍里的中国》以及《伟大征程》大型文艺演出的经历，就坚守人民立场、努力开拓社会主义文艺新境界谈了自己的体会。

香港金融发展协会主席魏明德委员在发言中说，香港背靠祖国、面向世界，具有"一国两制"制度优势、对外开放的优势和文化多样性的优势，可以在构建人类命运共同体中发挥更加重要的作用。

张泽熙委员在代表台盟中央的发言中建议，要注重综合施策，推动台胞台企融入新发展格局，推动台资企业以更便捷的方式融入大陆产业链供应链体系，为台湾青年来大陆创业和就业实施更加精准的帮助，解决好"水土不服"问题，确保惠台利民政策措施在执行过程中不打折扣、不走样、不变形。

黑龙江省副省长孙东生委员建议，要充分利用好冬奥黄金期，推动冰雪运动项目水平全面提升，持续提升冰雪运动综合实力。尤其是要构建群众身边的冰雪运动服务体系，形成人人想参与、能参与、乐于参与的新局面，"乘北京冬奥会的东风，吹响从体育大国迈向体育强国的冲锋号"。

上午10点30分结束以后，遇到中国科学院大学的杨佳委员，她也是我们"中国阅读三十人论坛"的成员，她开心地说，今年两会总理报告提出"深入推进全民阅读"，比过去"倡导全民阅读"更进一步，感到很开心！

11点5分左右回到驻地。把和杨佳委员的合影和交流发到"中国阅读三十人论坛"的微信群里，大家都非常振奋，对接下去的论坛工作进行了交流。

11点30分接受记者的约访，就政府工作报告中提出的"深入推进全民阅读"、政协委员读书会、《马拉喀什条约》等问题进行了交流。

下午3点，参加视频会议，主会场设在全国政协常委会议室，我们继续在驻地收看大会发言。

下午的发言仍然是12位委员。

清华大学中国经济思想与实践研究院院长李稻葵委员第一个发言。针对有人担心中国发展的战略机遇期已经过去的说法，他提出，当前中国城镇化和经济地理再布局的潜力巨大，产品生产要素和信息的跨区流动仍有很大空间，还有亿万憧憬美好生活并愿意为之辛勤奋斗的民众。"我相信这是中国经济长期向好的最大底气。"要创造并抓住发展战略机遇，再创中国经济发展的新奇迹。

民盟中央副主席陈群委员代表民盟中央发言，建议科学有序推进城市更新，努力做好城市品质提升这篇"大文章"。他提出4点建议：一是提升公共服务品质，补齐民生领域短板；二是推进老城有机更新，保护传承历史文化；三是实现多主体协同，推进共建共享格局；四是加强城市品质管理，积极开展城市体检。

致公党中央副主席张恩迪委员代表致公党中央发言。他表示，国内大循环和国际大循环是相互交汇、相互连接的。发挥双循环节点作用，还要重点关注四个环节和重点：一是做强做大国内市场，有力有效扩大内需；二是发挥科技创新关键作用，支撑引领构建新格局；三是加快实施"双碳"战略，推动实现"绿色双循环"；四是畅通人员往来，促进人文交流。

农工党中央副主席蔡威委员在发言中建议：一是将突破药品医疗器械"卡脖子"技术，融入强化国家战略科技力量大局，提升创新能力；二是进一步深化药品医疗器械产业改革开放，提升行业监管水平和产业集中度，增强产业链供应链韧性；三是推动中医药产业与西医药并重发展、有机结合，发挥中医药独特优势，起到补链强链作用。

中国科学院院士高鸿钧委员建议将大科普战略确立为国家战略，明确其在国家战略体系中的定位，加快修订《科普法》及其配套实施政策，以法制化、标准化强化各类科普主体责任，以提升全民科学素质为目标，以短视频、曲艺、小品、脱口秀等大众触手可及和喜闻乐见的艺术形式，与文化下乡和社区文体活动相结合，大范围传播科普知识。

上海师范大学校长袁雯委员建议，把积极老龄观、健康老龄化理念纳入经济社会发展的全过程，将理念转化为可实施的目标、任务和措施，落实到与老有所为相关的部门规划和工作中，带动全社会充分认识老年人是社会的宝贵财富。要破解可能影响老年人社会参与的障碍，梳理并修改现行政策中不利于老年人社会参与的内容，促进老有所为。

九三学社上海市主委钱锋委员就充分发挥青年科技人才作用发言。他提到，奋进新时代，高水平科技自立自强是关键，我们比历史上任何时期都更加渴求人才，特别是青年科技人才，要让更多青年人才勇挑科研重担。打破论资排辈，让优秀青年科技骨干脱颖而出。放手使用人才，让青年科研人员在重要岗位上施展才华。

共青团中央书记处书记傅振邦委员就创造条件鼓励生育、促进人口均衡可持续发展发言。他表示，近年来，我国采取了生育调整措施，但人口问题依然严峻，应确立鼓励青年生育的法律和政策导向。他建议，构建全方位鼓励青年生育的配套政策，大力保障母亲权益和女性就业权益，着力营造鼓励青年生育的社会氛围。

中国天主教爱国会副主席沈斌委员作主题为《提升自我管理水平，促进我国宗教健康传承》的发言。他表示："不少宗教界有识之士提出要从严治教。发出必须自我求变，必须匡正教风，切实保障我国宗教健康传承的强烈呼吁。"他倡议宗教界人士要加强自我教育，勇于自我净化，要加强自我管理，依法办教，强调"宗教界代表人士要带头守法遵规"。

原澳门特别行政区行政会廖泽云委员在作大会发言时，呼吁推进横琴粤澳深度合作区建设。廖泽云说，澳门必须脚踏实地，找准路径，稳中求进，推动总体方案不折不扣落实落地。必须立足全局，开拓进取，勇于创新，为"一国两制"实践行稳致远开辟新空间、注入新动能。他建议围绕"促进澳门经济适度多元发展"主线打开局面。

民建中央副主席高峰委员表示，要推动自贸试验区高质量发展，扩大高水平对外开放。他认为，可以科学扩充沿边自贸试验区数量，推动边境贸易繁荣。合理规划东部自贸试验区内部功能布局及建设，对功能空间不足的扩容升级，统筹发展自贸试验区和海关特殊监管区。可以建立自贸试验区考核评估长效机制和重大标志性成果奖励制度，及时在全国范围内总结推广自贸区重大标志性成果，建立自贸试验区退出机制。

西双版纳职业技术学院思想政治理论课教学部教师张敏委员以《坚守民族团结誓词》作大会发言。他从云南远近闻名的"誓词碑"讲起，这座碑建于1951年1月1日，被誉为"新中国民族团结第一碑"，上面镌刻着普洱专区26个民族的代表写下的庄严誓词。距离建碑已经过去70多年了。张敏说，家乡西双版纳的基诺族、布朗族、景颇族、拉祜族和佤族5个少数民族，都实现了整族脱贫，一同跨入了全面小康。

24位委员的发言，每个人虽然只有不到7分钟的时间，但是凝聚着他们个人和所代表的界别多年来的调查研究与思考，有数据、有案例、有观点、有道理、有建议。在人民大会堂这样一个最大的议政平台上，委员们奉献出智慧与良策。

大会发言后举行 2021 年度全国政协委员优秀履职奖的颁奖仪式，王松灵、支树平、叶青、吕红兵、刘世锦、许进、李朋德、连介德、吴为山、吴昌德等 20 位委员获得履职奖，李健等 15 位委员获得提名奖。这些人很多都活跃在政协委员读书群中，其中我们民进会员胡卫也获得了提名奖。

回到房间，抓紧撰写今天的两会手记。收到学生从苏州发来的微信，说在他的小区电梯间里，看见了视频中播放我的家庭教育观点："'鸡娃'的家长应接纳孩子的差异性"。家庭教育的确应该用更多方法走近父母，才能起到更好的作用。

晚上 8 点，参加新阅读研究所"中国中小学项目学习阅读书目"研制小组的工作例会，这是我们对基础阅读、学科阅读进行书目研究后开展的第三大系列，是阅读研究的层层递进。国际教育界中传统的课堂教学正在向项目式学习发展，在此趋势之下，我们启动了这个项目研究阅读书目的研制计划，每个月的 7 日，项目组成员都要开会讨论交流工作进展。下午在"中国阅读三十人论坛"工作群中大家讨论通过今年读书月活动草案，将以"深化阅读内化素养"为主题，连续举办 30 场公益活动。今年的政府工作报告中，提出要"深入推进全民阅读"，这两件事，都在落实着全民阅读的深入推进。平时参加工作例会，我都是全程参加，今天由于两会期间时间安排太满，我参加了半个小时左右就先行离开了。

晚上 8 点 30 分，应《人民日报》主任记者赵婀娜邀请，与北京四中马景林校长一起进行视频访谈。就"双减"面临的新问题、什么是好教育、好老师究竟该具备怎样的素质等问题进行讨论交流。谈到教育，总有说不完的话。一个多小时的沟通，仍意犹未尽。

晚上 10 点，仍然是边看《新闻 1+1》边运动了半个小时。

洗漱，读书，11 点休息。

司法保障安民生

2022 年 3 月 8 日，星期二，晴

早晨 5 点 19 分起床工作。

今天是国际劳动妇女节。这个温馨而美好的节日，属于女性，属于柔韧智慧美丽的女性劳动者。写新父母晨诵："你或许拥有无限财富，一箱箱的珠宝与一柜柜的黄金，但你永远不会比我富有，我有一位读书给我听的妈妈。"当一位母亲和孩子坚持亲子阅读，那双推动摇篮的手就已经开始推动世界。把这首被广为流传的史斯兰克·吉利兰的诗歌送给所有的母亲，母亲是我们人生最初也是最大的财富。

昨天忙碌了一整天，规定动作就剩下一件事没有完成：阅读报刊新闻。

《光明日报》记者罗旭前天关于人才强国问题的采访在"圆桌对话"正式发表，记录了中国科学院院士、清华大学党委书记邱勇代表、中国人事科学研究院院长余兴安委员和我三人一起对这个问题的交流。我提出，中国面临的很多"卡脖子"技术问题，根子是基础理论研究跟不上，源头没搞清楚。要加强学科布局和体系建设，全面夯实基础理论研究，补足冷门、薄弱学科短板，推动学科交叉融合。要加大对甘坐"冷板凳"、从事基础研究工作的青年科研人员的政策支持力度，激励大家心无旁骛地专注科学研究，实现越来越多"从 0 到 1"的原创突破。

昨天的香港《大公报》也发表了我的文章《实实在在推进教育公平》。文章介绍了我们在推进教育公平方面做的一些务实的工作，以

及学习李克强总理政府工作报告的一些感想。

昨天刚刚出炉的《中国政协》第 4 期也送到了会场，"委员作业"专栏的打头文章就是我的《边走边写，讲好委员履职故事》，介绍了我在 2021 年的履职情况。

昨天的《人民政协报》和《新京报》也分别发表了我的两会专栏文章《与委员长共商国是》和《团结政协满庭芳》。

今天全天是"两高日"。上午去人民大会堂列席十三届全国人大五次会议第二次全体会议，听取全国人大常委会委员长栗战书关于全国人民代表大会常务委员会工作的报告、最高人民法院院长周强关于最高人民法院工作的报告、最高人民检察院检察长张军关于最高人民检察院工作的报告。下午小组会议讨论"两高"工作报告。

早晨 7 点 20 分吃早餐。7 点 45 分出发去人民大会堂。带了一本《家庭作业的迷思》在路上阅读。

这本书的作者是美国进步主义教育的学者艾菲·科恩。他审视了人们对于家庭作业的通常辩解，如认为家庭作业能够提升学业成绩、巩固已学知识、训练学习技巧、培养责任感等，但是，通过大量的数据分析和实证研究，这些神话被他一一打破，结果发现"实际上没有任何一项上述假设通过了研究、逻辑及经验的检测"。

其中最触目惊心的结论，是他引用了两位学者对 TIMSS（国际数学与科学趋势研究项目组）从 1994 年到 1999 年的研究数据所得出的结论：

我们不但无法找出任何正相关，而且发现全美学生平均学业成绩，与家庭作业的频率、数量，以及老师用家庭作业打分数的平均百分比之间，都是负相关。如果这些数据可以扩及其他学科，那么，那些原本想要增加家庭作业，以提升学生学习成绩在世界上排名的国家，可能实际上是在降低他们的成绩……更多的家庭作业对国家整体的表现可能是不利的。

这些研究，对于我们正在推进的"双减"工作是很有参考意义的。

上午 9 点，会议正式开始。全国人大常委会副委员长王晨主持会议，他首先以大会主席团的名义，向各位女代表、女委员、女工作人员，向全国各族各界妇女，向世界各国妇女，致以节日的祝贺和美好的祝福。在我的印象中，两会期间向世界各国妇女祝贺节日，应该是第一次，这也反映了我们推动构建人类命运共同体的胸怀。接着，就是栗战书委员长的工作报告和"两高"的工作报告。

以前人大的报告与"两高"报告是分开做的，列席会议的政协委员只需要参加后者的这一场，为了压缩会期，两场合并了。虽然人大常委会的工作报告不需要政协委员审议，了解一下人大工作，对于政协委员的参政议政活动无疑也是有帮助的。

与前两年的"两高"报告一样，今年也是用的"简版"。过去的一年，"两高"紧紧围绕"努力让人民群众在每一个司法案件中感受到公平正义"的目标，坚持服务大局、司法为民、公正司法，忠实履行宪法和法律赋予的职责，各项工作取得了新的进展。如最高人民法院工作报告中提到：制止滥用人脸识别技术行为，"让公众不再为自己的'脸面'担忧"；"让群众切实感受到民法典就是人民权利的保障书"；我国已建成世界上联动资源最多、在线调解最全、服务对象最广的一站式多元纠纷解决和诉讼服务体系；"走出了一条中国特色司法为民之路"。

再如最高人民检察院工作报告中提到：做实群众信访"件件有回复"，收到 279 万件信访，做到 7 日内告知"已收到，谁在办"，3 个月内办理情况答复率超过 90%；从严起诉网络诽谤、侮辱、侵犯公民信息等危害社会秩序、侵犯公民权利犯罪同比上升 51.3%，守护人民群众美好生活，"让肆意损害公益者付出应有更高代价"等。

为了帮助代表、委员更好地了解"两高"工作，大会还编印了图文并茂的参考资料《带您实时看法院》《全国人大代表建议、全国政协提案落实情况》《报告中重要问题释义》《有关用语和案例说明》等。

会议中间，代表、委员不断用热烈的掌声回应"两高"始终坚持以人民为中心、扎牢民生司法保障网的多项工作举措。

中午稍事休息。

下午 3 点，参加民进界别小组会议。民进界别小组会议由民进中央副主席陶凯元主持。她本身是最高人民法院的副院长，有很好的专业背景，我笑着对她说："你既是主持人，又是作为'两高'领导来听取委员意见。"在审议常委会工作报告的决议（草案）、提案工作情况报告的决议（草案）、提案审查报告（草案）和第五次大会政治决议（草案）时，李和平、胡卫、罗黎辉和我分别发表了意见。接着，重点审议了"两高"报告。

姚爱兴委员首先发言，他从 5 个方面谈了自己的感受：

一是政治站位高。通篇贯穿了习近平法治思想和党中央全面依法治国的大政方针，贯穿了以人民为中心的理念。过去一年，"两高"在忠实履行宪法法律赋予的职责，在深化司法体制改革，服务保障更高水平平安中国、法治中国建设，在保障高质量发展，维护社会公平正义，以及加强自身建设，打造忠诚干净担当的铁军等方面取得了显著的成绩，距离"努力让人民群众在每一个司法案件中感受到公平正义"这个目标的实现更近了一步。

二是数据翔实。这是"两高"报告多年来一贯的风格，用了大量数据、很多典型案例来说话，说服力、警示性都很强。每年讨论"两高报告"的时候，也是一个委员们学法、用法、接受普法教育的过程，对于提高大家尊法守法的意识很有作用。

三是很接地气。除了讲"两高"自身的工作以外，报告中用了很多的篇幅，全面反映了全国各级司法机关工作的一些重点、难点、亮点工作。全国各地的一些好经验、好做法，在这两份报告里边都有不同程度的反映，体现了全国法检系统上下同步，坚持服务大局，司法为民，公正司法的生动实践。

四是服务代表、委员，主动接受监督的意识。"两高"报告图文并茂，形象直观，不但有去年一年重要的数据，还有历年的一些数据，对一些专业的术语和案例有专门的解释，对代表和委员提的建议、提案也有回复介绍。"两高"每年都有到党派调研，听取意见，主动接受监督。

五是工作创新多。如最高检对争议大、影响大的案件推行公开听证评议，"两高"报告里都提到一个术语，叫作心结、法结一起解，建立一站式多元纠纷解决和服务也很有成效，真正地做到了方便群众、服务群众。

姚爱兴委员的发言引起了大家的共鸣。左定超、张显友、严可仕、张雨东、何志敏、陈贵云、汤建人、潘碧灵、张震宇、鲁修禄、姜军、胡卫、罗黎辉等委员也先后发言，对"两高"报告给予了高度评价，认为报告离代表委员越来越近，离民生问题越来越近，司法保障安民生做得越来越实。

委员们对"两高"工作报告给予了高度评价。大家在讨论中对"两高"工作提出了一些意见和建议：比如，加快提高保障高质量发展的司法能力，提高基层法院工作人员的素质和待遇；抓紧解决司法工作人员数量不足的问题；加强智慧法庭建设；打击互联网环境中的侵权行为；捍卫国家主权和司法管辖权；妥善处理调整危险驾驶罪；加大法院检察院系统内干部交流的工作力度；加强对网络挖矿、网络诈骗、比特币等新犯罪、新司法实践、新情况新问题的研究；加强基层司法机关建设；对一些重大舆情案件及时发声，做出司法解释，平息舆情；加强老百姓的隐私保护等。

下午5点会议结束。

晚上处理大调研的相关事宜。根据《2022年政党协商（会议协商）计划》，今年党外人士重点考察调研的主题为"扎实推动共同富裕"和"统筹推进碳达峰碳中和"。民进中央将围绕后一个课题进行调研。根据领导的指示意见，同时结合相关文件精神和各方面意见，我们初步建议的调研主题为：坚持节约优先，加快形成绿色低碳生产生活方式。两会以后，就要启动相关工作，所以抓紧与有关方面商量调研地点与时间等具体问题。

晚上写手记和《园丁与木匠》的读书笔记。

晚上9点，跑步45分钟。今天时间相对充足，仍然是边看新闻边跑步，大汗淋漓。

晚上10点20分，洗漱，继续读《园丁与木匠》。晚上11点休息。

心系教育事

2022 年 3 月 9 日，星期三，晴

　　早晨 5 点起床工作。

　　继续发微博"读与思"专栏。仍然是《园丁与木匠》引发的思考。为什么说教学是一把"双刃剑"？这是因为，一方面教学会很快让孩子学会模仿，掌握玩耍的技能。但是，另一方面教学也会限制孩子的想象力和创造性，影响他们主动探索和发现。我们经常低估了孩子探索世界的能力，这是成年人经常容易犯的毛病。

　　发微博"童书过眼录"专栏。今天分享的是图画书《外婆的蓝色铁皮柜轮椅》。故事笔墨不多，却深刻地揭示了传统中国家庭的亲情模式与情感联系，显示了祖辈对儿孙无私的爱与理解。

　　处理今年的"中国童书榜"的工作。这是第九届活动，为了能够做出一个公平、公正、公开、有公信力的参考榜单，专家评委付出了很多努力，从今年开始在 4 月 2 日"国际儿童图书日"发布。

　　审读《给新孩子的中华优秀传统故事》的最终稿和相关资料。在这信息时代，主编一套书不难，主编一套原创的好书其实也不算太难，但是，如何能够把先进的教育理念、科学的成长体系、创新的阅读方法，与代代相传的民族精神、各行各业的历史人物、引人入胜的传奇故事相结合，需要跨界的专业人士齐心协力，就是一个相当有难度的挑战。这一次组建了各方面的专业团队，大家齐心协力，我也不敢怠慢。更希望借助于信息时代的便利条件，借助于我们坚持不懈的公益活动，能够贯彻"双减"的政策，让更多老师和父母减轻压力，

让更多孩子儿童从中华历史的杰出人物中找到榜样，开心成长。

准备上午会议的发言提纲。今天是各界别组围绕小组关注的热点问题进行讨论，根据预备会议通过的议题，我们这次是围绕家庭、学校、社会协同育人这个主题。我们中国民主促进会一直被称为"教育党"，有 60% 以上的会员是教育界人士，今天的议题正是民进作为"教育党"的"老阵地"。在"双减"政策实施以后，在《中华人民共和国家庭教育促进法》颁布以后，如何更好地发挥家校共育的作用，如何缓解父母的教育焦虑，仍然没有很好地破题，仍然需要我们进一步探索更多方法。

浏览报纸和网络的新闻。我的一些提案和建议继续得到关注。

《光明日报》的《"双减"之后，教育如何轻松行》专题发表了我的文章《建立校外公共服务购买机制》，中国日报网发表了《全国政协常委朱永新："四大引擎"助力打造中小企业数字化"加速器"》，《人民政协报》发表了我的两会日记《委员论道献良策》，《新京报》的"政协笔记"专栏发表了《委员发言商国是》。

继昨天苏州朋友发来电梯间里我在全国两会上的海报之后，北京的朋友也发来了一个他们小区里的同类广告。我一直呼吁学校应该打开校门做教育，因此"新教育十大行动"之一就是"聆听窗外声音"。如果我们把好的教育理念、教育方法，把"深入推进全民阅读"的重要性和方法论，通过这样的方式在社会上广泛传播，真正做到"家喻户晓"，那该多好啊！

上午 9 点，在驻地参加小组会议。民进中央副主席黄震主持会议。这次他代表民进中央作了大会发言，在谈到"双减"政策的落实落地时，也涉及家庭、学校、社会如何更好地协同育人问题。

民进不仅是"教育党"，60% 以上的会员来自教育界，主体是一线的中小学老师，所以又称"教师党"，为教育问题鼓与呼，是我们民进多年参政议政的重要内容，委员们也都心系教育，讲起教育问题来就非常踊跃。

前几天大家发言很踊跃，我一直没有机会发言，今天我就抛砖引玉先谈谈自己的想法。作为中国教育学会家庭教育专业委员会的理事长，我从家庭在人的成长中的作用与价值、我国家庭教育的现状与问题、如何加强家庭教育专业建设等角度谈了自己的想法。

我在发言中谈到，孩子成长最关键的时期是在家庭，家庭教育在一定程度上比学校教育更重要。父母是孩子的第一任老师也是终身的老师，提升全社会的教育素养非常重要。父母教育孩子最重要的是认识到幸福比成功更重要，成人比成才更重要，要让孩子有幸福感。家庭生活是培养人的幸福感的一个非常重要的来源，这种幸福感从学校里很难获得。我在发言中提出，建议在教育体系中从师范院校开始，把家庭教育要作为一门课程。同时，建议在高中开设未来父母教育课程。

孙惠玲、左定超、雷鸣强等委员分析了家庭、学校和社会各自的责任，认为家庭教育要发挥基础性作用，学校要发挥主阵地作用，社会要发挥支撑作用，形成合力。

长期研究民办教育的专家胡卫委员提出，全社会重视教育是一个好现象，但是家庭教育存在一个误区：邻家效应，家长不去挖掘孩子擅长的方面，只看邻家孩子怎么发展。他认为，家庭教育最简单的办法，就是多陪伴孩子，跟孩子多沟通，了解孩子需要什么、不需要什么。因材施教，有针对性地陪伴，比让孩子多补几门课更重要。他提出建议，要改变一考定终身的考试制度，更注重培养孩子的能力，即使是考试也要多考动手能力和实践操作能力。

陈贵云建议取消中考分流比例，采取自愿分流原则，努力办好中职教育，稳步提高中职教育比例，让老百姓有一个逐步接受的过程。

张显友委员强调，孩子教育要因材施教，不能只用一个模式来培养；家庭成员在生活中各有各的角色，但父母要切实负担起教育孩子的主体责任。

张雨东委员提出三条建议：一是在教育布局上要预测未来国家发展对人才结构的需求；二是国家在出台政策时不宜过细、搞"一刀切"，应该给不同地区更多的自主权，给家庭更多的教育选择机会；三是在出台政策前，要进行更加深入的调研，把情况摸清、问题搞准。

张帆委员提出，对孩子的人格教育非常重要。人格教育是非常复杂的，在家庭教育中，我们父母扮演的是什么角色？一定有能力当导师吗？在培养孩子人格方面需要面对的问题很多，需要引起高度重视。

任芳委员是西京学院的校长，她在发言中说，现在高校毕业生就业压力越来越大，对创业的热情越来越低，家长和学生的就业焦虑也越来越严重。要解决好这些问题，就要从人的未来职业发展和就业岗位设置反推高校在当下应该怎样培养人，衔接好当下教育与未来需要。同时，需要通过学校、家庭、社会，合力改变学生习惯被动教育的现状，引导学生主动思考未来要干什么，要成为什么样的人，做好自己的人生规划。

鲁修禄委员认为，家庭教育关键要强化规矩、人品教育，注重对孩子的磨砺。希望民进能够发挥界别优势，把办好师范教育作为参政议政的一个重点方向，助推师范教育高质量发展。

黄震副主席最后发言。他提出，家庭教育有两个方面很重要：一是对孩子价值观的教育，要引导孩子向上求善，做一个对社会有用的人；二是要有正确的成才观，成人比成才更重要，家长要能够变得更坦然，更有定力。建议政府在人事制度、分配制度、劳动制度、社会评价体系等方面，营造一个有利于各行各业人才都能成长的社会环境，行行建功，处处立业，改千军万马过独木桥为条条大路通罗马。

上午10点，大会新闻组安排我去网络视频采访室接受香港《镜报》和凤凰网等媒体的采访。两家媒体的主题都和阅读相关，从书香政协、书香校园，说到家庭读书会、晨诵午读暮省、中小学阅读书目研制等。

采访时间不长，结束后赶紧回到小组继续参加讨论。

下午1点30分出发去全国政协。带了何怀宏先生的《仅此一生：人生哲学八讲》（广西师范大学出版社2021年版）。这本书讨论了人与物、人性与德性、人际关系、人生目标等问题，也对中西哲学的人生观进行了研究。的确，每个人都活着，但是有多少人在思考活着的意义、如何好好地生活呢？

下午3点，列席全国政协主席会议，听取副秘书长邹加怡关于政协第十三届全国委员会第五次会议情况的综合汇报，审议提交政协第十三届全国委员会常务委员会第二十一次会议的有关文件。虽然会期缩短，但是更加紧凑、更加紧张，各项工作有条不紊地进行。大会秘书处对委员们提出的对有关文件和决议的修改意见也非常重视，逐条认真研究。

下午 4 点，参加政协第十三届全国委员会常务委员会第二十一次会议。会议听取了副秘书长邹加怡有关文件草案讨论和修改情况的汇报，通过了政协第十三届全国委员会第五次会议关于常务委员会工作报告的决议（草案）、政协十三届四次会议以来提案工作情况报告的决议（草案）、关于提案情况的报告（草案）和政治决议（草案）。今天下午的会议，是为明天的闭幕会做准备的。汪洋主席主持了下午的会议，要求常委们继续聚精会神参加会议，开出正能量，开出精气神，为大会画一个圆满的句号。

今天下午各界别组的活动是反映社情民意信息。可惜分身乏术，无法听到大家的意见。我找小组秘书要了记录稿浏览，也算是补了一堂课。

回到酒店，开始分类整理会议的大量资料。

不知不觉，政协会议明天就要闭幕了。

下午 5 点回到驻地。收到了来自新教育实验区四川旺苍县教育局的报喜好消息。他们刚刚举办了区域新教育实验的推进会议，在广元市 2020—2021 学年度基础教育质量考核中，旺苍教育实现了新突破：旺苍县教育局获县区一等奖第一名，连续三年蝉联广元市基础教育质量考核一等奖。旺苍中学获省级示范高中一等奖第一名，东城中学获市级示范高中一等奖第一名。

旺苍与新教育牵手之后，认真践行让师生"过一种幸福完整的教育生活"理念，形成了政府主导、教育局主推、学校主体、师生及家长作为主人的"四位一体"教育新格局。417 位种子教师，强化榜样引领；400 间完美教室，助推生命拔节；80 个教育联盟，抱团整体前行；148 个校本课程，提升育人质量；166 份荣誉，激励奋力前行；全国交流发言，展示践行成果。

第 22 届全国新教育年会将于 2022 年 7 月在旺苍举办，我们将有机会见证旺苍的教育巨变。看到一个个因为新教育改变的实验区和学校，好开心。只要行动，就有收获；只有坚持，才有奇迹。

无独有偶，新教育江西定南实验区也传来好消息：定南县教育科技体育局局长李乐明今天也得到了顺利入围"2022阅读点亮未来"评选的通知，进入下一轮专家评选。李局长自己爱读书、爱写作，上任后第一件事，就是以新教育教师成长的"三专"模式专业阅读、专业写作、专业交往来唤醒教师的心灵，解决教师的职业倦怠，以新教育种子计划公益项目等多种方式引领和帮助当地的老师、学生、父母共同成长，时间不长，但成效斐然，得到嘉奖也是实至名归。新教育以"营造书香校园"为十大行动之首，如今全国的各类阅读活动中，都能够看见新教育人的身影，让人欣慰。

今天还有一件特别开心的事情，全国总工会发了一篇文章——《全民阅读形象代言人朱永新委员呼吁的这件事，我们14年前就开始做了！》。文章介绍了他们从2008年开始启动的"全国工会职工书屋建设工程"，截至2021年底，已经建设了全国工会职工书屋示范点1.4万家，为基层配送图书1600余万册；带动各地工会建成职工书屋14万余家，覆盖职工8000多万人。同时，建成了全国工会电子职工书屋，6年来普惠职工1800余万人。从2017年开始，他们先后推出了"阅读经典好书，争当时代工匠""与共和国同行"等主题阅读活动，被中宣部评为"全民阅读优秀项目"。他们通过出版《书香政协满庭芳》的团结出版社社长梁光玉先生找到我，告知今年要成立全国职工读书会，希望我能够担任顾问。

如果通过这个读书会撬动起数亿职工的阅读，那将是一件多么美好的事情啊！

晚上7点，接受学习强国文化文艺采编部陈远丁先生的采访，就国家教育资源平台的建设、深入推进全民阅读、教育自信与文化自信等问题谈了我的想法。他的采访文章写得很快，晚上10点就完成了。

今天晚上的《人民日报》新媒体两会直播间里，以《"双减"之下，家长焦虑怎么破》为主题，围绕两会提案、双减、立德树人、好教师的素养等问题，主持人赵婀娜采访我和全国政协委员、北京四中校长马景林。我介绍了今年提案中的关注问题和解决建议，和两位进行了对话交流。

继续写今天的手记。

晚上 9 点，运动 40 分钟。一边跑步一边继续看两会新闻。在运动完毕拍下照片记录时，恰好又记录下了我们"中国阅读三十人论坛"成员白岩松的身影。

洗漱，读书，晚上 11 点休息。

交一份生命的合格答卷

2022 年 3 月 10 日，星期四，晴

　　早晨 4 点 50 分起床工作。

　　浏览新闻。昨天晚上，中国青年网、人民政协网、《经济日报》新闻客户端、中视时讯、九派新闻等媒体关注了我的关于世界城市日的提案，纷纷以《朱永新：建议加强世界城市日宣传　对青少年传播可持续的城市发展理念》等为题予以报道。

　　2013 年 12 月，第 68 届联合国大会通过决议，决定从 2014 年起将每年的 10 月 31 日设为"世界城市日"。这是迄今为止唯一由中国政府在联合国推动设立的国际日，它的设立反映了当前国际社会对全球城市化问题的关注，也显示出中国在全球城市化发展进程中话语权的增强。不过，从近几年"世界城市日"相关活动的举办情况来看，在取得一定成效的同时，也存在明显不足，如针对"世界城市日"的宣传介绍严重不足、有关活动社会动员不足、活动内容缺乏统筹规划、内涵有待深化、公众知晓度偏低等，为此我提出了用"世界城市日"讲好中国城市故事的相关建议。

　　"中国阅读三十人论坛"也准备立刻行动起来，在 4 月的"读书月"活动中，以"世界城市日"的"城市，让生活更美好"的总主题为基础，启动以"阅读城市，让生活更美好"为主题的城市阅读活动。我们希望在不同的城市，每个月以一本和该城市有关的好书为主题，举办一场阅读活动，让书香浸润城市，让文化提升城市，让不同的人群都能从城市生活找到属于自己的幸福美好。

《长江日报》大武汉客户端、中新网等发表了关于书香企业的报道《全国政协委员朱永新：推动企业建读书会、图书馆，打造"书香企业"》。

香港文汇网发表了江鑫娴、凯雷的两会报道《朱永新：尽快建立国家英才教育体系》，其中专门谈到了香港的做法。

腾讯新闻的"探照灯好书"发表了叶小文给《书香政协满庭芳》写的序言《不管读书、写作，你永远在开拓创新》。头条新闻等转载了这篇序言。

今天的《中国青年报》记者李华锡发表了《盗版书线上销售猖獗，平台要切实承担责任》，对我和民进中央出版传媒委员会副主任林阳进行了专访。

《人民政协报》发表了我的专栏文章《"教育党"心系教育事》。《新京报》"政协笔记"专栏发表了我的两会日记《委员论道大会堂》。

今天是两会的最后一天，不知不觉，从 2 月 28 日到今天已经整整 11 天的时间了。这是聚精会神的 11 天，也是紧张而充实的 11 天。

上午 7 点 45 分，乘车去人民大会堂。北京的天气渐渐暖和起来，前几天还是冷风呼啸，现在已经是春意冉冉了。昨天在去政协开会的路上，一些白玉兰、迎春花已经蓓蕾初绽。

上午 9 点，参加全国政协十三届五次会议闭幕会。汪洋主席主持会议并讲话，习近平等党和国家领导人应邀出席会议。会议通过了关于常委会工作报告的决议和提案工作情况报告的决议，通过了关于政协十三届五次会议提案审查情况的报告和政治决议。

从提案审查情况的报告可以看出，委员们运用提案建言资政、凝聚共识的积极性仍然很高，大会共收到提案 5979 件，经过审查，立案 4979 件，并案 35 件，转为意见和建议 965 件。在立案的提案中，经济建设类提案 1911 件，位居第一位，占比为 38.4%；社会建设类紧随其后，共 1543 件，占比为 31%。

这一次的会议提案有三个明显的特点。第一，提案紧扣国之大者、民之关切，选题更加聚焦，建议更加具体，质量持续提升。第二，委员敬始如终、高度负责，共有 1944 位委员提交了提案，占委员总数的 90.1%。第三，提案工作信息化水平明显提升，提案智能管理系统正式启用，委员通过网上提交的提案占了99.97%。我今年也是通过网络提交，包括邀请联名，都可以网上实现，大大方便了委员。

会议通过的政治决议对会议情况进行了全面总结，要求广大政协委员要始终保持昂扬的精神状态，高质量完成本届政协各项工作，在勤勉履职中展现政协委员的责任担当，奋发进取，勇毅前行，以实际行动迎接中共二十大的胜利召开，为夺取全面建设社会主义现代化国家新胜利，实现中华民族伟大复兴的中国梦做出新的更大的贡献。

汪洋主席在讲话中高度评价了这次会议和本届政协四年来的工作，指出这次会议广泛汇聚正能量，开出满满精气神，是一次"高举旗帜、民主团结、求真务实、简约高效的大会"。他指出，四年来，全国政协认真践行旗帜鲜明讲政治、以人民为中心履职尽责、求真务实提高协商能力水平的工作原则和理念，在共同见证庆祝新中国成立七十周年、中国共产党成立一百周年等重大活动中，在共同亲历抗击新冠疫情、打赢脱贫攻坚战、全面建成小康社会等伟大实践中，在共同落实中央政协工作会议精神、推进专门协商机构建设中，增强了政治能力、为民情怀和协商本领。

汪洋主席希望广大政协委员在新征程上，践行这些原则和理念必须一以贯之、做得更好。他指出，人民政协是政治组织，讲政治始终是第一位要求。广大委员来自方方面面，对一些问题的看法或有不同，但政治立场不能含糊、政治原则不能动摇、政治方向不能偏离。要不断增强政治判断力、政治领悟力、政治执行力。人民政协只有坚持履职为民，才能永葆基本政治制度的生机活力，才能更好彰显全过程人民民主的独特优势。要深入实际察民情，倾听人民呼声，反映人民诉求，集中人民智慧，把委员作业写在中华大地上、写到界别群众的认可里。要进一步提高协商质量，进一步培育协商文化，真正做到遇到问题多协商、双向互动会协商、坦诚相见真协商、充分交流深协商，"笃行不怠勤履职，再接再厉续华章"。

闭幕式只有半个小时左右，但是庄严的仪式感传递着满满的决心和力量。

回到驻地，温习记录下的闭幕讲话，思考接下来这一年的履职事务。前面 4 年的事务，我记录在《共识凝聚力量》《使命与担当》《书香政协满庭芳》《协商的力量》之中，这一年我该怎样用行动书写呢？汪洋主席的讲话，对我们每位委员是鼓舞，是提醒，更是鞭策。

下午 1 点 30 分出发去全国政协。上车前带来一大摞今天的报纸，在路上正好看完。这些年来，考虑北京的路况等原因，为了充分利用时间，练就了在车上看报处理文件的本领。

下午 3 点，参加全国政协十三届五次会议秘书处总结会议。副秘书长邹佳怡主持会议，副主席兼秘书长李斌作总结讲话。全国政协在闭幕式后马上召开总结会，也是多年形成的惯例。李斌说这是"聚精会神干工作，雷厉风行抓落实"，我看也是"趁热打铁效率高，立竿见影效果好"。

副主席兼秘书长李斌从三个方面总结了大会取得的成绩。一是深入贯彻落实习近平总书记重要指示精神，开出了精气神，开出了正能量；二是充分发挥委员主体作用，大会履职取得圆满成功；三是大会秘书处统一部署、高效运转，为大会成功提供了有力保障。会议实行闭环管理，在防控疫情方面取得很好的成绩，守住了无疫情的底线。据说这次两会有 2700 多家境内外媒体报道，相关的浏览量超过 10 亿人次。

晚上回家，继续整理会议的文件。从人大和政协的简报上学习了习近平总书记关于 5 个"必由之路"和 5 个"有利条件"的两个重要论断，很有感触。

前者是 3 月 5 日下午，习近平总书记在内蒙古代表团参加审议时提出，5 个"必由之路"分别是：坚持党的全面领导是坚持和发展中国特色社会主义的必由之路，中国特色社会主义是实现中华民族伟大复兴的必由之路，团结奋斗是中国人民创造历史伟业的必由之路，贯彻新发展理念是新时代我国发展壮大的必由之路，全面从严治党是党永葆生机活力、走好新的赶考之路的必由之路。这 5 个"必由之路"，既揭示了新时代中国的"成功密码"，也指明了"未来我们怎样才能继续成功"的方向。

后者是 3 月 6 日下午，习近平总书记在参加农业界、社会福利和社会保障界政协委员联组会时提出，5 个"有利条件"分别是：有中国共产党的坚强领导，有中国特色社会主义制度的显著优势，有持续快速发展积累的坚实基础，有长期稳定的社会环境，有自信自强的精神力量。这5个"有利条件"，是读懂中国奇迹的关键密码，也是开创未来的重要指引。

应该说，这两个重要论断，传递出中国共产党团结带领人民在新起点上沿着正确道路继续奋进的决心、定力与信心。

晚上回家，收到了管建刚老师寄来的一套由美新教育儿童写作课程团队编写的《和漫画一样好玩的作文课》系列作文书。这套书由管建刚与张祖庆联袂主编，书中用涵盖小学生学习和生活的1000多个漫画场景，喷喷牛、花朵朵、小胖、小美4位个性鲜明的小学生形象，从写话入门、作文基础到作文提升、得优技巧等100多个写作干货，200多个写作主题，提供了小学低年级学生的写作方案，是一套难得的寓教于乐的教材。这是新教育又一个重要的研究成果。

今年是新教育的写作主题年。新教育写作，不单纯是一种写作方式，同时是指以写作为载体的生活方式、成长形态和创造方法。是指老师、学生、父母通过撰写教育日记、课堂实录、教育故事、教育案例分析、教育论文、教育书信、学习心得甚至便签、备忘录，通过进行小说、诗歌、童话等创作，记录和反思日常生活、精神生活，分析和回顾教育和学习状况，通过交互书写、相互编织实现彼此润泽、共同成长。

在具体的开展过程中，新教育写作呈现出一些自身的特点，体验性、反思性、交互性、习惯性，是其中重要的4个特点。关于新教育写作理论研究与实践探索的问题，我们将在旺苍的年会上继续深入下去。

晚上7点看《新闻联播》。

晚上8点抓紧写今年两会的最后这篇手记。一边写手记，一边想起了汪洋主席在上午闭幕式上对委员提出的要求。耳畔回响起他的那句嘱咐——"在本届政协第一次会议闭幕会上，我们要求委员年年上交履职作业，今年则要求必须报出一份5年期的合格答卷"。

勤勉履职敢担当，勇毅前行再启程。相信，明年这个时候，我会交出一份出色的答卷。

一个又一个的 5 年，组成了一个人的一生，拼成了一个时代的背景。一位又一位委员代表，商议着民生，汇聚着力量。相信我们这一份 5 年期的答卷，将会不愧时代的重托，进一步努力实现中国梦。相信和平崛起的中国，将会和更多国家的更多人们共同唱响人类命运共同体的幸福乐章。

年度提案

　　我曾经说过，两会是中国人的"政治春节"。提案，则是我们的新年礼物。这个比喻虽然不太确切，但是一年一度的两会，委员们用时最多、用力最深的事情，无疑就是准备提案。我们大多结合自己的专业研究领域，通过联系身边群众集思广益，通过现场调查发现问题、寻求解决之道。就党和国家关注的最大问题，人民群众关心的热点难点问题，提建议、出主意。我们的提案得到了有关部委的高度重视，有时为一个提案会沟通很多次，还要当面交流办理情况。说了不白说，是许多委员的共同感受。

关于建立国家阅读节　以全民阅读夯实共同富裕的精神基础的提案

案由：

党的十八大以来，以习近平同志为核心的党中央立足消除贫困、逐步实现共同富裕，组织实施了人类历史上规模最大、力度最强的脱贫攻坚战，消除了绝对贫困和区域性整体贫困，创造了世界扶贫史上从未有过的奇迹。

2021年，习近平总书记在《扎实推动共同富裕》中对"共同富裕"提出了明确的界定和新的要求，其中特别强调，"共同富裕是全体人民的富裕，是人民群众物质生活和精神生活都富裕，不是少数人的富裕，也不是整齐划一的平均主义。"推动共同富裕，就是要坚持在发展中保障和改善民生，让改革发展成果更多更公平惠及全体人民，不断提升全体人民的满足感、幸福感和获得感。

习近平总书记指出，促进共同富裕与促进人的全面发展是高度统一的。要强化社会主义核心价值观引领，加强爱国主义、集体主义、社会主义教育，发展公共文化事业，完善公共文化服务体系，促进城乡公共文化服务的一体化，不断满足人民群众多样化、多层次、多方面的精神文化需求。

如何有效地促进人民精神生活共同富裕？我们认为推进全民阅读是最基础、最便捷、最便宜、最有效的路径。

人类历史的现代化进程是以笃信"知识就是力量"为前提的，伴随教育的大众化进程，阅读的人口数量空前增加，除了学校阅读，家庭阅读、公共阅读也都应运而生，阅读的普及激活了大众的智力，拓展了人们的视野，促进了文化的交流，由此产生的巨大动力加速了人类文明的进程，迎来了空前释放和展示人的尊严、激情、个性、博学、才艺和创造力"巨人时代"，科学家、发明家、艺术家层出不穷，灿若繁星，直接催生了文艺复兴、启蒙运动、工业革命、科学革命等一系列的变革。这一点，对于推进我国全面实现现代化的大国梦想，同样具有极为重要的启迪意义。

本案建议：

第一，建立国家阅读节，为推进全民阅读搭建活动平台。从2003 年开始，我在每年的全国两会上一直在呼吁建立国家阅读节。我们认为，这不是哗众取宠，不是行为艺术，不是可有可无的建议，而是基于我们对于阅读价值的理解和对于阅读现状的认识提出来的，尤其在网络时代，在信息大爆炸的背景下，阅读的重要性有增无减。阅读需要唤醒，需要仪式，需要平台，就像战士出征前的宣誓、擂鼓一样。阅读是个体生命走向幸福完整的必由之路，是家庭文化传承与创新的重要根基，是理想学校建设与发展的根本手段，是社会改良与历史进步的主要工具，是民族精神振兴与升华的基本途径，是人类命运共同体建设的重要通道。

第二，把孔子诞辰日作为国家阅读节的时间。孔子是中国文化传统的重要代表人物，也是中国最早的阅读推广人。9 月 28 日是孔子诞辰日，把这一天作为国家阅读节，是我们对优秀传统文化的致敬，不仅有助于唤醒全民的阅读意识，也有助于我们纪念这一伟大的万世师表和终身阅读学习的典范人物。

第三，进一步推进阅读公平。阅读资源的公平是教育公平的重要基础，也是社会公平的重要基础。阅读是提升国民素质、缩小社会差距、推进社会公平最有效的手段之一。如果不同地区的孩子有同样好的阅读环境、阅读条件和阅读资源，他们的精神成长就可能站在同一起跑线上。

第四，加强公共图书馆的建设。公共图书馆作为现代公共生活的信息中心，它的免费开放，将为我们提供全民阅读、连续阅读、终生阅读的保障。世界图书馆的历史告诉我们，公共图书馆应当承担大众阅读的领导者和推行者的神圣使命，通过丰富多彩的阅读推广活动，如推荐书目、读书报告会、新书宣传、指导家庭和社区开展儿童和成人阅读等，对于建设书香社区、书香城市，推动社会的文明进步，具有深远的意义。

阅读的"共同富裕"是精神生活"共同富裕"的前提，也是物质生活"共同富裕"的保障。让我们一起努力，通过国家阅读节等措施，进一步推动全民阅读，建设书香中国，夯实共同富裕的精神基础。

建议办理部门：中共中央宣传部

【办理情况：转意见建议】

关于严厉打击图书盗版的提案

案由:

　　书籍是人类进步的阶梯。图书作为特殊文化产品,在传播知识、启迪智慧、传承文明中发挥着不可替代的重要作用。

　　在互联网时代,图书销售的重要渠道——电商平台,渐成盗版书销售的新土壤,同时数字出版产业也面临着规模化的盗版侵权现象,长期以来严重地伤害着著作权人和出版单位的权益,破坏着出版行业的正常发展,损害着消费者的利益。如果不严厉打击盗版书产业链,将会给文化经济的繁荣发展带来不利的影响,给成长中的年轻一代的世界观、价值观带来不良的影响。

本案建议:

　　第一,加强电商平台遵纪守法的管理力度。盗版书的重灾区是电商平台。2021 年,某机构在某平台上的 165 家店铺中采购了 267 本图书,涉及 103 个出版社,在鉴定的 199 本书中,只有 18 本为正版书籍,其余 181 本为盗版书籍,盗版率超过 90%。按照目前有关法律要求,平台对销售盗版图书虽然没有主动审查的义务,但要履行主体责任。因此,建议国家相关部门加强对电商平台的监管,要求电商平台履行好以下主体责任:一是公开承诺,平台明知用户销售盗版图书,仍不依法作出处置,要承担相应的法律责任;二是凡是经营销售图书的店铺,电商平台必须审核其《出版物发行经营许可证》;三是公布盗版图书举报方式,营造良好的监督环境;四是明示维权程序,为电商平台加快对侵权事件的快速处理进行自我约束，同时公告维权单位或个人的合法处理程序；五是设立预警及熔断机制，投诉超过一定数量就需要启动应急查处措施，关闭涉诉第三方合作商店铺。对一经查实的盗版商家清理处置，并不得在平台再注册经营销售图书的店铺。

第二，完善电商法律法规体系。目前，著作权人和出版单位向电商平台申诉，其维权过程极其艰难曲折，收效甚微。针对电商行业的特殊性，一是建议有专门的部门制定法律来规范电商第三方合作商的行为，逐步完善平台经营者的税收征管、经营准入、经营行为等各个环节的法律规制，尤其是明确电商平台第三方合作商销售盗版图书后，电商平台所需要承担的法律责任。二是建议有关部门围绕法律法规的落地，针对电商平台盗版书违反成本低、维权难度大等特点，开展专项整治行动：重点对在电商平台公开销售盗版图书的店铺，落地查人，追究其法律责任；按照影视作品保护模式，由版权管理部门公布重点图书版权保护预警名单及相关权利信息，加强对重点图书的版权保护；同时，进一步明确电商平台的法律责任，对明知店铺销售盗版图书而不依法及时处置的，加大行政、刑事打击力度。

第三，斩断数字出版盗版利益链。在数字出版领域特别是近年来蓬勃发展的网络文学领域，加大对盗版侵权站点的治理，斩断从内容攫取、网站运营，到广告联盟利益获取、应用市场推荐、搜索引擎导流的非法产业链。推进惩罚性赔偿制度在网络文学领域的落地，加大判罚力度，减小"再犯"空间。

第四，建立全网信用信息共享体系。在传统监管机制不能完全兼容电商平台销售盗版图书监管需求的背景下，建议建立健全全网各电商平台的信用信息共享体系。支持信用良好的第三方合作商获取更大的流量展现，将"信用良好"作为算法推荐的重要考量因素，对有不良信用记录的第三方合作商则"一票否决"。

第五，加大宣传及奖励力度。建议由国家版权局等部门组织各大出版社联合起来，设立盗版图书举报奖励基金，并设立专门的举报电话，对举报盗版书生产商、不良印刷厂、盗版书经营店铺的人给予重奖，依靠群众的力量，同时舆论上高调宣传国家打击盗版、杜绝盗版的决心，提升全民拒绝盗版的意识。建议利用每年 4 月 23 日的"世界读书日"（即"世界图书与版权日"）、4 月 26 日的"世界知识产权日"等重要节日，开展有关宣传活动，提高公众对知识产权的认识和理解，树立尊重知识、鼓励知识创新和保护知识产权的法律意识，自动抵制盗版，自觉举报和打击盗版。

建议办理部门：国家市场监管总局、中央网信办、国家版权局、公安部

【办理情况：中共中央宣传部已答复，内容略】

关于建立国家英才教育体系　培育拔尖创新人才的提案

案由：

英才儿童是指同龄人中表现出高成就或有着取得更高成就潜能的儿童。与同龄人相比，他们具有更大的发展潜能，学得快、学得好，更容易早成才、成大才，是人力资源储备中的"富矿"。按照国际通用人群前1%—10%的比例测算，我国大概有200万—2000万英才儿童需要纳入英才教育体系服务范围内，这是我国的宝贵财富。

英才儿童是一个国家的战略资源和稀缺资源，能否开发好、利用好，涉及国家的核心利益，也直接影响到我国建设创新型国家，推进创新驱动发展战略，提升国际科技竞争力的成效。

从国际范围来看，美国、英国、德国、俄罗斯、澳大利亚、韩国、日本、新加坡、以色列、新西兰等都建立了完备的国家英才教育体系，重点大国还上升到立法层面对英才早期开发予以保障。相对而言，我国英才教育远远滞后于发达国家，一方面是缺乏从低年龄段开始直到高等教育阶段的英才教育完整体系，另一方面是面向部分学业优异青少年开展英才教育的重点校、重点班培养方向出现严重偏差。

本案建议：

第一，走出观念和认识误区，为英才教育正名。英才教育并不违背教育公平原则，英才儿童在认知特征和人格特征方面与常态儿童具有显著差异，英才教育作为因材施教的一种形式，反映了因材施教的教育规律，体现了教育的差异性公平。

第二，加强英才教育政策的顶层设计。要改变我国英才教育支离破碎、散兵游勇的状态，政府必须发挥主导作用，从组织规划、机构设置、课程开发、教学改进、管理制度保障等多个角度，对英才教育政策所涉及的各种问题进行系统规划与整体改进。参照各国模式和我国具体国情，建立"国家指导、省级统筹、学校实验"的英才教育管理体系。在教育部基础教育司下设英才教育管理处，在各省市教育部门设立省级英才教育管理机构，统筹推进英才教育。制定"全国英才教育发展规划"，从政府管理、财政支持、英才甄选程序、英才教育体系结构、课程开发、教师培训、项目评估等各个方面，整体设计、全面规划我国英才教育的政策体系。按照先试点—再推广方式，开展多样化英才教育实验项目，鼓励探索。

第三，健全英才教育体系与教育模式。建立起"小学—初中—高中—大学"相贯通的英才教育系统，为不同教育阶段的英才儿童提供"全覆盖"的特殊教育服务。

借鉴香港地区资优教育的三层模式：第一层，采用普通班的融合—充实教育模式，英才儿童与普通儿童同处一个教室内学习，但课内可运用富挑战性的教学方法，有针对英才儿童的区别性拓展内容；第二层，在校内有适合英才儿童的选修课程；第三层，对于特别突出的英才儿童，教育主管部门组织专家团队，为其提供校外专门的项目支持（包括学习资源、心理支持等）。这种组织形式不仅有利于英才儿童智力因素或某些专项才能的发展（如数学、科学、创新科技、音乐或更小众的兴趣如考古等等），也有利于特别照顾其与智能发展步伐不一样的非智力因素和社会技能的发展。在高中阶段，可综合运用加速/充实、集中/融合等多种培养模式组合，以使英才教育能满足英才儿童对于教学进度、深度和广度的特殊需求，该阶段还可以建立一些专门的英才学校，重点培养不同领域的英才。

第四，建立英才教育研究与资源支持体系。建立国家级英才教育研究机构，提供专业支持。系统筛查英才儿童群体，摸清我国英才儿童的底数，建设全国英才教育数据库，追踪英才学生的成长、发展；制订英才教育总体方案，开发英才教育课程、教材与评价工具；将英才教育内容纳入教师培养培训体系，提高教师的英才教育专业化水平；进行英才教育的国内外学术交流。选择一批英才教育实验学校，建立英才教育师资培训基地。进行英才教育的资源支持体系建设，推动国家重点实验室等资源向英才儿童有序开放。

建议办理部门：教育部

【提案答复】

关于政协第十三届全国委员会第五次会议提案答复的函

朱永新委员：

您提出的《关于建立国家英才教育体系　培育拔尖创新人才的提案》收悉，现答复如下：

探索建立拔尖创新人才培养的有效机制，促进拔尖创新人才脱颖而出，是建设创新型国家、实现中华民族伟大复兴的历史要求，也是当前对教育改革的迫切要求。教育部一直高度重视，不断探索，努力营造各类人才辈出、拔尖创新人才不断涌现的良好局面。

一是积极探索拔尖创新人才培养路径。2009 年，教育部联合中央组织部、财政部启动基础学科拔尖学生培养试验计划（简称"珠峰计划"）。2013 年，教育部和中国科协开展中学生科技创新后备人才培养计划（简称"英才计划"）。2018 年，教育部等六部门联合印发了《关于实施基础学科拔尖学生培养计划 2.0 的意见》，提出要进一步拓展范围、增加数量、提高质量、创新模式，形成拔尖人才培养的中国标准、中国模式和中国方案。2020 年，教育部印发《关于在部分高校开展基础学科招生改革试点工作的意见》，在部分高校开展基础学科招生改革试点（也称强基计划），服务国家重大战略需求，加强拔尖创新人才选拔培养。全国各地也纷纷通过联合高校协同培养、开设高中特色实验班、实施初高中贯通培养项目等方式，加快探索青少年拔尖创新人才早期培养。

二是努力健全拔尖创新人才培养机制。《"十四五"教育发展规划》提出，要逐步完善面向超常儿童的特殊教育服务机制，探索超常儿童特殊教育途径，建立健全由国家统一实施、普通学校随班就读、特殊课程教学、灵活学制和个别化教育方案的超常儿童发现、培养与评估制度。2022 年，中共中央办公厅、国务院办公厅印发了《关于加强基础学科人才培养的意见》，提出要深入实施"英才计划""强基计划""基础学科拔尖学生培养计划 2.0"等项目，研究建立基础学科英才超常规选鉴机制，进一步对基础学科拔尖人才培养进行了全方位的部署，努力探索形成中国特色、世界水平的基础学科拔尖创新人才培养体系。

下一步，教育部将委托有关科研单位对我国拔尖创新人才早期培养情况进行系统研究，积极借鉴和吸收国外有关经验做法，加快探索建立符合中国国情的拔尖创新人才培养模式，推动拔尖创新人才培养科学化、制度化、规范化实施。

感谢您对教育工作的关心和支持！

教育部

2022 年 10 月 19 日

关于在"双减"政策背景下完善基础教育保障体系的提案

案由：

"双减"政策全面实施以来，对于全面贯彻党的教育方针，落实立德树人根本任务，强化学校教育主阵地作用，营造良好教育生态，促进中小学生健康成长全面发展起到了重要作用。但在政策推进过程中，也出现了相关保障不到位、教师负担加重、课后服务质量不高等问题。

一是教师队伍无法满足"双减"后教育教学的需求。不少一线教师在岗时间达 11 个小时以上，较"双减"政策前明显延长。由于增加了课后服务、假期托管的任务，高强度、长时间的工作使得教师开展教科研等活动的时间被大幅缩减，教师专业发展和工作生活均面临较大压力。"双减"对教师能力提出了更高要求。教师需要开展分层指导，动态调节作业总量，差异分层布置作业；要能够开设课后服务相关的课程；要具备多元评价的能力，在教学中实施综合且个性化的发展评价；要提升家校共育指导的能力，对家长开展适宜指导。

二是课后服务的水平无法满足学生多样化的需求。相当一部分学校的课后服务内容主要是以学生完成作业为主，社会实践活动开展非常有限。而艺术、体育、科学等兴趣类课后服务往往班额大、班级数多，难以满足学生对音乐、体育和创新、特色课程的需求。从课后服务的提供方式来看，以学校教师开设课程为主，少年宫、科技馆等社会教育服务的普及性较差，也很少有志愿者、公益性机构等提供相关服务。同时，课后服务的质量尚未纳入常规化监督评估体系，缺乏完备的质量监测保障。

三是与"双减"政策相配套的经费保障尚未到位。调查显示，很多地方财政无力对课后服务经费予以支持，经费保障以收费为主。这导致教师参与课后服务的补贴非常低，有的地方一个课时只发 5 元补贴；有的地区在绩效工资总量不变的情况下，分配上向参与课后服务的教师倾斜，教师工作时间明显变长、工作量增加，但是基本维持从前的收入，工作积极性不足；有的地方试点通过购买公共服务的方式，从校外培训机构引进相关课程和服务，但在"双减"政策后，相关政策进一步收紧。

本案建议：

"双减"政策的出台落地，代表基础教育综合改革进入新的阶段，学校教育的主阵地作用将进一步凸显，学校教育的任务和内容都得到了扩充，教师工作职责和工作量的增加必然要求相关保障体系的进一步完善。为此建议：

（一）适当增加教师编制，加强教师培训

建议调整中小学教师编制标准，提高中小学师生比，适当增加教师编制总量。同时，针对"双减"政策对教师提出的新要求，对在职教师开展针对性的培训。

（二）建立校外教育机构公共服务购买机制

为了更好地提升学校教育质量，并充分利用好社会上优质的教育资源，建议建立校外教育机构公共服务购买机制。一是建立校外教育机构公共服务清单，明确将教师培训、课程供给、教育信息技术服务、教育教学评价专业服务、学校委托管理等纳入校外教育机构公共服务购买清单；二是明确校外机构提供公共教育服务的专业标准；三是建立准入机制，明确校外教育机构公共服务合格机构学校准入办法、质量评估机制和退出机制，并向全社会公布合格机构名单；四是建立校外教育机构公共服务购买经费保障机制，各地应将校外教育机构公共服务购买经费列入财政预算。拿出一定的份额用于购买校外教育机构的专业服务。同时，可积极推广委托管理，在教师配备、课程供给方面拿出一定的比例，采取购买校外教育机构公共服务。

（三）调整义务教育阶段生均公用经费标准

充分考虑课后服务的管理、人员成本，在确定家庭的合理分担比例的基础上，核算不同类型课后服务的成本，并以此为依据，调整义务教育阶段生均公用经费标准。确保课后服务的经费充足，参与课后服务教师得到适当激励。

建议办理部门：人力资源和社会保障部、财政部、教育部

【办理情况：教育部已答复，内容略】

关于借鉴学习强国经验　建设国家在线教育资源平台的提案

案由：

随着现代信息技术的快速发展和广泛应用，在线学习日渐成为全民终身学习的重要实现途径和参与方式。特别是新冠疫情发生以来，从国家到地方，在建设和推广应用在线学习资源平台等方面积累了大量经验，尤其是全国性大型学习平台学习强国的成功运行，探索了许多成熟的做法。

但总的来说，我们的教育资源平台建设仍然存在一些重要缺陷：

一是平台载体分散，不够集成。目前，全国范围内各类在线学习资源平台种类、数量以及用户数量都较新冠肺炎疫情前有较大增长。无论是公益性平台还是商业性平台，虽基于不同建设目标、用户人群、学习需求等，在运营维护、资源内容、课程设置等方面各有侧重，但总体上低水平重复建设和同质化现象突出。

二是资源内容庞杂，结构凌乱。不少综合性在线学习资源平台，特别是中小学在线学习资源平台本身因用户人群、资源属性相近，容易导致内容出现交叉重复，而同类别课程也因平台不同而在质量上客观存在优劣之分，导致用户需辗转不同平台进行课程资源比选。

与此同时，不少公益性在线学习资源平台，因为缺乏科学统筹和疏于日常管理，加之运行维护经费、资源和力量不足，导致课程学习资源结构凌乱，不少优质资源或重复设置于不同栏目之中，或因过于分散在不同栏目而冲散资源类别系统性，平台内资源显得杂乱无章、不易查找且也容易被忽视埋没，导致资源浪费、用户缺失，容易成为"失效平台"。

三是宣传监管乏力，效益低下。社会对于各类公益性在线学习资源平台了解度和认可度不高，由于缺少对具体平台学习资源分类分布、查询使用操作指导等，使得用户体验不佳，导致不少用户在自行搜索学习资源平台时往往直奔知名商业性平台。与此同时，少数冠以"中国""全国"等字眼的非官方、非公益性网站，时常发生诱导用户消费甚至传播不良知识问题，加之缺乏有效监管，危害不容小觑。

本案建议：

一、加强综合平台建设。着眼长远、立足现实，聚焦教育强国目标，制定在线学习资源平台建设整体规划，充分汲取"学习强国"平台建设、推广和运营经验，打造"教育强国"在线学习资源平台。按照规划进度，科学合理有效地在整合现有国家级平台基础上，坚持系统性、严把质量关，充分遴选和链接省级平台和优质市县级平台，以及部分具有提供公益性学习资源意愿和能力的商业性学习资源平台。强化对平台的规划设计和运营维护，科学设置栏目分类、搭建整体框架、填充资源内容，并及时进行平台完善、系统升级、资源更新。

二、加强资源开发应用。注重在线学习资源遴选及开发，坚持精品意识，做到优中选优，充分承载或链接国家级、省级和地市级各类优质教育课程资源、课件资源、图书资源等内容，坚持同类别、同课程集约化优选，减少资源重复，构建专业化、精品化、优质化资源体系建设。通过政府购买等方式整合商业学习资源平台涉及各年龄段不同需求的优质学习资源。与此同时，根据不同用户需求及专题教育特点，依托专业课程研发团队，研究和开发专题教育资源，不断提高平台资源质量。

三、加强宣传监管力度。在分步骤和按节奏推进综合平台建设过程中，推出平台介绍、加强操作指导，引导全社会关注优质资源平台、充分利用在线资源，完善学习者激励政策，引导形成终身学习习惯。尤其是要加强对学历教育教师及学生的宣传引导和专业指导，提高在线学习资源使用能力。在综合平台设计及试运行阶段，加强宣传并鼓励全社会广泛参与并提出意见建议。与此同时，要加强对"失效平台"的指导力度、对"违法平台"的打击力度，引导全社会增强对正规公益性在线学习资源平台的信心，凝心聚力共建教育强国在线资源平台。

建议办理部门：工业和信息化部、教育部

【提案答复】

关于政协第十三届全国委员会
第五次会议提案答复的函

朱永新委员：

您提出的《关于借鉴学习强国经验　建设国家在线教育资源平台的提案》收悉，现答复如下：

为抓住数字转型机遇，推动教育系统实现全方位系统性的数字转型，2022 年教育部启动实施国家教育数字化战略行动，以建设国家智慧教育公共服务平台为重点，汇聚政府、学校和社会的优质资源、服务和应用，聚焦学生学习、教师教学、学校治理、社会赋能、教育创新等五大核心功能，为师生、家长和社会学习者提供"一站式"服务。

一、推动国家智慧教育平台建设与应用

一是建设集成门户。2022 年 3 月 28 日建成并上线国家智慧教育公共服务平台（以下简称国家智慧教育平台），整合汇聚了国家中小学智慧教育平台（以下简称中小学智慧教育平台）、国家职业教育

智慧教育平台（以下简称智慧职教平台）、国家高等教育智慧教育平台（以下简称智慧高教平台）等三大平台和涵盖就业服务、考试服务、学历学位、留学服务等重点服务事项的服务大厅。二是优化栏目设置。国家智慧教育平台上的数字教育资源以基础教育、职业教育、高等教育为"三横"体现全面覆盖，以德育、智育、体美劳育为"三纵"体现"五育并举"，推动各类教育教学资源按学段融入平台架构。中小学智慧教育平台设立了专题教育、课程教学、课后服务、教师研修、家庭教育、教改实践经验等栏目，其中专题教育版块提供了疫情防控知识、生命安全教育和心理健康教育等资源，课程教学版块覆盖多个教材版本，家庭教育版块引导家长树立科学的教育理念和教育方法。智慧职教平台由专业与课程服务中心、教材资源中心、虚拟仿真实训中心、教师能力提升中心四大版块组成。智慧高教平台以课程名称、学科专业、高校、平台、专题、一流课程、热门课程、最新课程等多个路径实现"一站搜索全网好课"。三是加强体系建设。国家智慧教育平台接入了北京市、上海市、江苏省、浙江省、安徽省、福建省、江西省、四川省、青海省等9个整省试点地区的智慧教育平台，国家智慧教育平台体系已基本构建。

二、提升优质数字教育资源供给能力

一是建立内容审核机制。按照"谁主管谁负责、谁上线谁负责"的原则，印发《国家智慧教育平台数字教育资源内容审核规范（试行）》，在入库资源内容、意识形态、知识产权等方面加强审核和评估，把好资源入口关、质量关、监测关，确保内容安全、产权明晰、阵地稳固。二是提供海量优质教育资源。中小学智慧教育平台汇集了基础教育课程资源3.4万条；智慧职教平台汇聚了近2000个专业教学资源库，6000余门在线精品课和2000余门视频公开课；智慧高教平台整合了爱课程、中国大学MOOC、学堂在线、人民网公开课等20多个平台的2.7万门优质课程资源。三是更新上线专题资源。国家智慧教育平台回应社会热点、师生急需，建设北京冬奥精神、心理健康、抗击疫情、暑期教师研修等专题版块，为学生自主学习、教师改进教学、家校协同育人提供丰富的优质数字教育资源。四是广泛汇聚社会资源。中小学智慧教育平台外链了中国国家博物馆、中国数字科技馆、数字敦煌等一批重要专业网站，还遴选了文化和旅游部、体育总局、《人民日报》和北京、上海、江苏等省市教育部门及有关高校的优质资源。智慧职教平台上的每个国家级专业教学资源库平均有 17.5 所优质职业院校 16 个头部企业参与开发，促进了教育链、创新链与产业链、人才链的深度融合。智慧高教平台上线课程汇聚了众多名师大家、院士学者课程，学习者可以聆听到著名经济学家林毅夫、医学大家钟南山和张文宏、著名敦煌学者樊锦诗的精彩授课。

三、强化国家智慧教育平台宣传教育

一是社会媒体广泛关注。《人民日报》、新华社、中央广播电视总台、《光明日报》、人民网、新华网等媒体均对国家智慧教育平台进行了报道，在社会引起积极反响。二是多次召开新闻发布会。为让师生、社会更多了解国家智慧教育平台，教育部多次召开新闻发布会，向社会介绍国家智慧教育平台建设和应用进展成效；2022 年 7 月 8 日，国务院副总理孙春兰在教育部启动新版国家智慧教育平台上线并进行宣传报道；2022 年 7 月 20 日，教育部、中国科学院、中国工程院和中国科协举行国家智慧教育平台"暑期教师研修"专题上线暨"全国科学教育暑期学校"启动仪式。三是举办相关专题培训。2022 年 3 月，教育部在国家教育行政学院举办"第一期教育数字化能力提升专题培训班"，提高广大干部信息化素养和教育信息化治理能力。

四、开展各类资源服务平台运行监管

一是对国家智慧教育平台开展运行监测。国家智慧教育平台包括直接接入国家智慧教育门户的平台及其子平台，为做好平台运行

监测工作，教育部统一向国家智慧教育门户部署第三方网站访问统计工具，实现对网站的浏览数据、访客数据的实时监测。向国家智慧教育门户部署流量威胁监测措施，对网络攻击流量开展监测分析和溯源。与百度等搜索引擎进行合作，确定智慧教育相关的百度指数关键词，全面掌握智慧教育关键词的搜索热度、资讯热度，从侧面分析广大群众对智慧教育的关注程度。定期编制安全运行报告，系统分析平台访问情况、资源供给情况、用户黏性情况、安全态势情况。二是对高校在线开放课程进行监管。教育部等五部门印发《关于加强普通高等学校在线开放课程教学管理的若干意见》，建立课程学习过程监管机制，委托第三方机构建设高校在线开放课程教学管理与服务平台，对在线开放课程教学过程实施大数据监测。提供学分课程的平台必须向高校在线开放课程教学管理与服务平台提供开放用户身份数据，开放课程访问数据、学习行为数据以及相关运行数据，便于教育行政部门对课程质量和教学过程进行全程监督。三是对中小学线上教育教学资源开展治理。教育部等五部门联合印发了《关于大力加强中小学线上教育教学资源建设与应用的意见》，对线上教育教学资源建设进行规范，通过多部门协同工作为中小学线上教育教学资源建设与应用提供支持与服务，扩大优质教育资源有效供给，满足线上教育教学资源建设的现实需求，深化基础教育育人方式的改革，促进教育公平、提高教育质量。

下一步，教育部将进一步优化升级国家智慧教育平台，加快实现31个省份和新疆生产建设兵团平台试点全覆盖，增加优质教育资源，扩展教育公共服务，坚持平台的公共服务定位和公益性运维模式，持续提升平台的品质和品位。同时，继续加强国家智慧教育平台的宣传，让广大师生了解、认识、使用、认可这一权威的智慧教育"国家品牌"。

感谢您对教育工作的关心与支持！

教育部

2022 年 9 月 22 日

关于加强县级教师发展机构建设的提案

案由：

面对新形势新要求，党和国家将教育摆在优先发展的战略地位，将提高教育质量、促进教育公平作为推进教育事业发展的重要追求，集中力量破解教育不均衡不充分难题，努力办好人民满意的教育。

在这一过程中，教师作为立教之本、兴教之源，是提升教育质量、实现教育均衡的关键所在。

打造一支高质量的教师队伍是中央关心、社会关切、人民关注的民生工程。教育部和地方各级教育行政部门是工程的"承包方"，教师培养单位和教师发展机构是"施工队"。因其偏重服务支持教师职后发展，教师发展机构又是肩负"施工质量"后期维护职能的"修缮队"。由包括县级教师发展机构在内的各级教师发展机构组成的教师发展支持体系，是支撑高素质专业化创新型教师队伍建设、落实立德树人根本任务、推动教育教学改革与创新的中坚力量。

中共中央、国务院《关于全面深化新时代教师队伍建设改革的意见》（以下简称《意见》）明确提出"建立健全地方教师发展机构和专业培训者队伍，依托现有资源，结合各地实际，逐步推进县级教师发展机构建设与改革，实现培训、教研、电教、科研部门有机整合"。县级教师发展机构具有一定的专业水平和紧邻一线、贴合实际的实践深度，理应在引领、助推县域内教师发展中居于重要地位，发挥重要作用。但从实际来看，各地县级教师发展机构建设进展程度差异明显，不少县级教师发展机构整合不到位、功能定位不清晰、专业人员力量薄弱、政策和经费保障不到位等问题仍突出存在。主要表现在：

第一，县级教师发展机构整合情况差异较大。《意见》明确，县级教师发展机构应实现培训、教研、电教、科研部门的有机整合。有研究表明，机构功能整合与其专业效能发挥呈显著正相关。虽有部分地区实现了较好整合，为本地教师发展提供了强有力的支撑，但总体来看，县级教师发展机构整合程度堪忧，支撑作用发挥不够。

第二，县级教师发展机构功能定位不够清晰。虽然有些县级教师发展机构定位清晰，科学研究、指导实践的功能发挥充分，但也有不少偏重事务管理，与为教师提供专业化服务支撑的功能定位相去甚远。

第三，从业人员素质参差不齐。不少县区对教师发展机构重视不够，编制紧张，无法吸纳优秀师资，甚至存在较为严重的人浮于事现象，成为接收赋闲之人的"后花园"。

第四，政策和经费保障不到位。有些县区对教师发展机构的专业支持经费投入不足，专职人员的职称晋升通道不畅，对于稳定队伍颇为不利。

本案建议：

针对上述问题，建议国家相关部委把县级教师发展机构建设作为下一步教师发展工作改革的重点，从以下三个方面着力推进：

一是加强示范引领。教育强国工程实施以后，师范院校将得到极大加强。作为教师培养培训一体化的重要枢纽，县级教师发展机构起着连接师范院校、中小学教师和地方政府的重要作用，在支持教师专业发展和建设终身学习社会中不可替代，需要从国家层面予以支持。建议发改部门支持建设一批示范性的县级教师发展机构，纳入教育强国推进工程，示范带动区域内基础教育教师发展体系建设。

二是加大财政支持。建议财政部用专项定向支持乡村振兴重点帮扶县和有关边远地区，建立一支稳定的县级教师发展队伍，购买相应的教育资源服务。支持鼓励社会公益机构参与，加强对县级教师发展机构的支持。

三是加大帮扶力度。县级教师发展机构缺少优秀专业人员和教师发展资源，将支持中西部欠发达地区县级教师发展机构建设作为教育帮扶的重要内容，协调东部地区教师发展机构帮扶欠发达地区薄弱教师发展机构，在基础条件建设、人员能力素质提升等方面进行重点支持，并为他们提供经过认证的高水平网络继续教育课程。

建议办理部门：国家发展改革委、财政部、教育部

【提案答复】

关于政协第十三届全国委员会
第五次会议提案答复的函

朱永新委员：

您提出的《关于加强县级教师发展机构建设的提案》收悉，经商国家发展改革委和财政部，现答复如下：

一、加强县级教师发展机构建设工作

教育部和国家发展改革委等部门高度重视教师队伍建设工作，深入贯彻落实党中央、国务院关于全面深化新时代教师队伍建设改革的有关决策部署，始终将教育摆在经济社会发展的优先位置，坚持将加强教师队伍建设作为教育事业的基础工作。2020 年，教育部等六部门印发《关于加强新时代乡村教师队伍建设的意见》，提出构建省、市、县教师发展机构、教师专业发展基地学校和名校（园）长、名班主任、名教师"三名"工作室五级一体化、分工合作的乡村教师专业发展体系。2022 年，教育部等八部门联合印发《新时代基础教育强师计划》，明确要加大中西部欠发达地区教师发展机构建设和高素质教师培养培训力度。"十四五"期间，通过教育强国推进工程，安排

中央预算内投资支持一批优质师范院校，加强教学科研设施建设，重点支持建设一批国家师范教育基地，推动构建师范院校为主体、高水平综合大学参与、教师发展机构为纽带、优质中小学为实践基地的开放、协同、联动的现代教师教育体系。

您提出的提案具有一定的参考价值，对加强县级教师队伍和教师发展机构建设有积极作用。下一步，教育部将联合国家发展改革委等多部门研究相关意见建议，通过教育强国推进工程，引导各地突出重点、结合实际加大支持力度，加强重点师范院校建设，建立健全县级教师发展机构，完善县级教师队伍建设，不断提升县级教师队伍发展水平，持续加强高素质师资培养和输送工作。

二、加大对偏远地区教师发展机构的财政支持力度

国家高度重视教师发展机构建设工作，通过出台一系列政策不断加大对偏远地区教师发展机构的帮扶力度。按照中央决策部署，中央财政出台了一系列政策措施，通过实施特岗计划、中小学银龄讲学计划、"三区"人才计划教师专项计划、援藏援疆万名教师支教计划等，为贫困地区输送优质师资力量，提升教师素质能力。特别是通过"国培计划"，集中支持中西部乡村教师校长培训，为各地开展乡村教师培训培养"种子"、打造"模子"、探索"路子"，实现了培训重心下移，推进了校本研修常态化，帮助各地打造了本土培训团队，推动建立乡村教师专业发展支持服务体系。此外，《国务院办公厅关于政府向社会力量购买服务的指导意见》《政府购买服务管理办法》等对推行政府购买服务，引导社会力量参与提供相关公共服务提供了政策依据。有关部门可以在上述政策框架下，将属于政府职责范围、适合采取市场化方式提供的事项，纳入政府购买服务范围，引导社会力量参与提供，从而加强对县级教师发展机构的支持。

下一步，教育部和财政部将继续落实中央决策部署，通过现有政策和资金渠道，支持和引导地方不断加强教师队伍建设，提升教育教学质量。

三、加大对偏远地区教师发展机构的帮扶力度

2021 年 4 月，教育部、财政部联合印发了《关于实施中小学幼儿园教师国家级培训计划（2021—2025 年）的通知》，提出要完善教师专业发展支持服务体系，加强市县教师发展机构专业化建设，健全项目区县、高校、中小学校和幼儿园协同发展机制。2022 年 2 月，教育部办公厅发布《关于实施师范教育协同提质计划的通知》，决定实施师范教育协同提质计划，要求高水平师范院校协同薄弱师范院校支持所在地区的市、县基础教育教师发展机构建设，改善教师发展机构条件，提升其规划区域内教师发展、组织实施教师培训、教师发展研究的能力，为所在地培育一支扎根当地、服务当地基础教育教师发展的支撑力量。

下一步，教育部等有关部门将继续加大对中西部地区县级教师发展机构帮扶力度，完善功能定位，配齐人员力量，加强教师发展机构教师教育研究，打造高水平培训队伍，积极参与包括"国培计划"在内的各级各类培训。

感谢您对教育工作的关心与支持！

教育部

2022 年 9 月 28 日

关于支持非营利性民办学校发展的提案

案由：

民办教育是社会主义教育事业的组成部分。通过改革开放四十多年的发展，我国民办学校尤其是非营利性民办学校从无到有、从小到大、从弱到强，为促进经济社会发展作出了重要贡献。一方面，非营利性民办学校充分发挥自身优势，特色化办学，扩大了优质教育资源覆盖面，在一定程度上缓解了部分地方教育资源供需矛盾，满足了人民群众日益增长的对优质化、选择性、多样性教育的需求。另一方面，非营利性民办教育在坚持教育公益属性的同时，与公办学校相比，在管理等方面更为灵活，自主性更强，更有利于开展多样化的教育实践和探索，因而具有独特的生机和活力，为公办学校深化办学体制、管理体制和育人机制改革，积累了经验、提供了借鉴，推动建立了政府为主、社会参与、办学主体多元、办学形式多样的办学体制。

当前，非营利性民办学校发展仍然面临一些瓶颈问题，地方政府存在保障不足、管理不到位等现象。具体表现为：一是审批难。一些地方政府在非营利性民办学校审批过程中，存在故意拖延、推诿甚至不予审批的现象。尤其是《关于规范民办义务教育发展的实施意见》出台后，各地在民办学校审批方面非常严格，一些地区已经明确不再审批民办学校。二是保障不到位。比如，一些地方政府对非营利性民办学校的教育经费支持力度不足，导致一些非营利性民办高中的办学收入仍以学杂费为主要来源；一些地方政府对普惠性民办园在具体财政投入方式上呈现出明显的"双轨制"特征，生均补贴标准远低于公办园。三是配套政策不健全。目前，存量民办学校对于选择非营利性还是营利性存在顾虑，虽然 31 个省级政府沿袭国家规定先后出台了地方民办教育促进法实施细则，但存在着原则性过强、操作性偏弱，一些关键问题仍相对模糊、语焉不详的问题，民办学校举办者比较关注的土地问题、税收优惠、补偿或奖励标准等问题仍不明确，导致举办者举棋不定。

本案建议：

第一，尽快出台我国民办教育发展的中长期规划，明确民办教育发展方向、稳定发展预期、引领民办教育持续健康发展。在全国民办教育发展总体规划明确的前提下，各地可参照上海、重庆、温州等地制定区域民办教育发展规划的经验，出台本区域民办教育的发展规划，给予有教育情怀的非营利性民办教育的举办者明确的发展方向和发展预期。

第二，地方政府要制定可操作性强的配套政策，落实好《中华人民共和国民办教育促进法实施条例》中有关非营利性民办学校财政支持、税收优惠和用地保障等方面的扶持措施。给予非营利性民办学校更多的办学自主权，发挥好民办学校灵活管理的优势，鼓励非营利性民办学校的各项改革，鼓励、引导民办学校提高质量、办出特色，满足多样化教育需求。

第三，鼓励公益性基金会捐资举办非营利性民办学校。基金会的"慈善性"契合"非营利性"民办学校的要求，以基金会的公益性实现办学非营利性的宗旨，符合国际非营利性教育的惯例，是民办教育发展的未来趋向和政策取向之一。基金会办学可以从制度上保障办学的公益性。在办学主体构成上，基金会可以替代个人或企业举办者，实现产权独立、保障非营利性；在权责关系划分上，可分离举办权与管理权，落实法人财产权、办学自主权，建立现代学校制度；在治理体系搭建上，主要捐赠者、社会公众代表、教育部门代表等组建董事会，治理体系较完善、战略决策较科学；在经费筹措运营上，资金稳定性较高、捐赠吸附力较强。目前，由企业家曹德旺先生投资的福州科技大学就是按照基金会捐赠的模式运行，取得了很好的社会反响。

建议国家层面研究制定鼓励社会力量采取基金会办学的指导性文件。

建议办理部门：国家发展改革委、教育部

【办理情况：转意见建议】

关于建设书香企业　促进经济社会高质量发展的提案

案由：

　　企业提供越来越多的高质量的产品和服务，是实现我国经济高质量发展和人民美好生活的基础和保障。要实现企业产品和服务的提升，普遍提高企业职工思想文化素质是前提和关键。要提高员工素质，就要努力建设书香企业，在企业中大力提倡全员阅读。

　　落实全民阅读不仅是政府、社会组织和有关职能部门、相关行业的事情，也是广大企业自己的事情。企业是社会的"器官"，企业落地全民阅读，不仅要有组织保障，而且也有内在动机、行动能力和实际收益。

　　在我国，企业从业人员7亿—8亿人口，如果广大企业广泛推动全员读书，将把全民阅读活动真正扎实落地，由企业全员阅读带动影响家庭阅读、社会阅读，作用力更强、推力更足，由此全民阅读必将扎实落地，书香中国也会水到渠成。

本案建议：

　　第一，推动企业建立读书会。企业读书会应该成为企业的标配，把企业读书会作为企业人力资源和企业工会的重要抓手，不仅可以形成良好的企业文化，而且可以打造优秀的团队，培养和发现人才，提升团队组织的能力和效率，为企业创造优质的产品和服务提供更有力的组织保障。

第二，建立企业图书馆。企业图书馆是企业员工读书的重要阵地，是员工的精神食堂，也是员工阅读书籍的重要来源。企业图书馆的图书配备一方面要充分听取员工的意见，满足员工的阅读需求；一方面要主动寻找专家或专业机构的指导，对员工进行有针对性的引领和提升。

第三，研制适合企业家和企业员工的阅读书目。读书不仅仅是管理层的事情、是企业领导的事情，更应该是企业员工的事情。关于如何提高改善团队工作效率、服务态度、敬业精神、团结协作、精细化做好产品等方面的提升，都是以阅读图书为基础；在终身学习的时代里，阅读高品质图书更是自我教育的最好方式。所以，需要有专业的书目，提供不同主题的专业阅读；需要有管理者阅读引领，也应该组织团队一起共读；需要有企业中管理者与员工一起共读和充分讨论交流，凝聚共识，形成共同的价值观和共同的愿景，也需要有家庭中的个性化阅读，深入研究，如此立体推进阅读，企业才有更强的竞争力和行动力。

第四，建设企业读书云平台。作为全民阅读的重要组成部分，企业读书云平台建设可以为社会提供更加定制化、共享化、平台化的全民阅读公共品。企业读书云平台可以开设每个企业自己的专门账户，实现每个企业的个性化需求，为企业读书会赋予快捷、方便、高效、节约等方面的服务。

总之，推进书香企业建设，对于落实全民阅读国家战略，推动精神生活的共同富裕，建设书香中国具有重要的价值，对于企业自身的发展和企业社会责任的建设，也有重要的意义，需要有关部委高度重视、积极推动。

建议办理部门：国家发展改革委、文化和旅游部

【提案答复】

关于对政协第十三届全国委员会
第五次会议提案答复的函

朱永新委员：

您提出的《关于建设书香企业　促进经济社会高质量发展的提案》收悉，现将有关意见答复如下。

习近平总书记多次强调，要多读书、读好书、善读书，真正把读书学习当成一种精神追求。党的二十大报告明确提出了提高全社会文明程度、深化全民阅读活动的任务要求。阅读是获取知识、增长智慧的重要方式，是传承中华文明、提高国民素质的重要途径。深入推进职工书屋建设，为亿万职工营造阅读学习生态，这是中国工会服务职工群众的重要方式和手段。党的十八大以来，开展全民阅读活动成为党中央的一项重要战略部署，"全民阅读"连续 9 年被写入政府工作报告，职工书屋也被写入中宣部《关于促进全民阅读工作的意见》，列为全民阅读设施之一。

党和政府高度重视职工书屋建设工作。2018 年，习近平总书记在同全国总工会新一届领导班子成员集体谈话时，明确要求发挥好职工书屋的宣传阵地作用。截至 2022 年上半年，全国总工会累计建设1.43 万家全国工会职工书屋示范点，直接为基层配送图书数千万册，同时带动地方工会和企事业单位工会自行建设 14 万多家职工书屋，覆盖服务职工超过 8000 万人。

从 2017 年开始，全国总工会每年推出"阅读经典好书　争当时代工匠"全国工会职工书屋主题阅读交流活动，至今已连续举办 5年，以各种形式参与阅读活动的职工超过 3 亿人次。2021 年组织开展的 100 场"把一切献给党·劳动创造幸福"全国职工党史学习教育读书活动，将党史学习教育和职工主题阅读有机结合，发挥好劳动模范、大国工匠的领读作用，以生动活泼的形式引导广大职工重温红色经典，厚植爱党爱国爱社会主义情怀。同时，持续开展以学习"四史"知识为主题的全国职工读书知识竞赛，每年都有上千万职工参与线上竞答。

按照全民阅读活动的宗旨和要求，全国总工会进一步把建好、管好、用好职工书屋与推进全民阅读工作紧密结合，强化职工书屋的阵地化、定制化、服务化功能，大力建设便利型职工阅读站点、打造示范性职工读书会、培育一线职工"阅读推广人"，如在 2022 年 9 月，全国职工书屋计划发布第一批 100 家示范性职工读书会。不断聚焦包括新就业形态劳动者在内的各类职工群体的阅读文化需求，拓展应用、升级系统、推广服务创新，将职工书屋打造成融媒体、智慧型的全国工会公共文化服务平台，在全民阅读活动中发挥重要作用。

在加强实体职工书屋建设的同时，全国总工会适应互联网时代职工阅读习惯的变化，依托互联网特别是移动互联网，借助大数据、云计算等新兴传播技术，为职工提供定位精准、选择多样、即时响应、持续在线的阅读服务。2015 年，由全国总工会直接建设的全国工会电子职工书屋阅读系统正式上线，集阅读网站、APP、微信端、数字一体机等多种软硬件终端于一体，图书、期刊、有声书等精品特色阅读资源动态更新，一线劳动者无论身处何地，都可以享受"一人一书屋，无处不阅读"的工会文化服务。截至目前，全国工会电子职工书屋 APP 下载量接近 1000 万次，线上阅读平台覆盖职工 2000 万人，其功能作用日益拓展，影响范围不断扩大。

感谢您对我们工作的关心和支持。

中华全国总工会

关于促进中小企业数字化转型 增强企业国际竞争力的提案

案由：

中小企业是我国数量最大、最具活力的市场主体，也是我国经济韧性增强和国际竞争力提升的重要基础，在促进经济增长、推动创新创业、吸纳居民就业、增加财税收入等方面发挥着重要作用。

加快中小企业数字化既是顺应数实融合发展趋势的必要之举，也是实现中小企业高质量发展、提升国际竞争力的必由之路。数字化有利于中小企业降本增收，提升企业产业链供应链的韧性，增强国际竞争力；有利于推动大中小企业融通发展，助力构建更完整产业生态，为我国现代化经济体系建设注入新动力。

近年来，政府出台了一系列支持中小企业数字化发展政策，但由于数字技术和数据要素具有高固定成本和低边际效益的特点，不同规模的企业数字化转型能力差别巨大、数字鸿沟明显，政策传导效果有待提升，"不敢转、不能转"问题依然突出。

据相关调查显示，70%中小微企业的管理者有强烈的数字化转型意愿，但近80%已经进入数字化转型的中小企业尚处于基础探索阶段。由于数据采集基础薄弱、转型人才欠缺和技术应用水平较低，多数企业不会转型；转型成本的高企和资源投入的不足又使得中小企业不能转型；转型见效慢、协同差、成果不明显使得中小企业对转型信心不足而不敢转。

本案建议：

建议因地制宜、因企制宜，针对我国中小企业数字化转型升级需求，从四大方面出发，打造促进中小企业数字化的"加速器"。

第一，加速研究开发"低门槛好使用""性价比高"的数字化"工具箱"，降低中小企业的数字化转型成本和壁垒。"务实"是中小企业的天然属性，企业希望数字化工具成为事业发展的助手而不是成本负担，因此需要能够轻松上手、性价比高的数字化转型工具。广州某小型服装厂，拉着 30 家代工厂借助数字化工具——企业微信来协同战斗，从接单到出货，最长只需 48 小时，不仅实现降本增效，也带动其他企业借助数字技术提升了效益。建议鼓励更多专业化服务机构以转型实用技术为基础，分阶段、分场景为中小企业设计出成本低廉且容易上手的数字化转型助手工具，让中小企业根据清晰可见的成本收益分析选择最合适的数字化转型助手工具。同时，采取稳健策略，鼓励中小企业逐步扩大数字化升级步伐。

第二，加速搭建"政府＋科技企业＋专业服务机构"的"孵化器"，完善支持中小企业数字化转型的支持体系。建议政府打造中小企业数字化转型的资源"集散"平台，建立面向县域级的中小微企业数字化转型产业集群；利用好知名互联网科技企业的科技能力，可以提供基础的信息网络基础设施，云、AI 和大数据服务；专业化服务机构提供由点及面的全业务全流程的数字化工具箱，搭建下沉市场的中小微企业数字化转型平台，三方合力推动中小微企业数字化转型。

第三，加速推进数字化标准建设和发展数字化培训项目，建立中小企业数字化人才"蓄水池"，加强中小微企业数字化转型内驱力建设。建议政府有关部门主导，加强针对中小企业数字化转型的规划制定和可行性研究，牵头制定中小企业数字化转型标准，发布转型标杆案例。以政府购买服务的形式，助力中小企业委托第三方专业机构开展数字化转型方案规划设计，同时要对数字转型过程进行跟踪分析、诊断服务和绩效评价，并对数字化转型成功的企业在融资政策、财政政策上予以一定倾斜。

第四，加速搭建更多对外合作"新平台"，深化国际中小企业数字化合作，以开放繁荣中小企业数字化生态。加强对国际领域中数字化中小企业的交流，鼓励我国专精特新中小企业与海外加强产业链与价值链的协作，通过加强"走出去"与"引进来"，在长三角、大湾区等区域建设专精特新"数字化中小企业创新集聚区"，提升我国数字化中小企业在全球价值链与产业链中的地位。

建议办理部门：工业和信息化部、国家发展改革委、科技部、中央网信办

【办理情况：工业和信息化部已答复，内容略】

关于严厉打击向未成年人租售游戏账号的提案

案由：

2021 年 8 月 30 日，国家新闻出版署下发《关于进一步严格管理切实防止未成年人沉迷网络游戏的通知》，要求所有网络游戏必须接入国家新闻出版署网络游戏防沉迷实名验证系统，网络游戏企业不得以任何形式向未实名注册和登录的用户提供游戏服务。

游戏实名制度是未成年人防沉迷系统的重要基石。该政策出台后，国内游戏企业开始跟进，游戏实名制度得以覆盖国内玩家。据中国音数协游戏工委开展的调研结果显示，受调企业的全类型产品均已接入防沉迷实名认证系统。

然而，在新政加强监管之下，仍有游戏账号租售平台、黑灰产业顶风作案，钻监管空子，提供账号租售、人脸代过等"绿色通道"服务，为未成年玩家绕过防沉迷监管，以此谋取私利，将国家防沉迷政策置于不顾，沦为摆设。

在国家发布相关未成年人防沉迷游戏新规后，某些电商平台与一些游戏交易平台上，仍存在大量向未成年人租售游戏账号的商家。这些商家在明确知晓买家是未成年人的情况下，依然向其租售成年人的游戏账号。有的平台上，相关交易数量达到上百万条之多，甚至还逐个步骤指引未成年人如何规避防沉迷监管，提供账号租售和代练服务，绕过政府监管，对抗实名认证系统和人脸识别机制，形成了灰色产业链。

此外，游戏账号租售容易衍生网络诈骗风险。根据某互联网公司发布的《电信网络诈骗治理研究报告（2021）》显示，以买卖道具、代练、租售游戏账号等为由收费后但不提供服务的网络诈骗，在 2021 十大网络诈骗类型中排名第九。

本案建议：

鉴于游戏账号租售平台向未成年人租售游戏账号导致对游戏实名制度的破坏，现提出如下建议：

第一，立法规范监管游戏账号租售平台，维护游戏实名制度。网络游戏账号及社交账号通过各大平台的租售行为存在大量的个人隐私及网络诈骗风险，同时也是国家网络防沉迷成效的关键所在，但国内尚未有专门针对游戏账号租售的法律法规，建议启动相关领域的立法工作，也可在《个人信息保护法》与《未成年人保护法》等法律框架下，进一步细化针对未成年人游戏防沉迷系统账号问题的实施细则，对相关个人信息倒卖、账号非法交易等违法行为进行惩处，同时规定不得向未成年人出售或租借成年人游戏账号，借此绕过游戏监管系统。一经发现，租售者和相关平台将追究相关民事责任，其中涉及教唆、诱导未成年人租号、售号的平台及商家，情节严重者将追究刑事责任。

第二，打击非法游戏账号租售平台，肃清黑灰产业。游戏账号租售平台向未成年玩家提供服务，是对游戏实名制度的破坏，使游戏公司的防沉迷措施发挥不了应有作用。为了未成年人可以在防沉迷新规中得到保护，建议严厉打击向未成年人提供服务的游戏账号租售平台，防止未成年玩家绕开实名认证系统；禁止游戏代练平台向未成年人开放，防止未成年人通过代练绕开防沉迷机制；禁止电商、社交等互联网平台为游戏租号、售号平台提供推广、运营服务；打击通过私域流量提供游戏账号租售服务的平台；鼓励游戏企业等互联网平台提供线索、协助打击灰色产业链，肃清提供代过人脸服务的黑灰产业团伙，保障用户信息安全。

建议办理部门：中央网信办、文化和旅游部

【办理情况：中共中央宣传部已答复，内容略】

关于办好"世界城市日"的提案

案由：

2013 年 12 月第 68 届联合国大会通过决议，决定从 2014 年起将每年的 10 月 31 日设为"世界城市日"（World Cities Day，WCD）。2010 年上海世博会主题"城市，让生活更美好"（Better City，Better Life）成为"世界城市日"的总主题。这是迄今为止唯一由中国政府在联合国推动设立的国际日，它的设立反映了当前国际社会对全球城市化问题的关注，也显示出中国在全球城市化发展进程中话语权的增强。

用好"世界城市日"这个抓手、载体，对于对内宣传贯彻习近平总书记关于城市发展的重要论述，深化国人对于中国特色城镇化道路的认识，理性应对我国城市化进程中的各种挑战，凝聚当代中国城市文化发展的共识，具有重要意义；对于对外开展城市公共外交、国际合作，展示中国特色城镇化道路的内涵，乃至讲好当代中国故事，都有很大的作为空间，都可以发挥重要作用。

从近几年"世界城市日"国内相关活动的举办情况来看，虽然主管部门和有关城市做了一些工作，取得了一定成效，但从国家当前和未来发展需要来看，还存在一些不足。

一是"世界城市日"活动缺乏总体规划。《"十四五"规划和2035 年远景目标纲要》明确提出"深入推进以人为核心的新型城镇化战略"。但是，迄今为止的"世界城市日"活动服务国家战略的主动意识不强，缺乏前瞻性考虑和长期规划。从中央到地方，针对"世界城市日"的宣传介绍严重不足，公众知晓度偏低，有关活动社会动员不足，活动内容缺乏统筹规划，"世界城市日"概念尚未落地。

二是"世界城市日"活动主题集中在城市建设方面，内涵有待深化。历届"世界城市日"活动主题主要集中在城市设计、城市治理、人居环境等方面，较少涉及城市化道路选择、城市文明、城市文化等战略议题，难以对接国家城镇化战略，不利于树立延续历史文脉的文化自觉，未能充分体现"让生活更美好"的永恒主题，也不利于社会动员和公众参与。

三是社会参与面窄，组织动员面不广，影响力不足。由于参与主体仅限于住建部门和中国主场城市，即使在上海，"世界城市日"社会知晓度和影响力都不高，在国内其他城市和国际社会上的影响力更低。

本案建议：

一、明确目标定位，统筹制定规划。从国内来看，应围绕"深入推进以人为核心的城镇化战略"，以城市（镇）为空间场域，广泛设置落实新发展理念、培育新发展动能、构建新发展格局等方面的议题，把"世界城市日"打造成推进中国城市文明进阶发展的广阔平台；从国际来看，"世界城市日"既是重要国际日，更是我国主动引领城市领域全球治理议题，以中国城市发展成功模式在非传统治理领域形成年度性国际话语权、引导力的重要窗口和平台，必须从国际政治互动角度进行整体谋划与精细设计。建议在国家层面成立议事协调机构，加强对活动的组织领导和政策协调。

二、积极策划和组织活动，扩大城市参与面。一是选择贴近城市生活的主题，把城市的建设、发展和更美好的城市生活联系起来；二是把官方活动与学界、社会组织的活动以及群众性的宣传教育活动、文体活动结合起来，充分调动社会组织、企业、市民的参与积极性；三是加强与国际组织、外国城市的联系，把"世界城市日"活动办成高层次、高水平探讨全球城市问题的平台；四是扩大城市参与，淡化主场、强化参与，注重空间布局、时间延续和类型覆盖。

三、重视传播，提高社会知晓度。一是纳入国家对外宣传工作序列，讲好中国城市故事；二是多方位阐释"世界城市日"的主题，扩大"世界城市日"Logo 的使用范围；三是重视在青少年群体中对可持续的城市发展理念进行推广、深化与传播；四是根据上述目标定位认真办好"世界城市日"网站，充实内容、丰富语种，充分利用新媒体、多媒体手段加强活动宣传。

建议办理部门：中共中央宣传部、住房和城乡建设部、文化和旅游部

【办理情况：住房和城乡建设部已答复，内容略】

调研手记

　　调查研究、实事求是，是中国共产党一以贯之的优良传统和作风，也是政协委员的基本功。今年，我有幸考察了当年毛泽东深入调查研究的长冈乡，了解到毛泽东许多科学实用的调研方法，如长时间与村民同吃同住，很多情况是在田间地头、街头巷尾了解到的，是在和农民一起干农活时从他们口中了解到的。著名的《长冈乡调查》，就是通过深入细致地调查研究写出来的。没有调查研究就没有发言权，这是一个朴素的真理，也应该是我们政协委员的座右铭。

"坚持节约优先，加快形成绿色低碳生产生活方式"专题调研

—— 民进中央 2022 年年度重点考察调研手记

民主党派的重点专题调研，是中共中央委托各民主党派就国家重大战略问题进行调查研究的制度性安排。重点专题调研，是民主党派每年工作的重中之重，所以我们一般简称为"大调研"。

根据中共中央统一部署，以及中央统战部具体安排，2022年民进中央拟围绕"统筹推进碳达峰碳中和"开展重点考察调研。我们经过研究，结合民进自身界别特点与资源优势，将调研课题具体化，明确为"坚持节约优先，加快形成绿色低碳生产生活方式"，并列出了三个方面十一条调研提纲。前期，我们已在北京召开了专题研讨会，民进29个省级组织及相关的专门委员会也同步开展调研，在全国范围内了解情况、聚焦问题。

4月本来是安排了河北省、内蒙古自治区的实地调研，但因疫情原因，都改为线上进行。这也是我们首次尝试开展线上视频调研，与以往实地考察相比，本次调研虽然"形不似"，但是"魂仍在"，通过镜头和当地的现场讲解，调研组仿佛身临其境，比较详细地了解了调研点的情况，确保了调研的效果。有专家说，我们这次调研本身也是一次"绿色低碳"的工作方式。

4 月 20 日，北京，晴；张家口，晴

　　早晨 5 点起床。读阿德勒的《儿童的人格教育》一书，其中谈到社会情感是儿童正常发展的"晴雨表"，很有道理。发全国政协委员读书群的专栏文章等。

　　早晨 7 点 50 分出发去机关。

　　上午 8 点 50 分，调研组领导、专家到达民进中央机关的视频会议室，河北省、张家口市会场的相关同志也都已上线，在张家口调研点现场讲解的同志也已经到位。今天的调研是由民进中央常务副主席刘新成带队。

　　上午 9 点，四方视频连线正式开始。河北省人大常委会副主任、民进河北省委主委张妹芝同志主持调研活动。

　　借助视频"空间无缝转换"节省下来的时间，上午的安排非常丰富，一共是 8 项议程，包括张家口市领导对全市情况的介绍，以及 7 个考察点，效率很高，这在传统调研中是不可想象的。传统调研中，因为转场路程占用时间较长，一般半天最多安排 3—4 个考察点。

　　张家口市政协主席刘宝岐简单介绍了总体情况，随后视频切换到第一个考察点：张家口空港经济开发区。现场同志通过视频向我们展示开发区的实况，并介绍说，张家口空港经济开发区于 2013 年开始建设，规划面积 28.43 平方公里，并于 2014 年 11 月成为省级经济开发区，2016 年 9 月 19 日正式运营。目前，开发区以氢能产业为首，兼有临空经济、数字产业、现代服务产业，并先后获批"河北省战略新兴产业示范基地""河北省省际合作重点产业园"等。

　　随后，镜头切换到开发区内的亿华通动力科技有限公司，这是我们的第二个考察点。公司负责同志通过视频向我们展示了车间、厂房、展馆等区域，以及氢燃料公交车等，并介绍了公司的基本情况。该公司以氢燃料电池发动机产业化制造和示范应用为主营业务，其发动机产品采用世界领先干膜技术，覆盖 10kW—200kW 多款不同动力段。该公司与福田、宇通等主流整车企业在城市公交、城市客车、物流车、小型乘用车、环卫车、叉车等不同车型领域开展了深入合作和联合推广。目前，张家口市 444 辆氢能公交车所搭载使用的氢燃料电池发动机产品均出自该公司，不仅能够满足"绿色冬奥"的要求，更便于居民实现绿色低碳出行的生产方式，同时也为我国氢能源产业可持续发展提供了一条可以借鉴的路径。

接着是第三个考察点：怀来腾讯数码有限公司。我查过地图，这两个考察点之间距离110千米，开车需要接近一个半小时。这瞬间的切换，省下了一个多小时的时间和很多的汽油，这本身也是非常清洁低碳的工作、调研方式。公司负责同志通过视频介绍说，项目总规划占地面积1000亩，服务器总规模90万—100万台，项目总投资300亿元，截至目前累计完成投资33.22亿元。他们之所以选择怀来，除了交通便利，最主要是因为这里海拔较高、温度低，有利于服务器散热，降低配套空调的能耗，实现节能。他们采用的是T-block技术，其空调是用间接蒸发法制冷，室外风越凉，换热效果越好，越节能。

以上几个调研点，都是关于低碳生产方面的典型。接下来的几个，主要是低碳生活及其教育方面的内容。

第四个考察点是崇礼区富民街社区伯顿小区。社区同志详细介绍了他们在垃圾分类、回收方面的措施与成效。富明街社区辖区面积0.92平方千米，现有居民2536户、5961人，于2020年开展垃圾分类工作。其中，伯顿小区共设置垃圾分类集中收集点4个，4套语音督导器，配备四分类垃圾桶24个，智能设备2套，蛙宝回收车辆2台，线下积分兑换回收点1处，垃圾分类临时分拣中心1处，共发放了470余张积分兑换卡。居民垃圾分类、回收会获得相应的积分，积分可用于兑换日用品，这充分调动了居民的兴趣与积极性，整个社区践行"低碳生活"理念蔚然成风。

随后，视频切换到了桥西区长青路小学，这是我们的第五个调研点。通过视频，我们看到老师正带着小朋友做手工，在他们手中，生活中的废弃物品变成了艺术作品，装点了教室，美化了校园。校长介绍说，小学自1964年建校以来，秉承"点滴融入、氛围感染"的教育理念，本着"协同育人、着眼身边、心系地球"的原则，坚持"小事不小、贵在行动"的教育行为，完善"有效教育、注重养成"的教育机制，使生态文明教育逐渐序列化、课程化、活动化、常态化。学校开展了多形式的教育活动，如"认养树木"活动、环保知识竞赛、

"低碳环保、缤纷童年"校园艺术节；设立了环保科普教育实践基地，编制了环境教育读本，多渠道地为师生提供环境教育活动阵地，使环境保护和绿色发展的种子深深地扎根在广大师生心中。学校先后获得"全国创建绿色学校活动先进学校""全国公民思想道德建设先进单位""全国生态文明教育特色学校"称号，被连续授予第三、四、五、六、七批"国际生态学校项目"绿旗学校。

　　最后两个考察点，是崇礼冬奥村（冬残奥村）和国家跳台滑雪中心，这是北京冬奥会"三场一村"的主要项目。"绿色办奥"是北京冬奥会的首要理念，主要就是要坚持生态优先、资源节约、环境友好。场馆建设是践行"绿色办奥"的关键环节，突出科技、智慧、绿色、节俭特色，注重运用先进科技手段，严格落实节能环保要求，保护生态环境和文物古迹，展示中国风格。

　　据场馆人员介绍，张家口冬奥村和张家口赛区其他场馆夏季均不需要设置空调制冷系统，走廊和楼梯照明采用分区、定时或光感的方式，全部采用 LED 节能灯具照明。户内采用高效新风热回收系统。在采暖方面，冬奥村及场馆群地面全部采用加热电缆作为地面辐射供暖热源，此类供暖方式采用风力发电的方式，节约能耗，节约空间约 2%—3%，较一般供热系统空气洁净度更强，舒适度更好。为节约水资源，张家口赛区场馆群采取多途径雨水收集利用措施，采用先进技术实现全自动造雪控制系统，打造了奥运历史上第一个海绵赛区。为提升雨水收集利用率，场馆地面铺设微米级孔隙的砂基透水砖入渗、砂基透水路缘石及滤水边沟等。采用地下硅砂蜂巢雨水自净化系统，将雨水及山涧溪流进行蓄存、净化，经蜂巢系统净化后的雨水回用于景观补水、绿化用水、造雪、冲洗厕所等。"绿色办奥"理念在场馆建设中体现得淋漓尽致。

　　视频调研进行到 12 点多，午餐、休息。

　　下午 2 点，召开调研座谈会，依然是视频形式。民进中央常务副主席刘新成出席会议并讲话，我主持会议并介绍了调研背景，副主席张雨东围绕主题作了交流发言，河北省副省长胡启生作了整体情况介绍。

　　河北省住房和城乡建设厅一级巡视员李贤明全面介绍了河北省

关于绿色生活创建示范方面的做法、经验和工作计划。中共张家口市委副书记、市长赵文锋全面介绍了张家口市培育绿色生活方式、提高资源利用效率、推进节能降碳增效等方面情况。张家口市发展改革委、教育局、工信局、住建局、生态环境局和亿华通动力科技有限公司、腾讯怀来东花园云数据中心两家企业的代表结合各自工作情况围绕主题进行了发言。

国家发展和改革委能源研究所副所长孙颖，民进中央科技医卫委员会副主任、工业和信息化部节能与综合利用司一级调研员慕颖，民进中央人口资源环境委员会副主任、中国城市建设研究院总工程师徐海云，民进北京市委会资源环境委员会副主任、国家发展和改革委能源研究所研究员刘虹，民进北京市委会资源环境委员会委员、北京中创碳投科技有限公司总经理唐人虎参加调研，并与参会人员进行了互动交流。

中央统战部一局、国家发展改革委、住房和城乡建设部有关同志，河北省委、省政府和张家口市委、市政府相关部门的同志，民进中央教育委员会、人口资源环境委员会、社会和法制委员会有关专家，民进中央参政议政部有关负责人，以及民进河北省委会有关同志参加调研和座谈。

会议最后，民进中央常务副主席刘新成做总结讲话。他首先代表民进中央和蔡达峰主席，向河北省、张家口市以及参与调研的各有关部委、专家学者表示感谢。他说，近年来，习近平总书记在社会主义生态文明建设方面，就绿色低碳生产生活方式作出了一系列重要指示。中共十九届五中全会围绕"十四五"规划和2035年远景目标纲要谋划发展蓝图，提出"广泛形成绿色生产生活方式，碳排放达峰后稳中有降，生态环境根本好转，美丽中国建设目标基本实现"。他指出，民进中央今年的调研课题确定为"坚持节约优先，加快形成绿色低碳生产生活方式"，其中转变生活方式是我们关注的一个重点。相对于转变生产方式，转变生活方式不仅是绿色低碳的需求问题，而且是社会性的问题，实施的目标、任务、主体和路径更加复杂，还需要得到更多层面的关注和贯彻落实。本次调研也是为了能够找出更好推进这项工作的突破口，通过考察调研、总结经验、找准问题、提出建议，为促进中共中央科学决策和有效施策提供参考，助推碳达峰碳中和目标的实现。

民进中央常务副主席刘新成在讲话中重点阐述了四个方面的关系问题。一是节约优先与生态文明建设的关系。坚持节约优先，实施全面节约战略，是中共中央审时度势提出的重大战略考量，事关生态文明建设，事关"双碳"战略目标。二是生产方式与生活方式的关系。生活意识的转变、生活行为的变化，必将反作用于生产。所以，以生活方式的转变促生产方式的转变，不仅涉及老百姓的日常行为，政府方面应当有所作为。三是绿色低碳发展与美好生活需要的关系。我们在日常生活中切身感受到气候环境变化对每个人生活的影响，感受到改变生活方式以及持续减少温室气体排放的必要性。但是在绿色低碳生活转型当中依然面临知易行难的问题，通过改变生活方式减少排放实现绿色低碳发展，需要管理系统和社会系统共同发力。四是行为主体与责任使命的关系。

他最后强调，实现碳达峰碳中和是中国向世界作出的庄严承诺，也是一场广泛而深刻的经济社会变革，其中绿色低碳生产生活方式的广泛形成是重要任务之一。在这场变革中，政府、社会、企业和个人都是重要的行为主体，都负有重大的责任使命，需要共同发力。

一天的视频调研和座谈，充实、高效、低碳。我粗略估计了一下，上午的七个调研点，如果按顺序依次前往，总距离接近 500 千米，开车需要七八个小时；即使是优化路线、调整调研点顺序，也是在 300 多千米、四五个小时的水平。这还不算北京和石家庄往返张家口的路程、时间。原来的实地调研计划安排了 4 天，而通过视频形式，我们仅用 3 个小时就完成了全部调研任务，节省了大量的人力、物力，以切实行动践行了"坚持节约优先，加快形成绿色低碳生产生活方式"的调研主题。专家说，这是一次低碳的调研。用低碳的调研方式调研低碳生活，本身也是一场有意义的探索。

今天《人民日报》"议政建言"专栏发表了我的一篇小文《促进家庭教育健康发展》。

晚上跑步 40 分钟，11 点休息。

4月28日，北京，晴；呼和浩特，晴

早晨5点起床工作。写微博、头条、政协委员读书漫谈群的专栏。

上午7点50分出发去机关。

今天上午是重点专题调研的第二站。与一周前的河北省调研一样，本次调研也是采取视频形式。民进中央蔡达峰主席带队，刘新成常务副主席，以及我和王刚、黄震、高友东副主席都参加了今天的调研及座谈活动。内蒙古自治区方面，党委常委、统战部部长胡达古拉，政府党组副书记、副主席张韶春，政协副主席、民进内蒙古区委会主委郑福田等领导参加了今天的活动。

上午9点20分，调研组领导、专家到达机关视频会议室，内蒙古自治区、呼和浩特市会场的相关同志已经上线，呼和浩特市、包头市、鄂尔多斯市调研点现场讲解的同志也已经到位。9点半，视频连线正式开始。郑福田主委主持上午的视频调研。

得益于视频调研的高效率，上午两个多小时的时间也是安排了7个考察点。第一个考察点是呼和浩特市呼哈路小学。随着镜头的转动，我们可以看到，在环境教育课堂上孩子们认真学习垃圾分类、低碳生活等环保知识；在拼贴布社团，孩子们将回收的旧衣物裁剪拼贴为精巧的手工艺品；在科技社团，孩子们利用废旧饮料瓶制作成水火箭激发学习热情……一件件在生活中被人们忽视的废品在孩子们手中焕发活力、变废为宝。"我们将环境教育贯穿于教育教学全过程，同时开展多种多样的活动，不仅让孩子们学到了环保知识、增强了环保意识，还以小手拉大手，带动身边的大人一起体验垃圾分类等绿色低碳生活。"呼哈路小学教师李霞介绍。自开展环境教育工作以来，呼哈路小学成为内蒙古自治区唯一一所先后4次被生态环境部授予"国际生态学校绿旗"荣誉的学校。

随后，镜头切换到了一片住宅楼房，这便是我们的第二个调研点了——呼和浩特市中海河山大观项目。负责同志介绍说，该项目在住宅屋顶设置光伏发电系统，并采用高性能围护结构、保温和气密性极优的外门窗、高热回收效率的新风一体机及超低温空气源热泵、全屋无热桥和高气密性设计等技术，节能率达到 90%，每年共减排二氧化碳约 1247.43 吨，实现大幅度减碳。该项目荣获第十届国家级广厦奖候选项目、超低能耗建筑设计标识、健康建筑二星设计标识等众多国家级奖项和专利，输出了很多设计及施工生产经验，培养了一批专业技术人才。

第三个调研点是自治区重点用能单位能耗在线监测系统。该系统由自治区发展改革委、市场监管局牵头，内蒙古计量测试研究院承建，目前已经实现了对 741 家重点用能单位的煤、水、电、气、油、热的实时监测，监测率为 99.6%，为内蒙古自治区节能双控和"双碳"工作提供数据中，发挥了重要作用。该系统监测体量大，监测范围广，安全性高，功能齐全，在全国处于先进水平。

随后，调研组又与呼和浩特市新城区团结社区进行了现场连线，就垃圾分类工作进行考察调研。团结社区曾是呼和浩特市诸多老旧小区的典型代表，过去常出现垃圾外溢的现象。近年来，社区结合实际确定垃圾分类处理模式，全力推进垃圾分类工作，居住环境焕然一新。"我们在配备智能垃圾箱房、启用不同类型垃圾清运车等设备的同时，积极宣传垃圾分类知识，实行垃圾分类兑积分，只要居民将垃圾投对，就会获得相应积分兑换所需礼品，提升居民参与垃圾分类的积极性。"新城区垃圾分类办公室负责人张艳琴在镜头前说。

调研组还通过观看视频演示等方式对鄂尔多斯市伊金霍洛旗零碳产业园区进行了考察。"在鄂尔多斯有一个零碳科技领域重要的应用场景就是换电重型卡车，据统计当地在运的重卡数量 30 多万辆，每年的碳排放十分惊人，如果全部换成新能源重卡，每年将会带来约 900 亿度电的新增绿电消纳空间，相当于再造一个鄂尔多斯电网。"参与零碳产业园区建设的远景北方科技公司鄂尔多斯负责人俞乐表示。目前，鄂尔多斯正全力打造具有全球影响力的零碳产业园，力争2023 年实现 100% 零碳能源供给，到"十四五"末实现百亿度绿电消纳。

此外，调研组还视频调研了包头市北奔重型汽车集团有限公司、鄂尔多斯碳中和研究院等，了解它们在低碳生产和碳中和研究方面的情况。

一上午的视频调研，地跨呼和浩特、包头、鄂尔多斯三市，全程也在 400 千米左右，互联网的便捷性显露无遗。

下午 2 点，召开调研座谈会。民进中央主席蔡达峰出席会议并讲话，我主持会议，并代表调研组介绍了此次调研的背景，黄震副主席围绕主题作了交流发言，张韶春作了整体情况介绍。

内蒙古自治区发展改革委党组成员、副主任何杰全面介绍了内蒙古自治区关于加快形成绿色生产生活方式方面的做法、经验和工作计划；内蒙古自治区教育厅、科技厅、工信厅、生态环境厅、住建厅、能源局、城市规划市政设计研究院围绕推动"双碳"工作进展情况发言。呼和浩特市政府副市长张永文全面介绍了呼和浩特市培育绿色生活方式、提高资源利用效率、推进节能降碳增效等方面的情况。国家发展改革委、工业和信息化部、生态环境部相关司局负责同志，以及调研组的专家与当地同志进行了互动交流。

蔡达峰主席在会议最后作总结讲话。他首先代表民进中央，向内蒙古自治区、呼和浩特市、包头市、鄂尔多斯市，以及参与调研的各有关部委、专家学者、民进组织和会员表示感谢。他说，实现"双碳"目标是中共中央重大决策，"统筹推进碳达峰碳中和"是中共中央委托民主党派中央开展重点考察调研的主题，民进中央以"坚持节约优先，加快形成绿色低碳生产生活方式"为重点，在河北、内蒙古等地开展调研，目的是推动"双碳"目标的实现，同时也提升我们服务大局的意识和能力。他指出，无论是碳达峰，还是碳中和，都必须坚持"节约优先"。节约是普遍推崇的文明行为和优良传统，节约资源是我国的基本国策，节约能源是我国的法律规定。实现"双碳"目标的基本任务和重要原则是节约资源，首先就是节约碳资源。在现实的生产生活中，浪费现象并不少见，厉行节约并不容易，更不总是处于"优先"的地位。我们在调研中，需要关注浪费资源的现象，剖析影响节约资源和能源的行为习惯、价值取向、利益机制和社会环境，为落实节约优先原则提供具体的对策。

蔡达峰主席最后强调，实现"双碳"目标，必须统筹用碳与节碳的需要，以生活方式转变倒逼生产方式转型。低碳生活需要理念支撑、需要利益机制、需要行为导向、需要有社会环境。合理利用资源、主动节约碳能、形成低碳生活方式，需要个人、家庭、社会和政府共同努力，形成全面促进转型的机制。

今年的大调研，以这种新颖、高效的形式开展，给我们提出了挑战，也带来了收获。视频调研的好处是明显的：除了低碳环保，线上调研更加灵活，在调研点的选择上不用过多考虑行程安排，选择范围更加广泛、可以更有针对性；另外，调研组成员只需使用一部手机或笔记本电脑就可以参与调研，方便邀请更多的专家参与调研活动。但是挑战也是客观的：我们很担心视频调研操作困难、效果难料，所以我们进行了认真筹划和充分准备，同时得到了地方党委、政府的大力支持，这种新的探索也为我们积累了宝贵经验。

如何确保线上调研效果，我们总结需要做好三个方面工作：一是科学制订方案。在研究制订调研方案时，要充分发挥线上调研灵活、高效的优势，更加突出调研内容的针对性、科学性，可根据需要增加播放宣传短片、PPT 讲解和交流互动等调研环节，全面深入了解有关情况。二是密切沟通协调。调研筹备阶段，要加强与调研地有关部门的联系沟通，就调研主题、内容、要求等进行充分沟通，本着"简便易行、便于操作"的原则，尽量不给地方党委、政府增加额外负担；调研实施阶段，要加强线上的协调调配，确保调研过程衔接紧密、有序开展。三是加强技术保障。线上调研是现代网络技术与传统调研方式有机结合的新探索，网络设备的不稳定性是线上调研面临的最大挑战，强有力的技术支撑是线上调研顺利开展的基础。

今年大调研的主题也特别有意义。作为一个负责任的大国，我们已经向世界承诺了实现"双碳"的目标和时间表。而根据基于消费的核算，全球约 2/3 的排放与私人家庭活动有关，所以，推动绿色低碳的生活方式变革，是实现"双碳"目标的基础和最直接的路径。

从调研的情况来看，围绕实现"双碳"目标，中央和地方都出台了不少推动绿色低碳生活方式转变的配套政策文件，也都在积极行动。但由于绿色低碳生活方式涉及范围较广，涵盖衣、食、住、行等多个方面，加之居民长期以来的传统消费理念和习惯根深蒂固，实现生活方式的绿色变革仍面临重重挑战，任重而道远。

首先，绿色低碳生活方式要从强化青少年的节约意识和绿色低碳理念开始抓起。学校应成为实现可持续发展和碳中和目标的典范。要推进将节约优先低碳绿色生活的理念纳入教育教学体系。在设置专门课程的基础上，将绿色低碳内容融入各科目当中，对勤俭节约等中华优秀传统文化进行系统梳理，编写适合不同年龄段学生的课外读本，着力构建全学科、全过程的绿色低碳、生态文明育人体系。要将绿色低碳知识纳入学生行为规范，全面引导学生养成生态环保、绿色生活、低碳节能意识，形成良好行为习惯。要持续加强绿色学校建设。完善绿色学校标识管理，提高绿色学校评价标准，将绿色学校质量和数量作为考核各地教育工作的重要评价指标。要组织、鼓励、支持中小学生参与课外绿色生活体验活动。积极组织开展"小手拉大手"主题活动，鼓励学生动员家庭成员，积极参与社区、街道志愿服务等活动，践行节约的生活理念。

其次，要加强绿色低碳生活方式的科学普及和宣传教育活动，编制颁布全民节能减排手册或绿色低碳生活指南，将低碳行为指导落实到生活中可执行的层面，使居民了解绿色低碳生活的必要性、紧迫性和基本方法。如减少某些方面的消费，少买衣服，少用洗衣机、洗衣粉，少喝酒、少吸烟，减少装修材料用量，少用塑料袋、一次性筷子，少用电梯、电视；避免粮食浪费，合理使用家用电器，使用节能的材料与设备；做好家庭的垃圾分类，绿色公交出行等。倡导消费低碳或零碳产品，通过消费促进生产。通过政府公报、电视、报纸、互联网、微信、微博等多种媒介渠道，开展形式多样的宣传活动，提高公众主动践行绿色生活的自觉性与积极性。要推进绿色生活创建进家庭、进社区、进校园、进商场等活动，增设绿色生活方式的奖惩机制，通过表彰宣传践行绿色低碳生活的先进典型，发挥示范引领作用，形成良好的社会风尚。

再次，要加快研制适用于我国国情并可融入到主要生活要素领域的绿色生活方式标准和规范，让居民切实了解绿色生活具体方式，使绿色生活方式有据可依。对于涉及链接不同生活要素上下游的企业，应加大绿色商品和服务标准的制定，扫除伪"绿色"现象，增加公众对于绿色产品和服务的信任度，增加绿色消费信心。要将不同领域绿色消费目标纳入经济发展规划中，循序渐进促进绿色生活方式的发展。要持续加大政府以及金融机构对于不同经济发展程度地区的绿色公共投资力度，完善有利于绿色生活方式的基础设施建设，推广符合当地发展实际的高效回收循环利用设施和便捷公共交通系统设施等。

要建立衣、食、住、行、游等生活领域的绿色消费指标体系和监测评估体系，推动各地建立不良消费行为的信息披露平台。研究表明，只要在居民的电费账单上附上本人与所在社区其他居民的用电情况的对比，向消费者实时报告用能情况，就可以促进节能行为。

最后，要加强政产学研的合作机制，依托国家及地方数据中心，完善生产—消费数据的统计工作，建立细分的消费数据库，推进相关研究机构开展绿色生活方式的评估工作。

习近平总书记指出，"我们要倡导简约适度、绿色低碳的生活方式，拒绝奢华和浪费，形成文明健康的生活风尚。"调研后我们会及时整理调研成果，进一步推动全社会用绿色低碳生活方式减少排放，助力"双碳"目标的实现。

今天的《中国教育报》发表了江苏省教育学会副会长叶水涛先生的长篇文章《过一种幸福完整的教育生活》，讲述新教育实验助力"双减"的问题。

下午 5 点回家，整理调研材料和《父爱的力量》书稿。

晚上 11 点休息。

为美丽乡村保驾护航

——长江生态环境保护民主监督调研手记（江西赣州、南昌）

我们在年初便制订了《民进中央长江生态环境保护民主监督2022年度工作计划》，但自元旦之后一直未能出京，实地调研工作受到了较大的影响。终于在6月底，我带领民进中央和财政部联合调研组奔赴江西，开展今年的首次实地监督调研。调研的主题是"推动农村改厕、生活污水与垃圾治理协同投入和设施一体化运行管护"，具体包括赣州市农村改厕、污水处理、垃圾治理协同投入和设施一体化运行管护方面的现状、困难问题，以及南昌市城镇生活污水管网建设改造、污水处理、黑臭水体整治等情况。民进江西省委会主委、省住建厅厅长卢天锡陪同调研。

6月29日，赣州市兴国县，晴转暴雨

昨天傍晚乘坐国航CA1827抵达赣州，入住赣州迎宾馆。这是今年以来首次出京实地调研。

早餐后，8点30分从宾馆出发，乘车前往兴国县调研。兴国县是全国闻名的红色故土，是著名的红军县、烈士县、将军县和苏区模范县，是人民军工的发祥地、苏区精神和苏区干部好作风的重要发源地、群众路线的重要形成地。我还是第一次踏上这片红色热土。

大约9点30分，车子开进了一个砌有红石围墙、香樟翠柏枝繁叶茂的小院。眼前一座建筑外观古朴大方，颇具民族特色，砖木结构、悬山屋顶、四角微翘，大门前三对假石方柱支承飞檐，飞檐下悬挂有木质红底金字馆标，这便是我们上午的第一个考察点：长冈乡调查纪念馆。

在纪念馆内，讲解员向我们详细介绍了毛泽东同志当年在长冈乡开展调查研究的具体情况。调查研究、实事求是，是中国共产党一以贯之的优良传统和作风。毛泽东同志是这一优良作风的积极倡导者和忠实践行者。1933 年 11 月，时任中华苏维埃共和国临时中央政府主席的毛泽东来到长冈乡，就如何开展乡苏工作做了深入的调查研究，写下了著名的《长冈乡调查》。毛泽东自己有一套科学实用的调研方法。他在长冈乡调研时，长时间与村民同吃同住，很多情况是在田间地头、街头巷尾了解到的，是在和农民一起干农活时从他们口中了解到的。在这里，我们还参观了当年毛泽东同志住过的地方。

离开纪念馆，我们来到了将军园（苏园）景区。这是著名的"全国爱国主义教育示范基地"，布局有"将军园"和"苏区干部好作风纪念园"两园。我们参观了园内的"苏区干部好作风"陈列馆。"苏区干部好作风，自带干粮去办公；日着草鞋干革命，夜打灯笼访贫农。"这支脍炙人口的山歌，正是当年苏区干部好作风的真实写照。以"调查研究，求真务实；联系群众，一心为民；艰苦奋斗，清正廉洁；模范带头，争创一流"为主要内涵的苏区干部好作风，是毛泽东、周恩来、朱德等老一辈无产阶级革命家在土地革命时期精心培育形成的。我觉得，在全党全国人民奋发向第二个一百年宏伟目标迈进、同心共筑中国梦的今天，大力弘扬苏区干部好作风，对于我们加强思想建设、改进工作作风、扎实做好当下工作，具有特别重要的意义。

出了陈列馆，我们乘车前往兴国宾馆。坐在车上回想上午的两个参观学习，觉得很受教育、很受触动。之前在看到调研计划时，对于今天上午的安排我还是有点疑问的：都是红色教育基地，似乎与本次监督调研的主题无关。但现在，我想通了：求真务实的工作作风，科学扎实的工作方法，不正是我们开展民主监督调研，甚至说开展一切工作所需要的吗？如果我们能深刻领悟上午红色教育中所包含的伟大精神与科学方法，必能大大促进我们的具体工作。

大约 11 点 30 分，我们到达兴国宾馆，午餐，休息。

下午 2 点 30 分准时出发，开始"真正"围绕主题调研。第一个考察点是兴国县生活垃圾焚烧发电厂。在外面我们看到了巨大的垃圾场，有些是以前填埋的垃圾，挖掘机在不停地清运。进了车间大厅，发电厂的同志介绍相关情况，专家们详细询问了运营情况。该垃圾焚烧发电厂由华赣环境有限公司负责建设运营，占地 118 亩，设计处理规模为 1000 吨 / 天，年均发电量 14000 万千瓦时，年均上网电量约12000 万千瓦时（估算可供 19.3 万人一年用电）。项目比较好地解决了县城生活垃圾出路问题，既能美化环境，又可创造收益，对该县的可持续发展有着重要意义。

随后，我们乘车来到兴国县经开区综合污水处理厂调研。该处理厂由中节能环保投资发展（江西）有限公司采用 BOT 模式投资建成，成立兴国工业污水处理厂负责运营，污水处理规模为 1 万吨 / 天，服务工业园区内 40 多家企业，并处理园区内的部分生活污水。我们在控制大厅考察了该厂的运营情况，并与负责同志进行了简单座谈。

下午的最后一个考察点是均村乡石溪村，主要是看看这里的农村改厕情况。经过四十多分钟的车程，我们来到石溪村。下车的地方是在村外，地形开阔。向村庄方向望去，干净整洁的乡间柏油路，两侧是青翠欲滴的大片稻田，正前方的村庄青山环抱，景色宜人。走到村里，我们考察了几户改厕的情况，发现改得都不错，基本都是采用的"三格式无害化"改造，使得整体居住环境干净卫生。乡里和村里的负责同志介绍说，一开始很多老百姓也不理解、不支持，后来经过政府不断的宣传，并进行专项补贴，才使得改厕工作得以开展。如今老百姓认识提高了，也都有了较高的积极性，甚至有的说"家里厕所不改好讨不到老婆"（意思是居住环境差不好讨老婆）。

5 点多调研结束，乘车返回宾馆。今天天气暴晒、晴热，气温接近 40 摄氏度。车上空调凉，下车一身汗。一下午，身上衣服干了湿、湿了干，不知道多少次了。晚饭后下起了暴雨，清凉了一些。据说当天下午南昌暴雨并发生比较严重的内涝。

6 月 30 日，赣州市章贡区，晴

早晨在兴国吃过饭，就乘车出发返回市里了，直接到章贡区调研。经过一个多小时的车程，我们来到章贡区沙石镇霞峰村。一下车就感觉这个村子比较干净整洁。据镇负责人介绍，该村据中心城区 5 公里，面积 5.4 平方公里，全村 8 个村民小组，383 户，1793 人，主要以种植水稻、蔬菜、百香果、无花果为主。全村进行了环境改造，建设了 2 座公厕，1 座日处理能力 60 吨的生活污水处理点，受益农户 55 户 291 人，3 座微型生活污水处理站，受益农户 14 户 60 人。全村实行长效管护机制，一方面委托第三方环卫公司进行垃圾清运并安排保洁员日常清扫，另一方面村里聘用 2 名长效管护员开展常态化人居环境整治提升工作。意外发现是，该村还是一个劳动教育特色小镇。村里的居民多在外地打工，教育机构便把他们的房子租下来并简单改造，开设手工、书法、艺术类课程，并依托乡村的土地开展农业方面的研学。

第二个考察点是位于水西镇的和乐新村生活污水处理厂。和乐新村安置小区位于水西镇和乐新村，属水西钴钼稀有金属产业基地返迁地。和乐新村现有居民 11000 人，梦想家园小区现有居民 1500 人。原来该区市政管网并不完善，居民生活污水直排入黄沙溪。同时该区域又是黄沙溪和和乐溪与赣江的三河交汇处，直排污水会影响赣江水质，因此当地政府新建了一座污水处理厂。该厂处理规模是 3000 吨/天，由江西挺进科技环保有限公司承建。霞峰村的污水处理他们也有参与。我们实地考察参观了控制大厅、调节池、缺氧池、厌氧池、二沉池等，查看了入水口、出水口指标。

整个上午也是酷热难当。12 点回到宾馆，午餐、休息。

下午是调研座谈会，2 点正式开始。会议由民进江西省委会主委、省住建厅厅长卢天锡主持。赣州市委常委、常务副市长何琦同志介绍了赣州市长江生态环境保护情况，市发改委、市财政局、市生态环境局、市住建局、市农业农村局、市乡村振兴局、市城管局、市供销联社，章贡区沙石镇、水西镇等部门和乡镇负责同志围绕会议主题介绍了情况，调研组专家和与会同志就有关问题进行了交流。各委办局反映的情况我们基本了解，主诉的问题主要还是资金投入不足、运营管理不善、环保宣传效果不理想（老百姓环保意识不到位）等问题。

最后我作了简单的总结讲话。我说，改善农村人居环境关系人民群众身体健康，关系农村现代化目标实现，关系美丽中国建设，要深入学习贯彻习近平生态文明思想，充分认识农村人居环境整治的重要意义，坚决落实中共中央、国务院决策部署，以改善农村人居环境的实际行动来践行"两个维护"；要把深入推进农村人居环境整治作为提高民生福祉的重大工作，摆上重要议事日程，以厕所革命、生活污水垃圾处理、村容村貌整体提升等为重点任务，整合资源配置，强化政策支持，落实有力举措，稳步有序推进突出环境问题治理；农村改厕、生活污水和垃圾治理难度大、任务重，考验为民服务的决心、攻坚克难的信心，考验科学施策、精准治污的能力，要有打攻坚战、持久战的思想准备，久久为功，全力以赴。

4点钟会议准时结束，我们从会场直接出发乘车赶往赣州西站，乘高铁前往南昌，7点多到达南昌西站。8点，调研组一行与万广明市长等南昌市领导简单餐叙。

7月1日，南昌，晴

今天的南昌也是暴晒，非常炎热，一早出门就有感觉。上午安排非常紧张，要考察三个点，主要是污水管网建设、污水处理及黑臭水体整治方面的内容，并要召开座谈会。南昌市王强副市长陪同调研。

8点30分，调研组从宾馆出发，8点50分来到第一个考察点：红谷滩区阳光枫情小区。在这里主要是看排水单元整治情况。区里和社区的负责同志早已在那里等候。据他们介绍，该小区始建于2006年，共有23栋住宅楼，846户居民。目前小区内原有的管道淤堵严重，部分管道严重变形，失去了原有的作用，部分楼栋污水无法外排，给居民带来了极大的不便。本次改造，主要针对排水单元内雨水、污水管网错漏混接、阳台立管、井具井盖、污水预处理设施、破损的雨污水管网进行清淤、修复。目前已经基本完工，小区排水系统恢复正常，水质达标。现场工程人员打开了井盖，调研组人员进行了仔细查看，并询问有关细节问题。

随后我们来到经开区黄家湖东路，调研市政管网错接混接整治情况。车到了附近，我们就开到了一片工地，路面挖开，工人们在紧张地铺设管道。现场工作人员介绍说，黄家湖东路长 7.4 公里，其中雨水管网 3.8 公里，通过雨水排口进入黄家湖；污水管网 3.6 公里，接入红谷滩污水处理厂。黄家湖东路混接错接共计 10 处，均为雨水接入市政污水管。这个施工现场是对其中三处雨水口混接入市政污水主管的情况进行整改，使得该处道路雨污水各行其道，减少污水管网中的雨水量。在现场，经开区的负责同志还介绍了经开区水环境治理工作的整体进展情况以及具体举措。

最后一个考察点是红谷滩污水处理厂扩建工程。2018 年长江经济带生态环境警示片披露了南昌市中心城区污水处理设施及管网建设改造滞后，大量生活污水直排赣江的问题。为了解决这一问题，南昌市实施了红谷滩污水处理厂扩建工程。处理厂的同志介绍说，该扩建工程位于南昌市瀛上河东侧，占地 165 亩，总服务面积约 107 平方公里，人口 107 万人。该项目投资 6.6 亿元，扩建后设计处理规模 40 万吨 / 天，已于去年 5 月验收完成，2022 年日处理污水约 16 万吨，出水质量达到一级 A 类标准。现场我们查看了二沉池的运转情况和出水水质在线数据。

考察完三个地方已经 10 点多，我们紧接着到章贡会议中心召开座谈会。南昌市副市长王强同志汇报了南昌市水环境整治工作进展情况，市城管执法局负责同志汇报了南昌市水环境攻坚三年行动实施推进情况，调研组专家交流了调研体会和意见建议。省市统战部、省市住建、城管、环保等部门的负责同志参加了会议。

在听取了大家的情况介绍和讨论后，我作了总结讲话。我主要讲了三个方面：一、开展长江生态环境保护民主监督是中共中央交给民主党派中央的一项重要政治任务，也是民主党派围绕党和国家重大方针政策和重要决策部署的贯彻落实情况履行民主监督职能的重要抓手。民进中央非常重视对口江西开展长江生态环境保护民主监督工作，一直坚持深刻认识长江生态环境保护的重大意义，坚持围绕中心服务大局，坚持准确把握民主监督是政治监督、协商式监督、合作式监督的性质和定位。坚持问题导向、协助地方解决问题，是开展长江生态环境保护民主监督工作的原则和目标，也是今天在南昌开展调研和座谈的主要考虑。二、南昌市在长江生态环境保护方面存在的主要问题之一就是城镇生活污水管网建设和改造滞后。出于监督本身的职责，也出于不当看客过客的自我要求，民进中央对这个问题非常关注，希望协助南昌市加快整改、科学整改。因此，我们积极推动北京城市排水集团有限责任公司与南昌市加强交流与合作，助力南昌市进一步提升城镇生活污水治理工作水平。三、民进中央长江生态环境保护民主监督工作领导小组办公室要继续跟踪了解进展情况，提供力所能及的支持。民进江西省委会、南昌市委会要发挥好桥梁纽带作用，做好定点调研和服务对接工作，体现民进地方组织服务地方工作大局的责任与担当。

　　12 点会议结束，中午与省委常委、统战部部长黄喜忠简单餐叙后，便直接赶往机场了，乘坐下午三点半的飞机回北京。

"民进中央'双减'与高质量基础教育体系建设"调研手记

    7月20日至22日，我率民进中央调研组开展专题调研。5月20日，民进中央基础教育改革座谈会在"株洲"召开。之所以加引号，是因为受疫情影响，我们未能亲赴原定的会议承办地株洲二中附小开会，而是改为线上线下相结合的方式，在民进中央机关和二中附小分别设置会场，通过视频连线的方式召开，教育部的领导则是在教育部会场以视频的方式入会。原本是打算在株洲召开基础教育改革座谈会并开展实地调研，这次算是来补补课。调研的主题，依然是与座谈会相关，定为"'双减'与高质量基础教育体系建设"。

7月20日，北京，晴；株洲，晴，35℃

    原本这三天应该是在江西萍乡、新余开展长江生态环境保护民主监督调研，并在南昌召开民进中央长江保护与发展论坛（2022），但因南昌突发疫情，我们不得不改变计划。这几天的时间，正好到株洲开展教育调研，算是完成基础教育改革座谈会的后续工作。

    早晨5点起床，完成每天的"日课"，写全国政协委员读书漫谈群、新浪微博、头条朱永新教育观察的专栏文字。

    早晨6点50分出门，赶赴机场，乘坐8点30分的航班前往长沙。10点55分，飞机提前到达黄花机场。一路上读完了《目标感》。这本书的作者是美国心理学家威廉·戴蒙。他提出，现在的年轻人经常会有漂泊感，那是因为没有找到对自己有意义、对世界也有意义的目标。其实，真正的目标是一种终结关切，是关于"为什么"问题的最终答案，是把我和世界连接起来的真问题。建立目标感能够帮助我们校准人生的每一步动作，还能赋予我们生命存在的意义。

出了机场，转乘汽车前往株洲市。

中午12点10分到达酒店，简餐，休息。

下午2点45分，乘车出发，开始今天的调研活动。

下午3点到达第一个考察点：株洲人工智能职业技术学校。这个学校的名字倒是很能跟上时代潮流。到了学校，侯雄华校长带着我们考察参观，侯校长也是民进会员。侯校长向我们介绍了学校的总体情况。该学校是国有控股的全日制民办学校，占地近100亩，有教学楼4栋、实训楼1栋、学生宿舍5栋，可容纳5000人在校学习生活。

我们首先来到了工业机器人教室，正在操作机器人的师生向我们讲解展示了机器人的操作。该机器人是纯国产系统，全中文操作界面，能完成生产线上一系列复杂且程序化的工作。经询问，他们这个专业的学生就业良好且薪资不低，起始工资基本在七八千元以上。随后我们参观了学校的展示馆，详细了解了学校的办学情况、学生就业情况等。学校办学成果颇丰，学生多次荣获国家、省级、市级大奖；毕业生就业良好，就业率在95%以上。2021年，就业率达到99%，万元薪资占比68%，最高薪资18000元，平均薪资10283元。在学校的介绍图片中看到了现在在香港中联办担任副主任的谭铁牛院士，很亲切，他是我中央党校的同学，而他的学生则是这所学校的名誉校长。

在学校会议室，调研组召开了简单的座谈会，就一些问题初步进行交流探讨。座谈会由株洲市委常委、统战部部长罗琼同志主持，她介绍了株洲市基本情况。印象最深的是"三老一新"，"三老"说的是老祖宗、老革命和老工业基地；"老祖宗"，说的是这里是炎帝的故乡。位于株洲炎陵县的炎帝陵，历代以来都是华夏儿女寻根谒祖的圣地，炎帝陵祭典被列入了国家首批非物质文化遗产。"老革命"说的是革命根据地。株洲的茶陵县和炎陵县都是井冈山革命根据地的核心组成部分，是中国工农红军的孕育地。为了中国的革命事业，当时全县仅 78000 人的炎陵县，就有 38000 人献出了宝贵的生命。老工业基地，说的是新中国成立后，株洲被列为全国"一五"计划八个新建重点工业城市之一，为共和国的工业经济发展作出了重要贡献。"一新"说的是现在的株洲正在成为创新高地，是国家新型城镇化综合试点城市和国家自主创新示范区。

株洲市教育局局长吴安浩介绍了全市教育的基本情况。在吴局长介绍的过程中，调研组专家不时插话交流、询问，就企业、行业办职校的现状与利弊，株洲市优质教育均衡、生师比、化解大班额、教师队伍建设等问题进行深入探讨。座谈会开到 4 点 20 分，大家意犹未尽，但因后面还有考察安排，不得不尽快结束，赶往下一个调研点。

4 点 40 分，我们到达九郎山职业教育科创城，第一个考察点是湖南铁路科技职业技术学院。据校领导介绍，该校由原铁道部创建于 1956 年，原名株洲铁路机械学校。现有 6 院 1 部，开设 25 个专业，全日制在校生 13023 人，教职员工 616 人。在该校大学生创新创业中心，我们看了"高铁电网电能质量治理""旋转式摩托车自行车立体停车库"等展示台，了解查看学生创新创业成果、听取学校创新创业工作介绍。调研组还询问了一些问题，诸如"创新创业项目资金来源于何处""项目所需的设备由谁购置""如何孵化有潜力的项目并进行市场推广"等等。在这里我们还看到该校学生获得了很多职业技术奖项。学校还自建了 3 公里多的"轨道交通国际共享实训基地"，据称是融国铁、高铁、地铁、城铁于一体，集车、机、工、电、辆、供六大系统于一身的轨道交通综合实训站场。沿着铁路走了一会儿，汗已湿透衣服。在铁路旁，我们看到有一群工人正在冒着酷暑工作，校领导介绍说这是广铁集团正在这里开展培训，他们每年会承接不少类似的实训。问到学生就业情况，也说是非常好，在 98% 以上。

第二个考察点是湖南省商业技师学院。校长介绍说，该院是省机关事务管理局直属的职业院校，主要培养的是厨师和服务人员，就业状况非常好。教育局局长介绍说，去年有 86 家单位到该校招收毕业生，但学校经过挑选，只允许 36 家单位进校招人，可见其毕业生的抢手程度。烹饪食品学院是其王牌学院，在业界享有"烹饪教育的黄埔军校，湘菜大师的摇篮"之美誉。在楼里的走廊两侧挂满了在该校任教和学校培养的烹饪大师的宣传画，有"注册中国烹饪大师""注册中国烹饪名师""湘菜大师""中国绿色厨艺大使"等。

我们还乘车考察了九郎山职教科创城，职教科创城的负责同志随车向我们介绍了职教科创城的具体情况。该职教科创城占地面积13.9平方公里，累计投资220多亿元，已建成建筑面积200多万平方米。果然是很大，我们乘车在里面行驶了20多分钟，先后经过了化工职院、汽车职院、中医高专、工贸技师学院等多所院校。负责同志介绍说，株洲市有良好的工业基础，许多职业教育学院都是在企业办学的基础上成长发展起来的。职业教育学生的出路也非常好，就业率高达95%—98%以上。而且职业院校的专业设置与株洲的产业结构匹配耦合度也很高，服务地方经济社会发展的能力很强。职教科创城入园院校9所，各院校特色鲜明，共开设各类专业247个，在校生超过10万人，年毕业生近3万人，年培训25万人次，毕业生就业率连续5年在95%以上。目前，世界技能大赛国家集训基地、国家综合职业培训基地、全国职工职业（工种）技能实训基地、全国高技能人才培训基地、湖南省技师培训鉴定点等十余个国家、省级基地已落户园区。已经有4所列入升本的预备名单。株洲市委、市政府准备将职业教育科创园区拓展至20平方公里，新建一批国家级、省级职业技能认证中心、公共实训中心，努力形成"西有岳麓山大学科技城，东有马栏山文创视频产业园，南有九郎山职教科创城"的发展格局。

去年7月，我们在广西柳州也调研过职业教育问题。株洲与柳州相似，都是老工业基地、工业城市，职业教育都发展得不错。我想，这一方面能为当地工业、经济发展奠定良好的人才基础；从另一个角度来说，这也能稍微缓解一些义务教育后普职分流造成的焦虑。毕竟事实胜于雄辩，让父母们看到职业教育一样能让孩子们有一个稳定幸福的人生，比多少政策宣传都管用。这也是我们这次"双减"主题的调研首先考察当地职业教育的原因。

湖南省委统战部常务副部长徐克勤、湖南民进主委潘碧灵下午也赶过来参加调研，并一起晚餐。18点50分，晚餐结束，回宾馆休息。晚上在湘江边散步一小时，今天的步数达到1万4千多。

今天的《光明日报》发表了我的一篇小文《吴为山：为历史塑

像　为时代铸魂》。为山先生是我的同乡，也同是全国政协常委，交往很多，从他的身上我学到了许多。

晚上继续读《儿童的人格教育》。写读书笔记两则。

晚上 11 点休息。

7 月 21 日，株洲，晴，36℃

早晨 5 点 15 分起床工作。

早晨 7 点 40 分用餐，8 点整乘车出发调研。

半小时车程，到达山河科技股份有限公司。这是一个通用航空器制造公司，是一个研学基地，也是职业院校与企业合作教学的基地。下车便到达生产车间，映入眼帘的几个大展板，展示了习近平总书记、李克强总理考察该公司总部时的生动场景。车间里整齐排列着在造的几十架小型飞机。企业负责人介绍说，山河航空产业涵盖了航空器制造、机场地面设备研制、航空服务和航空教育四大版块。2020 年，山河乐飞航空研学基地完成建设，面向学生与社会群体普及航空知识，推广航空文化。基地目前可承接航空主题研学与社会实践、亲子游、夏 / 冬令营等活动。研学活动内容涵盖飞机制造车间参观、空乘模拟客舱体验、专业模拟飞行体验、航空理论课程与手工制作等，每年有很多本地、外省市学生过来实训、研学，学生们对飞机都非常感兴趣，企业也为相关职业院校提供了实训平台。

离开山河公司，经过 40 分钟的车程，我们到达了芦淞区白关镇中心小学。一下车，热浪扑来，瞬间汗湿衣襟。校长热情接待了我们。马路旁的山体上，是两块体量巨大的学校招牌，但要到达校门口，则需要穿过一条比较长的廊道。这条廊道是依地势而建，两边挂满了学校优秀教师的简介。校长说，这地方既能方便父母接送孩子时遮阳避雨，也可以让他们了解学校老师的情况。进了学校，我们参观了教室、图书馆、劳动教育基地等。校长周英斌介绍说，她原先在城区工作，现在孩子上大学了，家里没有负担，就想到乡镇，为农村教育做点贡献。该校始建于 1972 年，占地总面积 12944 平方米，现有

15 个班，学生 600 多人，教师 37 位，仅有 7 位是男教师。市教育局吴局长说，这样的性别比例，已经算是男教师比较多的了。看来中小学阶段男教师偏少问题在这也很严重。

离开白关镇中心小学，驱车 40 分钟，调研组乘车前往醴陵市调研。我们首先到达醴陵一中。醴陵市教育局余汉平局长和学校校长对学校进行了详细介绍。学校依山傍水、古木参天、环境优美，实乃求学圣地。我们首先来到学校图书馆，在图书馆门口，我们看到天花板上开着三角形或圆形的口子，参天古树穿过这些口子怡然成长，枝繁叶茂。进入图书馆，也看到很多依着大树长势而建的玻璃围墙。上到二楼，那些穿过一楼天花板茁壮生长的古树，和二楼平台上的草坪，构成了一幅绿色和谐的生态景观。而这些，正体现了图书馆以及该校的建筑理念。这是一座为树让路的图书馆。校长介绍说，"建筑师为自己母校设计的图书馆很用心，他说，每一棵树，正如每一个学生，都是值得珍视的生命。"

学校的两座红楼建筑也颇具特色，经历百年，依然健美。据说是当年美国教会捐资建设。学校不仅生态环境优美，而且文化底蕴深厚，有一大批杰出的革命家、军事家、名流学者校友，留下不少名人碑帖。学校的方方面面令人印象深刻，我跟同行的武汉市教育局局长孟晖开玩笑说，如果做一个中国最美中小学校园一百强，这个学校应该能名列其中。

离开一中，我们顺路参观了渌江书院。书院三面环山，面向渌水，占地近 7000 平方米，始建于宋淳熙二年（1175），宋明皆为学宫，清乾隆十八年（1753 年）正式命名渌江书院，光绪三十年（1904 年）废科举后改为学堂。近代左宗棠等曾经在此担任书院山长，李立三、程潜、陈明仁、左权等都曾在这里求学。时至正午，天气实在是过于炎热，人人大汗淋漓。

中午，株洲市委书记曹慧泉赶过来，与调研组一行在醴陵市委食堂餐叙交流。

下午 3 点，出发继续考察学校。经过半小时车程，我们到达孙家湾镇榇木岭中学。上午我们还在醴陵一中调研时，该校校长张海棠便发信息给当地陪同的同志，表达了期待的心情。这是一所红军学校，始建于 1930 年 2 月，时称行易小学。1936 年，耿飚将军的父亲耿楚南先生根据附近石成金煤矿矿长潘振纲的安排，为学校修建了礼堂和部分校舍，从而为煤矿工人晚上集会和学习提供了一个重要的场所，工人运动就此迅速发展。1986 年，耿飚将军亲自为学校题写了校名。2019 年 6 月被全国红军小学建设工程理事会授予全国五星红军学校。

这是一所九年义务教育一贯制的学校，其中 1—4 年级在村小就读，5 年级开始集中到楱木岭中学学习。校长张海棠几年前从县城志愿来到乡村支教，她提出了"爱学生至整个心灵，爱学校用最优品格，爱教育握全部智慧"的"三爱"办学理念，把"红色德育、静美智育、趣味体育、和谐美育、诗意劳育"作为办学特色，努力把学校建设成融爱国主义教育、传统文化教育、红色革命教育的乡村教育名校。醴陵教育局局长余汉平先生告诉我，她的学校教育质量丝毫不逊色于城市的学校。

让我意想不到的是，一见面，张海棠校长和我自己都有些感动。她说，这是一个"遥远而亲切的缘分"。她送我一本装订成册的《敬朱永新教授》，里面有她 2017 年阅读《致教师》的读书笔记，有她为每位教师赠送《致教师》的照片，有她为每位教师撰写的赠言，有她叙述自己等待我们来校的心情随笔。她告诉我，《致教师》这本书她已经读了 5 遍以上，也经常组织乡村校长工作室的校长们学习新教育的理念。为她的乡村教育情怀和用心办学的精神而感动，我准备联合新教育基金会捐赠一个童书馆给楱木岭中学，聊表敬意。

随后我们来到孙家湾镇龙虎中心小学。该校校长介绍说，学校现有学生 300 多名，9 个教学班，教师 17 人，高级教师 3 人。进入校园，我们看到学校环境优美，拥有标准塑胶跑道，还建有心理咨询室、多媒体教室、图书馆、阅览室、仪器室、计算机室等功能教室。学校以"育文明学子，创和美校园"为办学理念，近年来获得很多奖项。在一间教室，我们看到一群小朋友正在练习演奏扬琴，先后给调研组表演了《童年》《没有共产党就没有新中国》等曲目，非常不错。我问其中一个小朋友，学了多久了？他说学了一年多了，能演奏五六首曲子了。我们都鼓励他继续加油，勤学苦练。在学校，看到的都是清一色的年轻女教师，我问其中一位女教师是否有男朋友，她说没有。据了解，学校总共只有 3 名男教师，并且都是快退休的老教师。中小学男教师严重不足的问题真是普遍现象，也会引起一系列问题，需要政府和全社会共同努力解决。

在龙虎中心小学的教室，同行的余汉平局长拿出了一本书，是醴陵教育局在 2021 年编印的一本《朱永新教育理念选编：醴陵市校长教师读本》。这让我感到惊讶。余汉平局长说，他们把这本书发给全市教职员工，在全市开展新教育理念的普及。这次终于找到"组织"了。我为这本书签名留念，在书的封二我写道"追寻理想、享受教育——与醴陵市全体教师共勉"。醴陵加入新教育实验水到渠成。

下午的最后一个调研点是开明画院陶瓷美术研究院。2018 年，我曾陪民进中央主席蔡达峰到过这里。全国人大代表、民进株洲市委员会副主委、中国陶瓷艺术大师黄小玲任院长。研究院是由民进株洲市委会领导成立的书画艺术联谊和社会服务工作平台，是以从事陶瓷书画美术研究创作的民进会员为主体的艺术团体。研究院秉承"开来而继往，明道不计功"的开明精神，以弘扬中华民族优秀传统文化为宗旨，为全国各开明书画院提供艺术创作服务平台、交流平台、互动平台和合作平台，形成民进株洲市委员会服务社会的艺术载体、实践载体、传承载体和创新载体。自成立以来，研究院为推进醴陵陶瓷艺术与书画、音乐等各类艺术的交流融合，为醴陵陶瓷注入更加丰富的艺术元素，促进陶瓷艺术的创新发展作出了重要贡献。我们在研究院进行了简短的参观，并与在场的株洲民进同志合影留念。

6 点半回到醴陵图兰朵酒店用餐。餐后乘车返回株洲市里，8 点半到达入住酒店，锻炼，休息。

7 月 22 日，株洲，晴，37℃

早晨 5 点 20 分起床。完成每天的日课：读书、写作、上网"三件套"。

上午的安排是到株洲二中附小考察，并召开座谈会。该校是今年 5 月民进中央基础教育改革座谈会的承办单位，当时因疫情而未能成行，这次算是来"补补课"。

7 点 40 分用餐，8 点出发。早高峰的交通不是很通畅，到达学校时已是八点半多了。一下车便再次领略了株洲的"热情"。今天的株洲真是晴空万里，骄阳似火，8 点多的光景，已经热浪蒸腾，强烈的阳光照得大家睁不开眼睛。

在校门口，学校给我们的第一感觉就是非常气派，硬件设施一流。据说是投资 3.8 亿元建设的一个现代化校园，到了校内，果然印证了我们的感觉。校长带我们简单参观了学校，宽敞明亮的舞蹈室、清澈卫生的恒温泳池、设施齐全的运动场馆，还有陶艺教室、木艺教室、手工教室、书法教室、VR 教室、心理咨询室等各类功能教室，教学楼走廊间装扮了各类绿植、花草，以及孩子们创作的绘画和手工作品等，都是非常棒。图书馆内藏书丰富、环境优雅，孩子们能在这里看书也是一种享受。在图书馆外面，我注意到了学校各个社团的广告和展示，我数了一下，有顺笛社团、提琴社团、艺术社团、篮球社团、足球社团、国学社团、舞蹈社团、种植社团以及戏曲、武术、机器人、轮滑等各类社团共计 30 余个，可见学生的课外生活是非常丰富的。校长彭小英热情洋溢地介绍了学校的情况。用游戏点亮数学教育，是他们的教学特色之一。半个小时的参观考察我们意犹未尽，但后面还有座谈会，时间已经有所推迟了。上午考察加上座谈，时间还是比较紧张的。

座谈会由株洲市政协副主席、民进株洲市委主委陈艳娟主持，天元区、醴陵市教育局、湖南铁路科技职业学院、株洲市教育局等代表发言，介绍了株洲市各级各类学校在推进"双减"工作中面临的具体困难，并提出意见建议；调研组专家结合实地调研情况，围绕"双减"与高质量基础教育体系建设，就株洲市教育行政部门和小学提出的问题作出了反馈和答复，双方就中小学教师编制、教育经费、绩效工资、男女教师比例、课后服务的购买和保障机制、教育执法、家校共育、职业教育发展等问题展开了深入讨论和交流。

醴陵市教育局局长余汉平这两天一直陪同调研，他的发言也令人印象深刻。这位从政法系统调入的教育局局长，对县域教育的情况非常熟悉，对教育的先进理念也非常熟悉。他说，教育是天大的事情，也是天下的事，人人的事；是假不得，也错不得的；是急不得，也是等不得的，所以当局长一直如履薄冰。教育是遗憾的艺术，但是越是感觉遗憾就越是能够深入；教育是幸福的事业，越努力越幸福，越幸福越努力。作为人口大县，醴陵有中小学生122626人，在园幼儿35716人，在编教师7275人。他呼吁尽快颁布新《教师法》，取消中小学教师初级职务和中级职务的"竞聘"，让所有教师根据工作时间自然晋升，打破义务教育阶段教师交流的职称瓶颈，为教师减负；呼吁提高义务教育学校生均公用经费基准定额，目前株洲市义务教育的生均公用教育经费小学生650元、初中生850元，与全国发达地区相差很大，已经完全不能够适应"双减"以后教师的付出；呼吁多措并举解决巨额中小学教师男女比例失调的问题，目前全市男女教师比例为3∶7，近三年招聘女教师比例为90%，新招教师非师范生比例高达79%。

结合这两天的调研，从株洲市教育局的汇报情况看出，全市的"双减"工作做得还是不错的，在教师编制管理、教育经费保障、教师待遇保障和课后服务保障方面都做得不错，有些经验值得推广。当然，面临的一些困难和问题，在全国也具有普遍性，比如校外培训监督执法力量不足、家长对"双减"政策认识不到位、教师的激励保障制度有待健全、课后服务质量有待提升等，这些都是值得教育部门研究的问题，也是全社会关注的问题。从一定程度上来说，这些问题解决的程度，决定着"双减"落实的效果。

株洲市教育局吴安浩局长这两天一直陪同调研，他对教育工作的思考、对教育事业的热情也给我留下了深刻印象。这几天交流中，他谈到他最觉得困难的教育问题：一是城乡教育均衡发展的问题，优秀教师下得去、留得住、教得好仍然有难度，乡村女教师生存状态值得关注；二是教师素养的问题，如何解决教师的职业倦怠；三是家庭教育的问题，父母的教育素养如何提高；四是学生的心理耐挫力问题，生命教育如何加强。

我最后做简单总结讲话，首先是回应了吴局长的几点"困惑"。我说，株洲基础教育发展方面，一是城乡教育均衡发展不仅要注重均衡，更要注重高质量，提高教师素质，探索城乡学校之间的深度融合和全面合作；二是建立教师成长动力机制，在职业认同和专业发展上双向发力；三是做好家庭教育，用正确的教育思想和适合的方式，给家长传递正确的成才观；四是关注学生心理问题，家庭教育和学校教育要注重方式，建立良好的亲子关系和师生关系。关于株洲职业教育，要服务于当地经济和产业发展，走产教融合道路，充分调动企业的积极性，职业教育是一个类型而不是一个层次，株洲可以探索建立职业教育和普通教育之间的"立交桥"。

我在讲话中还表示，民进中央将继续坚持履职建言、凝聚共识双向发力，发挥"教育党"的界别优势，持续关注株洲教育高质量发展，依托民进省、市两级地方组织，通过课题研究、教育交流、举办论坛等多种方式，为地方教育发展贡献力量。最后，我代表调研组一行对株洲市各方为调研所做的工作表示感谢。

会议开得非常热烈，研讨也很深入，原定 11 点结束，一直开到了十二点半多。我们回到宾馆，已经 1 点了。株洲市市长陈恢清赶来与调研组一起午餐。

餐后休息加上收拾行李，总共半小时。2 点 30 分准时出发，走访民进株洲市委会，参观了办公室，并与机关同志及会员代表合影留念。按照民进中央主要领导的要求，我们每到一地，都要尽可能走访基础组织，与当地会员交流。陪同的罗琼部长是一位很有热情与智慧的领导人。

下午 3 点，出发前往黄花机场，乘坐 5 点的飞机回京。一路读完《泥人张：冯骥才作品精选》。

晚上 8 点左右到家。处理邮件等事务。收到吴康宁兄寄来的三部大著：《教育，但不至于教育的感悟》《呼唤教育回归》《通向真善美的教育》。他是一个有着自己思想的学者。

三天的调研在酷热中完成，温度每天增高，心里面也是热乎乎的，基层的教育局局长、校长和教师对于教育的热情，对教育理想的追寻，深深地感染了我，打动了我。

防治面源污染，共护一江清水

——长江生态环境保护民主监督调研手记（萍乡、新余）

为做好对口江西省开展长江生态环境保护民主监督工作，根据民进中央长江生态环境保护民主监督 2022 年度工作计划，拟结合长江保护与发展论坛在南昌召开，由蔡达峰主席带队，聚焦农业面源污染治理情况，赴江西省萍乡市、新余市开展集中考察调研。本来此次调研是安排在 7 月开展，但因疫情影响推迟至今。相应的，长江发展与保护论坛也顺延至此次调研之后。

本次集中监督调研的主题是农业面源污染治理情况，重点考察畜禽粪污资源化利用、水产养殖污染防治、化肥农药减量增效行动有关情况，了解渝水区（新余市）农业面源污染治理与监督指导试点情况。生态环境部、农业农村部相关司局领导，以及民进中央长江生态环境保护民主监督特邀专家共十余人参加此次调研。

9 月 19 日，萍乡、新余，晴

昨天中午，调研组一行乘坐 12 点 40 分的飞机前往南昌，之后又坐了 3 个小时的汽车，在下午 6 点到达萍乡市迎宾馆。晚餐后散步一小时，走了 6 公里。

今早 4 点 50 分起床。在全国政协委员读书漫谈群发"读与思"专栏。写工作日记。

8 点早餐，8 点 30 分准时出发去莲花县调研。经过一个多小时的车程，到达第一个考察点：位于莲花县高洲乡高滩村的吉内得水稻种植基地。在这里主要调研化肥农药减量增效情况。乘车来时，已觉得窗外环境优美，下车之后，更觉心旷神怡。群山环抱、溪水清清、莲叶田田、禾谷飘香，大片绿油油、金灿灿的水稻在风中摇摆，已被成熟的谷穗压弯了腰。

在来的路上，看到了"让世界知道江西有好米"的宣传标语。听当地同志介绍说，水稻育种是萍乡市的特色产业。这个吉内得种植基地，便是江西吉内得实业有限公司的一个育种基地。该基地占地11000 多亩，其中有 8700 多亩基地达到中国绿色食品标准，1000 多亩已经过国家有机认证。在农药化肥减量增效方面，基地建立了水稻病虫害绿色防控示范区和化肥减量增效示范区，通过系统防治与绿色防控融合，有效、经济、安全地防控病虫害，同时广泛应用测土配方施肥、施用配方肥、定额施用氮肥、增施有机肥、秸秆还田、开发相关实验示范等集成技术应用，使得示范区内配方肥到位率为 80% 以上，化肥施用量减少 3% 以上，化肥利用率提高在 40% 以上，2018 年至 2022 年共减少农药用量 17%，取得了良好的经济效益、生态效益和社会效益。

在一片水稻田里，我们碰到几位育种专家正在田间做实验，蔡达峰主席与他们亲切交谈，询问了一些育种、环保方面的情况。在展示区，他们端上了用自己的有机米做的米糊让我们品尝，用小纸杯盛的，不少同志喝了几口，都觉得味道醇厚，口齿留香。

吉内得实业有限公司的文化建设也很有特点。我们专门参观了公司的"红色书屋"。甘祖昌的曾孙女在这里介绍了甘祖昌将军解甲归田后投入家乡建设的感人故事。在回乡 29 年间，他和乡亲们一起，用辛勤的汗水修起了 3 座水库、25 公里长的渠道、4 座水电站、3 条公路、12 座桥梁。县委书记介绍说，甘祖昌在农田干活，农具从来都留在田里。第二天不见了，就再去买。他说，人家拿走了，说明他需要。

吉内得的地质博物馆也很有特点，在这里不仅可以了解富硒产品的前世今生，也可以看到许多难得的红色收藏。

离开育种基地，经过大概半小时的车程，我们来到上午的第二个考察点：紫月潭农业生态有限公司。该公司位于莲花县路口镇庙背村龙发口水库下。一下车，在公司门口看到了一个微型的"甲鱼成长展"，几只甲鱼幼崽正从一个个甲鱼蛋破壳而出，接着是按照年龄的甲鱼对比，第一次知道，甲鱼一般要经过五年的养殖才正式上市。

公司不远处，可以看到一个个排列整齐的水塘，应该就是养殖甲鱼、鳖类的池塘了。在甲鱼塘中，我们看到了不少专门用于净化水质的水葫芦，正是水葫芦开花的季节，在水中也很是好看，别有情趣。在每个池塘的边上，都为甲鱼准备了特别的"产房"，甲鱼生蛋都是到这些产房进行的。

公司负责人介绍说，公司主要生产甲鱼、甲鱼苗、甲鱼蛋，紫月潭的甲鱼从 2017 年获得有机产品认证书。在 2020 年底按照池塘养殖尾水治理建设规范要求完成了养殖尾水治理项目建设，项目建有尾水处理设施面积 10 亩，占养殖总面积的 8% 以上。主要建设内容有尾水收集渠、沉淀池、曝气池、过滤坝和生物净化池塘等。尾水处理主要利用基地阶梯式排水管路，将养殖尾水汇集至尾水处理沟渠，先后经沉淀、过滤、曝气、生态净化、定期清污，使尾水排放达标。通过这些措施，有效减少了基地养殖污水排放，改善了周围养殖水域环境，也提高了养殖水产品的质量。

上午的第三个调研点是江西胜龙牛业有限公司，主要是调研畜禽粪污资源化利用情况。公司的负责人是民革党员，非常健谈，向我们详细介绍了公司的基本情况和畜禽粪污处理利用的情况。据他介绍，公司成立于 2006 年，建有标准化栏舍、饲料加工厂、有机肥加工车间及各类辅助设施共 8 万余平方米，种植有机牧草 3000 多亩，养殖肉牛年出栏 6000 余头。同时，还带动周边农户养牛脱贫致富，每年约有 10000 头。企业曾荣获"国家级畜禽养殖标准化示范场""省级扶贫龙头企业"等荣誉。公司肉牛饲养采用小栏散养模式，年产粪污总量约 3.6 万吨，粪污处理模式采用微生物发酵床—生产有机肥—资源化综合利用的生产工艺，年产有机肥约 1 万吨，实现零排放，100% 的资源化综合利用，形成了"牛—粪—草—牛"的生态农业循环经济模式。在公司负责人谈到将要继续大规模扩大养殖规模时，我提醒了一个关于牛打嗝和放屁对于气候影响的问题。有研究表明，一头高产奶牛一年的温室气体排放量相当于一辆小汽车一年的废气排放量。

完成上午的调研，已是接近 12 点了，调研组就近来到莲花县委党校午餐，休息。

下午 1 点 40 分乘车出发，继续调研。经过一个小时车程，调研组到达湘东区，考察水生态修复综合治理情况。

到了一座风雨桥前，大家都下车步行，漫步在芦苇起伏的步道上，远处青山郁郁，近处绿水清清，景色非常宜人。在清澈见底的水面上，两架大大的风车，一群群小鱼在水中欢快地嬉游。据当地同志介绍，这个地方在修复项目实施之前，河边杂草丛生、垃圾遍地，岸边企业污水直排，空气中弥漫着异味。后来政府下大力气，总投资近 15 亿元，以水安全工程和水生态修复结合为主线，建成湿地 83 万平方米，打造了具有"萍水十景"的 20 公里沿河绿色生态廊道。河道防洪标准和行洪能力有了显著提高，水环境质量也有了显著提升，地表水监控断面水质优良率为 100%。

据了解，萍水河是当地的著名河流，流经萍乡、株洲等地。在近百年的历史里，萍水河两岸还发生过惊天动地的故事，毛泽东、刘少奇、李立三等老一辈无产阶级革命家曾在这里从事过革命运动，著名的安源大罢工点燃了中国工人运动的燎原之火。这里也是"秋收起义"的策源地和爆发地之一。如今，经过大力修复治理，带动了沿河两岸的乡村振兴，这条红色河流周边变成了"产业兴旺、生态宜居、乡风文明、治理有效、生活富裕"的乐土。

下午三点半左右结束考察后返回市里，蔡主席带领调研组的民进同志，走访了民进萍乡市委会并简单座谈，萍乡民进的同志简单介绍了萍乡民进的组织发展和履行职能的基本情况，蔡主席对他们表示了肯定和鼓励。

萍乡活动结束后，调研组马不停蹄，赶往新余市。经过一个半小时的车程，下午四点半左右到达新余市，直接去走访了民进新余市委会，亲切看望了机关工作人员和会员代表。随后，入住新余北湖宾馆，用晚餐。

晚上 7 点，我和参政议政部的同志与调研组专家开了一个座谈会，就近几天的调研情况（部门同志和部分专家已经提前来调研了三天）进行了研讨、梳理。会议持续了一个多小时，与会专家结合调研情况，围绕农业面源污染的特点、造成农业面源污染治理难的原因，以及在调研中发现的一些问题进行了交流，针对相关问题提出 10 余条意见建议。

会后，回到房间录了一段视频。天津大学冯骥才文学研究院的首届非遗学交叉学科硕士生入学仪式将于明天下午举行，之前邀请我到场参加。但因此次出差，就只能以视频方式表示祝贺了。

录完视频后，围着北湖散步一圈，走了近 50 分钟。

晚上读许倬云先生寄来的新著《往里走，安顿自己》。许先生说，他生而残疾，8 岁之前不能够走路，长期生病。这一生的日子很不好过。如果不往里走，他不可能活到今天。所以，他告诉大家要打造好自己的内心，不要追求短暂的高兴的"快"，不要追求短暂的虚荣的"乐"，我们的行为和情感就能够通达天地与灵魂。

晚上 11 点休息。

9 月 20 日，新余、南昌，晴

今天的安排，上午是继续实地调研，下午召开座谈会，会后前往南昌。

早晨 5 点起床工作。读《复杂性理论与教育问题》，写读与思。发政协读书群的专栏文章。

8 点早餐，8 点 30 分准时出发，9 点 10 分到达第一个考察点：南安乡长塘里村，在这里考察一个农业面源污染治理项目的情况。一下车，我们看到的是一个美丽的乡村，村里多是独栋的二三层小楼，墙面都刷成白色，路面也很干净，人不多，给人的整体感觉是安静、整洁。村里还建了一个农业面源污染治理展示馆，我们在馆里了解了该项目的情况与成效。

讲解人员介绍，"南安长江经济带农业面源污染治理试点项目"总投资 3750 万元，覆盖耕地面积 3.67 万亩，治理粪污当量为 2.1 万头猪污染物。项目于 2018 年开发建设，现已达到高度生态平衡，是全省唯一一个通过验收的项目。建设的内容主要有四个方面：一是切实加强种植业面源污染；二是全力开展畜禽规模养殖场综合整治和沼液综合利用工作；三是推进农作物秸秆综合利用；四是建设污物净化示范带，推动村庄地表径流污水净化利用。项目建成后，为治理示范区域带来了巨大的生态环境效益、社会效益和经济效益，实现了"三废"（粪便、秸秆、生活垃圾及污水）变"三料"（肥料、燃料、饲料）成"三益"（经济效益、生态效益、能源效益），"三控"（控水、控肥、控药）促"三生"（生产、生活、生态）实现"三净"（村庄、水源、田园清洁干净）。

我们在村里看到的情况，基本符合"三净"。调研组许多同志都向往在这里居住生活。我们还顺路到了两户村民家里，与老乡进行了比较深入的交流，蔡达峰主席详细询问了他们的生活、生产情况，以及对目前村庄生态环境是否满意等。这两户每一家都有 200 平方米左右的楼房。一对小夫妇在县城开了超市，生意不错，专门回来拿一点农产品到自己的超市去销售。另外一对老夫妇，承包了 100 多户从亲戚朋友流转的土地，每年的收益也很可观。孩子们都在城里，节假日回来带点瓜果蔬菜回城。他们说，环境好了，孩子们更愿意往家里跑了。

离开长塘里村后，经过半个小时的车程，我们来到第二个考察点：位于渝水区罗坊镇的正合生态农业有限公司。下车后，我们看到了很多巨大的沼气储气罐，也闻到了一些刺鼻的气味。企业负责人提醒我们这里严禁烟火，并向我们详细介绍了公司的业务情况。这个公司是南英沼气发电厂畜禽粪污资源化利用中心，是为破解养殖粪污处理难题而创立，集养殖粪污处理、农业有机废弃物资源化利用、耕地重金属修复、矿山治理复绿和生态农业开发为一体的企业。2013 年，公司在渝水区开始探索整县推进第三方集中资源化利用模式，创立了"N2N"区域绿色生态循环农业模式，相继建立了沼气供气站、发电站等。2018 年起，公司在定南县、崇仁县等地区复制"N2N"模式，建设生态循环农业园区。该模式不仅解决了规模化养殖污染问题，更发展了农业环保产业、生态养殖业、生态种植业，发展了特色能源牧草种植、加工业，带动了草食畜牧的发展，促进了一二三产融合发展。

上午两个实地考察结束，11 点多回到宾馆，12 点用餐，休息。

下午 2 点半，召开调研座谈会。蔡达峰主席出席会议并讲话，陈小平副省长主持会议。中共新余市委副书记、市长徐鸿，萍乡市委副书记、市长刘烁分别介绍本市农业面源污染治理情况。生态环境部土壤生态环境司司长苏克敬、农业农村部农业生态与资源保护总站副站长李少华、中国科学院南京土壤研究所农业面源污染治理技术研发中心研究员施卫明、上海市环境科学研究院高级工程师李毅等民进中央长江生态环境保护民主监督工作特邀专家作了交流发言。

蔡主席在讲话中对江西省各有关方面的大力支持及相关部委和专家对民进中央调研工作的大力帮助表示感谢，对江西长江生态环境保护成效表示肯定。他说，在中共江西省委、省政府的领导下，江西各地深入学习贯彻习近平生态文明思想和习近平总书记视察江西重要讲话精神，扛起使命责任，把修复长江生态环境摆在压倒性位置，共抓大保护、不搞大开发，高标准推动长江经济带生态保护和绿色发展，为长江生态环境保护作出了江西贡献。扎实开展农业面源污染防治，在持续高温干旱的气候环境下，确保了群众饮水安全和环境质量，成绩来之不易，令人深受鼓舞。

蔡主席说，守护好绿水青山，把生态优势转化为发展优势，为长江生态环境保护作出贡献，是江西的光荣使命，也是我们共同的艰巨任务。我们要深入贯彻习近平生态文明思想，完整、准确、全面贯彻新发展理念，坚定不移走生态优先、绿色发展之路，建立健全绿色低碳循环发展经济体系，把转变发展方式和生活方式摆在更加突出的位置，坚持先立后破，坚持全生命周期，从绿色发展中寻找机遇和动力，加快形成降碳减污扩绿增长协同机制。树立节约集约循环利用的资源观，"取之有度，用之有节"，高标准打造美丽中国"江西样板"，走出一条经济社会发展全面绿色转型之路。

蔡主席指出，国家高度重视农业面源污染防治，出台一系列文件，投入巨大财力、物力，并作为长江生态环境保护民主监督的重点内容。总体来看，近年来农业产量提高，污染排放减少，防治取得显著成效，但农业面源污染防治涉及面广、基础薄弱，难度很大，问题仍然普遍存在。做好长江生态环境保护，必须共同聚焦农业面源污染防治这个瓶颈问题，立足区域经济发展水平和功能定位，精准把握农业面源污染的特征以及对水体影响机制，因地制宜、疏堵结合、系统治理，确保实现"十四五"农业面源污染综合治理目标任务。要把转变农业发展方式作为根本途径，注重标本兼治，发挥科研院所和基层农技人员作用，加强科普，大力推广成熟实用技术；要完善法律制度，制定技术标准，实施以经济激励为主的系列配套措施，鼓励农民参与。还要加大宣传，引导公众正确理解土壤污染、水源污染、产品污染，对健康、产品质量、增产增收的危害，正确理解肥料、化肥、农药等概念和功效，消除认识误区。

蔡主席最后强调，长江生态环境保护民主监督是中共中央委托各民主党派中央、无党派人士的重要政治任务，目的是协助地方做好长江生态环境保护，党派、地方、领域主管部门是合作共事、共同答题的伙伴。民进中央在江西有序开展民主监督活动并取得成效，这是江西各级党委、政府大力支持、共同努力的成果。今年是开展长江生态环境保护民主监督的第二年，各项工作要拓展提升。民进要学深悟透习近平生态文明思想，准确把握中共中央的决策部署，按照年度计划，把握监督工作的特征，坚持问题导向，注重查找落实决策部署中的难点和问题，与各方一道分析情况、研究问题、增进共识，提出协商意见和建议。同时，要总结宣传实践经验和江西样板，讲好长江故事，营造舆论氛围，高质量完成年度监督任务，形成监督报告，以实际行动迎接中共二十大的胜利召开。

会议于 4 点 10 分结束。调研组一行从会场直接登车出发，前往南昌。5 点 50 分到达前湖迎宾馆，6 点省委书记易炼红与调研组同志餐叙。

晚饭后，会见杭州民进主委楼秀华一行八人。今年是杭州民进成立 70 周年。他们专门策划了"一馆一园一戏"的纪念活动，"一馆"是指"马叙伦与杭州"的历史资料陈列馆，"一园"是指马叙伦公园，而"一戏"则是一台反映马叙伦革命生涯的话剧。剧本的作者和导演也都专门交流了他们的想法。

　　晚上 8 点，学生何小忠、郭海峰来看我，他们一个在江西师范大学教育学院任院长，一个在江西财经大学担任法学院党委书记，来南昌多次一直没有机会交流，这次约了一起散步，边走边谈了四十多分钟。

　　晚上 9 点继续读《复杂性理论与教育问题》。写读与思，是让自己慢慢细细地咀嚼书籍的好办法，从陶行知、叶圣陶到蒙台梭利、杜威、苏霍姆林斯基，再到《园丁与木匠》《儿童的人格教育》，一路读下来，很有收获。

　　两整天的调研行程匆匆，收获满满。对于农业面源污染的问题有了初步的认识与思考。农业养殖的分散性，生产的非组织性和不确定性，粮食安全的紧迫性，底数不清，监管责任不清，项目之间不协调等客观上增加了难度。

　　晚上 11 点休息。

参政之声

　　讲好政协好故事，发出政协好声音，是政协委员履职的重要内容。这些年来，我一方面注重在政协的平台上发声，坚持提交大会发言、常委会发言、专题协商会发言，以及在分组会上发言；一方面注重利用主流媒体和自媒体发声，讲述人民政协与多党合作的故事，讲述中国民主促进会的故事，讲述政协委员与民进会员的故事，阐述我关于参政议政、民主协商、民主监督的思考心得，受到了有关方面的好评。

发挥民主监督优势　讲好多党合作故事

——提交全国政协十三届五次会议的大会发言

　　民主是全人类的共同价值，监督是人民权利和国家治理的重要内容。民主监督作为全过程人民民主、中国特色社会主义监督体系的重要部分，是中国共产党领导的多党合作和政治协商制度中的基本职能和重要实践。

　　深具中国特色的民主监督是同心同向的监督，是在目标一致的前提下通过提出意见、批评、建议的方式开展的协商式、合作性监督。执政的中国共产党，把民主监督和自我革命作为跳出"历史周期律"的新路，始终支持各民主党派、无党派人士开展民主监督，不断加强和改进人民政协民主监督。

　　中共十八大以来，民主监督进入创新发展阶段。受中共中央委托，八个民主党派中央以对口形式围绕脱贫攻坚、长江生态环境保护等国家重大战略，开展专项监督。各方高度重视、深入推进、效果显著。以2016—2020年民进中央对口湖南省开展脱贫攻坚民主监督为例，五年间民进中央召开工作会议35次，开展调研活动293次，召开座谈会200多场次，访谈干部300余人次，遍及160多个村1000余户家庭，提出问题线索200多条，提交监督意见80余条，与中共湖南省委、省政府协商9次，向中共中央报送报告5份、建议14篇，向全国政协报送提案28篇、社情民意信息710条，积极开展教育、医疗、产业帮扶，助力全面打赢脱贫攻坚战。

　　民主监督成为新时代执政党与各民主党派、无党派人士团结合作、共襄伟业的重要创举，成为人民政协履职的工作亮点，在20余省市区落地开花。总体来看，民主监督取得了显著成效，发挥了独特作用，积累了宝贵经验，受到了广泛肯定，为新时代多党合作事业注入了新动能、焕发了新活力。

2021 年，长江生态环境保护民主监督已全面启动。为了总结脱贫攻坚民主监督的经验，完善民主监督过程与方法，使新一轮的民主监督工作有更好的发展和成效，提出以下建议：

一是提高质量，让民主监督行得通、真管用。要加强领导，把支持民主监督纳入党委工作总体部署，提供舞台、搭建平台、强化保障，完善知情明政、协调落实、办理反馈机制。要坚持民主监督的政治性质、参政定位、服务目的、界别特色，着力发挥政协和民主党派智力密集、立场中立、渠道畅通、组织健全等显著优势，协助党和政府解决问题、改进工作、增进团结、凝心聚力。要增强监督实效，民主监督效力不靠"说了算"的强制力，更多靠深入调查研究后"说得对"的真知灼见。要定好"位"、选好"点"、发好"力"、建好"制"，小切口、小角度做出大文章。

二是补齐短板，让民主监督行稳致远。在工作部署上要务求实效、常抓不懈，抓落实，补短板；深入研究民主监督的性质定位、实施主体、在发展全过程人民民主中的作用等理论问题；要推进制度建设，适时出台民主监督条例、专项民主监督规则，系统解决监督主体不敢监督、不会监督、不愿监督，监督对象不理解、不重视、不信任，监督过程不严、不实，监督成效不突出、无保障等问题。

三是讲好故事，让民主监督有声有色。民主监督是讲好中国故事的重要资源宝库，要把宣传报道同步纳入民主监督工作安排，加强过程记录。发挥党派、政协自身人才优势，既要干好也要讲好。丰富叙事方式，写意写实结合，展示民主监督作为政策落地"助推器"、条块协同"润滑剂"、基层心声"放大器"、解决问题"快车道"、社会帮扶"及时雨"、凝聚共识"连心桥"的形象，彰显民主监督作为助力中国共产党长期执政的政治资源，发展全过程人民民主的政治实践，推进国家治理现代化的政治力量的重大意义，让中国政治文明之花在世界文明百花园里绚丽绽放。

绿色低碳生活方式是实现"双碳"目标的基础

——提交全国政协十三届二十二次常委会的发言

作为一个负责任的大国，我们已经向世界承诺了实现"双碳"的目标和时间表。而根据基于消费的核算，全球约三分之二的排放与私人家庭活动有关，所以，推动绿色低碳的生活方式变革，是实现"双碳"目标的基础和最直接的路径。

目前，围绕实现"双碳"目标，中央和各地出台了不少推动绿色低碳生活方式转变的配套政策文件。但由于绿色低碳生活方式涉及范围较广，涵盖衣、食、住、行等多个方面，加之居民长期以来的传统消费理念和习惯根深蒂固，实现生活方式的绿色变革仍面临重重挑战，任重而道远。

为此，提出以下建议：

一、深入开展低碳教育，强化青少年的节约意识和绿色低碳理念。学校应成为实现可持续发展和碳中和目标的典范。一是要推进将节约优先低碳绿色生活的理念纳入教育教学体系。在设置专门课程的基础上，将绿色低碳内容融入各科目当中，对勤俭节约等中华优秀传统文化进行系统梳理，编写适合不同年龄段学生的课外读本，着力构建全学科、全过程的绿色低碳、生态文明育人体系。二是要将绿色低碳知识纳入学生行为规范，全面引导学生养成生态环保、绿色生活、低碳节能意识，形成良好行为习惯。三是要持续加强绿色学校建设。完善绿色学校标识管理，提高绿色学校评价标准，将绿色学校质量和数量作为考核各地教育工作的重要评价指标。四是要组织、鼓励、支持中小学生参与课外绿色生活体验活动。积极组织开展"小手拉大手"主题活动，鼓励学生动员家庭成员，积极参与社区、街道志愿服务等活动，践行节约的生活理念。

二、加强宣传指导，推进绿色低碳生活示范。要加强绿色低碳的科学普及和宣传教育活动，编制颁布全民节能减排手册或绿色低碳生活指南，将低碳行为指导落实到生活中可执行的层面，使居民了解绿色低碳生活的必要性、紧迫性和基本方法。如减少某些方面的消费，少买衣服，少用洗衣机、洗衣粉，少喝酒、少吸烟，减少装修材料用量，少用塑料袋、一次性筷子，少用电梯、电视；避免粮食浪费，合理使用家用电器，使用节能的材料与设备；做好家庭的垃圾分类，绿色公交出行等。倡导消费低碳或零碳产品，通过消费促进生产。通过政府公报、电视、报纸、互联网、微信、微博等多种媒介渠道，开展形式多样的宣传活动，提高公众主动践行绿色生活的自觉性与积极性。要推进绿色生活创建进家庭、进社区、进校园、进商场等活动，增设绿色生活方式的奖惩机制，通过表彰宣传践行绿色低碳生活的先进典型，发挥示范引领作用，形成良好的社会风尚。

三、研制和推广绿色标准和规范，推进绿色低碳基础设施建设。一是加快研制适用于我国国情并可融入主要生活要素领域的绿色生活方式标准和规范，让居民切实了解绿色生活具体样式，使绿色生活方式有据可依。二是对于涉及连接不同生活要素上下游的企业，应加大绿色商品和服务标准的制定，扫除伪"绿色"现象，增加公众对于绿色产品和服务的信任度，增加绿色消费信心。三是将不同领域绿色消费目标纳入经济发展规划中，循序渐进促进绿色生活方式的发展。四是持续加大政府以及金融机构对于不同经济发展程度地区的绿色公共投资力度，完善有利于绿色生活方式的基础设施建设，推广符合当地发展实际的高效回收循环利用设施和便捷公共交通系统设施等。

四、加强绿色低碳生活方式的监测和评估。建立衣、食、住、行、游等生活领域的绿色消费指标体系和监测评估体系，推动各地建立不良消费行为的信息披露平台。研究表明，只要在居民的电费账单上附上本人与所在社区其他居民的用电情况的对比，向消费者实时报告用能情况，就可以促进节能行为。

加强政产学研的合作机制，依托国家及地方数据中心，完善生产—消费数据的统计工作，建立细分的消费数据库，推进相关研究机构开展绿色生活方式的评估工作。

习近平总书记指出："我们要倡导简约适度、绿色低碳的生活方式，拒绝奢华和浪费，形成文明健康的生活风尚。"让我们从自己做起，用绿色低碳生活方式减少排放，助力"双碳"目标的实现。

加强少数民族优秀文化艺术保护传承
——在专题协商会上的综述发言

会前，民进中央与全国政协民族和宗教委员会统筹协作、密切配合，做了大量准备工作。民进中央委托10个民族地区的民进组织开展实地调研，举行线上调研座谈会，邀请民进会员中各级政协委员、专家学者协商讨论；民族和宗教委员会邀请有关部委同志和部分委员座谈，并委托湖北、云南等地政协开展实地调研。共收到100多篇书面意见建议。5月16日，民族和宗教委员会在全国政协委员履职平台开通"加强少数民族优秀文化艺术保护传承"主题议政群。截至6月23日共有79位委员发表240多条意见建议。

委员们的意见建议主要集中在以下四个方面：

一、正确把握中华文化和各民族文化的关系。以铸牢中华民族共同体意识为主线，树立正确的中华民族历史观，正确把握增进共同性、尊重和包容差异性的重要原则，将保护传承各民族优秀文化纳入建设各民族共享的中华文化之中。应加强中华民族共同体历史、中华民族多元一体格局研究，打造中华文化符号和形象。应阐明各民族优秀传统文化是中华文化的一部分，阐释其中蕴含的各民族交往交流交融历史内涵。在增强中华文化认同基础上，促进各民族文化交流互鉴和创新发展，促进各民族文化艺术创造性转化和创新型发展。

二、精准施策、因地制宜，解决保护传承中的突出问题和具体事项。应根据不同地区实际，分类施策，更好推进少数民族文化艺术保护传承。比如，完善政府部门协同联动机制，丰富城乡少数民族群众精神文化生活，为铸牢中华民族共同体意识提供思想和组织保障。

比如，推进跨境少数民族文化遗产联合申报，筑牢边疆地区文化安全屏障。加强对边疆各少数民族英雄史诗、民族传说、图腾故事的挖掘整理，加大对优秀传统文化艺术的宣传和推广力度，加快推进优秀传统文化资源挖掘和阐释，在交流交融中创新创造，有形有感有效铸牢中华民族共同体意识。

三、切实加强各类文化艺术人才培养。面向少数民族地区文旅融合产业发展、公共文化服务体系建设以及中华优秀传统文化"三进"的需要，广泛多层培养人才。加强人才专项培训，有效扩大传承人群体，培养熟悉文化传承、经营管理业务并掌握市场规则的人才队伍。加强高校民间文艺学科体系和专业建设。委托各级高等院校特别是师范院校培养传承人。鼓励非遗进校园，鼓励支持少数民族女性手工艺的发展。

四、抓紧形成保护传承工作合力。应抓紧构建各方共同参与的良好机制体系。加大财政投入力度，将少数民族优秀文化艺术保护传承的主要目标内容、实现路径、关键措施，纳入文旅融合、乡村振兴一体谋划。鼓励民间力量参与少数民族非物质文化遗产保护。建立完善以群众为主体的社区参与机制，最大限度调动和发挥群众积极性。

（发表于 2022 年 6 月 28 日《人民政协报》第 3 版）

加强高校科研人才团队建设　促进自主创新能力提升

——提交全国政协专题协商会的发言

高校作为国家战略科技力量的重要组成部分，如何提升高校科研人才团队建设质量，促进自主创新能力提升，对强化国家战略科技力量具有重要意义。但其目前发展也存在一些问题：一是人才团队建设缺乏规划，高校常因科研项目平台申报需要而在短时间内组织一批人员临时搭配，成员协同性不高；二是多数学校并未建立起有效的学科交叉机制体制，由于院系划分等原因导致教学科研力量分散；三是基地平台的支撑作用不明显，高校研究基地大多小、散、弱，与政府、企业联动偏少；四是科研评价体系和激励机制不合理，存在重个人轻团队、贡献度衡量不公等问题。

为此，建议：

（一）加强顶层设计规划，构建多元化团队

加强对科研团队建设专项支持政策研制，针对带头人和骨干培养制订专项计划，利用特色优势和科研平台广泛吸纳跨学科的复合型人才充实高校科研实力，完善科研团队建设，增强团队核心凝聚力。学校和院系在引进人才时应充分考虑需求，根据相应学科发展规划方向开展引进工作，构建较强学术影响力和持续发展力的人才梯队，形成团队带头人、后备领军人才和青年骨干合理分工的良好态势。以实质性团队合作为主导，推动科研组织模式创新，增强凝聚力。

（二）发展新型跨学科组织，完善运行机制

聚焦高校有优势、国家有导向的问题领域，分类建设新型的跨学科交叉科研平台，构建规模不一、层次分明、定位明确的多层次复合交叉跨学科组织。完善跨学科团队组织运行与支撑机制，在人事管理、岗位聘任、职称评审等制度充分考虑跨学科团队特性，给予政策支持。开展跨学科研究生培养，建立跨院系的导师聘任和兼职制度，促进教研互动。

（三）整合优化创新基地平台，加强与政企合作

以重点学科、重点实验室为载体，以国家发展重大需求为导向，在特定区域实行特殊人才政策和机制，赋予学科发展、平台搭建、队伍建设、经费使用和项目组织等方面较大的自主权，探索与国际接轨的新机制、新办法。构建辐射区域和产业的省部级以上产学研创新平台，加强团队基于产学研模式的资源整合，支持学校科研团队通过专利转让等形式加强与政府、企业的合作。

（四）完善评价和激励机制，激发团队活力

有序推动人才分类、认定，对于研究型大学、应用型大学、技术型大学、教学型大学以及教学研究型大学的评估建立不同评估指标体系。强化科技成果转化激励，允许高校科研人员以"技术股 + 现金股"形式持有科创企业股权，适当减免科研创新成果收益的税费，完善对团队成员在专利、著作、奖励等方面成果产出贡献的认定。

2022 年 7 月 19 日

加强青年就业扶持　促进重点群体就业
——提交全国政协十三届二十三次常委会的发言

　　就业稳，则大局稳，这是经济社会稳定发展的重中之重。当前，国际形势复杂严峻，国内疫情多发散发，对就业的冲击不可避免。我们调研关注到，和年长人群相比，青年的工作经验和资产不足，社交关系较弱，就业率下降幅度相对更大，不少已参与就业青年的收入也明显下降，亟须引起社会关注。

　　一是青年失业人数增加导致的生存危机。疫情发生后，有 40% 的在职青年工作处在受疫情影响最严重的行业，如旅游业、服务业和零售业等。而近期离校的年轻人通常没有资格获得失业救济金，或者短期休假的机会。一些青年无法就业，被迫待在家中与父母一起生活，产生焦虑、抑郁等情绪。

　　二是在职青年收入下降且面临失业威胁。一方面，国内大量中小企业正面临着前所未有的生存危机，就业岗位减少、工时减少，工薪阶层特别是临时工和低收入群体的青年工资水平有所下降。另一方面，中小微企业的社会保障程度相对较低，长时间停工容易导致企业资金链断裂而破产，低收入群体、工薪阶层瞬间失去收入来源，劳动者权益保障难以保障。

　　三是高校毕业生就业更加困难。2022 年，全国高校毕业生人数超 1076 万人，另外预计有 100 万名留学生因国外疫情回国找工作。在我国就业人数明显增加的情况下，企业生产经营延迟、用工成本提高，有可能导致原有的应届生招聘计划缩减。很多作为吸引就业主体的中小企业由于受到劳动合同法、出口遇冷等多重因素影响，业务订单量明显减少，用工需求也明显减少。往年，民营企业吸纳了约三分之一的高校毕业生，但疫情对民营企业的冲击最大，高校毕业生就业岗位大为减少。另外，春招往往是企业招聘的重要环节，疫情致使企业无法按原计划进行校园宣传和现场招聘。高校毕业生面临企业招聘需求下滑、线下招聘活动停止、求职受阻、实习中断等困境。

四是对青年农民工返岗就业带来冲击。首先，青年农民工从事的行业大多数是制造业、建筑业和餐饮服务业等，而这些行业受疫情影响最为直接，企业复工复产推迟或是被迫减小生产规模，都会导致这部分人群失业风险加剧、工资水平下降。其次，农民工就业具有流动性、限制性和不稳定性。他们与雇主的劳动协议往往是短期的，长时间的停工以及开工时间的不确定性增加了他们转换工作的难度。最后，与企业员工有劳动合同保障不同的是，农民工的工资几乎按照工时支付。因疫情导致的工时缩短、收入下降会给青年农民工本就不很宽裕的生活带来不小的负担。

青年是经济社会发展最重要的推动力量，然而在现实中青年往往处于职场劣势。在提供全面的财政刺激措施以及劳动力市场干预举措的同时，也需要采取针对性政策来加强青年就业扶持。为此，建议：

（一）制定更加针对青年的劳动力市场政策

需通过提供职业培训、一对一咨询、心理健康援助等方式提高青年就业能力。这不仅需要政府各部门通力合作，还需协调非政府组织、工会以及青年自身等共同参与。一是采取政府补贴的方式，开展定向培训，为家庭经济困难的毕业生提供免费线上就业指导课程等。二是积极推进职业院校、技工院校、培训机构与工业园区大型企业建立校企合作关系。三是增加社会公益性工作岗位，增加主要服务于社区的青年工作人员，如防疫工作人员、心理疏导员、社会救助人员、健康咨询师、家庭教育指导师等。四是出台支持中小企业稳定就业岗位的政策，推出一系列措施帮助部分企业少减员、少裁员，鼓励企业进行岗位共享，稳定青年就业机会。

（二）对青年群体提供就业专场式服务

一是引导鼓励各类企事业单位，特别是国有大中型企业积极吸纳高校毕业生。大力倡导"互联网＋就业"的新模式，鼓励企业与线上招聘平台合作，通过互联网发布职位招聘信息，进行视频面试，网上签约和网上办理就业手续，同时鼓励远程工作。二是出台新增就业岗位的措施，取消限制灵活就业的不合理规定。降低中小微企业贷款申请条件，加大对青年群体创业的扶持力度。三是政府部门要主动为企事业单位和高校牵线搭桥，建立信息库，设立专门平台以整合各个招聘网站的就业信息，方便共享。四是适当延长择业时间。鉴于 2022 年上半年企业对应届生的岗位需求量大幅下滑，可以考虑给予应届毕业生参加下半年秋招的资格。

（三）建立高校毕业生最低工资制度

部分城市针对农民工制定了最低工资标准，对高校毕业生却没有相关规定，尽管部分地区制定了针对高校毕业生的工资指导价，但并不具有强制性。建议制定高校毕业生最低工资制度，为高校毕业生提供最基本的生活保障和事业发展的基础，提高高校毕业生的社会认同感和融入度。

（四）加强失业青年的社会保障

尽可能将失业青年纳入最低生活保障制度中，扩大廉租房制度覆盖范围，解除高校毕业生在社会流动过程中的后顾之忧。对青年等重点群体实施发放培训补贴、生活补助、延长失业保险金期限等举措，做好就业援助、社会保险、薪酬保障、劳动仲裁以及法律政策咨询等服务工作。降低企业的工伤、医疗、生育、失业四项社保征收费率，减轻企业负担，协助其渡过难关。做好疫情期间灵活就业青年的社会保障工作，加强灵活就业青年包括医疗保险在内的各项保险的保障力度，推动社保缴费阶段性减免、失业保险稳岗返还、就业补贴等政策落地。加强政府财政金融支持，增强就业弹性，努力降低疫情对就业的影响，确保就业局势总体稳定。

2022 年 8 月 22 日

同心创未来　携手奔复兴

——代表民进中央在全国政协十三届二十四次常委会上的发言

中共二十大报告明确了新时代新征程中国共产党的使命任务，对全面建成社会主义现代化强国两步走战略安排进行了宏观展望，重点部署了未来五年开局起步关键时期的战略任务和重大举措，既为党和国家事业发展指明了前进的方向，也为民进发挥作用提供了根本遵循。民进将组织全体会员深入学习领会和贯彻落实中共二十大精神，深刻领悟"两个确立"、坚决做到"两个维护"，深化政治交接、加强自身建设，为全面建设社会主义现代化国家、全面推进中华民族伟大复兴作出新贡献。

一、发挥界别优势，务实建言资政

过去十年，民进见证和参与了中国共产党领导下新时代的伟大变革，党和人民事业赢得历史性胜利的三件大事。未来，民进要把中共二十大提出的各项战略部署和任务举措扎扎实实体现在履职尽责上，坚持围绕中心、服务大局，充分立足和发挥教育文化出版传媒主界别优势，以实事求是、务实担当的精神，进一步围绕实施科教兴国战略、办好人民满意的教育、完善科技创新体系、加快实施创新驱动发展战略、深入实施人才强国战略、提高全社会文明程度、繁荣发展文化事业和文化产业、增强中华文明传播力影响力等问题，深入调查研究，提出意见建议。同时，民进将继续围绕统筹推进"五位一体"总体布局、协调推进"四个全面"战略布局，积极围绕党和国家事业发展需要，就推动高质量发展、绿色发展、法治中国建设等领域相关问题认真建言献策，发挥积极作用。

二、发挥平台优势，广泛凝聚共识

"江山就是人民。"人心是最大的政治，共识是奋进的动力。落实未来五年开局起步关键时期的战略任务和重大举措，需要最大限度地凝聚人心和力量。作为拥有 18 万多会员的中国特色社会主义参政党，民进将全过程参与民主政治进程，当好中国共产党的好同事、好参谋、好帮手，坚持发扬民主和增进团结相互贯通，建言资政和凝聚共识双向发力，提高建言资政的质量和水平。

要发挥联系界别群众的优势，积极参与基层民主的实践探索，协助党和政府做好解疑释惑、协调关系、理顺情绪、化解矛盾、增进共识的工作。

继续发挥平台优势，办好中国教师发展论坛、开明文化论坛、开明出版传媒论坛、基础教育改革座谈会、长江保护与发展论坛、黄河保护与发展论坛、粤港澳生态环境高端论坛等一系列参政议政品牌活动，搭建交流平台、联系社会各方，充分集智聚力、广泛凝聚共识。

同时，民进将务实深入讲好多党合作的中国故事、讲好全过程人民民主的中国故事，承担起我国新型政党制度参与者、实践者、推动者所肩负的历史使命和重要责任。

三、发挥制度优势，深化自身建设

新型政党制度为民进加强自身建设和履职提供了坚强制度保障。中国共产党全面推进党的自我净化、自我完善、自我革新、自我提高，以党的自我革命引领社会革命的精神也为民主党派做出了表率。

　　奋进新征程，民进要坚持以党为师，深入学习贯彻习近平总书记关于做好新时代党的统一战线工作的重要思想，贯彻落实"四新""三好"要求以及加强中国特色社会主义参政党建设的意见等精神，持续巩固民进十二大以来制度建设成果，通过完善制度规范体系，加强思想政治建设，强化内部监督管理，推进干部队伍建设，推动作风持续改善，确保民进在深化政治交接中继承和弘扬优良传统、在加强自身建设中承担和践行历史使命，更好展现新时代中国特色社会主义参政党的责任与担当。

　　未来是创造出来的。在全面建设社会主义现代化国家、全面推进中华民族伟大复兴征程上，民进将勠力进取，不负使命，与中国共产党同心同德、与中国人民同向同行！

2022 年 11 月 1 日

向未来睁大好奇的眼睛

　　时光如梭。转眼间一年又过去了。人生就是这样，一日复一日，一年又一年。

　　不经意之间，可能皱纹就爬上了你的眉梢，白发就出现在你的鬓角。我们的心智，我们的精神，能否随着岁月的流逝而持续地成长呢？每一位帮助他人成长的老师自身又该如何成长？

　　前不久，读了一本钱颖一先生的对话录，记录了他在担任清华大学经管学院院长期间，与世界最顶尖的科学家、企业家等知名人士的对话。我注意到，这本书出现频率最高的一个词语就是"好奇心"。

　　从某种意义上讲，好奇心不是培养出来的。儿童诞生之际，就充满着好奇心。好奇心或者通过教育、呵护得到保存并成长，或者通过教育加以摧残并消灭。对于大部分人来说，是我们的教育慢慢地泯灭了他们的好奇心。

　　好奇心是教育的一个大问题。

　　作为老师，呵护、激发好奇心无疑是我们最重要的使命之一。保护儿童、保护童年，首先就是要保护他们的好奇心，就是要认真地对待童年中的每一个问题、每一个异想天开的念头、每一个探索未知的行动。

　　作为老师，我们更要深知，只有好奇心才能呵护、激发好奇心。我们自己的好奇心，不仅能够让儿童保有好奇心，同时也是成年人处理复杂世界的"终极武器"。因为，好奇心会激发我们身心的"总动员"，驱动我们不断学习，不断超越自我。只有好奇心，才能让我们走出"舒适区"，去重新思考我们的日常，挑战各种各样的"不可能"。

　　作为老师,我们需要睁大好奇的眼睛,重新审视我们的职业。太阳每天都是新的,孩子每天都是新的。每天重复昨天的故事,好奇心就在重复之中消弭了。我们需要学会在自己已经习以为常的教育生活中,提出问题,发现精彩。好奇心会引领着我们,拓展对世界的认知,探索对教育的变革。

　　而无论是作为老师还是政协委员,我们都需要睁大好奇的眼睛,保持对新事物的敏感性。我们身处信息时代的新背景下,每天都有新的变化。新生事物,是对自己已有认知结构和行为习惯的挑战和重构。面对困难,好奇心强的人不会轻易被失败击退,在探索新概念、新世界时,他们会表现出更好的适应力,甚至在持续的好奇下产生顽强的毅力。

　　2022 年,我想对政协委员们、对教育界的同仁们说,让我们一起睁大好奇的眼睛,当我们行动起来,就能够在自身成长中,共同创造那美好的未来!

　　　　　　　　　　（发表于 2022 年 1 月 1 日《人民政协报》第 3 版）

在朗读声中感受榜样的力量

传承中华文明、弘扬优秀文化，文化类节目是一扇重要窗口。近年来，文化类节目呈现类型更加多样、内容不断创新的良好态势，在诸多领域持续深耕，取得了可喜的成绩。《朗读者》就是其中为观众所熟知的一个。

与前两季《朗读者》以"青春""礼物"等为主题不同，第三季节目通过开放式命题唤起人们深入思考。从教育发展、农业突破到科技进步、文化繁荣，话题紧贴社会现实，通过生动鲜活的个体讲述，呈现波澜壮阔的时代发展。

《朗读者》第三季在前两季积累的100多位嘉宾基础上，邀请更多行业代表人物。其中既有获得"时代楷模""七一勋章""最美奋斗者""全国脱贫攻坚贡献奖"等荣誉的公众人物，也有在平凡岗位上兢兢业业的普通人，嘉宾构成呈现多样性和丰富性。神舟十三号乘组翟志刚、王亚平、叶光富，在中国空间站深情朗读作家巴金先生的《激流三部曲》总序："我知道，生活的激流是不会停止的，且看它把我载到什么地方去。"生物学专家潘文石带来自己的《野外日记》，献给所有热爱大自然的朋友："人类无法孤独地行走于天地之间，我们必须与万物同生共存。""七一勋章"获得者、云南省丽江华坪女子高级中学校长张桂梅含泪朗读她写给父母的《一封家书》："我会不怕一切艰难险阻，以百倍的热情去完成我的人生诺言，为山里的孩子和百姓们服务，为山里的教育事业贡献自己一切！一切！"在《朗读者》中，人物经历和文学文本产生了奇妙的关联：人物多姿多彩的故事、波澜曲折的经历，成为文学的生命范本；或清新流丽，或热情奔放的文学文本又为人物的人生故事提供生动注解。情真意切的朗读和真实精彩的人生，汇聚成一曲时代交响，吸引并鼓舞更多人加入。

文化类节目也积极参与社会实践，推动良好社会风尚的形成。之前，《朗读者》节目在各地推出朗读亭，让观众读文本、讲故事、诉心声，带动朗读热潮。《朗读者》第三季又推出"一平方米"朗读亭新媒体慢直播活动，通过动态直播、朗读实况、现场采访、连屏互动等方式，打造新的节目样态，力图从一档电视文艺节目转变为跨媒体的内容传播，进而升级为一场读万卷书、行万里路的大型活动。《朗读者》还发起"献给太空的朗读"活动，铁凝、王蒙、樊锦诗、朱邦芬、陈和生、张海迪等嘉宾倾情加入，将一段段感人至深的朗读，送抵神舟十三号航天员乘组，陪伴他们度过太空时光。《朗读者》能否继续保持创新和品质，是节目接下来面对的挑战。

朗读，是在悠久历史中传承下来的一种简便易行又切实有效的学习方法。推动全民阅读是提升社会文化素养便捷、高效的路径之一。这些年来，我持续推动新教育实验，倡议"营造书香校园"等活动，希望通过整合阅读资源、践行阅读课程，让阅读成为教师、学生、家长日常生活的一部分。当教师、学生、家长互相成为彼此的朗读者，当家校共育成为全民阅读持续、深入的重要组成部分，相信会吸引更多人走近阅读、亲近阅读。

"眼纳千江水、胸起百万兵。"希望更多文化类节目自觉树立大历史观、大时代观，以文弘业、以文培元、以文立心、以文铸魂，用思想精深、艺术精湛、制作精良的节目，推动全民阅读，建设书香中国。

（发表于 2022 年 2 月 11 日《人民日报》第 20 版）

"书香政协"助力学习型社会

在推进全民阅读、建设学习型社会进程中，人民政协具有独特的优势和力量，政协委员读书具有重要的价值和意义。

习近平总书记强调："读书可以让人保持思想活力，让人得到智慧启发，让人滋养浩然之气。"事实证明，阅读对于强化文化认同、广泛凝聚民心、振奋民族精神、提高公民素养、淳化社会风气、涵养社会主义核心价值观等诸多方面，都具有不可取代的作用。建设学习型社会，读书是一个重要方面。

近年来，在党中央的直接推动以及社会各界的倡导下，推动全民阅读、建设学习型社会引起广泛重视。如何发挥政协力量，以"书香政协"助力学习型社会建设，是摆在各级政协组织面前的一个重要课题。全国政协自2020年初部署开展了"委员读书活动"，努力探索解决这一问题的路径。活动开展以来，委员参与面不断扩大，参与率在90%以上；活动方式不断丰富，初步形成了全国政协引领、地方政协共同参与、线上线下协同推进、读书履职相结合的良好格局，取得了增长知识、增加智慧、增强本领的成效。

两年来的探索表明，在推进全民阅读、建设学习型社会进程中，人民政协具有独特的优势和力量，政协委员读书具有重要的价值和意义。"书香政协"是人民政协的优良传统。早在1954年，毛泽东同志就提出把学习马列主义作为政协的五大任务之一。政协委员应当成为一个读书的模范群体，会读书、善学习也应当是政协委员和政协工作者的基本功。读书能够促进队伍建设，提高政协整体战斗力；读书能够促进不同行业、不同界别的委员形成共识，提高政协的凝聚力。

建设"书香政协"是政协委员提高履职能力的重要途径。人民政协作为专门的协商机构，需要对国家的重大方针政策和决策部署提出意见建议，这就对委员的视野和水平提出了很高的要求。面对国际国内的复杂形势、参政议政领域的不断拓展，政协委员需要学习的内容越来越多。读书能开拓视野、促进思考，助力委员提高资政建言的质量；读书能让委员以更全面、更客观、更长远、更辩证的眼光，从历史视角看待当下问题，提高自信定力。

建设"书香政协"是建设学习型社会的重要内容。榜样的力量是无穷的。政协委员是界别群众的代表，来自各行业、各领域，影响大、责任重，一言一行广受关注。委员们在做什么，本身就有一定的示范效应。热爱读书的委员，就是各行业的阅读推广人，能在全社会产生广泛的带动作用，对于推动全民阅读、建设学习型社会有着重要作用。

委员读书应该成为人民政协工作的重要内容，终身学习应该成为委员的自觉追求。鼓励更多政协委员参与读书活动，促进广大政协委员形成"我要读"的自觉，在阅读中加强平等互动的交流，在讨论中深化认识、扩大共识，就能推动读书活动成果转化，增强社会溢出效应，以"书香政协"助力建设学习型社会，为全面建设社会主义现代化国家增添奋进力量。

（发表于 2022 年 2 月 23 日《人民日报》第 5 版）

处理好"双减"五对关系　促进基础教育高质量发展

　　2021 年 7 月，中共中央办公厅、国务院办公厅印发《关于进一步减轻义务教育阶段学生作业负担和校外培训负担的意见》（以下简称"双减"政策）。"双减"政策的原则和目标非常清晰，即全面贯彻党的教育方针，落实立德树人根本任务，着眼建设高质量教育体系，强化学校教育主阵地作用，深化校外培训机构治理，坚决防止侵害群众利益行为，构建教育良好生态，有效缓解社会焦虑情绪，促进学生全面发展、健康成长。

　　"双减"政策出台四个多月已经初见成效，有效减轻了义务教育阶段学生过重的作业负担和校外培训负担，有效遏制了资本在教育领域的野蛮生长和无序扩张，教育生态不断优化，社会反响总体较好，目前改革正朝着更大范围、更深层次推进。

　　下一阶段，如何通过"双减"这一杠杆撬动中国基础教育的变革，通过"双减"提质增效，重点在于处理好五对关系。

一、校内教育和校外教育的关系

　　"双减"，一是要减轻校内过重的作业负担，二是要减轻校外培训的负担，尤其是要对校外学科类培训进行强力管控。在很大程度上，这是再次重申了学校教育是教育的主阵地、主渠道，校外教育是学校教育有益补充的功能定位。

　　学校教育与校外教育是一个有机整体，不能搞成"两张皮"、两个教育体系。在"双减"工作中，关于校内和校外的关系思路是清晰的，也就是说，在立德树人、建设高质量教育体系、培养高水平人才目标不变的前提下，校内作业负担和校外培训负担要双双减轻，校内校外教育都需要作出调整。

减负只是手段、路径和指标。"减"本身不是目的，减是为了增，是为了给学校教育提质增效留出时间和空间，为了青少年学生更好实现全面而有个性的发展。总之，落实"双减"政策，中小学要考虑如何"减"，更要考虑如何"增"，如何把学校教育教学搞得更好。

校内要减负提质，必须向课堂教学要质量。课堂教学的质量同样包含效果和效率、品质和速度两个维度，也就是说，课堂教学要有效、要高效，唯其如此，才能给校内的课后活动留出时间和空间。我们期望，通过教师能力水平的提升、课堂教学改革的深化、新技术在教育教学过程中的应用、教育资源的扩展等手段，不断提升校内教育的质量。而校外教育，在大幅压减学科类培训时间、内容严格受限的情况下，如何提供精准的个性化服务，使之成为校内教育的有益补充，促进中小学生的身心发展、个性化发展、最优化发展，是落实"双减"政策的根本遵循，绝不可以像以往那样，利用家长和学生的功利心态炒作、放大教育焦虑，逼迫、胁迫教师和家长就范，更不能凭借资本实力"野蛮生长"。

提升学校的教育服务能力，使之覆盖校内教育教学和课后学生自学、部分学生的个性化学习，各地城乡中小学都有很大空间。从根本上说，需要尽快构建真正意义上的国家教育资源平台，为全国中小学校提供最基本的校内全学科优质课程教育资源。在国家教育资源平台优质资源相对不足的情况下，各地可以重点帮助薄弱学校和边远地区学校对接优质教育资源，确保校内教育的品质。

近年来，北京市在这方面进行了积极探索。不久前，北京市印发了《北京市中学教师开放型在线辅导计划（试行）》。该计划通过搭建中学教师开放型在线辅导管理服务平台，鼓励中学教师发挥自身教育特长和优势，自主开放教学资源，提供多种形式的在线辅导服务，供全市中学生按需选择、开展在线学习，及时解决学习过程中的问题，帮助学生强基础、补短板、提能力。按照该计划，从 2022 年 1

月 1 日起，北京全市 646 所学校 33 万余名学生将免费享受在线辅导。北京市教委相关负责人表示，在线辅导计划并不是"在线补课"，而是与校内供给相配合的公共资源，将为学生提供学科精细化、个性化的特色分类辅导。该项目已于 2016 年 11 月先行在通州区启动了第一阶段试点工作，此后拓展至平谷区、密云区、怀柔区、延庆区、房山区、大兴区、门头沟区和经开区，截至 2021 年 7 月 14 日，中学教师开放型在线辅导平台申报并通过审核的教师超过 1.46 万人，区级及以上骨干教师占比 60%。对师生问卷调查和学生辅导效果追踪分析表明，师生对在线辅导的满意度均在 90% 以上。

二、课前和课后的关系

这里所谓的课前和课后，指的是下午三点半之前和三点半之后的学校教育。三点半之前是国家课程的教学，有课程方案、课程标准，还有国家的教科书，教师、教学资源和评价标准相对来说比较健全。而三点半之后就是我们所说的课后服务，从目前实际情况来看，各地差异巨大。有的学校课后服务主要是教师看管学生完成课后作业；有的学校开设了艺术、体育、科学等多种类型的选修课；有的学校则把课后服务变成了课堂教学的补充，按照学生课堂上的知识掌握情况开设了相应的学科补习和提高课程。

应该说，课前和课后、校内和校外都是教育的有机整体，都需要整体谋划。关于课后服务，"双减"政策中明确提出了三点要求：

1. 保证课后服务时间。

学校要充分利用资源优势有效实施各种课后育人活动，在校内满足学生多样化学习需求。引导学生自愿参加课后服务。课后服务结束时间原则上不早于当地正常下班时间；对有特殊需要的学生，学校应提供延时托管服务；初中学校工作日晚上可开设自习班。学校可统筹安排教师实行"弹性上下班制"。

2. 提高课后服务质量。

学校要制订课后服务实施方案，增强课后服务的吸引力。充分用好课后服务时间，指导学生认真完成作业，对学习有困难的学生进行补习辅导与答疑，为学有余力的学生拓展学习空间，开展丰富多彩的科普、文体、艺术、劳动、阅读、兴趣小组及社团活动。不得利用课后服务时间讲新课。

3. 拓展课后服务渠道。

课后服务一般由本校教师承担，也可聘请退休教师、具备资质的社会专业人员或志愿者提供。教育部门可组织区域内优秀教师到师资力量薄弱的学校开展课后服务。依法依规严肃查处教师校外有偿补课行为，直至撤销教师资格。充分利用社会资源，发挥好少年宫、青少年活动中心等校外活动场所在课后服务中的作用。

应该说，文件的规定是清晰而具体的。但是各地资源的差异和执行的差距很大。这与各地对课前与课后任务的理解偏差有关。其实，三点半前是立德树人，三点半之后也是立德树人，目标不能变。要厘清两者的关系，围绕立德树人根本任务，把分工讲清楚，三点半前干什么，三点半后干什么，互补形成整体，都是育人，不能搞成"两张皮"，这需要进一步研究，积极开展探索。

四个多月以来，各地各校课后服务工作进行了很多有益探索与实践，取得了一定成效，但仍然存在一些困难和问题。

一是课后服务内容形式单一。调查发现，很多学校的课后服务是安排学生在原有班级，由本年级或本班级任课教师看管，一些美术、绘画、书法课程都是在教室中进行，开展社会实践活动有限。同时课后服务班额大，班级数多，且拥有体艺类教学技能的教师占比较小，对于学生有需求的音乐类、体育类、智力类和创新类等课程难以提供。

二是一线教师负担增大。开展课后服务，教师工作量明显增加，工作时间延长。

三是课后服务经费来源单一。课后服务作为准公共产品，应该做到政府财政拨款为主与家长合理付费为辅相结合。调查发现，有的地方对于课后服务和课后兴趣活动服务基本采用的是服务性收费方式，定价偏高；部分地方则完全由政府买单，课后服务工作带来的学生管理成本、人事管理成本、后勤管理成本增加，基本上由学校承担，但学校因人力、物力、教育服务能力等资源有限导致课后服务不能完全满足实际需求。

四是课后服务监管体系缺乏系统性。由于课后服务工作起步不久，还缺乏政府层面体系完备的质量监测标准，常规化监督评估体系尚未形成，课后服务工作效果的评价标准不一。

因此，如何减轻教师的负担，如何丰富课后服务的教育资源，如何统筹安排课前课后的教育内容，如何满足课后服务的个性化需求，如何加强社会教育资源对课后服务开放等问题，都有待进一步深入研究、积极探索。这方面有三个关键任务：打破校园藩篱拓展课程资源，提升学校教师课程开发能力，技术赋能满足课后服务组织和监管的需要。当然，这也需要更好的办学条件保障。

三、学科类和非学科类培训的关系

根据中央"双减"政策的要求，校外学科类培训要大大压减，压减之后要转型，转为非营利性质。而校外非学科类培训也明确了范围，包括科技、艺术、文化、劳动、社会实践等。

"双减"政策出台后，数量众多的校外培训机构势必从学科类转向其他领域。从调研情况看，校外培训机构正在向课后托管、素质教育、成人教育、职业教育、智能教育等领域集中，但限于现有人员、经营能力、资源资金、市场空间等条件的不足，多数校外培训机构转型艰难。

一些市场规模大、研发能力强的校外学科类培训机构，长期以来积累了大量的人才资源和课程资源，拥有强大的教研队伍，退出学科类培训市场后，这些智力资源还可以合理使用，如通过政府购买公共服务产品的方式，既可以充实我们的教研队伍，也可以购买一定的学科课程服务，在课前或课后的学科教学中发挥作用。

四、普通教育和职业教育的关系

义务教育阶段结束之后通过中考进行普职分流，是"双减"政策出台后社会舆论关注的焦点，也是必须下大力气解决的问题。如果中考后普职分流的问题不解决，家长的焦虑就无法真正缓解，学生的校内外负担也无法真正减下来。

我国普通教育与职业教育比例大致相当的规定，是 2005 年在《国务院关于大力发展职业教育的决定》中提出来的，那个时候我们的高等教育毛入学率是 21%。当前，我国高等教育的毛入学率已经超过 50%，进入了高等教育普及化阶段。在这样一个高等教育规模背景下，普通教育与职业教育的比例如何确定，学生究竟应该在哪一个学段进行分流、如何分流，的确是应该认真研究、谨慎试点、逐步探索前行的，应该提到议事日程上。

我们认为，在高等教育普及化的背景之下，高中阶段的教育需要逐步走出二元分离的思维，走融合发展、特色化发展之路。《国家中长期教育改革和发展规划纲要（2010—2020 年）》就明确提出，鼓励有条件的普通高中根据需要适当增加职业教育教学内容。2021 年 10 月中共中央办公厅、国务院办公厅印发《关于推动现代职业教育高质量发展的意见》，特别强调要加强各学段普通教育与职业教育的渗透融通。所以，普职彼此融合，创办新型的综合高中、特色高中，构建普通教育与职业教育的"立交桥"，应该是今后教育改革的重要方向。

首先，这是面向未来就业的需要。现代社会对人的综合素养和职业能力提出了越来越高的要求，国际劳工组织发布的《2021 世界就业趋势》强调，促进青年就业，首先要使青年尽最大可能接受最高层级与品质的教育。经济社会发展对人的综合素养和职业能力都提出了很高的要求，未来的就业人群应该以接受过高等职业教育的大学生为主体。

其次，这是推进教育公平的需要。中国发展研究基金会对广东、四川、贵州三省 30 所职业学校的跟踪调查研究发现，这些学校 70%的生源都来自农村。优势地位家庭的子女有更多机会获得优质教育机会，他们大多数都进入了普通高中。推动融合发展，实质上对于推动教育公平有重大意义。

再次，这是中等职业教育发展形势的需要。目前，中职已经从就业教育转为升学预备教育，中职的升学率在许多地方已经达到了90%，真正直接进入就业市场的不到10%。在这样的情况下，强化职业教育与普通教育的融合，是非常值得重视的一个重大公共政策的选择。

最后，这是世界各国的教育发展趋势。从 1996 年到 2016 年，OECD 成员国家进入普通教育轨道的学生十年间占比从 46% 上升到56%，职业教育学生占比下降了十个百分点左右。我国也呈现出同样的趋势。随着经济结构的变化和产业升级的需要，各国实际上都在强化普职融通教育，都在强化综合高中教育，也在适当降低纯粹中等职业教育的规模。

希望未来中国高中教育走向多样化发展之路，学校的多样化发展与人的多样性、独特性相匹配。通过高考招生制度改革，使高中教育多样化发展之路与高校人才选拔模式相匹配。同时，通过劳动人事制度和收入分配制度的改革，进一步提高技术技能型人才的社会地位和经济地位，弘扬大国工匠精神，这是从根本上落实"双减"的制度性安排。

五、学和考的关系

考试是指挥棒。"双减"能否坚持下去，要经过几次大考。第一次检验就是 2022 年的中考。所以，要加强对考试命题工作的研究，确保 2022 年中考命题与"双减"精神高度吻合，真正解决指挥棒的问题。

应进一步深化以学生素养为核心的考试内容改革。作为考试内容改革的重要杠杆，命题只有实现从"知识立意"向"能力立意"转变，考核实现从注重结果向注重过程的转变，才能撬动考试内容由知识向能力和素养转变。中高考命题应由"考纲指导"转变为"课标指导"。开展基于课程标准命题的关键，在于建立课程标准与考试题目间的关联，使命题体现课程标准所倡导的目标和内容。同时，在试题呈现上可借鉴国际大型评估项目经验，设置贴近学生现实生活的多元化情境，有效考查学生的核心素养。

考试内容要体现多元性、综合性、应用性和创新性。加强对学生问题解决能力、批判思维能力、开拓创新能力和动手实践能力等高阶能力的考查；加强对社会情感技能以及动机、兴趣等非认知因素的考查；加强对合作、沟通与交流等跨学科、跨领域能力和素养的考查。

具体到学科层面，要结合学生核心素养和学科核心素养相关研究，明确该阶段学生应达到的学科思维和能力水平。如语文要实现对审美鉴赏与创造、文化传承与理解等关键能力的考查；数学要考查将现实问题数学化并加以解决的能力；英语突出语言综合运用能力及跨文化思维的考查；文科综合体现文化底蕴导向；理科综合则凸显学生的科学认知、推理、归纳、演绎和探究能力等。

从更长远的角度来看，我建议，可以通过学分银行体系记录学生的学习过程，动态、客观记录和评价学生，加大高招改革力度，鼓励拔尖创新人才脱颖而出。

综上所述，准确把握校内教育和校外教育的关系、课前和课后的关系、学科类和非学科类培训的关系、普通教育和职业教育的关系、学和考的关系，目的是精准把握"双减"政策的内在逻辑、价值追求和精神实质。推进"双减"政策的落实，涉及整个基础教育体系，也涉及政府、中小学校和家庭、社会教育机构等多元主体，因而当前及今后一个时期，政策落地实施的过程，必定是一个多元主体协同共治共享的过程。政策执行的效果，取决于各方的有效互动，取决于政府教育治理的能力。

要把"双减"政策放在党的十八大以来中央推进教育综合改革的大背景下来理解，从中国教育的社会主义发展方向来理解，从义务教育作为教育基本公共服务和完全意义上的公共产品来理解。义务教育乃至整个基础教育，本质上、总体上是公益事业和上层建筑，而不可能是逐利的行业。"双减"政策出台的时机，经过了复杂的内外环境因素的考量，是符合社会主义教育发展的本质要求的，具有内在必然性。

　　近年来，中央密集出台一系列教育改革举措，诸多政策举措蕴含着相同的价值取向。从义务教育均衡发展到"全面改薄"，提升义务教育质量，建立产教融合校企合作普职融通的现代职业教育体系，再到高中育人方式改革，推进基础教育"五育"并举，部署新时代教育评价改革，直到推出"双减"政策，教育改革始终瞄准教育发展的基本矛盾：不平衡和不充分，始终坚持中国特色社会主义方向，围绕办人民满意的教育，追求教育事业发展公平和效率的高水平有机统一。

　　"双减"政策是全面贯彻习近平新时代中国特色社会主义思想、深化党的十八大以来党在教育领域改革思想的体现。政策在强力规范校外培训机构、遏制教育领域的逐利化现象的同时，突出强调了学校教育的主阵地作用，重申了社会主义教育发展方向和教育的公益属性，从根本上解决教育的不平衡问题，是治理教育生态、促进教育公平、塑造教育高质量发展新格局的有效举措。我认为，应该从这个高度来理解"双减"政策的目标和价值取向，理解中央推进深化教育综合改革的力度和决心。

（发表于 2022 年 2 月 25 日《江苏教育报》新教育专刊）

促进家庭教育健康发展

《中华人民共和国家庭教育促进法》（以下简称家庭教育法）已经于 2022 年 1 月 1 日正式实施。这部法律明确了家庭教育的责任、国家支持家庭教育的责任和家校社协同育人的责任，家庭教育从"家事"上升到"国事"，家庭教育的重要价值及原则等得以用法律的形式加以确认。

家庭教育法实施 3 个多月来，相关部门对家庭教育的重视程度有了明显提高，社会对于家庭教育资源的需求和积极性也明显提高，但是总体而言，学法、普法和用法三方面还存在明显不足，亟须进一步落实落地。

建议：

加大家庭教育法的学习力度。家庭教育法把家庭教育界定为"父母或者其他监护人为促进未成年人全面健康成长，对其实施的道德品质、身体素质、生活技能、文化修养、行为习惯等方面的培育、引导和影响"，并且明确了家庭教育的五项基本要求，即尊重未成年人身心发展规律和个体差异；尊重未成年人人格尊严，保护未成年人隐私权和个人信息，保障未成年人合法权益；遵循家庭教育特点，贯彻科学的家庭教育理念和方法；家庭教育、学校教育、社会教育紧密结合、协调一致；结合实际情况采取灵活多样的措施等。这不仅是一部具有约束力的法律文本，也是一部家庭教育知识的普及读本，值得所有父母和相关人员认真学习。

加强家庭教育法的普及力度。各级政府和相关部门，要组织专家编写家庭教育法的解读宣传材料，组织广大家长和相关人员参加家庭教育法的普法培训，提高居民对于家庭教育法的知晓度，引导广大父母依法承担家庭教育的责任，积极参与家校合作共育和服务社区家庭教育，促进未成年人健康成长和全面发展。

提升家庭教育法的执行力度。近日，广东省广州市海珠区人民法院在审理一起离婚纠纷时，依照家庭教育法的相关规定，向当事人发出了该院首份《家庭教育令》，督促其切实负起家庭教育主体责任，纠正其在家庭教育方面的不当行为，要求其改正教育方式。一部法律的影响力，在很大程度上取决于它的执行力，越来越多涉及家庭教育法的判例，会给更多的父母和有关责任主体以警示，让法律成为硬约束。

夯实各级政府和相关部门的责任。家庭教育法明确了各相关部门的责任与义务，构成了一个全社会协同育人、合作育人的教育网络。这是中国特色社会主义家庭教育的特色和优势，需要各级政府带头学法、普法、用法，落实相关责任，发挥好各自作用。做好家庭教育任重而道远，绝不是轻轻松松就能实现的，全社会需要共同努力，久久为功。

习近平总书记指出："家庭是社会的基本细胞，是人生的第一所学校。不论时代发生多大变化，不论生活格局发生多大变化，我们都要重视家庭建设，注重家庭、注重家教、注重家风，紧密结合培育和弘扬社会主义核心价值观，发扬光大中华民族传统家庭美德，促进家庭和睦，促进亲人相亲相爱，促进下一代健康成长，促进老年人老有所养，使千千万万个家庭成为国家发展、民族进步、社会和谐的重要基点。"作为政协委员，我们将带头学法、普法、用法，为促进家庭教育健康发展贡献力量。

（发表于 2022 年 4 月 21 日《人民日报》）

大学是读书的天堂

（一）

1978年初，我从苏北的一个小镇来到了苏州，来到了江苏师范学院（后更名为苏州大学）读书。从此，我的生活，我的命运，就与这个城市，这个大学，紧紧地联系在一起。

刚进学校的时候，我读的是政史系，100多人的大班级。同学中许多是老三届的，不仅社会经验丰富，而且知识基础扎实，外语能力卓越，我经常暗自感佩。而我们的老师，大部分也是满腹经纶，才华横溢，循循善诱。两代被耽误的师生，一起用心地在教室耕耘，演绎出许多感人的故事。

听同学们谈笑风生，谈古论今，我内心深处经常有强烈的自卑感。于是，开始拼命恶补。先是效仿某位伟人，每天清晨在学校的操场长跑10圈左右，回到宿舍冲个冷水澡，神清气爽，然后去教室自习。后来竟然参加了学校的长跑队，尽管成绩平平，但是，耐心与坚韧从此伴随着我的人生。

中学基本上没有学过外语的我，有一段时间疯狂地学习英语。把薄冰的英语语法书、张道真的教材翻了又翻，读了又读。嫌枯燥，于是找原版书翻译来学习。记得当时翻译了一本《东方故事集》，还兴致勃勃地投稿到出版社。尽管没有出版，但是从此不惧怕学习外语，后来到日本学日语，也是如法炮制。

我的同桌刘晓东是一个高干子弟，喜欢读书，经常逃课泡图书馆。他告诉我，读书比听课效率高，而且收获大。我不敢逃课，但是经常读他借来的书，从福泽谕吉的《文明论》，到《第三帝国的兴亡》；从《林肯传》到《光荣与梦想》。后来自己去图书馆借书，几乎两三天换一批书，与图书馆的老师混得很熟，经常多借几本回去。那是我一生最充实最幸福的时光，我不敢说，自己那个时候真正读懂了多少，但是，我的阅读习惯和兴趣从此养成。

书读多了，就有写作的冲动。记得当时许多同学对作业怨声载道，我却并不介意。我把每次的作业作为挑战，力图写成有一定水准的文章。记得有一次拿一篇关于群众创造历史还是英雄与群众共同创造历史的文章请教吴建国教授。他是我们非常崇敬的老师，是苏联留学回国的哲学博士，在《中国社会科学》等刊物发表过论文，讲课逻辑严谨、见解深刻。到了他家里，他对文章的结构、内容、文字全面点评，还鼓励了我一番。我拿回文章一看，竟然没有片言只语的批注。我对老师的功力佩服得五体投地。从此，知道了什么是真正的学问，怎样去做学问。

那个时候，有一段为文学疯狂的日子。卢新华的伤痕小说，点燃了许多大学生的文学梦想。不仅中文系的同学热情高涨，我们文科其他专业的学生也如痴如醉。著名作家范小青与我们同在钟楼前的老文科楼学习，那个时候还不认识她，只听说中文系有个才女写小说了。文科楼下经常有他们的作品展示，我们班级的苟德麟也经常与中文系的学生唱和。我也开始大量读文学作品，读中外诗词，也悄悄写了不少诗歌。当然，大部分是不能够登大雅之堂的。但是，从此，喜欢读诗，喜欢诗意与激情的生活。

就这样，日子一天天过去，人生一点点充盈。慢慢地从一个懵懵懂懂的农村孩子，开始向往新的生活，思考未来的天空。

（二）

这个时候，学校急需补充教育心理学教师，决定在大三学生中选拔 5 人送上海师范大学教育心理学研修班打造。一下子几百名同学报名。我有机会过关斩将，幸运地成为其中一员。我也从江苏师范学院的学生，成为一名学员的"准教师"。

1980 年 9 月，我有幸来到上海师范大学的教育心理学班学习。

这是"文革"以后心理学科首次在该校重新开课，学校派出了最强阵容的师资队伍。其中给我影响最大的是恩师燕国材先生。燕先生博学多才，在课堂上他倡导"标新立异，自圆其说"的治学方法，激起了我们的创造冲动；他反对"言必称希腊，言必称西方"的心理学教学与研究，主张系统整理中国古代心理思想的遗产，并身体力行，出版了《先秦心理学思想研究》等一批专著，引发了我研究中国心理学史的激情。

可以说，我是在燕先生的谆谆教诲与潜移默化的影响下，走上中国心理学史的研究道路的。

从 1982 年起，我先后参加了全国统编教材《中国心理学史》《中国大百科全书·心理学卷》的编写工作，受到了比较系统的中国心理学史研究方法的训练。工作后先后在国内外的权威期刊发表了一系列关于心理学历史的研究论文，并且出版了《心灵的轨迹——中国心理学思想史研究》《心理学人物辞典》《刑罚与教化——中国犯罪心理学思想史论》等著作。

在上海师范大学学习期间，同学之间的交流、砥砺也给我很大帮助。来自扬州的袁振国就是对我帮助最大的同学。记得当时他的一篇关于灵感研究的论文在上海师范大学的学报上发表。我不太同意其中的一些观点，于是，有了我们频繁地讨论和"争吵"，也有了我的商榷文章。而我们的友谊，也就在这讨论和"争吵"中萌芽与成长。

那时，我们一起疯狂地读书、疯狂地写作。我们以两个人的名义在《中国青年报》和《南京日报》等报刊开设了专栏，我们在《心理学探新》《苏州大学学报》等刊物联合发表论文，我们的第一本书《心理世界窥探》也由江苏科技出版社正式出版。这是我们合作的第一本书，当时我们还都是 20 多岁的年轻人。为了能够赶上袁振国这位中文系的才子，我也只好在遣词造句上下工夫，精雕细琢，用心打磨。通过一系列"小文章"的撰写，在很大程度上提高了我的写作能力。很多朋友说喜欢我的文字，在很大程度上要归功于这个时期的训练。

当我们回到自己的大学工作后，我们的合作仍然在继续。一方面继续写心理学普及文章，另一方面在马克思主义心理学、政治心理学等领域拓荒。我们一起撰写了一批有一定影响的论文和著作——《政治心理学》《咨询心理学》《交往的艺术》《男女差异心理学》等，大部分是国内的首创之作。

后来，袁振国考取华东师范大学研究生，我考取了同济大学的研究生。再后来，袁振国到教育部工作，我也于 2007 年来到民进中央工作。虽然现在我们很少像过去一样合作研究新的课题，合作撰写文章，但是一直彼此关注彼此砥砺。

对于我们这代粉碎"四人帮"后第一届大学生来说，上大学彻底改变了我们的命运。而在大学形成的阅读、思考、写作习惯，也让我们受益终身。

2022 年 4 月 23 日，习近平总书记在致首届全民阅读大会举办的贺信中指出："阅读是人类获取知识、启智增慧、培养道德的重要途径，可以让人得到思想启发，树立崇高理想，涵养浩然之气。"他希望青少年养成阅读习惯，快乐阅读，健康成长；希望全社会都参与到阅读中来，形成爱读书、读好书、善读书的浓厚氛围。

确确实实，回顾自己的大学生活，希望我们年轻的大学生能够牢记习近平总书记的嘱托，珍惜大学的读书生活，向老师学，向同学学，多读书、读好书、善读书，成为一个终身的阅读者、学习者。

（发表于 2022 年 5 月 18 日《人民政协报》第 9 版）

家庭教育促进法是生活化的家教读本

今年正式实施的《中华人民共和国家庭教育促进法》（以下简称促进法）不仅是一部具有约束力的法律文本，也是一部生活化的家庭教育普及读本，值得广大父母认真学习。这部法律不仅充分论述了家庭教育的任务、原则、内容等，对于家庭教育的具体方式方法也提出了明确而详细的要求，非常具有指导性和实用性。

第一，亲自养育，加强亲子陪伴。童年只有一次，陪伴无法替代。父亲是男人最重要的工作，母亲是女人最神圣的天职。中国教育学会家庭教育专业委员会曾经进行过中国城市家庭教养中的祖辈参与问题调查，结果显示，近八成家庭有祖辈参与教养。隔代养育有经验丰富、时间充裕、情感亲近等优势，但也有观念相对落后、方法相对陈旧、边界难以把握等缺点。促进法提醒父母，父母是儿童成长的首要责任人，即使有隔代抚养，祖辈也不应该替代父母承担责任，而应该发挥辅助、协助作用。

第二，共同参与，发挥父母双方的作用。教育孩子是父母双方的共同责任，父亲和母亲都不能缺位。许多家庭的传统是"男主外、女主内"，教育责任主要由母亲承担，父教缺位，或成为所谓的"影子父亲"，对孩子的成长非常不利。促进法明确提出要发挥父母双方的共同作用，其中第二十条还规定，即使是分居或离异家庭，父母双方也应当相互配合履行家庭教育责任。

第三，相机而教，寓教于日常生活之中。家庭教育的最本质特点就是寓教于日常生活之中。正如陶行知先生所说的那样："是好生活就是好教育，是坏生活就是坏教育；是认真的生活，就是认真的教育，是马虎的生活，就是马虎的教育；是合理的生活，就是合理的教育，是不合理的生活，就是不合理的教育……"家庭中到处是教育的资源和契机。父母应该抓住各种机会，用生活本身来教育和影响孩子。

第四，潜移默化，言传与身教相结合。最好的教育是在潜移默化中进行的。父母的教育方式即使是正确的、合理的，也尽可能不要用强制的灌输的方法，不要居高临下、我说你听，更不能用家庭暴力、我打你挨。孩子是通过模仿父母来学习的，不仅复制了父母的遗传基因，也复制了父母的行为特征。父母既要说得对，更要做得好，言行一致才能成为孩子的好榜样。

第五，严慈相济，关心爱护与严格要求并重。家庭教育中，经常容易发生溺爱和严厉两种极端，有的家庭则分别由母亲和父亲担任"白脸"和"红脸"两种角色。有原则、有智慧、有底线的爱，是教育的底色，也是教育的前提。过度的宠爱会让孩子"消化不良"，过度的严苛也会让孩子不堪忍受。家庭教育要将严格要求与关心爱护相结合，关键在于父母掌握教育的度，智慧地平衡两者的关系。

第六，尊重差异，根据年龄和个性特点进行科学引导。孩子就是种子，每一粒种子都蕴藏着巨大的可能性，教育的作用不是用同一个标准把本来具有无限可能性的孩子变成相同的人、单向度的人，而是尽最大努力尊重孩子的差异，挖掘孩子的潜能，根据孩子的年龄特点和个性差异进行有针对性的教育，让树拥有树的挺拔、让花散发花的芬芳。

第七，平等交流，予以尊重、理解和鼓励。由于年龄、知识、经验、能力等天然优势，父母在家庭教育中很难以平等的身份与孩子商量、讨论、交流，而更多是命令、教训、强制甚至责罚。作为具有独立人格的儿童，或者是处于叛逆期的青少年，对此具有天然的抵触情绪。只有以平等、尊重的方式进行家庭教育，才能取得好的效果。

第八，相互促进，父母与子女共同成长。许多优秀父母的案例告诉我们，教育孩子的过程也是向孩子学习的过程。孩子是未经雕琢、未受污染的个体，身上保存着人类最珍贵的品质——好奇好问、纯洁天真、无忧无虑、活泼好动、不惧权威等，怀着敬畏心教育孩子、与孩子一起成长，是家庭教育最好的风景。

第九，其他有益于未成年人全面发展、健康成长的方式方法。教育有方，教无定法，关键是父母要真正意识到家庭教育的意义与价值，不是把家庭教育作为沉重的负担，既不为孩子能否考上名校、找到好工作而焦虑，也不因为教育的内卷而"躺平"。父母好好学习，孩子天天向上，有智慧的父母自然能够找到和创造科学的养育方法，享受与孩子一起成长的快乐。

（发表于 2022 年 5 月 22 日《中国教育报》第 4 版）

用阅读丰盈儿童的精神世界

　　少年儿童是祖国的未来，是中华民族的希望。少年儿童时期是一生之中精神成长的关键时期。儿童阅读作为一种早期的精神体验、心灵体验，能激发孩子们的想象力、创造力，还能帮助他们认识世界，形成对人生、对未来的基本态度和价值观念。对于少年儿童来说，培养阅读的兴趣、学会阅读的方法、养成阅读的习惯，可以滋养心灵、塑造审美、增加知识储备。因此，我们需要重视阅读对于少年儿童成长成才的价值。

　　重视儿童阅读，要让孩子们有好书可读。好的童书就像是一颗种子，能在一个人的心灵深处扎下根来。只有让孩子们爱读书、读好书，才能让他们在童年时期就打下良好的文化根基，儿童阅读也才是真正有意义、有价值的。

　　从儿童阅读看，目前主要存在两个方面的问题。第一个是我们对于儿童阅读的研究和引导不够，没有解决好"孩子们阅读什么书""孩子们怎么更好阅读"这个问题。第二个是阅读方法问题。比如，亲子共读、班级共读、整本书共读等有助于提升阅读能力的方法，都有待进一步推广。只有帮助儿童改进阅读方法，才能够提高儿童阅读的效率。

　　全社会都应该提高对儿童阅读的重视程度，把最美好的童书给最美好的童年。近年来，我们以"营造书香校园"为主题进行教育探索，通过营造浓郁的阅读氛围，整合丰富的阅读资源，开展多彩的读书活动，让师生共读、亲子共读、自由阅读等成为大家习惯的阅读方式。推动儿童阅读，让孩子们爱读书、读好书，才能让他们更好成长，以深厚的素养滋养一生。

有教育家曾经用"有吸收力的心灵"来形容儿童强大的学习与成长能力。阅读，不仅是一种学习能力，还应该成为一种习惯。书籍打开了一扇扇通向外部世界的窗户，每扇窗户外的风景都不相同。选择真正能够打动孩子心灵、既有意义又有意思的书籍，让孩子们走进阅读、热爱阅读，他们慢慢地就会懂得欣赏、学会思考，养成终生学习的习惯。当阅读成为儿童的生活方式时，我们就可以在此基础上，探索如何让儿童去主动追求和创造幸福充实的人生。

有书香童年，才有书香人生；有书香家庭，才有书香社会、书香中国。用儿童阅读丰盈儿童的精神世界，用儿童阅读塑造儿童美好的人格，我们就一定能更好提升孩子们的综合素养，培养德智体美劳全面发展的社会主义建设者和接班人。

（发表于 2022 年 6 月 2 日《人民日报》）

未来学校——重新定义教育

前年我写了一本书叫《未来学校：重新定义教育》，应该说这本书不仅是对基础教育的思考，也包括对高等教育的思考。许倬云先生讲到未来的教育应该建立一个全人类共通的教育网，线上教育跟线下教育的融通，肯定是一个必然的趋势。钱致榕先生讲到"通识教育"的意义和价值。我觉得其实最根本的问题是我们对传统的学校教育包括大学教育的判断或认识，应该有新的变化。

大学教育不再是简单为职业做准备

过去的大学教育从总体上来说，与中世纪大学教育的性质已经完全不一样了。现代的大学教育在一定程度上是为职业做准备的，所以它有那么多专业，有那么多精细的分工。也就是说，在很大程度上是为了帮助一个人安身立命，找一个好的工作。但是，未来的社会不是这样，因为未来社会，人的工作会发生一个很大的变化：工作和学习会是一个交替进行的过程。就现在的学习模式而言，一个学生可能要读到博士以后才参加工作。在中国，一个人要 30 岁左右才能读完博士，也就是人生精力最旺盛、学习能力最强、最有激情、最有梦想的一个阶段是在学校里度过。因此未来除了极少做研究的人——他需要连续性的、线性的这样一个学习，绝大部分的人是一边工作、一边学习，或者一边学习、一边工作，工作与学习交替进行。其实，在工作中学习，往往是最能够把人的创造性、人的激情、人的能力充分张扬和发挥的。因此，我认为，这样一种把大学教育作为为职业做准备的时代将会过去。这是第一。

第二，过去的大学为什么重要？因为只有到大学里才能接受高等教育，而未来则不一定需要。许先生讲过，整个知识体系、教育内容，已经泛在化。也就是说，学校不再是一个垄断知识的学术精英的集合场所，不再是一个教育资源的集中地，通过非学校的路径同样可以学到很多。所以，未来的网络教育，线上线下结合，而且可以根据每个人的特点和需要来进行自主性的学习。传统的学校包括大学教育，基本上是有一个严格的课程结构，这个结构很大程度上是强加给学生的。虽然有选修课程，但学生的自主性其实很不够。人的知识只有通过自我建构才能真正属于自己。这是我的一个基本判断。

"博雅教育"的意义和价值

关于"通识教育"的问题，钱先生认为"通识教育"更合适的名称应该是"博雅教育"，我觉得有一定道理。斯坦福大学的一个团队，曾对四个国家（中国、俄罗斯、印度和美国）的理工科大学生做过一次跟踪四年的调查研究。一年级进校的时候测评，中国学生的知识体系以及学习能力最好，美国学生最差。但有意思的是，四年以后毕业的时候再测评，美国学生变成第一了，中国学生变成第四了。其中最重要的原因是什么？我分析，当然有一个很重要的原因是美国学生的淘汰率，因为美国学生有百分之四五十是没有读完大学的，中途就离开了——所以他是用一半的学生跟中国来比，而中国学生基本上没有淘汰率，这是一个因素。但是，他们认为其中还有一个很重要的因素，就是美国学校的人文课程相对比中国学校要多，所以美国学生的"博雅教育"和"通识教育"相对来说，比中国的教育在内容上要充分一些，批判性思维能力更强一点。这个结论也在一定程度上验证了"通识教育"的意义和价值。

也就是说，在大学教育中，我们还是应该加强"博雅教育"，要把价值理性放在很重要的位置，不能只是把工具理性放在最重要的位置，这本身是一个非常重要的问题。所以，未来的大学教育改革，应该针对整个课程体系，进行系统化的改造。

未来教育：“超越围墙”与“能者为师”

我提出几个基本的观点。

第一，未来的学校，无论是中小学还是大学，都会变成学习中心（learning center）。也就是说，不完全是在围墙内来进行的学习，一定是超越围墙、超越课堂、超越校园的，是线上和线下结合的，是社会教育资源和学校教育资源互通的一个过程。

第二，未来将是一个“能者为师”的新时代。也就是说，现在中小学也好、大学也好，教职和教师是相对固定的，这些教师无论是大学教授还是普通教师，其实他们的动力性是不够的。那么怎样能够让社会精英真正成为未来学子的导师？就需要改造整个教育体系。现在出现了一个很重要的趋势，就是 PBL——项目式学习，这不再是传统的课堂教育形式，而是以解决问题为导向。解决问题的能力，当然包括沟通能力和自学能力，其实这些基本能力的教学一定是结合解决问题的过程来进行的。所以那种传统的课堂教学的方式肯定会发生很大的变化，而且大规模的大班教学未来都会被淘汰。而小规模的、合作社式的教学，将成为一个非常重要的取向。

第三，对于未来家庭在整个教育的过程的作用也会越来越重要。我提出了一个观点叫“王者归来”。教育的确是到了一个需要重新构造的时代了，因为信息化时代，需要一个以个性化、多元化、国际化为基本导向的新的教育体系。

（发表于 2022 年 6 月 13 日《人民政协报》第 11 版）

在履职尽责中学习贯彻落实好《中国共产党政治协商工作条例》

2022年6月，中共中央印发了《中国共产党政治协商工作条例》（以下简称《条例》），并发出通知，要求各地区各部门认真遵照执行。《条例》是以习近平同志为核心的中共中央从党和国家事业发展全局出发作出的重要部署，是规范政治协商工作的第一部党内法规，对于加强党对政治协商工作的领导，坚持和完善中国共产党领导的多党合作和政治协商制度，坚持和完善我国新型政党制度，加强人民政协专门协商机构建设，巩固和发展爱国统一战线，汇聚中华民族伟大复兴的磅礴力量具有重要意义。

深刻把握《条例》制定出台背景，充分认识政治协商的重要意义。

人心是最大的政治，共识是奋进的动力。在中国共产党领导的多党合作和政治协商制度中，政治协商被纳入决策程序，坚持协商于决策之前和决策实施之中，通过反复协商征求意见、理性审慎决策施策，增强决策的科学性和施策的有效性。中共十八大以来，以习近平同志为核心的中共中央把政治协商工作摆在治国理政的重要位置，习近平总书记亲自主持政治协商重要会议活动，就政治协商重大问题作出一系列重要指示批示，为做好新时代政治协商工作指明了前进方向、提出了明确要求、提供了根本遵循。《条例》作为一部用于专门规范政治协商工作的党内法规，其制定出台深入贯彻了习近平总书记关于政治协商的一系列重要指示和批示精神，把长期以来特别是中共十八大以来政治协商工作的丰富实践和成功经验进行了系统总结，并通过中国共产党党内法规的形式，将中国共产党领导下的政治协商工作的制度体系和工作机制固定下来，其丰富内容和深刻内涵，必将对于加强中国共产党对政治协商工作的领导、提高政治协商工作的科学化制度化规范化水平、坚持和完善中国共产党领导的多党合作和政治协商制度、巩固和发展爱国统一战线，起到重要保障作用和指导作用，这充分体现出新时代政治协商的重大现实意义和深远历史意义，充分彰显出中国特色社会主义民主政治的优越性。

精准聚焦《条例》主要内容要求，明确民主党派在政治协商中的作用。

《条例》共包含 8 章 31 条内容，对于制定《条例》的目的和依据、政治协商的定义、基本方式、指导思想和主要任务、工作原则、组织领导和职责、对象和内容、活动筹备和开展、成果运用和反馈、保障机制等作出了科学精准、明确具体、丰富翔实的规定，为在政党协商、人民政协政治协商中具有组织领导职责的中共中央、地方党委、党委统战部、政协党组，以及民主党派、无党派人士和应邀参加政党协商的工商联、参加人民政协协商的人民团体和其他各界代表人士，提供了工作遵循和履职依据。民主党派作为中国特色社会主义参政党，是中国共产党领导的多党合作和政治协商制度的重要组成部分，是中国共产党领导的爱国统一战线的重要组成部分，是人民政协的重要组成单位，无论是从中国特色社会主义参政党属性及职能定位看，还是从《条例》的具体规定和相关要求看，都决定了民主党派在政党协商中理应承担起相应的重要作用，要在中国共产党的领导下，坚持围绕中心、服务大局，充分立足各民主党派的界别特色，充分发挥民主党派的专业优势，通过参加政党协商和人民政协政治协商这两种政党协商基本形式，围绕党和国家大政方针、经济社会发展重要问题以及其他重要事项积极参与政治协商活动，建务实之言，献务实之策，通过建言资政和凝聚共识双向发力，以实际行动和履职成效为凝聚智慧、增进共识、促进科学民主决策贡献民主党派的力量。

切实推动《条例》学习贯彻落实，结合履职实际做好工作。

制度的生命力在于执行。作为民主党派的政协委员，要在新时代政治协商舞台上充分发挥作用，就要对标中共中央要求、立足工作实际，深刻学习领会、认真贯彻落实《条例》，充分发挥好《条例》作为做好新时代政治协商工作基本遵循的作用。一是要端正态度、认真学习，将深刻学习领会《条例》的精髓要义、精神实质作为一项重要政治任务，做到逐章、逐条、逐款学习掌握，准确把握政治协商的职能定位，提高对《条例》地位、作用和执行必要性的思想认识，切实增强贯彻落实《条例》的思想自觉、政治自觉和行动自觉。二是要融会贯通、深刻理解，将学习《条例》与学习其他有关政治协商内容的已出台制度规范结合起来，深刻把握新时代以来关于加强社会主义协商民主建设的意见、加强人民政协协商民主建设的实施意见、加强政党协商的实施意见、加强中国特色社会主义参政党建设的意见、新时代加强和改进人民政协工作的意见等一系列重要文件中关于政治协商的相关要求，进一步增强对中国共产党以制度建设提升多党合作制度化规范化水平的认识和理解。与此同时，作为中国民主促进会的成员，要以学习贯彻落实《条例》为契机，充分贯彻落实好《中国民主促进会参加中国共产党领导的政治协商工作条例》，结合党派自身的特点做好相关工作。三是要履职尽责、务求实效，充分结合履职工作实际，真正将《条例》的规定和要求不折不扣地落实到民进参加政治协商具体工作中，要以更加积极主动、认真负责的态度和科学严谨、务实求真的精神，扎实做好民进参与会议协商、约谈协商、书面协商等政党协商活动，以及参与政协全体会议、专题议政性常务委员会会议、专题协商会、协商座谈会等人民政协政治协商活动，充分聚焦党和国家大政方针宣传贯彻落实及事关经济社会发展、人民群众普遍关心的重大问题和重点问题，以及民进教育文化出版传媒主界别领域热点难点问题，多深入基层寻计问策，多"解剖麻雀"小中见大，多专心致志深入研究，形成高质量政治协商成果，充分发挥民进作用，促进科学民主决策，为全面建设社会主义现代化国家、实现中华民族伟大复兴中国梦献计出力、贡献力量。

（发表于 2022 年 7 月 28 日《人民政协报》第 3 版）

培养担当民族复兴大任的时代新人

《习近平谈治国理政》第四卷用 21 个专题，生动记录了以习近平同志为核心的中共中央统筹国内、国际两个大局，统筹疫情防控和经济社会发展，统筹发展和安全，团结带领全党全国各族人民全面建成小康社会、开启全面建设社会主义现代化国家新征程的伟大实践，充分反映了习近平同志在治国理政方面的新理念、新思想、新战略。其中，关于教育方面的论述主要体现在民生专题的"在教育文化卫生体育领域专家代表座谈会上的讲话"中。这篇讲话旗帜鲜明地提出，在加快推进教育现代化的新征程中培养担当民族复兴大任的时代新人。

今天，我们比历史上任何时期都更接近、更有信心和能力实现中华民族伟大复兴的目标。但正如习近平总书记所说，中华民族伟大复兴，绝不是轻轻松松、敲锣打鼓就能实现的。需要全党全国人民付出更为艰巨、更为艰苦的努力，特别需要有一批"志存高远、德才并重、情理兼修、勇于开拓，在火热的青春中放飞人生梦想，在拼搏的青春中成就事业华章"，能够担当民族复兴大任的时代新人。

习近平总书记在不同场合对时代新人的内涵有过不同的表述。有研究指出，从习近平总书记对"时代新人"多次阐述的要求和标准来看，坚定的理想信念、强烈的担当意识、过硬的本领能力、不懈的奋斗精神，就是担当民族复兴大任的时代新人应具备的主要特征。也有人认为，时代新人的主要内涵为：坚定的共产主义理想是信仰标识，担当民族复兴重任是历史使命，德智体美劳全面发展是素质要求，有中国人的志气骨气底气是精神气质，全球视野和世界眼光是人类情怀。在本书中，则重点强调了爱国情怀、社会责任感、创新精神、实践能力四个方面。

时代新人必须有深厚的爱国情怀。爱国情怀是指对祖国的一种积极和支持的态度，集中表现为民族自尊心和民族自信心，以及为保卫祖国和争取祖国的独立富强而献身的奋斗精神。爱国主义不是空洞的口号，不是装潢门面的标签，而是实实在在的行动。习近平总书记2018年5月在北大的讲话中指出"爱国，是人世间最深层、最持久的情感，是一个人的立德之源、立功之本。""气节也好，人格也好，爱国是第一位的。我们是中华儿女，要了解中华民族历史，秉承中华文化基因，有民族自豪感和文化自信心。"希望青少年时时想到国家，处处想到人民，做到"利于国者爱之，害于国者恶之"。

真正的爱国情怀与全球视野、世界眼光正是一体两面。随着新时代的中国日益走近世界舞台中央，随着中国深度参与全球治理体系改革和建设，意味着中国将更加积极地发挥负责任大国的作用，意味着中国特色社会主义道路、理论、制度、文化能够给世界上那些既希望加快发展又希望保持自身独立性的国家和民族提供新的选择，也意味着中国有可能为解决人类问题贡献自己的智慧和方案。这三个"意味着"，也就意味着时代新人应该有着国际视野，有国际对话与跨文化沟通的能力，能够清晰地认识到自己在全球治理中肩负的责任担当，不断拓宽自己的国际视野，学习国际交流与合作的本领，为构建人类命运共同体，为人类社会实现可持续发展作出自己应有的贡献。

时代新人必须有强烈的社会责任感。社会责任感是一个人对其他人的伦理关怀和义务。强烈的社会责任感，表现为从小我走向大我，有志气、有骨气、有底气，有大爱、有大德、有大情怀，有着"天下兴亡，匹夫有责"的使命感和对其他人负责、对社会负责的责任感。2020年9月8日，在全国抗击新冠肺炎疫情表彰大会上，习近平总书记深有感慨地说："世上没有从天而降的英雄，只有挺身而出的凡人。青年一代不怕苦、不畏难、不惧牺牲，用臂膀扛起如山的责任，展现出青春激昂的风采，展现出中华民族的希望！"

时代新人必须有勇于创新的精神。创新是一个民族进步的灵魂，是一个国家兴旺发达的不竭动力，也是中华民族最深沉的民族禀赋。自中共十八大以来，在习近平总书记的公开讲话和报道中，"创新"

一词出现超过千次。他多次强调，"在激烈的国际竞争中，惟创新者进，惟创新者强，惟创新者胜。"中共十八届五中全会明确了"创新、协调、绿色、开放、共享"新发展理念，"创新"一词排在第一位。2013年5月4日，他在同各界优秀青年代表座谈时指出："广大青年一定要勇于创新创造。""生活从不眷顾因循守旧、满足现状者，从不等待不思进取、坐享其成者，而是将更多机遇留给善于和勇于创新的人们。"

时代新人必须有实践能力。青少年是充满浪漫主义情怀的，也容易沉醉空想而眼高手低、缺少实干精神和实践能力。所以，习近平总书记多次用古人的"纸上得来终觉浅，绝知此事要躬行""知者行之始，行者知之成""道虽迩，不行不至；事虽小，不为不成"等名言警句来勉励青少年做知行合一的实干家。2018年五四青年节，他对北大学子说："学到的东西，不能停留在书本上，不能只装在脑袋里，而应该落实到行动上，做到知行合一、以知促行、以行求知。""每一项事业，不论大小，都是靠脚踏实地、一点一滴干出来的。"他指出，做人做事，最怕的就是只说不做，眼高手低。不论学习还是工作，都要面向实际、深入实践，实践出真知；都要严谨务实，一分耕耘一分收获，苦干实干。

教育是国之大计、党之大计，也是培养担当民族复兴大任时代新人的基本路径。实现中华民族伟大复兴中国梦，必然会面临各种重大挑战、重大风险、重大阻力、重大矛盾，当时代新人真正"把自己的理想同祖国的前途、把自己的人生同民族的命运紧密联系在一起，扎根人民，奉献国家"，时代新人的肩膀就是民族复兴的翅膀。

（发表于2022年8月22日《人民政协报》第2版）

教师的节日

教师节，与中国民主促进会有着特别的缘分。

这不仅因为民进是"教育党"，60%左右的会员来自教育界，绝大部分是中小学教师，还因为，民进为教师节的设立持续做了大量工作。

自20世纪70年代末起，民进中央叶圣陶、冰心等老一辈领导人就多次撰写文章、发表谈话，呼吁设立教师节。

1981年，在全国政协五届四次会议上，民进17位政协委员徐伯昕、吴贻芳、史念海、李霁野、张明养、叶至善、徐楚波、郑效洵、马力可、霍懋征、葛志成、方明、巫宝三、张景宁、叶圣陶、雷洁琼、柯灵联名提交《建议确定全国教师节日期及活动内容》的党派提案。当年12月，民进中央常委方明和时任教育部党组书记、副部长张承先一起，向习仲勋同志提出设立教师节的事。1983年，在全国政协六届一次会议上，民进19位政协委员再次联名提交《为提高教师的社会地位，造成尊师重教的社会风尚，建议恢复教师节案》。这些建议均受到党和政府的高度重视。

1985年，全国人大常委会批准确定每年的9月10日为教师节。也是从1985年开始，民进中央每年在教师节都要举行各种形式的庆祝活动，为人民教师"庆生"。

我还记得，2008年9月9日，我参加了我到民进中央工作以后的第一个教师节庆祝活动。

那是一次特别的活动，此前不久发生了汶川大地震，广大教师和教育工作者在突发地震灾害面前，临危不惧、恪尽职守、舍生忘死，写就了许多感人故事。那一年座谈会以"践行师德，铸就师魂"为主题。

时任教育部副部长陈小娅出席会议并表示，民进中央的座谈主题与当年教师节"学习英模教师，弘扬伟大师魂"的主题定位十分切合。

座谈会上，北京师范大学教育学院教授庞丽娟、北京教科院基础教育研究中心小学数学教研室主任吴正宪、北京第三十一中学校长张礼斌在会上介绍了向抗震救灾英雄教师学习、帮助农村教师研修培训、构建教师团队核心价值体系等方面的经验和体会。我也介绍了新教育团队参与灾区教育重建，深入绵阳八一帐篷学校开展心理救助的情况。

时任全国政协副主席、民进中央常务副主席罗富和代表民进中央向民进广大教师会员致以节日的祝贺和诚挚的问候，希望广大民进教师把抗震救灾精神化为推动教育事业发展和改革的强大精神动力，静下心来教书，潜下心来育人，努力做受学生爱戴、让人民满意的教师，在本职岗位上发挥好民主党派成员的作用，用一流的工作水平和成绩，为推动我国教育事业发展贡献出应尽的力量。

教师的节日，不仅一日，更在平日。这些年来，作为"教师党"，民进一直为教师问题鼓与呼，从推动教师法颁布到完善免费师范生教育政策的建议，从加强乡村教师队伍建设到加强西部农村地区义务教育教师培训能力建设的建议，从落实义务教育教师绩效工资到吸引高素质人才进入教师队伍，从保障学前教育教师待遇到"双减"后保障教师权益等，许多建议已经成为国家政策。

作为"教师党"的一员，我也用自己的专业知识能力帮助教师成长。我发起的新教育实验，就是以教师成长为逻辑起点，以营造书香校园等十大行动为路径，帮助教师和学生"过一种幸福完整的教育生活"的民间教育实验。我们提出了教师职业认同 + 专业发展的教师成长模式，提出专业阅读、专业写作、专业交往的具体方法。实证研究表明，这些举措有效解决了教师职业倦怠、专业发展等问题，新教育实验的教师自我效能感和幸福感都高于非新教育学校。《中国教育报》评选的十大读书人物，连续 16 年都有 1—4 名新教育教师。

教师，既是一份职业，也是一项志业；既是一份职责，更是一种使命。让教师过上幸福完整的教育生活，给教师带来职业的尊严与幸福感，点燃他们的激情，使其成为教育追梦人，是教育的目标，更是社会的呼唤。

（发表于 2022 年 9 月 6 日《人民政协报》第 8 版）

美育之"重"

孔子有"兴于诗,立于礼,成于乐"(《论语·泰伯》)之说。

汪晖评论说:"诗教即美育,而美育的作用、功能和涉及范围,几乎与我们的生活世界一样宽广。"王国维在《论教育之宗旨》中指出:教育的宗旨就是培养身体和精神的能力"无不发达且调和"的"完全之人物",这种教育包含了智育、德育、美育和体育。"美育者,一面使人之感情发达以达完美之域,一面又为德育与智育之手段,此又教育者所不可不留意也。"五四时期,蔡元培曾提出著名的"五育并举"的教育方针,其中就有"美感教育"。

美育深深植根于我们的中华教育传统中。

美育之"重",重要又重大

新中国成立以来,党和政府的教育方针一直围绕着"德、智、体、美、劳"全面发展没有动摇过。但遗憾的是,教育实践却一直存在着"重智育、轻德育、弱体美"的现象。

党的十八大以来,党和政府出台了一系列事关中国教育改革发展的重要文件。其中既有宏观层面顶层的制度设计,也有微观层面操作性非常强的行动指南,数量之多,涉及范围之广,可以说史无前例。2010年发布的《国家中长期教育改革和发展规划纲要(2010—2020年)》中明确提出,要全面推进素质教育,改进美育教学,提高学生的审美和人文素养。2020年,中共中央办公厅、国务院办公厅印发了《关于全面加强和改进新时代学校美育工作的意见》，要求全面加强和改进学校的美育工作。

2021 年 7 月，中共中央办公厅、国务院办公厅出台的《关于进一步减轻义务教育阶段学生作业负担和校外培训负担的意见》中，提出了"双减"的要求，"双减"的一个很重要的目的，就是全面贯彻落实"立德树人、五育并举、全面发展的教育方针"，重构中国基础教育的良好生态。我们看到，"双减"背景下，教育部门还在推动"双增"，即在减轻校内课业负担的同时，给学生提供更多参加户外活动、体育锻炼、艺术活动、劳动活动的时间和机会。这也意味着学生接受课外教育的时间在体育和美育方面将会大大增加。用"双减"来带动"双增"，有利于提高学生的体育素养和审美素养。

美育之"重"，重在"做"

相比于美育，其他学科的学习特别是知识的学习必由之路是大脑，当然，我们也会强调"做中学"，但这里"做"只是手段，以至于有人认为知识不用学，输入"脑机"就好了。但美育的"做"既是手段，也是目的。美育强调亲身体验，强调通过体验获得属于自身的独特感受，看到的、听到的、触到的……并为之所动。美育同时又是非功利性的，是自由的，是主观的，是个性的，是非确定的……就这些意义来说，美育显然不是为现行考试制度准备的一门课程，美育的成效更不能仅盯着考试分数。

美育有两个基本特征，只有全面了解美育的这两个基本特征，才不至于走向美育的形式主义。

第一个特征，美育是以艺术实践为主要内容锻炼感受力的教育。美育不是一套道理或定律，也不是"以一教训一格言相授"，而是以艺术为主要内容，引导人们进入"如曾点之狂狷、逝者如斯之自在、乐之文与乐之情之浑成"那样的状态。入山川大地感受其形、其色、其声、其势，画画感受线之韵、色之丰；唱歌、奏乐感受声之妙；舞蹈感受身体的呼吸和话语。因此，美育的目标，最重要的是在艺术活动和实践中锻炼感受力，锻炼感觉（视觉、听觉、动觉、综合……）的敏锐性，并要锻炼相信属于自己的、个性化的感受力，保持由感受激发出来的最朴素生命力。感受力教育或感性教育关系到教育的一个根本目的——幸福。如果你对自然、他人，包括自我无感，幸福便无从谈起。如果你无感又还算有"知识"，可能就是那个"精致的利己主义者"，你的人生全无幸福可言。

第二个特征，美育是"另一种思维"的教育。美育是感性教育，同时也是理性教育，而且这种"理性"，与我们以往理解的那种建立在科学之上的理性不同，它是"另一种思维"。科学的思维是求解性的，关注对现象原因的理解和探索性求解，强调共性、规律性，是内在的和抽象的，追求确定性答案，可进行真或假的客观性判断。而艺术的思维则是建构性的，关注现象本身和对现象的感受，强调自由的个性及具体性，是外在和具体的，追求开放性的非确定性答案，可进行好或不好的价值性判断。

艺术离不开技艺，但技能不是艺术。学习绘画、弹奏等是美育的重要形式，但具有绘画、弹奏等技艺不一定会审美，考过了钢琴十级不一定爱音乐，素描画得好不一定美术素养高。事实上，美育的最高目标是培养审美品位。所谓审美品位是指审美超越具体的形象和技艺，获得一种建构性、个性化和自由性的思维境界。技能是学习艺术思维的手段，不是目的，长期以来，一些学生和家长为考级而考级，把手段当成了目的。

实施美育最有效的方法就是参与艺术欣赏、艺术创造活动和艺术批评，因此，我们把艺术教育看作美育的主渠道、主战场。对于学校美育，除了要大力开展艺术活动，在艺术课程中达成艺术欣赏、艺术创造和艺术批评是最基本的方法。2013 年，笔者提出了新教育的一个课程框架，其中新生命教育方面，强调教育要特别关注人的生命。为什么呢？因为人的生命是由长、宽、高组成的，教育如果对生命不关注，便是对生命的漠视，所以首先要让生命有长度，之后要让生命有宽度，还要让生命有高度。生命的宽度帮助你和别人相处得更融洽，成为一个受人欢迎的人，生命的高度帮助你拥有价值观和信仰。生命之上就是"真、善、美"，"真"的课程是大科学和大人文，"善"

的课程是大德育，而"美"的课程就是大艺术。

2019 年，我们发起了新少年艺术教育节，旨在推动艺术教育中不可缺少的艺术交流活动。希望越来越多的学校把美育作为教育不可或缺的部分，将其作为教育体系中一个有机的、不可分割的重要组成部分，而不是简单地作为一个装饰或补充。

美育之"重"，重在创造力培养

艺术教育是美育的重要途径，通识艺术教育的目的，就是要"成人之美"。在当下这个新时代，人有了一个新的挑战者，那就是人工智能。人工智能的存在和不断进步，让我们不得不重新认识"人"的价值，并将彻底刷新我们对"人力"的认识。人力的根本不再是劳动力，而是创造力，如何培养创造力将成为未来教育的根本问题和任务。联合国教科文组织在"读、写、算"教育三大支柱基础上提出了新的三大支柱，那就是"同理心、创造力、批判性思维"。而同理心、创造力和批判性思维，尤其是创造力，跟美育有着非常密切的关系。

麻省理工学院媒体实验室根据对"创意能源"的长期研究，提出了"创造力的克氏循环（KCC）"理论，揭示了科学、工程、设计和艺术对创造力的贡献：科学的作用是解释和预测我们周围的世界，它将信息转化为知识；工程的作用是将科学知识应用于实践问题解决方案的开发，它将知识转化为使用；设计的作用是提出拥有最强功能和增强人类体验的方案，它将使用转化为行为；艺术的作用是质疑人类的行为并重塑对我们周围世界的感知，它将行为转化为新的信息观念，重新呈现科学开始时的数据。艺术到科学处在克氏循环（KCC）指针指向十二点时的"灰姑娘时刻"，这时新的感知启发了新的科学探索，而艺术是创造力的源泉。

当前，我们正处在一个剧变的世界。全球疫情的新发展，世界格局的新变化，脑科学研究的新进展，互联网、大数据、人工智能、元宇宙等，这个不确定和高度信息化的世界对教育提出了严峻的挑战。风靡世界的教育纪录片《为孩子重塑教育》的制片人泰德·丁特史密斯在《未来的学校》一书中指出："传统学校挣扎于两类大环境背景之中，一类是拘泥于过去不肯自拔的传统教育体系，另一类是正在不断塑造未来走向的创新世界。"人类的教育也处在一个大变革的前夜，必须改变以往重道理、轻感受，重理解、轻创造的教育模式，大力提倡美育是促进改变的利器。正如席勒在《美育书简》中所说："有为健康的教育，有为认知的教育，有为道德的教育，还有为审美能力和美的教育。最后那种教育的目的是培养我们整个感性和理智的力量达到尽可能全面的和谐。"

（发表于 2022 年 9 月 6 日《中国教育报》，本文系作者在"博鳌全球少儿美育论坛"上的主旨演讲）

为坚持好发展好完善好中国新型政党制度贡献力量

习近平总书记在中央统战工作会议上发表的重要讲话，阐明了新时代统战工作一系列重大理论和实践问题，具有深刻的历史洞察力、重要的理论引领力、强大的实践指导力，是一篇闪耀着马克思主义真理光芒的纲领性文献。其中，他明确提出"必须坚持好发展好完善好中国新型政党制度"。作为中国特色社会主义参政党成员，我深感使命在肩、责任重大，要深刻学习理解领会会议精神，充分结合实际抓好贯彻落实，以实际行动为此贡献力量。

一、学研思悟、辨势明情，切实提高认识

中国共产党领导的多党合作和政治协商制度是中国的一项基本政治制度。这一制度既植根中国土壤、彰显中国智慧，又积极借鉴和吸收人类政治文明优秀成果，是中国新型政党制度。坚持好发展好完善好中国新型政党制度，对于做好新时代党的统一战线工作具有重要意义。

从中国新型政党制度的演进逻辑看，它植根于中华优秀传统文化，孕育于近代以来中国民主革命的历史进程，形成于协商筹建新中国的伟大实践，发展于社会主义革命、建设、改革的伟大进程，完善于中国特色社会主义新时代，其整个形成、发展和完善的演进脉络，熔铸于中国共产党领导的统一战线百年历史征程，共同推动形成了

"共产党领导、多党派合作，共产党执政、多党派参政"的政治格局，以及通力合作、团结和谐的新型政党关系。

从中国新型政党制度的特色优势看，它能够实现利益代表的广泛性、体现奋斗目标的一致性、促进决策施策的科学性、保障国家治理的有效性。这与统战工作"大团结大联合"的本质要求，以及"必须解决好人心和力量问题""必须正确处理一致性和多样性关系"等要求有着深刻的内在一致性，对于深刻理解和把握好"人心向背、力量对比"这一"最大的政治"具有重要意义。

从中国新型政党制度的实践意义看，它为中国共产党同各民主党派和无党派人士开展建立在共同思想政治基础上的合作提供了坚实制度保障，有利于把包括各民主党派在内的各方面智慧和力量凝聚起来，形成海内外中华儿女心往一处想、劲往一处使的强大合力。这既是促进中华儿女大团结所要求把握好的"四对关系"的重要体现，也是做好新时代党的统一战线工作的内在要求，更为坚持好发展好完善好中国新型政党制度提出了实践要求。

中国新型政党制度以合作、参与、协商为基本精神，以团结、民主、和谐为本质属性，具有政治参与、利益表达、社会整合、民主监督和维护稳定的重要功能，实现了执政与参政、领导与合作、协商与监督的有机统一。对此，要有清晰的认识和深刻的把握，从而不断夯实增强政治自觉、思想自觉和行动自觉的认知基础。

二、凝聚人心、汇聚力量，不断促进团结

人心向背、力量对比是决定党和人民事业成败的关键，是最大的政治。统战工作的本质要求是大团结大联合，解决的就是人心和力量问题。中国新型政党制度真实、广泛、持久地代表和实现最广大人民的根本利益、全国各族各界的根本利益，把各民主党派和无党派人士紧密团结起来，为着共同目标而奋斗，同样也是在解决人心和力量的问题。民主党派不是在野党、反对党，而是中国特色社会主义参政党，同样在凝聚人心、汇聚力量上担负着重大且不可推卸的政治

责任。

作为民主党派成员，既要旗帜鲜明讲政治，深入学习贯彻习近平新时代中国特色社会主义思想以及中央统战工作会议精神，通过真学真信、常学常新做到学思用贯通、知信行合一，不断提升政治判断力、政治领悟力、政治执行力，也要以深入开展好"矢志不渝跟党走、携手奋进新时代"政治交接主题教育为契机，充分继承和弘扬多党合作优良传统，在密切联系本党派成员及所联系群众中充分做好解疑释惑、理顺情绪、化解矛盾、增进共识的工作，不断提升捍卫"两个确立"、做到"两个维护"的自觉性和主动性，通过共同努力最大程度确保本党派各级组织和广大成员在政治立场、政治方向、政治原则、政治道路上同以习近平同志为核心的中共中央保持高度一致，不断增进政治认同、思想认同、理论认同和情感认同。

三、建言资政、主动发声，有效履职担当

中国新型政党制度以合作、协商代替对立、争斗，重视加强对各民主党派、无党派人士履职尽责的支持保障，通过政党协商、参政议政、民主监督等制度化、规范化、程序化安排，充分调动各方面积极性，集中各方面意见和建议，推动决策科学化、民主化，从而为推动党和国家事业发展不断汇聚智慧和力量。中共十八大以来，新型政党制度在理论创新、政策创新和实践创新方面取得了重要成果。以民主监督为例，受中共中央委托，从 2016 年开始，8 个民主党派中央用了 5 年时间，对口 8 个中西部省份，开展了脱贫攻坚专项民主监督工作，提出了大量意见建议。仅民进中央就开展集中调研、专家调研、驻村调研等 183 次，召开座谈会 200 多场，访谈干部 300 余人次，提出问题线索 200 多条，提出监督意见 80 多条，与湖南省主要领导协商 9 次，向中共中央提交监督报告 5 份、建议书 13 份、提案 28 篇、社情民意信息 710 篇。

作为民主党派成员，要充分结合实际为本党派履行参政议政、民主监督、参加中国共产党领导的政治协商的基本职能，以及社会服务

和海外联谊等工作不断贡献自身力量。要时刻心怀"国之大者"，正确认识大局、把握大局，自觉服务大局、维护大局，立足我国发展新的历史方位和社会主要矛盾变化，发挥自身界别特色、智力优势，以更加积极主动、认真负责的态度和科学严谨、务实求真的精神，深刻聚焦坚持稳中求进工作总基调、统筹推进"五位一体"总体布局、协调推进"四个全面"战略布局等事关经济社会发展的重大问题，以及就业、教育、医疗、居住、养老等人民群众普遍关心的热点问题，积极开展调查研究、及时反映社情民意信息、科学严肃建言资政、扎实开展专项民主监督，形成高质量的议政建言成果，为促进科学民主决策贡献智慧和力量。

与此同时，要充分立足多党合作丰富实践、民主党派履职亮点，义不容辞地现身说法，积极宣传和展示中国新型政党制度的特点和优势，充分讲清和讲好中国多党合作事业的成绩和故事，不断提升国际话语权和影响力，为坚持好发展好完善好中国新型政党制度贡献力量，以履职尽责新作为迎接中共二十大胜利召开，在全面建设社会主义现代化国家、实现中华民族伟大复兴中国梦的奋进征程中留下光辉足迹。

（发表于 2022 年《中国政协》第 16 期）

见证民主监督"拔节生长、抽穗灌浆"

　　民主监督是社会主义协商民主的重要实现形式，也是人民政协和民主党派的基本职能之一。中共十八大以来，以习近平同志为核心的中共中央高度重视民主监督作用发挥，推动民主监督实践创新，使其成为新时代协商民主事业发展的亮点。

　　"虚心公听，言无逆逊，唯是之从"，这是执政党应有的胸襟；"凡议国事，惟论是非，不徇好恶"，这是参政党应有的担当。在习近平总书记的亲自谋划、亲自部署、亲自推动下，自2016年6月起，中共中央委托各民主党派中央分别对口8个脱贫攻坚任务重的中西部省区开展脱贫攻坚民主监督，专项民主监督拉开帷幕。

　　作为民进中央分管民主监督工作的副主席，我全程参与了民进中央对口湖南的脱贫攻坚民主监督。湖南是全国脱贫攻坚主战场之一，有51个贫困县，6920个贫困村，682万农村贫困人口。民进中央高度重视、高位推进民主监督工作，成立蔡达峰主席任组长的领导小组，并坚持主要领导亲自带队调研。五年来，我陪同民进中央主要领导或独自带队开展脱贫攻坚民主监督调研近20次，进深山、走村寨、入农户，查看扶贫项目，召开省、市、县、乡、村五级座谈会，访谈基层扶贫干部，以监督视角、专业水准和严实作风，摸实情、建诤言、谋良策、做实事。场景不变、工作不断，一盯五年、贯穿始终，我们始终坚持政治监督、协商式监督、合作性监督的性质定位，把协商贯穿始终，既开展"有温度的监督"，又自觉接受监督，做到帮忙不添乱，为助力湖南打赢脱贫攻坚战作出了民进贡献。

　　湖南省湘西土家族苗族自治州花垣县十八洞村，是习近平总书记"精准扶贫"理念首倡地。2019年、2020年我两次到十八洞村调研，深入了解精准扶贫、教育扶贫等推进情况，亲眼看到十八洞村八年里创造了湘西苗寨千年发展史上的奇迹，村容村貌发生翻天覆地的变化，人均纯收入从2013年的1668元增长到2020年的18369元，种养、苗绣、劳务、旅游、山泉水五大产业体系蓬勃发展，村集体经济收入从"零"到突破200万元。这是中国共产党带领人民创造的又一彪炳史册的人间奇迹的缩影，让我深受教育和鼓舞。

　　脱贫攻坚民主监督任务完成后，中共中央又把长江生态环境保护作为新的监督领域，委托八个民主党派和无党派人士在这个新的领域开启民主监督，专业性、综合性更强。除了民主党派中央开展的两轮不同主题的专项民主监督外，我还在工作中关注各地开展的民主监督实践，如湖南、四川、安徽等地与中央同步部署专项监督；上海、北京、浙江等地突出本省实际情况和特点开展多轮次的专项监督；还有的像江西民进各级组织既要协调和落实民进中央对口江西省开展长江生态环境保护民主监督，又要根据中共江西省委部署开展营商环境民主监督；等等，主题多样、形式多元。总体来看，民主监督履职条件不断改善、制度不断健全，成效和质量有了较大提升。专项民主监督从"小荷才露尖尖角"，发展到"拔节生长、抽穗灌浆"，从打基础向上水平转变。

　　除了广度深度不断拓展，另一个深切感受是各方对民主监督的肯定和认可。湖南把民进中央脱贫攻坚民主监督作为示范工程、群众满意工程，江西把民进中央长江生态环境保护民主监督作为加强工作的契机。自2016年开展专项民主监督工作以来，从每年的党外人士座谈会，到《中国新型政党制度》白皮书、《中共中央关于党的百年奋斗重大成就和历史经验的决议》，再到"中国这十年"中国新型政党制度的发展与成就新闻发布会，民主监督被频频提及，其切实有效、务实管用受到广泛认可。习近平总书记在多次与党外人士共迎新春时，充分肯定各民主党派为脱贫攻坚发挥了"重要作用"、作出了"重要贡献"，"为对口省区完成脱贫攻坚任务贡献了智慧和力量"。

　　作为民主党派成员，我深信，在中国共产党的坚强领导下，随着民主监督实践不断拓宽、制度逐步完善，民主监督将为推动党和国家决策部署落实落细、谱写协商民主新画卷、展现我国新型政党制度优势，发挥新的更大作用。

（发表于 2022 年 9 月 22 日《光明日报》第 5 版）

推进全民阅读需要加强理论研究

近十年我国全民阅读整体上还是发生了很大的变化。首先是国家领导人高度重视阅读。中宣部召开了首届全民阅读大会，习近平总书记给大会致辞，号召深入推进全民阅读；全国政协主席汪洋亲自推动书香政协的建设，通过书香政协带动书香社会建设；等等。这些都是从党和国家领导人层面高度重视阅读，应该说取得了非常好的成绩。其次，全社会对阅读的认识有了很大提升。全国像深圳、湖北、江苏等很多城市、很多省份都推出了阅读活动，像书香中国·北京阅读季、书香荆楚、深圳读书月等，让城市阅读成为一道风景线。

学校作为专业阅读的重要机构，建设书香校园也已经成为共识。十多年前，应该说大家对阅读远远没有现在这样重视，特别是教育部的高考改革方向更是引领所有学校乃至全社会更加重视阅读。家庭也越来越重视阅读，尤其是儿童阅读、亲子阅读。这些年来，儿童阅读、亲子阅读从质量和数量上都有了很大发展。在图书出版市场上，儿童图书是增长最快的一个板块。

全民阅读推广中越来越重视理论研究、专业研究。现在的阅读推广过程中，对于阅读理论、阅读研究也有了进一步的需求，跟过去单纯地倡导阅读大不相同。现在要求的阅读，越来越多的是专业化的阅读，深化、细化的阅读。这也是个很大的变化。

如果用五个关键词来总结新教育实验近年来的发展成果，那么第一个关键词就是"幸福完整"。过一种幸福完整的教育生活，是新教育的宗旨，它在过去十年中已经从一个口号，变成了一线教师的行动，又在去年的"双减"之中，成为了我们国家教育的目标。所以这是特别让我觉得欣慰的。这是最大的一个发展变化。

第二个关键词，也是一个不变的关键词，当然还是"阅读"。"营造书香校园"一直都是新教育十大行动之首，2010 年创办的新阅读研究所作为新教育实验的专业阅读研究和推广机构，得到了广泛的信任和赞誉。我们研究的基础阅读书目、学科阅读书目、研究阅读书目，为全民阅读的深入推进奠定了基础。

第三个关键词是根基，叫"传统"。我的学术研究早期就是以中华教育思想史为重心，新教育在 2010 年的主报告就提出来《活出中国文化的根本精神》。立足传统，才能汲取足够的力量开创未来。

第四个关键词就是"未来"。新教育实验诞生之初，是围绕着应试教育的一些弊端而生。但是，随着国家的整体发展、中国教育的变化，我们开始主动拥抱未来。在新的信息时代中，中国在网络基建等多个方面都奠定了世界一流的基础，我们在思考、探索教育方面又该怎么拥抱未来？这一点，可以说是以《未来学校》的出版为分界点。新教育主动面向未来，然后开启了一些新的整合。

第五个关键词是这一切的落脚点，叫"课程"。这是我们这十年来做的一项基础性的工作。有了课程，先进的科学教育理念才有了落地的可能。这几年，新教育的生命教育课程、科学教育课程、艺术教育课程、家庭教育课程等一些板块，有了很多深入研究。从 20 多年前的"新父母学校"到近期推出的"新父母双师网校"，也是以课程化的指导，为父母提供成体系的帮助，以公益服务消除教育焦虑，以专业指导提升教育品质。

下一步推进全民阅读，我觉得有以下三个问题值得特别注意。

第一，需要一个全民阅读机构的系统引领。现在我们从国家的角度重视全民阅读，但相应的机构还比较少。我们一直没有中国阅读学会或者中国全民阅读指导委员会这样一个具有学术性、引领性的机构。解决这个问题，我们才能跟国际的阅读推广组织进行有深度的联系和合作，借鉴先进国家的全民阅读经验。这是对我们国家来说比较重要的一件事。

第二，需要加强全民阅读理论研究。我们现在对阅读理论的研究远远不够。我国目前缺乏阅读心理学、阅读脑科学、阅读教育学等领域的深层次研究。中国的专家学者需要深入阅读理论的前沿，进行探索性的研究。

　　第三，需要对新时代新的阅读方式进行新研究。我们已经进入了信息时代，自媒体、短视频、人工智能等当下许多技术都对未来的阅读产生了非常深刻的影响，尤其是对传统阅读提出了很大挑战。怎样才能更好地面对，需要我们进一步研究。

（发表于 2022 年 11 月 8 日《中国出版传媒商报》）

有幸见证我国教育的历史性跨越

　　非常荣幸，作为民主党派代表我受邀列席了中共二十大的开幕会，聆听了习近平同志代表十九届中央委员会所作的报告。报告全面总结了过去五年的工作和新时代十年的伟大变革，令人鼓舞。其中特别谈到，十年来，我们深入贯彻以人民为中心的发展思想，在幼有所育、学有所教等方面持续用力，建成了世界上规模最大的教育体系，教育普及水平实现了历史性跨越。

　　作为从事教育研究的全国政协委员，我们见证了十年来中国教育的跨越式发展。尤其是在学前教育和高中段教育方面，更是高歌猛进，创造了世界性奇迹。一路走来，感慨万千，也异常振奋。

　　在学前教育方面，围绕破解"入园难"，国家出台了两个学前教育三年行动计划和一系列相关政策，推动学前教育跨越式发展，取得了历史性成就。2021年，全国幼儿园数达到29.5万所，比2011年增加12.8万所，增长了76.8%。学前教育资源供给不断扩大，有力保障了不断增加的适龄儿童入园需求。2021年，全国幼儿园在园幼儿数达到4805.2万人，比2011年增加1380.8万人，全国学前三年毛入园率由2011年的62.3%提高到2021年的88.1%，增长了25.8个百分点。2021年，全国幼儿园园长和专任教师总数超过350万人，比2011年增加200万人，增长了1.3倍，生师比从2011年的26∶1下降到2021年的15∶1。与此同时，普惠性幼儿园覆盖率达到87.8%，绝大多数幼儿能够享受到普惠性的学前教育服务，增强了人民群众的幸福感、获得感。

　　为了提高劳动力素质，在高中教育方面也加快了普及发展步伐，如期实现了普及目标。2021 年，全国高中阶段教育毛入学率达91.4%，比 2012 年提高 6.4 个百分点。2021 年，全国普通高中总数达 1.46 万所，在校生达到 2605.03 万人，分别比 2012 年增长 7.97% 和 5.59%，为更多适龄学生提供了接受普通高中教育的机会。国家连续实施了普通高中改造计划、教育基础薄弱县普通高中建设项目和县域普通高中发展提升行动计划，全国累计新建改扩建普通高中 4570 所，56 人及以上大班额比例由 2012 年的 47.76% 下降到 2021 年的 4.81%。

十年来，我国职业教育也从层次走向类型、从政府主体走向多元参与、从规模扩张走向内涵发展，建成了全世界规模最大的职业教育体系。2021 年高职学校招生 557 万人，相当于十年前的 1.8 倍；中职学校（不含技工学校）招生 489 万人，招生规模企稳回升。中高职学校每年培养 1000 万人左右的高素质技术技能人才，新增劳动力的平均受教育年限达到 13.8 年，为经济社会发展提供了有效的人才支撑。

党的二十大报告明确指出，要继续实施科教兴国和人才强国战略，坚持教育优先发展，加快建设高质量教育体系，发展素质教育，促进教育公平，办好人民满意的教育。我们相信，在中国共产党的坚强领导下，中国教育一定能够再创辉煌，更上台阶，为全面建设社会主义现代化国家发挥好基础性、战略性支撑作用。

（发表于 2022 年 10 月 19 日《人民政协报》第 11 版）

教育要积极应对中国式现代化战略需求

党的二十大报告指出，中国共产党的中心任务就是团结带领全国各族人民全面建成社会主义现代化强国、实现第二个百年奋斗目标，以中国式现代化全面推进中华民族伟大复兴。在社会主义现代化强国建设中，教育起基础性、战略性支撑作用。未来五年，是全面建设社会主义现代化国家开局起步的关键时期。教育改革发展要积极应对中国式现代化的基本要求，助力实现中华民族伟大复兴。

习近平总书记在党的二十大报告中全面阐述了新时代新征程中国共产党的使命任务，庄严地向全世界宣告：从现在起，中国共产党的中心任务就是团结带领全国各族人民全面建成社会主义现代化强国、实现第二个百年奋斗目标，以中国式现代化全面推进中华民族伟大复兴。

党的二十大报告对中国式现代化进行了全面深入系统的阐释，形成了包括"五大特征""九条本质要求""五条重大原则"等在内的完整理论体系。

党的二十大报告列"实施科教兴国战略，强化现代化建设人才支撑"专章，对教育、科技、人才在全面建设社会主义现代化国家新征程中所肩负的重要使命进行阐释，并作出战略部署。

教育、科技、人才是全面建设社会主义现代化国家的基础性、战略性支撑，建设教育强国是中华民族伟大复兴的基础工程。未来五年，是全面建设社会主义现代化国家开局起步的关键时期。教育改革发展如何积极应对中国式现代化的基本要求，助力实现中华民族伟大复兴，是摆在每一位教育工作者面前的重大理论和实践课题。

必须坚持党对教育事业的全面领导

中国式现代化是中国共产党领导的社会主义现代化。中国共产党的领导是中国特色社会主义最本质的特征，是中国特色社会主义制度的最大优势。建党一百年来，我国教育事业取得了举世瞩目的成绩，这离不开中国共产党对中国教育的高瞻远瞩与科学决策。

中国共产党之所以能够领导新中国教育全面发展，实现了"穷国办大教育"，并且正行进在建设教育强国的路上，是因为有科学理论的指导，有明确的奋斗目标，有严密的组织架构，有人民群众的支持，有数以千万计先进分子的孜孜以求。

教育是国之大计、党之大计。坚持党对教育事业的全面领导，是引领新时代中国特色社会主义教育事业不断前进的最大政治优势，也是建设教育强国的根本政治保证。十年来，我们深入贯彻以人民为中心的发展思想，在"幼有所育、学有所教"等方面持续用力，建成了世界上规模最大的教育体系，教育普及程度达到中高收入国家水平。坚持党对教育事业的全面领导，实施科教兴国战略，强化现代化建设人才支撑，是进一步推动我国教育事业发展的有力保障，也是教育事业可持续发展的客观要求。

必须坚持从国情出发扎根中国大地办教育

中国式现代化是人口规模巨大的现代化。现代化虽然起源于西方的工业革命，但是不能把现代化等同于西方化。党的二十大报告指出，中国式现代化，是中国共产党领导的社会主义现代化，既有各国现代化的共同特征，更有基于自己国情的中国特色。

中国必须走自己的道路，在教育上也是如此。根据教育部发布的 2021 年全国教育事业发展统计公报，全国共有各级各类学校 52.93 万所，各级各类学历教育在校生 2.91 亿人，专任教师 1844.37 万人。中国教育体量为世界之最。面对如此庞大而复杂的教育体系，从国情出发想问题、作决策、办事情就显得特别重要。我们必须汲取各国现代化和教育改革发展的经验教训，坚持扎根中国大地办教育，坚持中国特色社会主义教育发展道路。

我国有 5000 多年的文明史，孕育了学无止境、有教无类、因材施教等深厚的教育思想。新中国成立以来，尤其是党的十八大以来，我们在几十年的时间里，就从一个文盲占国民总数 80% 的教育弱国，发展成为教育总体水平达到世界中上收入国家水平的教育大国。这是任何一个国家都没有过的速度。中华民族优秀的教育思想和教育实践，不仅是我们教育改革发展的重要思想财富，也正在成为世界许多国家关注和研究的对象。

十年来，教育事业的中国特色更加鲜明，教育现代化加速推进，教育方面人民群众获得感明显增强，我国教育的国际影响力加快提升。习近平总书记在全国高校思想政治工作会议上指出："只有扎根中国才能更好走向世界。"扎根中国大地办教育，凸显民族特色，是中国教育走向世界的根本。

必须坚持以人民为中心加快建设高质量教育体系

中国式现代化是全体人民共同富裕的现代化。推动共同富裕，是社会主义的本质要求，也是中国特色社会主义制度优越性的集中体现。

习近平总书记在党的二十大报告中强调，我们坚持把实现人民对美好生活的向往作为现代化建设的出发点和落脚点，着力维护和促进社会公平正义，着力促进全体人民共同富裕，坚决防止两极分化。教育公平是社会公平的基础，精神的富裕是共同富裕的题中应有之义。大力发展教育事业，推进教育公平，是达到共同富裕的重要路径。

我们党十分重视教育公平，百年来一直为促进和实现教育公平而不懈奋斗。改革开放以来，尤其是党的十八大以来，党和国家持续加大对于西部地区和农村教育事业的投入，合理配置教育资源，东部地区与西部地区、发达地区与落后地区、城乡之间的教育发展不均衡问题有所缓解，正向着教育均衡发展迈出稳健步伐。

在推进中国式现代化的进程中，我们必须坚持以人民为中心的思想，让教育惠及全体人民，以教育公平促进社会公平。当前，我国已由人口大国成长为教育大国，正逐步迈向教育强国。公平和质量并不矛盾，在更高层次上二者是统一的。今天所追求的教育公平，是通过经济社会发展和教育自身变革来实现的更高水平的公平，是高质量的公平。高水平的教育公平和高水平的教育质量，都是教育现代化的必然要求。我们应该让每一个个体都有机会享有优质教育的资源，都有发展的机会，都能成为有用之才。

党的二十大报告坚持教育优先发展、科技自立自强、人才引领驱动，就办好人民满意的教育作出详细战略部署，是以人民为中心加快建设高质量教育体系，从而加快建设教育强国，为中华民族伟大复兴奠基的行动纲领。

必须坚持人的全面发展

中国式现代化是物质文明和精神文明相协调的现代化。党的二十大报告指出，物质富足、精神富有是社会主义现代化的根本要求。我们不断厚植现代化的物质基础，不断夯实人民幸福生活的物质条件，同时大力发展社会主义先进文化，加强理想信念教育，传承中华文明，促进物的全面丰富和人的全面发展。教育关乎亿万人民的切身利益，对于促进物的丰富和人的全面发展具有基础性作用。党和国家优先发展教育事业，办好人民满意的教育，为的就是丰富人民群众物质生活和精神生活，提高科学文化水平，形成健康文明向上的精神气质。

培养德智体美劳全面发展的社会主义建设者和接班人，是全面贯彻党的教育方针、落实人的全面发展的基本要求。育人的根本在于立德。在落实立德树人根本任务过程中培养健全的人格和高尚的品格，是促进人的全面发展的首要任务。智育、体育、美育和劳动教育都是人的全面发展中不可或缺的重要内容，对于增长智慧、强健身心、培养创造力，掌握生存、生活能力，形成正确的世界观、人生观、价值观等具有非常重要的作用。建设现代化教育强国，需要发展素质教育，造就数以亿计的高素质劳动者、数以万计的专门人才和一大批拔尖创新人才。

必须加强生态文明教育

中国式现代化是人与自然和谐共生的现代化。在西方现代化的进程中，曾经出现过无止境地向自然索取甚至严重污染环境、破坏自然的过程。中国式现代化决不能重蹈覆辙。党的二十大报告指出，尊重自然、顺应自然、保护自然，是全面建设社会主义现代化国家的内在要求。在党的二十大报告中，习近平总书记再次强调坚持"绿水青山就是金山银山"的理念。我们必须牢固树立和践行这一理念，站在人与自然和谐共生的高度谋划发展。

生态环境问题归根到底是发展方式和生活方式问题，也是人的思想认识和实践行为的问题。2021 年，联合国教科文组织发布了《一起重新构想我们的未来：为教育打造新的社会契约》报告，揭露气候变化产生的影响已经深入我们的生态系统，因此也将在未来 30 年里继续影响地球上的生命。习近平主席在 2019 年中国北京世界园艺博览会开幕式上指出："我们要维持地球生态整体平衡，让子孙后代既能享有丰富的物质财富，又能遥望星空、看见青山、闻到花香。"这是对国际社会的承诺，是对子孙后代美好生活的承诺。建构生态文明，需要扎实的教育作为基础。2018 年，习近平总书记在全国生态环境保护大会上提出，培育生态道德和行为准则。学校教育要培育现代人的生态道德，让学生自小就负起人类对自然的道德责任，践行绿色低碳、节能减排的现代生活方式，为美丽中国建设奠定基础。2022 年，习近平主席就气候变化问题复信英国弗朗西斯·霍兰德学校小学生指出，中国各级各类学校都十分重视生态文明教育，中国小学生们都从点滴小事做起，养成节能环保的良好习惯，学习绿色低碳生活方式。

学界曾经认为，只要我们在 2050 年达到零碳排放，就能够防止气候变化带来的最坏影响。但是，最近的科学研究表明，这一最后期限会大大提前。我们必须以生态文明教育加速人的认知和行动，才能更好地保护我们唯一的地球，守卫我们共同的家园。

必须推动构建人类命运共同体

中国式现代化是走和平发展道路的现代化。习近平总书记在党的十九大报告中指出："没有哪个国家能够独自应对人类面临的各种挑战，也没有哪个国家能够退回到自我封闭的孤岛。"只有各国人民同心协力，构建人类命运共同体，才能够建设持久和平、普遍安全、共同繁荣、开放包容、清洁美丽的世界。

党的二十大报告继续推进这一思想，强调我国不走一些国家通过战争、殖民、掠夺等方式实现现代化的老路，那种损人利己、充满血腥罪恶的老路给广大发展中国家人民带来深重苦难。所以，中国式现代化要高举和平、发展、合作、共赢的旗帜，在坚定维护世界和平与发展的过程中谋求自身发展，又以自身发展更好地维护世界和平与发展。

教育在维护世界和平与发展中具有不可替代的重要作用。习近平主席在致清华大学苏世民学者项目启动仪式的贺信中指出，教育决定着人类的今天，也决定着人类的未来。强调教育应该顺此大势，通过更加密切的互动交流，促进对人类各种知识和文化的认知，对各民族现实奋斗和未来愿景的体认，以促进各国学生增进相互了解、树立世界眼光、激发创新灵感，确立为人类和平与发展贡献智慧和力量的远大志向。人与人之间、国家与国家之间、民族与民族之间的理解与交往，理所当然地应该成为未来教育的重要内容。要构建人类命运共同体，要实现理解的世界化，关键就是要加强不同文化之间的交流交融、互学互鉴，在学校教育中全面加强国际理解教育。

中国式现代化是一条没有人走过的路，将为人类实现现代化提供新的选择，对于推进人类社会现代化进程具有重要的理论价值和实践意义。中国式现代化也对教育提出了新挑战和新要求，如何在中国式现代化的进程中发挥好教育的基础性、战略性支撑作用，为全面建设社会主义现代化国家、全面推进中华民族伟大复兴作出新的贡献，是摆在我们教育工作者面前的神圣使命。

（发表于 2022 年 10 月 27 日《中国教育报》）

"书香政协"促进"书香社会"建设

读书可以让人保持思想活力，得到智慧启发，滋养浩然正气。理想的"书香社会"，应该是覆盖全时空的阅读场所，好书飘书香、处处有书香、时时闻书香、人人溢书香的精神生活。

好书飘书香，就是要倡导研究经典、出版经典、推广经典、阅读经典，让更多优质图书最快到达读者手中；处处有书香，就是要加强公共图书馆和书店、机关、企业图书室以及农家书屋等阅读场所建设，让人们快捷便利地利用优秀图书资源；时时闻书香，就是让全民养成阅读习惯，在时间碎片化的信息时代，能够争分夺秒地阅读；人人溢书香，就是要深入推进全民阅读，以文化人，树立文化自信。这样的"书香社会"，将是最美丽的风景。

建设"书香社会"，需要全社会共同努力。其中，人民政协是一支不可或缺的重要力量。

"书香政协"是人民政协的优良传统。人民政协作为专门协商机构，需要对国家的重大方针政策和决策部署提出意见建议，这就对委员的视野和水平提出了很高的要求。读书能开阔视野，促进思考，助力委员提高建言资政的质量。尤其是在新形势下，参政议政的领域不断拓展，政协委员需要学习的内容越来越多。通过读书学习来提高能力、凝聚共识，是做好新时代履职工作的迫切需要。

政协委员是界别群众的代表，会读书、善学习也应当是政协委员和政协工作者的基本功。政协委员读书能够促进政协队伍建设，提高政协整体能力，能够促进不同行业、不同界别的委员形成共识，提高政协的凝聚力。

　　政协委员读书具有示范效应。榜样的力量是无穷的。委员的一言一行广受关注。作为政协委员，我们不仅应该热爱读书，更应该成为全民阅读的模范。热爱读书的委员，有条件成为行业的阅读推广人，带头阅读推荐好书，分享阅读体会，能在全社会产生广泛的带动作用，促进"书香社会"建设。

　　那么，政协委员该怎么读书？个人建议，可以从六个方面着手，即读专题、读经典、读传记、读管理、读文学、读中国。当然，不同专业的政协委员，还有自己的专业学术书要读。但不论读什么，都需要坚持。只要坚持下去，我们的精神必然会因为持续不断的阅读变得丰富，我们的人生必然会因为精心选择的阅读变得厚重，我们的世界必然会通过知行合一的阅读变得精彩。我们的生命，最终也会因为阅读而成为一部厚重的书。

　　两年多前，全国政协开启了委员读书活动。我有幸担任试水群的首任群主。两年多来，我亲眼见证了委员读书活动如火如荼地发展，参与面不断扩大，活动方式不断丰富，取得了增长知识、增加智慧、增强本领的效果，也产生了很好的社会反响。两年多来的探索表明，"书香政协"建设已经取得了非常显著的外溢效应，对促进"书香社会"建设发挥了重要作用。

　　　　　　　　（发表于 2022 年 10 月 29 日《人民日报》海外版）

让青春在阅读中美丽绽放
——为"新知读书交流群"点赞

"青年强，则国家强。"在党的二十大报告中，习近平总书记代表党中央再次对青年人寄予深情期待。

现在青年的模样，就是明天国家的模样。

近年来，"躺平"一词开始在互联网上频繁出现，2021 年更是成为十大网络用语、十大流行语之一，甚至有人说"躺平"表达了当代青年的整体形象。而在我看来，真正"躺平"的只是极少数，认真生活、努力工作、不懈奋斗的才是大多数。

最近，朋友给我讲了一个青年人读书甚至带动一群人读书的故事：一个叫黄可的女孩子，从给父母亲床前夜读开始，慢慢把自己的朗读行为变成了给父母的小讲座，又在李浩英等几位有教育工作背景的家长的支持下，把一个家庭的睡前夜读变成了几个家庭参与的"新知读书交流群"，从一个人到一群人，从线上到线下，甚至从结伴阅读到运动、观剧，一个旨在促进自律和分享的学习型社群有声有色地开展起来。就在当下，一群青年人，带动着他们的父母，也有年轻的父母带着他们的孩子，每天早晨 6 点相约晨读，用琅琅书声开启新的一天——这是一道多么美丽的风景啊！我知道，这也是当下许许多多青年人真实生活的缩影。

作为一名阅读推广人，我被这个故事深深打动了。

我一直认为，一个人的精神发育史就是他的阅读史，一个民族的精神境界取决于这个民族的阅读水平。而对于一个社会来说，青年人的阅读有着格外重要的意义。

　　刘向在《说苑·建本》中说:"少而好学,如日出之阳;壮而好学,如日中之光;老而好学,如秉烛之明。"人生不同的时期,读书学习有不同的特点和不同的风景。一般而言,在学校教育阶段,由于课业的需要,青少年学生多少会有一些阅读生活。但是,这个时期的阅读往往带有一定的功利性。真正衡量一个人是否真正养成了阅读习惯,能否把阅读作为自己的生活方式,往往取决于青年时期是否真正地形成了精神的饥饿感,是否有着阅读的内在需要。在面临职场的压力和创业的忙碌时,是否能够为自己寻找安放灵魂的时间。在疫情期间,能否安静地与自己独处? 在和他人互动时,能否多些理解和宽容? 面对不可预知的人生不确定性,能否勇敢面对? 在人生的各种点滴中,在面临无所不在的人生选择时,阅读所带来的间接经验的浸润和影响将会无所不在。

　　新时代读书已经蔚然成风,我颇感欣慰。

　　是的,阅读也是需要传播、需要影响、需要带动的。日前,"政协委员读书笔记"丛书,其中包括我和贺春兰主编、多位政协第十三届全国委员会委员参与,《人民政协报》多位记者支持,文史出版社出版的《家庭教育何为》一书,作为委员读书成果之一,正在中宣部、国家发展和改革委员会、中央军委政治工作部和北京市委市政府共同主办的"奋进新时代"主题成就展展出,全国政协开展的委员读书活动,两年以来早已经风生水起,不仅影响和带动了全国近百万各级政协委员的读书,也充分发挥了溢出效应,从书香政协走向书香社会。

　　期待看到更多像黄可这样热爱阅读的青年人,用自己的智慧和热情播撒阅读的种子,让青春在阅读中美丽绽放。

(发表于 2022 年 11 月 2 日《人民政协报》第 11 版)

阅读是教育之基

我们努力让专业阅读深入人心、让专业阅读方法耳熟能详，以此提升教育的品质。我们努力推动阅读，营造书香校园，是从一个又一个人，到一个又一个家庭、一间又一间教室、一所又一所学校、一座乡村又一座乡村……这一切缓慢而深刻的改变，正是从一本又一本书开始。时代正在改变，教育也在改变，阅读更在改变。以新的方法，推动专业阅读，必然带来更幸福更高效的教育。

时代正在赋予我们一项重任：打一场教育公平的攻坚战。我相信，在当今没有硝烟的疫情防控战中，阅读是最有力的武器。我相信，《中华读书报·时代教育》专刊，将会成为攻坚战中的重要生力军，带领更多人们赢得更多教育的胜利，创造更多阅读的辉煌。祝贺《中华读书报》创办"时代教育"专刊！

教育是科技与人才的第一基础

党的二十大报告打破了以往把教育作为民生问题论述的惯例，把科教兴国作为一个独立的问题专门论述，并且把教育、科技、人才三位一体作为一个整体性问题来谈科教兴国战略。报告明确指出：教育、科技、人才是全面建设社会主义现代化国家的基础性、战略性的支撑，科技是第一生产力，人才是第一资源，创新是第一动力。

科技、人才、创新都有了"第一"的定位，那么教育究竟是什么地位呢？我认为：教育是第一基础。报告明确指出：教育是国之大计、党之大计。要坚持教育优先发展，建设教育强国，坚持为党育人、为国育才，全面提高人才的自主培养质量，着力造就创新拔尖人才，聚天下英才而用之。也就是说，教育是引领性的、基础性的、关键性的。

为什么说教育是第一基础呢？因为人才的培养是离不开教育的，教育就是培养人的事业。人才是第一资源，是要有教育作为支撑的。科技的发展来自对人才的科学管理和激励，归根结底最重要的还是人才，没有人才就没有领先的尖端的科学技术，科技领先也是不可能实现的。

人才和科技，一个是人，一个是事，基础都扎根于教育。如果说教育是一片沃土，那么，人才是扎根于沃土的大树，科技是大树开出的美丽的花朵，创新与经济是花朵结出的果实。毫无疑问，没有沃土就没有一切。没有教育就没有人才，没有科技，没有创新。

党的二十大报告对教育在社会主义现代化强国建设中以及在中华民族伟大复兴征程中的重要使命，做了一个非常清晰的描绘。科教兴国的战略早在1995年就正式提出，二十大再次强调，意义重大。

在这样的背景之下，《中华读书报》作为一份以阅读为主题的国家级报纸，一张在思想、文化、教育界有影响力的报纸，及时推出《时代教育》专刊，继续保持在高等教育领域影响力的同时，通过教育及出版内容的前端引领和对教育界进行全方位报道，将报纸的品牌影响力深入拓展到全国各级中小学校、各级图书馆及广大社会家庭，以助力全民阅读、共创书香社会，推动教育强国与文化强国的建设，有着特别的意义。

阅读是所有教育的第一基础

我一直强调，阅读的价值，再怎么强调都不为过，在教育之中，把阅读提高到怎样的地位都不为过。无论家庭教育还是学校教育，无论社会教育还是自我教育，无论儿童教育还是成人教育，阅读可以说是所有教育的第一基础。

阅读与教育本来就是密不可分的。英国学者斯蒂芬·克拉生在《阅读的力量》一书中用大量数据证明，学校和家庭阅读环境好坏、图书馆有无和多少、藏书多寡、父母和教师读书与否、学生阅读量大小等因素与学生成绩的好坏密切相关。对于学校而言，硬件设施是教育的基础，但决定教育水平的是软件水平，决定软件水平的关键是阅读水平。

从国家层面讲，阅读能力也是一种生产力：它能够培养更多高素养的国民，自然就能够提高生产力。因此，有阅读习惯的民族，自然是全民素养较高的民族，自然能创造出更多价值，自然能够收获更多。

从个体层面看，儿童时期，是一个人激发阅读兴趣、培养阅读能力、形成阅读习惯最重要的时期，家庭和学校是推动儿童阅读的最重要场所。阅读也是家庭教育、中小学教育的最佳抓手。

近年来，全民阅读活动在全国轰轰烈烈开展。在今年 4 月 23 日"世界读书日"举行的首届全民阅读大会上，习近平总书记发来贺信，指出："阅读是人类获取知识、启智增慧、培养道德的重要途径，可以让人得到思想启发，树立崇高理想，涵养浩然之气。"深刻揭示了阅读对于人类发展的重要意义和对于个人成长的极端重要性。全民阅读的概念在中国越来越深入人心。

但是，网络时代对阅读形成的挑战，仍然存在。网络的普及，让阅读的娱乐功能在更大程度上被其他方式代替，阅读就越来越成为具有专业性的一种技能。一旦缺少正确的引领，阅读就会流于形式，也就无法取得教育所需要的根本力量。

在我们当下教育教学中的许多问题，其实质是来源于阅读兴趣匮乏、阅读习惯养成滞后、阅读量萎缩、浅阅读甚至反阅读盛行，导致教师的阅读教学缺乏吸引力、父母的阅读指导缺乏科学性、孩子的阅读提升缺乏内驱力。

所以，要想真正推进素质教育，要想打倒应试主义，我们特别需要在学校和家庭中推动真正的阅读。我们要让教师、父母、学生掌握专业的阅读技能，我们要让儿童在需要阅读的年龄段得到充分阅读的浸润。

全世界正在大步走向终身学习的时代。重视教育是刻在中华民族基因里的优良传统，因此，阅读应该成为中华民族最重要的事情之一。

我们对阅读忽视，正是之前教育失败所致。我们缺少科学的教育知识，所以不懂阅读的价值；我们缺少科学的教育方法，所以不能运用阅读。但是，正因为现实的不完美，我们才特别需要更多行动：一方面环境改变人，另一方面人改变环境——这是相辅相成的力量。因此，我在2010年创办新阅读研究所时，提出过一句话：改变，从阅读开始。

正如教育家苏霍姆林斯基先生说过的那样：无限相信阅读的力量。

新时代呼唤新阅读和新教育

2021年的"双减"，必将成为载入教育史册的一个转折点。应该说，"双减"是时代对教育的呼唤，是对教育公平的一种努力，是对教育幸福的一次探索。

我发起的新教育实验，从某种意义上，正可以视为是对"双减"的一次提前探索。新教育实验是以帮助新教育共同体的成员"过一种幸福完整的教育生活"为宗旨，"幸福完整"是我们在一线坚持探索二十二年的不变方向；在参与新教育的实验区、实验学校中，绝大部分是农村学校，新教育实验以公益方式推进，正是对教育公平的努力。

当然，我们也清醒地意识到，尽管党和国家把推进教育公平、推动全民阅读放在重要地位，但是，教育本就是慢功夫，要实现东部和西部、城市与农村、同一个区域中优质学校与薄弱学校，乃至起点不同个性相异的个体等各类不同的教育公平，仍然还需要进行很长时间的行动。

推动教育公平，必须要重新配置教育资源。教育资源的重新配置，需要重点向农村、边远地区、薄弱学校倾斜。教育资源本身，从师资力量等软件，到各类物资等硬件，图书资源是一个与众不同的资源。

国外学者的研究发现，阅读资源的公平是教育公平的重要基础，也是社会公平的重要基础。儿童早期阅读资源的配置，儿童早期的阅读经验，对他们入学后的学业成绩以及人生的发展都具有重要的影响。对农村孩子来说，最重要的是怎么把好书送到他们手里，让他们能够读得到好书。某种意义上来说，如果这个问题解决了，中国教育的问题就好解决，社会公平的问题也就好解决了。

当然，问题再好解决，也不等于会被自动解决。

一方面，名著就是名师。当一本好书被真正阅读时，能够产生的教育力量是惊人的。在古今中外的各种故事中，发生过太多太多一个人的命运被一本书点燃、被一本书改变的故事。

另一方面，再好的名著，不被阅读时也是废纸。所以，在教育之外，必须有助推阅读的新生力量，让教育的各方进一步认识到阅读的力量、阅读的效果。

因此，在推动阅读上，仍然是行胜于言。像新阅读研究所这些年来就以研究专业的阅读书目、研发特色的阅读课程、进行公益的全民推广为己任，为不同群体尤其是为乡村中小学提供全套的免费服务，深受一线中小学的信赖。

前些年，我们一大群对推动阅读志同道合的学者朋友，还成立了"中国阅读三十人论坛"，也是以专业研究阅读、公益推动阅读为使命，做了许多工作。

总体来说，近年来推动阅读的新机构层出不穷。而一个真正研究阅读的机构，必然无法离开对教育的理解与实施。我们努力让专业阅读深入人心、让专业阅读方法耳熟能详，以此提升教育的品质。我们努力推动阅读，营造书香校园，是从一个又一个人，到一个又一个家庭、一间又一间教室、一所又一所学校、一座又一座乡村……这一切缓慢而深刻的改变，正是从一本又一本书开始。

时代正在改变，教育也在改变，阅读更在改变。以新的方法，推动专业阅读，必然带来更幸福同时更高效的教育。

（发表于 2022 年 11 月 30 日《中华读书报》第 8 版）

经典是真正的光源

——读卡尔维诺《为什么读经典》

　　意大利著名作家、评论家卡尔维诺平生最大的爱好就是不断地阅读和评论他读过的书籍。《为什么读经典》这本书收录的文章，是对他生命中不同的阶段（从 20 世纪 50 年代到 80 年代）对他意义最重大的作家、诗人与科学作家的阅读笔记与评论。在书中，他从希腊神话到现代诗歌，从文学到哲学，从自然科学到现实主义，从司汤达到博尔赫斯等一一进行了自己的解读与评述。结果，完稿后的卡尔维诺发现，书里涉及的知识点太多，如果不给读者开一张多达几十本书的书单加以说明，应该没有多少人能通读这本书。于是，他在开篇加了一篇令人耳目一新的导言，为我们留下了他关于什么是经典著作的思考。结果，这些关于经典的思考，本身也成了经典。人们在讨论经典的定义与价值时，都会引述卡尔维诺的这些标准。

　　第一条：经典是那些你经常听人家说"我正在重读……"而不是"我正在读……"的书。卡尔维诺认为，经典，就是人们会不断重新阅读，百读不厌的作品。他指出，这个标准对于年轻人不一定适用，因为"他们接触世界和接触作为世界的一部分的经典之所以重要，恰恰是因为这是他们初次接触。"但是，对于那些博学的人，以及那些走向成熟的人来说，确实如此。因为，真正的经典，是需要你不断地与之对话的，正如真正的朋友一样，是需要经常的交流沟通的。

　　第二条：经典是不同年龄的人都能够有所收获的书。卡尔维诺说："经典作品是这样一些书，它们对读过并喜爱它们的人构成一种宝贵的经验；但是对那些保留这个机会，等到享受它们的最佳状态来临时才阅读它们的人，它们也仍然是一种丰富的经验。"也就是说，所有的经典著作，无论你在什么时候与它相遇，都会有所收获，都会享受这本书带给自己的愉悦。在青少年时代，第一次读经典，就像第一次初恋，第一次人生的经验一样，"都会产生独特的滋味和意义"；而在成熟的年龄，第一次读经典，读一部伟大的作品，更会有一种极大的乐趣，"这种乐趣跟青少年时代非常不同"，因为这个时候的阅读，是带着自己的人生阅历和生活经验的，会看到青少年无法看到的东西，看到"更多的细节、层次和含义"。

第三条：经典就像一粒埋藏在我们心里面的种子。卡尔维诺说："经典作品是一些产生某种特殊影响的书，它们要么本身以难忘的方式给我们的想象力打下印记，要么乔装成个人或集体的无意识隐藏在深层记忆中。"种子总是要发芽开花的。年轻时读过的有些书，往往总感觉价值不大，这是由于年轻人缺乏耐心，精神不够集中，又缺乏相应的阅读技能，缺乏相应的背景知识与人生经验。但是，年轻的时候人的记忆力有优势，这些阅读的内容和体验会以某种特殊的方式"继续在我们身上起作用"，对我们施加某种影响，"哪怕我们已差不多忘记或完全忘记我们年轻时所读的那本书"。但是，正如格林曾经说的那样，童年时代读的书都是"预言书"。所以，真正的经典，会有一种特殊效力，"就是它本身可能被忘记，却把种子留在我们身上"，会变成我们的个人或者集体的无意识藏在我们的记忆深处，在我们的思维方式和想象力中呈现出来。所以，读经典不一定要等待自己完全能够理解的时候再去读。

第四条：经典是每次读都像初读那样带来发现的书。卡尔维诺主张，每个成年人的生活之中，都应该安排一些时间用于"重新发现青少年时代读过的最重要作品"。他认为，尽管这些书本身依然如故，但是读它的人变了、成长了、成熟了，对这些书的理解、感悟也会全然不同。也就是说，重读经典带来的发现，与初读经典时的发现虽然会有内容、特点的不同，但是对于人的成长是相同的，阅读所带来的愉悦与幸福是相同的。清代著名词人纳兰性德曾经感叹"人生若只如初见"，这个感觉在人与人相处的过程中往往很难保持，但是，在读经典的时候是能够找到的。

第五条：经典是我们初读也好像是在重温的书。为什么卡尔维诺说经典的初读也好像重温呢？这是因为经典本身说出了我们许多过去经常思考但没有理出头绪的话语，或者是说出了我们过去经常想的问题但没有准确表达出来的思想。简单地说，它说出了自己想说而没有说出来的话。经典与我们"心有戚戚"，与我们精神相通。就像那些第一次见面却一见如故的朋友，有一种似曾相识燕归来的感觉。从这一点而言，经典是亲切的、温暖的。有的人与我们在一起生活一辈子但无法真正理解；有的人只是萍水相逢却刻骨铭心。好的经典，就是一见如故的好朋友。

第六条：经典是一个取之不尽用之不竭的宝藏。卡尔维诺说："一部经典作品是一本永不会耗尽它要向读者说的一切东西的书。"经典蕴含的思想、智慧非常深邃，即使同一个人，在不同的时间、不同的地点、不同的心情下阅读，也会有不同的感悟。经典像一位历经沧桑的老人，不断与我们对话交流，每次都不会让我们失望；像一个蕴藏着无数珍品的宝库，每一次光临，都不会让我们空手而归；经典也像一位循循善诱的教师，针对不同的学生因材施教。

第七条：经典本身是在不断被丰富的。卡尔维诺说："经典作品是这样一些书，它们带着先前解释的气息走向我们，背后拖着它们经过文化或多种文化（或只是多种语言和风俗）时留下的足迹。"卡尔维诺以自己阅读《奥德赛》的经验为例，虽然他读的是荷马的文本，但是他也无法忘记书中的主人公"奥德修斯的历险在多少世纪以来所意味的一切"。这些内容，有些可能是本来就隐含在原著之中的，有些则是后来逐步"增添、变形或扩充的"。也就是说，经典本身富有历史文化的内涵，其价值有时候会超出文本本身。同一部经典，在不同的时代、不同的文化背景下，经过不同语言的转换，被不断地丰富、解释、发展。经典本身会成为一种知识背景，所以要真正理解经典，还是应该尽可能回到它最初的文本，回到它原来的气息，而"尽量避免二手书目、评论和其他解释"。

第八条：经典是真正的光源。卡尔维诺说："一部经典作品是这样一部作品，它不断在它周围制造批评话语的尘云，却也总是把那些微粒抖掉。"经典之所以是经典，往往在于它的原创性、独特性、新颖性，经典是真正的光源。所以，经典总会吸引世人的目光，总会引起社会的关注和学界的讨论，"不断在它周围制造批评话语的尘云"。那些笼罩在经典四周的"尘云"偶尔会遮掩经典的光芒，但经典总能够把那些微粒抖掉。为什么呢？因为总会有人会拨开尘云，卡尔维诺说，许多学校往往本末倒置，让学生去读二手的书，但"任何一本讨论另一本书的书，所说的都永远比不上被讨论的书"。当然，他指的是那些真正的经典。所以，在通常情况下，如果有从容的时间，我们不要相信那些自称比文本自身知道得还多的"中间人"，不要满足于读导言、参考文献。还是尽可能直接走进经典。当然，对于初学者来说，借助这些"中间人"作为桥梁走进经典，也是未尝不可的。

第九条：经典的"独特、意想不到和新颖"总是超出我们的想象。卡尔维诺认为，如果仅仅是出于责任或者敬畏去读经典是不够的，要从内心深处喜爱，才能够有真正的收获。也就是说，只有当经典与读者之间建立起真正的"个人关系"，只有当经典与我们之间擦出火花，经典才能真正属于我们自己。他指出，"一部经典不一定要教导我们一些我们不知道的东西；有时候我们在一部经典作品中发现我们已知道或总以为我们已知道的东西，却没有料到我们所知道的东西是那个经典文本首先说出来的（或那个想法与那个文本有一种特殊联系）。"这样的发现经常是一种意外的喜悦和满足。所以，当我们回到经典，遇见那些似曾相识的文字和观点时，不仅有寻找到思想源头的快乐，而且会有许多新的发现、新的感悟、新的收获。经典，比我们对它的认识总是有更大的可能，更大的空间。经典的独特、意想不到和新颖总是超出我们的想象。

第十条：当书与人融合的时候，书就会成为人生命的一部分。卡尔维诺认为，经典经常能够帮助我们解释世界，能够成为我们的思想武器，成为我们的"护身符"。卡尔维诺在书中讲述了他的一位艺术史专家朋友的故事。这位优秀的艺术家是一个极其博学多才的人。他最喜欢的一本书是《匹克威克外传》，在任何场合与人们讨论问题，他总是会引用狄更斯这本书里的片段，并且把自己生命中的每一个事件与匹克威克的生平联系起来，"渐渐地，他本人、宇宙及其基本原理，都在一种完全认同的过程中，以《匹克威克外传》的面目呈现"。

这是一种把书读透了的境界。真正地当书与人融合的时候，书就会成为人生命的一部分。学界曾经有"一本书主义"的说法，认为泛泛地读许多书，不如认真地精读一本书，弄懂搞透一本书，把这本书真正融化到血液里去，从这个意义上讲，是很有道理的。

第十一条：有一些经典是永远绕不开的。卡尔维诺说："你的经典作品是这样一本书，它使你不能对它保持不闻不问，它帮助你在与它的关系中甚至在反对它的过程中确立你自己。"经典当然不是绝对真理。但是，即使是经典的错误，也常常是引起人们思考的原点，经典是我们认识世界与人生时经常绕不开的东西。也就是说，我们与经典同样也可以建立起"一种不是认同而是反对或对立的强有力关系"。卡尔维诺举例说，他自己就是卢梭的粉丝，卢梭所有的思想和行动对于他来说都十分亲切。但是，他自己也经常会产生"一种要抗拒他、要批评他、要与他辩论的无可抑制的迫切感"。他需要在与卢梭的对话中确立自己。所以，经典会从不同的角度影响我们，我们也同样无法真正离开经典。

第十二条：真正的经典是有生命的，能够繁衍后代的。卡尔维诺说："一部经典作品是一部早于其他经典作品的作品；但是那些先读过其他经典作品的人一下子就认出它在众多经典作品的系谱中的位置。"真正的经典总是具有原创性和启发性，它们往往被称为"元典"。它们不仅早于其他经典，而且总是能够为其他经典提供话题与思想的源泉。所以，我们在读那些后来的经典时，总是能够找到影响它们的"元典"，辨认出"它在众多经典作品的系谱中的位置"。也就是说，真正的经典其实也是有生命的，能够繁衍后代的。一部经典的特别之处，是它在文化传承与延续的过程之中始终有着自己的基因，我们总是能够在古代或者现代作品之中找到对于它的"某种共鸣"。

第十三条：把阅读经典作为我们阅读生活的主旋律。卡尔维诺说："一部经典作品是这样一部作品，它把现在的噪声调成一种背景轻音，而这种背景轻音对经典作品的存在是不可或缺的。"其实，倡导读经典，不是要我们只能读经典或者仅仅读经典。从阅读经典中得到最大益处的人，恰恰就是"那种善于交替阅读经典和大量标准化的当代材料的人"。所以，卡尔维诺给我们的建议就是，我们应该把阅读经典作为我们阅读生活的主旋律，把最重要的精力与时间用于对话经典，而把读其他作品作为背景音乐（窗外的噪声），这种"背景轻音对经典作品的存在是不可或缺的"，但是绝不能本末倒置。有了主旋律，我们的阅读与思想就是有根的，我们的认知就是有结构的，而不至于成为飘浮的迷雾和水上的浮萍。

退而言之，如果经典不能够成为我们阅读生活的主旋律，它能够也应该成为我们的背景音乐。经典，看上去离我们很遥远，但是一旦走进去就会发现离我们很近。经典，看上去对我们的生活没有什么实际用处，但是一旦读进去就会发现它是无用之大用，解决的是我们人生的大问题。卡尔维诺告诉人们，也许我们不能够讲述经典具体有什么用，但是有一点是可以确认的："读经典总比不读好"。

卡尔维诺讲了一个耐人寻味的故事：苏格拉底在临死前还在用长笛练习一首曲子。刽子手问他，你这有什么用呢？苏格拉底的回答是"至少我死前可以学习这首曲子"。这不由得让我们想起孔子的一句话："朝闻道夕死可矣！"经典就像人类创造的精神景观，一个人不和一些经典相遇，总是人生的一大憾事。

（发表于 2022 年《中国政协》第 21 期）

坚定中国新型政党制度的历史自信

习近平总书记在中共二十大报告中强调，要全面发展协商民主，推进协商民主广泛多层制度化发展，坚持和完善中国共产党领导的多党合作和政治协商制度，完善人民政协民主监督和委员联系界别群众制度机制。这一重要论述，对于我们进一步统一思想、坚定信心、凝聚力量、步调一致向前进，更好发挥人民政协专门协商机构作用，具有重大政治意义、理论意义和实践意义。

2018 年 3 月 4 日，习近平总书记在看望参加全国政协十三届一次会议的政协委员并参加联组会时发表重要讲话，首次提出新型政党制度概念。2021 年，在中国共产党百年华诞之际，《中国新型政党制度》白皮书发表，全面回顾了中国新型政党制度的产生、发展和不断完善的历程，总结了这一制度的鲜明特色和显著优势，介绍了长期以来特别是中共十八大以来我国新型政党制度的实践形式和成功经验，有力展现了中国人民对当前中国新型政党制度及中国共产党领导的多党合作事业的高度自信，充分体现了社会主义制度的优越性。

一、中国新型政党制度的产生和发展历程

回顾中国共产党的百年光辉历程，我国新型政党制度的产生和发展大致经历了三个阶段。

第一阶段：探索建立阶段

我国新型政党制度孕育于近代以来中国民主革命的历史进程。辛亥革命后，中国照搬西方议会政党制度，总统、内阁、国会、宪法频繁变换，造成严重社会动乱。1927 年后，蒋介石集团实行一党专政，打击和迫害民主进步力量，激起中国共产党、中国人民和各界民主人士强烈反对。

中国共产党成立后，提出新民主主义革命纲领，与各民主党派建立了亲密的合作关系。1939 年 10 月，毛泽东同志发表《〈共产党人〉发刊词》，指出统一战线、武装斗争、党的建设是中国共产党在中国革命中战胜敌人的三个法宝，为我国多党合作制度的形成提供了坚实的理论基础。

1940 年 3 月 6 日，中共中央发出毛泽东起草的关于《抗日根据地的政权问题》的指示，指出：在政权的人员分配上，实行"三三制"，这也是我国新型政党制度的雏形。

抗战胜利以后，各民主党派、无党派人士纷纷拥护中国共产党提出的组建联合政府的主张，公开自觉接受中国共产党的领导，奠定了中国共产党领导的多党合作和政治协商制度的基础。在跨越党派的共同思想政治基础上，1949 年 9 月，中国人民政治协商会议第一届全体会议召开，我国新型政党制度正式确立。

第二阶段：巩固发展阶段

我国新型政党制度发展于社会主义革命、建设、改革的伟大进程中。1956 年 9 月，中共八大将"长期共存、互相监督"的方针写入大会决议。1982 年 9 月，中共十二大把"八字方针"扩展为"长期共存、互相监督、肝胆相照、荣辱与共"的十六字方针，确立了中国新型政党制度长期存在和发展的格局。

"文化大革命"期间，中国共产党领导的多党合作和政治协商制度遭受严重挫折。1979 年，邓小平同志就民主党派的重要地位和作用发表两次重要讲话，为我国新型政党制度的恢复和发展奠定了重要的思想和理论基础。

随着改革开放的不断推进，我国新型政党制度建设得到进一步巩固和发展。1989 年 12 月中共中央制定了关于坚持和完善中国共产党领导的多党合作和政治协商制度的意见，我国新型政党制度建设走上了制度化轨道。1997 年，中共十五大把坚持和完善中国共产党领导的多党合作和政治协商制度载入党在社会主义初级阶段的基本纲领。中共十六大以后，先后制定了进一步加强中国共产党领导的多党合作和政治协商制度建设的意见和加强人民政协工作的意见，使我国新型政党制度进一步规范化和程序化。

第三阶段：丰富完善阶段

中国新型政党制度完善于中国特色社会主义新时代。中共十八大以来，以习近平同志为核心的中共中央高度重视多党合作事业，大力推进多党合作理论、政策和实践创新。2012 年 12 月，习近平同志冒着严寒登门走访 8 个民主党派中央，充分体现了对多党合作事业的高度重视和亲切关怀。2013 年年初，在中共中央召开的党外人士迎春座谈会上，习近平同志指出："各民主党派是与中国共产党通力合作的中国特色社会主义参政党。"这一论述，是对我国各民主党派的政党性质和政治地位作出的最新科学论断，是多党合作理论的重要创新。2018 年，习近平总书记提出新型政党制度重要论断，使新时代多党合作事业展现出前所未有的勃勃生机。为加强对多党合作事业的全面领导，以习近平同志为核心的中共中央作出了一系列重大决策部署。这些重要论述和重大决策部署，是对多党合作成功实践的深刻总结，为新时代坚持和发展好新型政党制度提供了理论指南和实践遵循。

中国近现代史正、反两方面的经验和教训说明，我国新型政党制度的形成和发展，是历史的必然选择，是马克思主义与中国实际相结合的产物，是中国共产党和各民主党派总结中国人民智慧的结晶，体现了中华民族天下为公、和而不同、兼容并蓄的优秀文化传统，具有鲜明的中国特色。

二、中国新型政党制度的独特优势

中国新型政党制度以合作、参与、协商为基本精神，以团结、民主、和谐为本质属性，具有政治参与、利益表达、社会整合、民主监督和维护稳定的重要功能，实现了执政与参政、领导与合作、协商与监督的有机统一。这一制度自正式确立以来，走过了 70 余年的发展历程，逐步嵌入当代中国的政治体系与政治过程，在实践中展现出独特魅力和鲜明优势，显示出巨大优越性和强大生命力。

（一）中国新型政党制度有利于最大限度地实现人民民主

中共二十大报告指出，人民民主是社会主义的生命，是全面建设社会主义现代化国家的应有之义，全过程人民民主是社会主义民主政治的本质属性，是最广泛、最真实、最管用的民主。中国新型政党制度是发展全过程人民民主的重要制度安排，是实现人民当家做主的重要途径。

新型政党制度"新就新在它是马克思主义政党理论同中国实际相结合的产物，能够真实、广泛、持久代表和实现最广大人民根本利益、全国各族各界根本利益，有效避免了旧式政党制度代表少数人、少数利益集团的弊端"。

我国新型政党制度是马克思主义政党理论与近代以来我国民主政治实践相结合而形成的制度成果，既尊重多数人的意愿，又照顾少数人的合理要求，能够更好地代表不同阶层、不同社会群体的利益诉求，拓宽、畅通各种利益表达渠道，全面、真实、充分地反映各社会阶层人士的意见建议，具有统筹兼顾各方利益和协调各方关系的优势。由此可以证明，中国不仅是世界上最大的民主国家，还是民主治理最广泛、最扎实且最有效的国家。

（二）中国新型政党制度有利于团结一切可以团结的力量

新型政党制度"新就新在它把各个政党和无党派人士紧密团结起来、为着共同目标而奋斗，有效避免了一党缺乏监督或者多党轮流坐庄、恶性竞争的弊端"。

与西方政党坐跷跷板不同，在我国新型政党制度中，把各个党派和无党派人士紧密团结起来，为着共同目标而奋斗。通过广泛协商凝聚共识、凝聚智慧、凝聚力量，有利于达成思想统一、目标认同和行动一致，有利于促进政治团结和有序参与。围绕坚持和发展中国特色社会主义、实现中华民族伟大复兴的中国梦，中国共产党发挥总揽全局、协调各方的领导核心作用，各民主党派积极履行参政议政、民主监督、参加中国共产党领导的政治协商基本职能，形成了共同的理想、共同的事业、共同的行动，汇聚起强大的社会合力，集中力量办大事、办好事。

（三）中国新型政党制度有利于确保社会稳定人民幸福

新型政党制度"新就新在它通过制度化、程序化、规范化的安排集中各种意见和建议、推动决策科学化民主化，有效避免了旧式政党制度囿于党派利益、阶级利益、区域和集团利益决策施政导致社会撕裂的弊端"。

我国新型政党制度中，中国共产党和各民主党派以协商民主的方式达成发展目标一致，避免了内耗和纷争。通过政党协商、政协协商、参政议政、民主监督等制度化、规范化、程序化的安排，使多党合作、民主协商贯穿于公共政策全过程，从方案制订到方案选择再到方案执行，都能够充分发扬民主，集中各方面意见和建议，推动决策科学化民主化。"有事好商量、众人的事情由众人商量，找到全社会意愿和要求的最大公约数"，各党派间形成了团结合作的党际关系，为了国家民族的长远发展，可以"功成不必在我"，使得为人民谋利益的经济社会发展蓝图可以一绘到底。

三、民主党派在新型政党制度下的履职实践

中共二十大报告指出，要加强同民主党派和无党派人士的团结合作。我国新型政党制度下，人民政协为民主党派履行职能、发挥作用提供了重要平台。下面，我以民进为例，谈一谈民主党派在新型政党制度下的履职实践。

（一）社会主义革命和建设时期

民进在争取新民主主义革命胜利的斗争实践中，作出了自愿接受中国共产党领导的正确历史选择，参加中国人民政治协商会议，参与制定《共同纲领》，并参加中央人民政府的工作，成为新中国人民民主政权的参加者，担负着管理和建设国家、为社会主义革命和建设而奋斗的重任。其中的代表性事件包括：参加筹建新政协，建立新中国；政协 1 号建议案，确立国庆纪念日；关心和解决学生健康问题；等等。

（二）改革开放新时期

这一时期，民进坚持以经济建设为中心、坚持四项基本原则、坚持改革开放的基本路线，坚持中国共产党领导的多党合作和政治协商制度，在国家政治生活、社会生活和现代化建设中发挥了重要作用。如通过提案等形式推动建立教师节、制定《教师法》、为国歌立法等。

（三）中国特色社会主义新时期

中共十八大以来，民进秉持"为执政党助力、为国家尽责、为人民服务"的使命担当，认真履行参政党职能，为社会主义现代化建设做出了重要贡献。新时代以来的民进工作，主要体现在建言献策取得重要成果，开辟民主监督新领域，打造民进特色活动品牌等三个方面。

实践证明，中国新型政党制度具有历史的必然性、伟大的创造性、巨大的优越性和强大的生命力，体现了中华优秀传统文化的精髓，反映了社会主义制度的本质要求，符合中国国情和国家治理需要，是有利于国家发展、民族振兴、社会进步、人民幸福的基本政治制度。

作为人民政协的一员，我们要把学习宣传贯彻中共二十大精神作为当前和今后一个时期最重要的政治任务，深入贯彻落实习近平总书记提出的"五个牢牢把握"重要要求，充分认识中国新型政党制度的鲜明特色和显著优势，坚定中国特色社会主义道路自信、理论自信、制度自信、文化自信，立足现实、面向未来，以思想认识新提高带动履职尽责新作为！

（发表于 2022 年 12 月 14 日《民主协商报》）

阅读是精神的护身符
——读黑塞《书籍的世界》

德国作家赫尔曼·黑塞是 1946 年诺贝尔文学奖获得者，也是一位集作家、编辑和评论家于一身的著名学者。黑塞酷爱阅读，发表过 3000 余篇书评文章，主持编辑、撰写序跋的书籍就多达几十本。他曾经写过一首题为《书籍》的小诗，讲述了书籍对于他的意义：

> 这个世界的所有书籍
> 都不会给你幸福，
> 但是他们却秘密地把你
> 带回自己的内心深处。
> 那里有你需要的一切
> 太阳、星辰和月光，
> 因为你渴求的光明
> 在你自己身上隐藏。
> 在那成堆的书籍中
> 你长期寻找的智慧，
> 此时从每一页上闪亮——
> 因为它已是你自己的光芒。

在这本《书籍的世界》中，黑塞详细地展开了他关于人与书籍关系的思考，论述了他的阅读观。

经典与时光同在

书籍是有生命的。

有的书，一出生就"死"去了，而且永远不会再复活。因为，这样的书本身就是一堆废纸。

有的书，似乎有着惊人的隐身能力，出生后并不受人重视，但是它顽强地活着，它一直在寻找着自己的知音，它不仅有着强大的生命力，而且它有着强大的自信心，终于在某一天有了属于自己的高光时刻。

有的书，一出生就声名显赫，时间的大浪淘沙永远洗不掉它的芳华，在不同的时代被不同的人解读，是一棵长青的不老树。

经典，总与时光同在。黑塞感叹书籍如此奇特而不可思议的命运："它们时而具有令人如痴如醉的力量，时而又具有隐身的能力。作家生存和逝去，被少数人了解或者不为人知，而我们在他们离世后，常常是他们已去世几十年之后才看到他们的作品突然再次熠熠生辉、重现生机，仿佛时间已经不复存在。"(《书籍的世界》P189—190，以下所引该书，只标注页码。)

黑塞举了尼采、荷尔德林和老子的三个例子，论证他的上述观点。尼采在去世几十年后成为人们喜爱的作家，荷尔德林的诗歌在创作了100多年后才突然让大学生心醉神迷，老子的智慧则是在两千余年后才被欧洲发现。也许，真正的好书才是不怕巷子深，不怕岁月久的。

自从有文字和书籍以来，人类几千年的文化与文明的发展，创造了汗牛充栋的书籍。这些书籍承载着人类创造的智慧财富。黑塞说："即使不再有任何一本独立的新书问世，每一位真正的读者都依然能够继续钻研几十年、几百年以来现存的财富，能够继续抗争，能够继续感到愉悦。"(P193)也就是说，即使不再有新的著作问世，人们仍然可以依靠这些伟大的著作去生活、去思想、去抗争、去创造，仍然可以从这些伟大的著作中获得生活的勇气、生存的力量和生命的智慧，仍然会产生愉悦的情感和幸福的体验。这些书籍不会随着时间的流逝而老去，它们永远能够润泽我们的生命，滋养我们的灵魂。

我们许多人都曾经被问及，如果让你到一座荒岛，你会选择带哪些书籍同行？这正是从另外一个方面提醒我们，书籍恰恰是人们孤独灵魂最不可缺少的伙伴。中国人有"吃老本"之说，原来是指"本钱"，但引申开来，作为书本也是非常合适的。不同的是，作为金钱的"老本"是会不断地减少，最后坐吃山空的；但作为书本的"老本"却会越吃越多，让我们的精神不断充盈。经典，是人类可以不断吃下去的"老本"。

阅读是精神的护身符

现代学校制度已经基本扫除了不会阅读的文盲。阅读，成为每个人都能够掌握的认识世界的能力。只要愿意，每个人都可以通过阅读走进这个神奇的世界。

但是，人们在掌握了阅读的能力之后，每个人的阅读态度、阅读方式、阅读境界是完全不同的。黑塞举例说："每年，我们都看到成千上万的孩子走入学校接受教育，勾画着最初学到的字母，辨认着最早接触的音节，我们一再看到，对大部分孩子来说，能够阅读会迅速地成为一件理所当然、无足轻重的事情，而另一些孩子却会年复一年地、几十年如一日地愈发陶醉地、惊讶地使用学校赋予他们的那把神奇的钥匙，因为即使今天每个人都得以学习阅读，但是，总是只有少数人才会意识到，交到他们手中的是什么样的一个强有力的护身符。"（P190）

是的，有些人，阅读往往只是浅尝即止，停留在浏览报纸、看看电视电脑、翻翻流行小说的水平；有些人，却通过阅读"继续探究这个书籍的世界并且一步步地发现，这个世界是何其宽广、何其丰富多彩、何其令人振奋！"（P191）

只有真正走进书籍世界的人才会发现，它不仅是一个繁花似锦的大公园，一道美丽的精神风景，更是一座"具有千重殿堂和庭院的庙宇"，在这里，所有的民族和时代的精神汇聚一堂，始终期待着被人通过阅读而醒来。对于有些人来说，书籍就是书籍；对于另外一些人来说，书籍就是整个的世界。阅读，是他们的一个强有力的护身符，能帮助他们进入任何神奇的世界。

不同的阅读态度与不同的阅读方法，造就出不同的读者。黑塞认识到，有些人从来没有真正地认真读过书，或者从来没真正地被书感动过，这样的人是不可能对书籍产生真正的情感的。正如不懂音乐的人，看见人们为音乐如痴如醉而感到不可思议一样。当然，更为可怕的是，有些人不仅不理解读书的乐趣和价值，甚至还会"将阅读当做一种病态的、危险的、对生命毫无益处的激情加以谴责"（P192）。这种对书籍和阅读的无视与敌视，不仅是人类的悲哀，也是他自己的悲哀。因为，离开了文字和阅读，人其实就是一个不完整的人，就不可能享受那些美轮美奂的精神风景带来的心灵的震撼，甚至就沦为与其他动物一样的生命体了。

中国古代有敬惜字纸的传统。《燕京旧俗志》记载："污践字纸，即系污蔑孔圣，罪恶极重，倘敢不惜字纸，几乎与不敬神佛，不孝父母同科罪。"在古代，"敬惜字纸"就是敬重文化、敬畏知识、敬畏书籍。今天，我们仍然应该对阅读怀有一种敬畏的态度。

打造有价值的书房

1931年，黑塞整理自己的书房，掸去书上的灰尘，把成捆的书籍打包的时候，写下了一段很有感慨的文字："只要可能，我们就不让那些毫无价值的东西进入我们的书房，而那些经受了时间的作品也绝不会再被搬走。"（P200—201）

这些文字，对于我们这些曾经经历过搬家的读书人来说，感同身受，很是亲切。

整理书架，清理图书，既是一件费时费力的事情，又是一件涤荡情感的事情。一本本书籍，就是我们曾经交往过的朋友。有的书籍，如一面之交的朋友，从未深入交流，也没有走进过他们的心灵世界。有的书籍，如神交已久的朋友，但未有机会谋面。有的书籍，是真正的知己，是知根知底的老朋友。这些书籍，慢慢地成为我们的一部分，我们谁也无法抛弃对方。即使我们没有去翻阅它，它也在书架上深情地看望着我们。我们彼此需要。我们的书房，他们是不应该缺席的。而那些毫无价值的书，只是我们书架上的匆匆过客。也许，他们本来就不应该来到我们的书房。

黑塞讲述了自己在人生不同时期五次阅读歌德《亲和力》的故事。与《少年维特的烦恼》的主题一样，《亲和力》是歌德步入老年后所写的又一部以爱情为题材的小说。据说他仅用七周时间就完成了这部篇幅比前者大一倍的小说，而写作的动因也同样是为了克服一场无望的爱情对他带来的内心的巨大痛苦。黑塞第一次阅读时还"似懂非懂"，而第五次阅读时才发现这本书变成了另外完全不同的两本书！（P194）他的阅读经历告诉我们，经典是需要重读的。随着人的阅历的丰富、经验的增加，对事物的理解与看法也会有所变化，看到的东西也会有所不同。

鲁迅先生曾经说过，一部《红楼梦》，"经学家看见《易》，道学家看见淫，才子看见缠绵，革命家看见排满，流言家看见宫闱秘事"。不同的人看同一本书会有不同的视野和不同的感受，而同一个人在不同的时期看同一本书，也会有不同的收获。书没有变，故事情节没有变，而是看书的人变了。所以，对于那些伟大的经典，是需要重新阅读、多次阅读的。让我们的书房被这样的书充满，我们也就拥有了一个伟大的世界。

（发表于 2022 年《中国政协报》第 22 期）

社情民意

反映社情民意信息是政协委员一项经常性、基础性工作，是履行政治协商、参政议政和民主监督职能的重要方式，对于畅通民意渠道，及时反映问题，做好理顺情绪、化解矛盾、凝聚共识的工作，具有重要的意义。反映社情民意信息是一支参与面广、时效性强的参政议政"轻骑兵"。近几年，民进中央这方面的工作一直名列前茅，我自己也努力参与其中，乐此不疲。

探索缩短基础教育学制的时机已经到来

全国政协副秘书长、民进中央副主席朱永新反映，当前，我国推行的义务教育加高中阶段教育的 12 年基础教育学制，在信息化和教育资源泛在化的时代，已逐渐不适应当前人才培养成才、经济社会发展的需要，应探索缩短基础教育学制，缓解社会教育焦虑情绪，更好培养人才。

一、背景情况

近年来，学制问题不断受到关注，很多知名学者和人大代表、政协委员都就缩短学制问题提出过意见和建议。

在 2016 年全国两会上，时任全国政协委员的莫言先生以"提案"的方式郑重提出：把我国 12 年基础教育学制缩短为 10 年。他从个人求学经历、子女受教育状况、现行教育的低效等角度分析了缩短学制的必要性，认为这是关乎提高民族素质、改变人生旅途的重大问题，引起许多人的共鸣，在社会上产生了很大反响。

2018 年 5 月 7 日，文化学者易中天也明确提出了将基础教育学制改为 10 年，即将原来从小学到高中的 12 年制减少 2 年，变为十年一贯制，期间不分小学、初中、高中。易中天指出：缩短学制，提高教育效率不是为了多出人才快出人才，是为了我们下一代健康愉快地成长，成为真实、善良、健康的人。提高教育效率是为了节约教育成本和学生的学习时间，如果本着这样一个目的考虑教育效率的问题，那才是真正的有效率。2018 年全国两会期间，全国政协委员张力、阮诗玮，全国人大代表张红伟等也都提出过缩短教育学制，尽快推行十年义务教育的建议。

上述建议遭到部分教育界人士的批评，认为建议"缺乏理论支撑和科学依据"。教育部在对相关提案的答复函中也明确表示，"目前缩短学制尚缺乏成熟的、经过实践检验的科学研究成果为依据，缺乏国际上主要国家变革为参照，改革时机还不够成熟。"的确，目前 12 年基础教育是国际的主流学制，但存在的不一定就是合理的。现代学制是大工业时代的产物，在信息化和教育资源泛在化的时代，学制到了需要变革的时候了。

二、原因分析

（一）现有学制不利于人的个性化发展。国际通行的 12 年学制是按照"线性原则"、循序渐进设计的，体现的是工业化生产思维，即把学生当作教育流水线上按照统一标准制造的产品。事实上，不仅不同学生的发展水平完全不一致，即使同一个学生的不同方面发展也是完全不同的。用同一个学制规定每个人前行的步伐，不符合人的全面发展与个性化发展要求。

（二）现有学制不利于发挥人在黄金时期的创造力。现代心理学和脑科学的研究都表明，人的精力最旺盛、创造力最强的时期是在 25 岁左右。许多人在 20 岁左右就显示了极强的创造力。在电影《1921》中我们看到，13 位中共一大代表就是一群年轻人，平均年龄仅 28 岁，最小的刘仁静只有 19 岁，在他们的身上，洋溢着朝气蓬勃的青春气息。科学家从事发明创造也是如此，牛顿发明微积分时只有 23 岁，爱因斯坦 26 岁时创立狭义相对论，沃纳·海森堡 24 岁创立矩阵力学，成为量子力学先锋。如果让学生一直不间断地学习到 30 岁左右，并不利于创新型人才培养。

（三）现有学制不利于缓解当前社会焦虑情绪。按照我国现有政策，在初中后过早进行普职分流，一定程度上加剧了社会的教育焦虑，影响了"双减"政策落地，不利于人才培养。

三、有关建议

学制的改革牵一发而动全身，需要慎重，可以先选取部分地方进行试点，进行如下探索。

（一）压缩学制年限。在减少课程门类、降低学习难度的基础上，压缩基础教育的学习时间。把现在的基础教育时间从12年压缩到9—10年，即用10年左右时间完成现在的基础教育课程。

（二）打破传统的班级模式。在完成国家课程标准、实现教育目标的基础上，采取走班制、选课制，不按年龄编班，不分年级上课的弹性学习，允许学生通过网络等其他非传统学校方式学习。

（三）推迟普通教育与职业教育的分流。在完成基础教育之后，有1—2年的大学预科和企业实习，让学生有更多选择的时间与空间。

（四）鼓励在职学习。取消公务员考试和企业招工的学历限制，允许完成基础教育的学生先就业再学习，形成工作与学习交替进行的机制。事实证明，需要和兴趣是学习的最大动力。一方面，要鼓励有研究兴趣和才华的学生进行不间断的学习；另一方面，也要鼓励普通员工在职学习或者脱产学习。大学采取注册制的弹性学制，允许"进进出出"。

（发表于2022年3月8日《民进信息》第208期）

互联网反垄断应首先从公共服务和政务办公的排查清理入手

全国政协副秘书长、民进中央副主席朱永新，民进会员、浙江大学传媒与国际文化学院求是特聘教授方兴东，浙江传媒学院互联网与社会研究院副院长徐忠良，浙江传媒学院互联网与社会研究院助理研究员钟祥铭反映，强化反垄断和防止资本无序扩张，是 2021 年中央经济工作的重点内容之一。一年来，我国的互联网反垄断已经取得了显著成效，目前还比较突出的问题是，我国多个省份、地区的公共服务和政务办公方面存在明显排除竞争、严重影响民众利益的现象。综合考虑我国反垄断态势和互联网发展现状，下一步需要重点排查清理公共服务和政务办公领域与部分大型互联网企业深度捆绑，导致该领域涉嫌滥用垄断的问题，避免潜在问题成为网络舆情引爆点。

一、存在问题

（一）公共服务领域涉嫌垄断

1. 交通：我国交通部门的垄断现象比较突出。例如，浙江省公路管理局印发了《全省高速公路通行费全面支持支付宝移动支付实施方案》，标志着全省高速公路通行费将全面支持支付宝移动支付。但是，目前除了 ETC 和现金之外，浙江省的高速仅支持支付宝支付。与此情况类似的还有广东，广东省的 16 条高速公路除了 ETC 之外，只可进行微信支付。其中，广州机场高速只支持车牌付（无感支付）、扫码付等方式缴费，这种支付方式在广东全省高速公路全面上线，用户需要通过手机微信扫码付款的方式才可直接通过收费站。除了高速之外，地铁的垄断现象也较为明显。例如，在浙江省杭州市乘坐地铁购票，除了现金外便只能使用支付宝支付，其他支付方式无法使用，乘客感到很不方便，也影响了城市形象。

2. 教育：教育行业的互联网垄断问题主要集中在考试报名、缴费等领域。例如，浙江省人事考试办公室正式与支付宝达成合作，报名参加浙江省人事考试办公室所组织的考试的考生，除了部分银联卡之外，便只能用支付宝进行网上缴费，导致考生信息必将与支付宝进行深度捆绑。与浙江情况类似的主要是广东省，例如广东省普通高中学业水平考试等重要考试，考生在报名时除了部分银联卡之外，其他缴费渠道只有微信支付。此外，其他省份、地区仅支持支付宝或者微信缴费的考试也比比皆是，包括国家公务员考试、各类国家执业（职业）资格考试、全国职称考试、全国专业技术人员计算机应用能力考试等上百个类目，年报考高达数十万人次。部分省份、地区的图书馆也与支付宝或者微信单独绑定，借阅图书、归还图书需要在支付宝或者微信上操作，并且这种趋势在不断扩大。

3. 医疗健康：新冠疫情暴发以来，健康码作为更为普遍的防疫工具，与支付宝深度捆绑，海量的人员来往行踪信息，必须绑定在支付宝平台之上。在多个省份、地区，如果没有支付宝将无法出示健康码，民众会寸步难行，无法购买火车票、飞机票，也无法乘坐地铁，甚至无法出入各大商场。这一情况现在已得到一些调整，但仍需要深入排查可能存在的漏洞。同时，部分地区实现了支付宝与医保的绑定，民众可以用支付宝刷医保卡，而支付宝的便利性决定了多数市民在使用医保时将首选使用支付宝，医疗信息泄露的风险极大。

（二）政务办公领域涉嫌垄断

1. 政府管理：2020 年年初新冠疫情暴发之后，我国多个省份、地区规定统一绑定阿里的钉钉或者腾讯的微信、QQ 进行线上办公；无论是打卡、报备、开会，还是发布内部交流信息，都需要在上述 App 上进行，绝大部分领导、办公人员的信息都存储在阿里或者腾讯的服务器之中，尤其是领导的照片和个人信息都在股权结构比较复杂的公司系统内，信息安全只能靠其保障，存在巨大的政治安全和信息安全隐患。

2.司法系统：我国多个省区市的法院办公系统平台都与阿里、腾讯等大公司深度合作，无论是起诉人的案件信息登记，还是法院工作人员的审判工作，都需要借助系统平台进行。这虽然提升了司法部门的办案效率，强化了无纸化办公的可操作性。但是，打造平台的某些大公司、大企业在数据掌握和司法审理与执行中，存在不少超越企业身份的做法，甚至可能存在通过自身影响力影响审判结果的严重问题。

政务办公和公共服务领域涉嫌垄断的相关行为，与二选一和大数据"杀熟"等不正当竞争和滥用垄断的行为有着本质的区别。后者主要是互联网企业自身的法律意识和企业价值观的问题，企业自身应该承担全部责任。而政务办公本身与公共服务都属于天然的行政垄断范畴。与互联网企业联手造成的滥用垄断行为，并不仅只是企业单方面的责任。政府和企业双方都要承担行政垄断与市场垄断结合的责任。但是，按照惯常思路，一旦由于垄断导致严重问题，民众通常不会将这些责任首要归于企业，在社会舆论和责任认定方面，政府难辞其咎，甚至会成为社会舆论首当其冲的靶子，损及社会公信力和信誉。

二、有关建议

（一）针对公共服务领域，重点排查支付宝、微信等部门在支付方式上的涉嫌垄断问题。例如，在高速管理及地铁购票等交通问题上，要加强支付方式的监管，开放窗口，即在任何城市都绝不能让某一家企业在支付领域过分地做大做强，乃至形成垄断局面，为此受损的主要是民众的利益。要从人民利益至上的高度出发，从民众便利的角度着眼，及时出台相应的制度规定，兼容和包容主流支付方式，微信、支付宝、信用卡、银行卡或者其他合理合法的支付方式都要准许同时存在。不得出现排挤现象，让民众可以灵活选择各种自己适合的支付方式。同时，在教育和医疗健康等方面，首先要考虑解除或者弱化某一软件的深度捆绑，要把民众的选择面扩大，准许其他企业进驻，通过良性竞争的方式，为民众提供更为灵活多变的服务方式。

（二）针对政务办公领域，无论是政府管理部门，还是司法系统，都需要逐步建立自己的应用平台系统，政府应该加大资金与人员的投入力度，打造由自主自管性的应用平台。企业可以为政务办公提供帮助，参与政府购买服务竞争，但必须遵循三个基本原则：第一，要通过公开招标，并秉持开放兼容的原则，让企业之间自由竞争，防止"暗箱操作"的不良事件出现；第二，要通过政府采购渠道和程序使用企业产品与服务，同时必须对企业品牌做一定程度的隔离和屏蔽，避免将政务与企业品牌紧密捆绑；第三，必须保障数据的独立和安全，设立防火墙。另外，要对某些垄断企业施于政府部门的不良影响及其后果进行彻查，对不合理、不合法的现象严查严办。总之，政务办公数据必须由政府统一管理和把控，并严格做好保密措施，任何企业均不得掌控和接触政务相关数据，保障信息安全。

（三）对于公共服务和政务办公涉嫌垄断的问题，政府部门应该提高重视程度，要成立专门的调查组进行全面摸查。根据需要调查的问题、范围等，制定出详尽的调查工作时间表，按期保质保量完成。并且，要对涉嫌垄断的领域及企业部门，区分轻重缓急，急迫的、严重的涉嫌垄断问题要优先调查、予以解决，同时也要做到主次兼顾，该抓的细节也不可放过，及时快速清理和调整相关举措。

（四）在推进以上举措的同时，可以同步配合进行相关的宣传与传播，展开反垄断启蒙和知识普及。数字治理直接关乎中国治理现代化的推进，强化反垄断和平台治理作为数字治理领域当下最大的热点和焦点，应该快速行动，持续推进，将我国打造成为数字治理的世界样板。可以让浙江、广东等问题较为突出的省份，成为互联网反垄断先行先试的"领头羊"。并进一步提升我国开放、公平的互联网市场竞争环境，促进发展。

（发表于 2022 年 4 月 21 日《民进信息》第 375 期）

数字化政务系统互通互联亟需打破接口管理瓶颈

全国政协副秘书长、民进中央副主席朱永新，北京零点有数数据科技股份有限公司董事长袁岳反映，近年来我国政务数字化建设取得重要进展，各类政务信息系统平台纷纷涌现。为消除"僵尸"信息系统，推进政府内部数据信息系统整合共享，国务院办公厅曾先后于2017年和2019年印发《政务信息系统整合共享实施方案》和《国家政务信息化项目建设管理办法》。但目前，各平台之间的互通互联主要表现为数字化治理应用项目的系统加载和链接，跨区域、跨层级、跨部门、跨业务、跨系统的政务信息和数据资源互联互通整合建设尚需推进。

一、存在问题

（一）政务系统建设单位对业务工作需求分析不充分、项目建设目标不清晰不具体的现象比较突出。政务数字化系统建设涉及众多专业技术，多数情况下，建设单位是将这些工作委托给第三方咨询开发服务机构，项目建设单位业务人员的参与程度和对最终研究设计成果的判别选用能力至为关键。资料显示，80%以上的项目建设单位在主观认知上没有把业务需求分析和项目建设目标制定归为自身的职责，对研究成果的仿真模拟演练几乎缺失，很难保证政务服务专业诉求在项目研究设计中得到很好体现，也易出现第三方机构简单移用现成模式的情况。项目建设单位业务人员主动参与需求分析与项目可行性研究的情形较少，不到项目总量的 20%，80% 以上项目为被动配合第三方机构的调研工作。此外，还有不少项目承建单位代行第三方可行性研究、承建单位自行委托第三方可行性研究，或承建单位使用自己的长期合作伙伴进行第三方研究甚至作为第三方监理机构，导致可行性研究走过场，未能发挥对项目建设决策者本应有的独立制约提示作用。

（二）项目交付时只注重软硬件清单和功能，对统一数据接口标准和二次开发规范等技术资料交付和技术支持保证管理重视不够。信息化数字化系统建成后，鉴于未来的升级迭代不一定是原有承建方的技术产品，因此需要具有支撑业务持续强化和变革的能力，这就要求原有系统开发模型具有完整的统一数据接口标准和二次开发规范，以支持系统与其他外部业务系统的互联互通或二次开发升级等升级迭代工作、支持更多其他第三方技术产品的加载或融合，而不至于被原有项目承建方"绑架"沦为"僵尸"系统。根据中国政府网等公开报道，这类"僵尸"系统在现有政务系统总量中约占 30%—40%。以"12345"热线运行系统为例，在"一网通办""一网统管""一号总客服"政策指引下，原有基于业务流转逻辑的"12345"热线系统需要"数据智能"应用升级与"号码归一"业务融合。但对全国 77 个城市的政务服务热线实地调研发现，24.7% 的"12345"热线系统建设单位"受制于原有供应商制约，技术支撑服务不到位"，79% 的热线单位有加强热线数据智能分析模块建设和部署的需要，但对原有供应商是否能配合实现其他第三方技术产品加载信心不足。

（三）项目监理往往只限于建设阶段，普遍未履行全程监管。我国在推进政务信息化数字化建设之初，就高度重视在制度上加强政府信息化数字化项目建设的科学化和专业化管理，并引入了信息化数字化建设监理制度。近年来，全国财政投资的政务信息化数字化建设项目 90% 以上已全面引进了第三方工程监理。调研发现，普遍情况是监理单位刚接受业主委托，施工单位即行开工建设。因此，监理工作主要限于建设阶段中的物料清单安装及相应的性能指标、技术参数的核验、系统功能模块的检测、项目进度的监督等内容，近 80% 的监理报告缺乏对系统开发模型是否适配业务特点、系统建成后能否达到建设目标、后期维护存在哪些隐患等方面的评估结论。

（四）项目建设单位往往过度依赖"大厂"，随需而应的服务响应要求设置不够明确直接。根据公开资料统计，"智慧城市""城市大脑""一网统管""数字底座""数据中台"等主要政务数字化系统建设项目，三大运营商（移动、联通、电信及其子公司）中标占比接近50%，以华为、京东、阿里、腾讯、中电、科大讯飞、中软等为代表的互联网和数字技术大公司总计占比超过40%，其他公司中标占比不到10%。调研发现，电讯运营商和互联网数字技术巨头们承建系统平台，面向细分场景的智能应用和随需而变的服务响应等工作基本上是交由各自的长期合作公司承接。由于这些长期合作公司与项目建设单位之间没有直接合约关系，由"大厂"居中协调，大幅降低了项目建设效率、因需而应的精准度、项目应用质量和预期建设成效。同时，某些"大厂"有"店大欺客"的缺点，在对项目建设方的技术透明度、内容建设充分度、非自有合作伙伴容纳度、接口开放保障度、后续服务支持保障度、对接人才培养上均有明显忽略和欠缺。

二、有关建议

（一）数字化政务服务系统平台建设应实行统一、集中、整合建设。已建设的系统应实行必要的归并、汇集和强化升级。政务主系统平台应扮演各类各项数字应用模块、子系统、资源池、工具包加载的核心载体角色。新的政务服务系统建设优化应进行必要的平行模式研究、模式选择研究与可行性研究、平行方案设计，平行方案之间可进行一定的辩论式论证与较大规模的专业论证。第三方开发单位、第三方研究论证机构和第三方监理机构不能合一，也不能有法律上的关联关系。

（二）实行系统平台建设与应用内容建设相对分离。平台建设与内容建设应分列不同预算项目，不实行平台与内容一体式总包制，系统平台建设者不能单一占用"智慧城市""数据智能""智能政务"等主题词以致影响后续对应场景需求的智能政务算法模块等内容的预算安排。在系统平台建设或升级完成后，具体的数字化应用解决方案应根据数字治理内容建设计划分期分批分主题分场景，由内容应用需求单位对内容供应单位另行专项招标、直接签约。在数字化应用内容建设中，平台建设供应商长期合作伙伴不应享有内容合作优先权。

（三）系统平台建设单位要加强系统统一数据接口标准和二次开发规范的审核与交付管理，加强作为项目承建方的技术透明责任，加强对于系统平台建设单位后续技术支持的周期和资源保障。项目验收要符合"系统接口开放管理条款"与"后续支持服务保障条款"的明确要求。为确保条款后续实施，建议对项目承建方实行"风险质押"约束（建议质押金为合同金额的 5%—10%）和接续服务保障违约金（高于质押金比例）制度，以防被"绑架"成"僵尸"系统。

（四）项目建设单位要强化监理机构的责任范围。要将第三方监理的责任从产品质量和项目进度监管延伸至项目需求和建设目标这两端，根据平台建设与内容建设两类项目的不同特点加强专业监理要求，对项目建成后的投入产出、性价比、风险隐患进行评估，实现全过程全环节监理机制。

（五）加强对相关机构的服务诚信管理。为了保障系统生命周期内对业务持续变革的支撑，应针对系统平台和数字内容应用的项目咨询机构、项目承建方、监理机构等在整个项目建设过程及后期维护中的表现进行针对性的"信用评价"，并将此结果纳入当地企业征信系统中，作为未来项目建设竞标的参考依据。

（六）数字化政务系统平台互通互联和建设单位专业人才配置应形成建设指引。《政务信息系统整合共享实施方案》应形成新的修正版本，在当下政务系统平台建设已经有所成效的基础上，重视系统接口开放管理和维护，将数字化政务系统大建设推向数字化政务智能应用内容大建设的新阶段。

（发表于 2022 年 5 月 23 日《民进信息》第 494 期）

稳就业应注意帮助青年群体走好职业生涯"第一步"

全国政协副秘书长、民进中央副主席朱永新，上海社会科学院社会学研究所研究员曾燕波反映，当前，国际形势复杂严峻，国内疫情持续，对企事业单位均有影响，对就业的冲击不可避免，对青年就业的冲击尤为严重。青年就业不仅是为了生存，更是为未来发展打好基础，在入职初期遭遇挫折，可能对其就业信心和就业意愿带来深远影响。

一、存在问题

（一）大学毕业生找工作难上加难。2022 年，全国大学毕业生人数超 1076 万名，其中，"双一流"75 万名，一本 100 万名，二本 370 万名，专科 460 万名，还有 130 万名研究生毕业。同时，预计会有 100 万留学生因国外疫情回国找工作。在我国就业人数明显增加的情况下，企业生产经营延迟、用工成本提高，有可能导致原有的应届生招聘计划缩减。特别是作为吸引就业主体的中小企业受到《劳动合同法》、业务订单量等多重因素影响，用工需求明显减少。此外，春招往往是企业招聘的重要环节，疫情致使企业无法按原计划进行校园宣传和现场招聘，高校毕业生求职受阻，实习中断。高校因为防疫和教学调整的压力，后续的就业指导也力不从心。

（二）在职青年收入明显下降，"在职贫困"现象突出。疫情发生前，有 40% 的在职青年处在受疫情影响最严重的行业，如旅游业、服务业和零售业等，疫情对他们造成的负面影响包括工资待遇、社会保障和工作歧视等方面。一是中小企业提供的就业岗位减少、工时降低，工薪阶层特别是临时工和低收入群体的工资水平不同程度下降。二是中小微企业的社会保障程度相对较低，一旦企业破产，低收入群体、工薪阶层瞬间失去收入来源，家庭经济负担加重。三是疫情还引发了部分劳动关系问题，比如，疫情防控期间员工的工资如何计算，复工时间遵照政府还是企业等问题，都须认真对待和逐步解决。四是一些企业不愿录用或留用来自疫情严重地区的务工人员，甚至新冠病毒感染康复者也受到歧视，形成二次伤害。

（三）新生代农民工返岗就业面临困难。农民工从事的行业大多数是制造业、建筑业和餐饮服务业等，而这些行业受疫情影响最为直接，企业复工复产推迟或是被迫减小生产规模，导致农民工失业风险加剧、工资水平下降。一方面，农民工就业具有流动性、限制性和不稳定性。目前，社区、街道和城市管理等级大大提高，物流业近乎停滞，消费者需求骤减，农民工的正常返工受到很大阻碍。农民工与雇主的劳动协议往往是短期的，长时间的停工以及开工时间的不确定性增加了他们转换工作的难度。另一方面，与企业员工有劳动合同保障不同，农民工的工资几乎按照工时支付。因疫情导致的工时缩短、收入下降会给农民工本就不宽裕的生活带来不小的负担。

（四）错过就业最佳时机将产生代际不平等问题。中国经济长期向好的基本面没有改变，就业局势总体稳定的基本面也没有改变。但是短期内，疫情对整体就业的不利影响正在显现，2022 年 2 月，全国城镇调查失业率为 5.5%；2020 年 3 月，全国城镇调查失业率为 5.9%。一些难以顺利就业的青年被迫待在家中，与父母一起生活，与朋友断绝了联系，产生焦虑、抑郁等情绪。研究人员将这些青年称为"被封锁的一代"，认为这部分群体可能面临长期失业，难以重新进入劳动力市场，并被"更年轻、更合格的群体"超越。

二、有关建议

（一）对青年群体提供就业专场式服务。一是引导鼓励各类企事业单位，特别是国有大型企业积极吸纳高校毕业生。大力倡导"互联网＋就业"的新模式，鼓励企业与线上招聘平台合作，通过互联网发布职位招聘信息，进行视频面试、网上签约和网上办理就业手续，同时鼓励远程工作。二是在政府的推动下，出台新增就业岗位的各项措施，取消限制灵活就业的一些不合理规定。降低中小微企业贷款申请条件，加大对青年创业的扶持力度。三是在做好疫情防控前提下举办大型就业见面会，政府部门要主动为企事业单位和高校牵线搭桥，建立信息库，设立专门平台以整合各个招聘网站的就业信息，方便共享。四是适当延长择业时间。鉴于今年上半年企业对应届生的岗位需求量大幅下滑，可以考虑给予应届毕业生参加下半年秋招的资格，这也可以在一定程度上应对疫情之后企业用人需求反弹的问题。

（二）加强失业青年的社会保障。一是尽可能地将来自不同地域的低收入大学生纳入最低生活保障制度中，扩大廉租房制度覆盖范围，解除毕业大学生在社会流动过程中的后顾之忧。二是对重点群体实施发放培训补贴、生活补助、延长失业保险金期限等举措，做好就业援助、社会保险、薪酬保障、劳动仲裁以及法律政策咨询等服务工作。三是做好疫情防控期间灵活就业青年的社会保障工作，加强灵活就业青年包括医疗保险在内的各项保险的保障力度，推动社保费阶段性减免、失业保险稳岗返还、就业补贴等政策落地。

（三）对代际不平等进行政策干预。政府各部门、非政府组织、工会通力合作，通过提供职业培训、一对一咨询、心理健康援助等方式提高青年群体就业能力。一是采取政府补贴的方式，开展定向培训，为家庭经济困难的青年提供一定的择业补贴，并为其提供免费的线上就业指导课程等。积极推进职业院校、技工院校、培训机构与工业园大型企业建立校企合作关系。二是增加社会公益性工作岗位，由政府买单，增加主要服务于社区的青年工作人员，如防疫工作人员、心理疏导员、社会救助人员、健康咨询师、家庭教育指导师等。三是出台支持中小企业稳定就业岗位的政策，推出一系列措施帮助部分企业少减员、少裁员，鼓励企业进行岗位共享，即在企业开工率不足、订单有限的情况下，对企业提供优惠政策或补贴，增加青年就业机会。

（发表于 2022 年 6 月 13 日《民进信息》第 577 期）

我国科技人才结构存在的突出问题及建议

全国政协副秘书长、民进中央副主席朱永新反映，中共十八大以来，我国深入实施"人才强国"战略，中央到地方密集出台文件，推进科技创新、加强人才队伍建设，带动效应不断显现。在百年未有之大变局和世纪疫情背景下，各国之间经济和科技的较量更加激烈。我国科技人才队伍还需进一步消除结构性问题，增强稳定性，激发创新活力。

一、存在问题

（一）高端人才缺乏、海外引才受限。一是我国缺少具有世界影响力的科学家，缺少能够自主提出重大原创科学问题、建立理论体系、形成学派的高端科学家群体。2020年我国"全球高被引科学家"数量仅为美国的29%。二是随着国际形势变化，中美战略博弈升级，美国高科技人才政策收紧，对我国海外引才带来困难和挑战，一流人才引进被"卡脖子"，高科技企业引才尤其困难。以上海市为例，上海2018年引进的国际人才70%来自美国，2019年下降为50%，2020年进一步下降为40%。三是我国在国际人才来华工作、科研、交流等方面的相关政策还有待完善，包括居留制度、财税政策、营商环境、法治保障、知识产权保护、退休政策、安居政策等。

（二）国内流动频繁、人才竞争激烈。一是各地区各区域之间科技发展水平和人才投入总量差距较大，人才争夺激烈。一些高校或科研院所以偏离市场合理价格的薪酬待遇抢挖人才，给予高薪低税待遇，导致不发达、欠发达地区越来越难以留住人才，在科技、产业等方面的地区差异越来越大。随着国家实验室、国家大科学装置等"国家队"的新一轮洗牌，"虹吸效应"将会越来越大。二是高校、科研机构、高科技企业等不同机构之间，对中高端人才引进竞争加剧，科研人才队伍流动加快。以作为我国载人航天工程空间应用系统总体单位的中科院空间应用工程与技术中心为例，该中心面临国内互联网顶尖企业的激烈人才竞争，2020 年科研人员进出比高达 1：0.6。中科院上海光机所也反映，上海师范大学物理系引走了光机所的科研团队。我国高层次人才队伍总量有限，人才过度流动会造成队伍松散、不稳定、内耗增加的问题，不利于战略科技力量的强化。

（三）科研院所招生受限、科研后备力量不足。一是科研院所的研究生指标由教育部制定，招生规模非常有限，且研究生培养需配套相应的资源和条件。中科院很多院所反映研究生指标严重不足，研究生招生和培养受到限制，不能满足战略科技力量对于人才储备的需求。同样以中科院空间应用工程与技术中心为例，该中心所需的很多人才无法从国外引进，只能立足于在完成重大工程过程中自主培养。而中心虽然有很好的航天科技平台、教师队伍及学科方向，但研究生指标资源配置受到极大限制，中心有 150 个导师，但每年只有 60 个研究生指标。二是博士后作为重要的科研后备力量，队伍发展仍不健全。欧美一些国家的博士后比例很高，成为国家科技创新实力的坚实支撑。而我国博士后整体比例还较低，且博士后通常是短期性岗位，薪酬待遇较低，大多数博士后在站期间以解决户口、找稳定教职为目标，无法专心科研，不利于持续积累和潜心研究。

（四）英才教育未成体系、基础教育导向不够。一是按照统计学规律，我国至少有 200 万名智力超常儿童，他们是国家重要的战略资源。英才教育对于国家发展与科技创新具有重大战略价值，美、英、德、俄、韩、日等国建立了完备的国家英才教育体系，美国率先把英才教育上升为国家战略，通过一系列法令和政策加强英才教育体系，到 1990 年全美 50 个州都有了英才教育的政策与立法。但我国英才教育体系尚未形成，未能对 200 万名智力超常儿童因材施教，造成人才资源的浪费。二是高校理科培养规模不足，基础教育中对理科兴趣培养不够，对从事科研的引导不够，不利于培养基础研究人才。"学好数理化，走遍天下都不怕"的潮流逐渐退出历史舞台，在"3+3"的新高考方案中，物理学科一再遇冷，高考选科"弃物理"现象越来越多。

二、有关建议

（一）系统梳理人才需求。一是深入研究人才队伍现状，调研梳理多头挂靠、兼职等情况，摸清人才家底，全面掌握人才供给和需求情况。二是尽快明确国家战略科技力量的人才需求。区分总量紧缺和结构性紧缺，针对不同紧缺原因制定分类改善政策，找准短板后尽快充实力量。三是整合资源，分层级绘制人才需求和分布地图，明确各方人才需求，搭建人才合理交流流动平台。

（二）灵活做好国际引才。一是重点突破领军人才问题。除了某些关键核心领域只能立足国内培养以外，尽可能抓住疫情后国际形势变化这一契机吸引重点领域高端人才。注重多国籍、多渠道灵活引进。发挥体制优势，对重点人才实行"一人一策"。既要注重引入领军人物，也要争取吸引其整个科研团队，包括进口科研设备的运维人员，减少新建团队的磨合期，提高科研效率。二是完善国际引才相关配套政策。在居留制度、财税政策、知识产权保护、退休政策、安居政策等方面尽快有所突破。试点外国高端人才申请中国绿卡"直通车"。建议公安部、国家移民管理局在上海市试点，采取用人单位担保制等方式允许其直接申请《外国人永久居留证》，给予其发展长期稳定预期和准国民待遇。延续外籍人才相关税收优惠政策，在2022年1月1日政策到期后，延续或出台新的外籍人才免税优惠政策。

（三）加强科研后备力量建设。一是根据科研院所科研领域特点，确定相应的研究生培养规模，建立招生规模与科研活动规模相匹配的高层次人才培养资源配置机制，明确研究生培养指标数量、经费和资金来源，加强战略科技力量人才储备。二是健全博士后培养机制，提高薪酬待遇，提供有利于专心致研的支撑保障条件。三是创新青年人才培养模式，鼓励高校构建面向未来科技和产业创新发展需求的课程体系和教学模式，重点支持青年科技人才在新兴学科、边缘学科和交叉学科的研究。

（四）完善英才教育体系。一是加强英才教育政策顶层设计。设立英才教育专责机构，制定发展规划和标准体系，系统筛查英才儿童群体。二是健全英才教育体系与教育模式。完善与英才教育体系相匹配的拔尖创新人才选拔体系。打破学段限制，英才教育贯通"小学—初中—高中—大学"各学段。三是建立英才教育研究与资源支持体系。筹建国家级英才教育研究机构，提供专业研究支撑。将英才教育培养内容纳入教师培养培训体系，提高普通师资的英才教育专业化水平。

（五）明确创新教育导向。一是基础教育阶段强化对数学、物理等基础研究学科的兴趣引导。引导学生从小尊重科学、培养兴趣、鼓励科研价值取向，培养学生家国情怀。把科学精神、科学素养、创新思维和社会责任等内容贯穿教育全过程，着力培养面向世界、面向未来的创新创造青少年人才。二是高等教育阶段强化创新导向。加强科学、技术、工程、数学教育（STEM教育），提升学生创新素养。在本科阶段，注重选拔优秀人才作为基础研究后备军来培养。在研究生阶段，进行系统的科研训练和科学思维培养，同时提高补贴待遇，调动研究生投身科学研究的积极性。在学科布局上，统筹传统学科与新兴学科发展，注重交叉学科的提前布局。

（发表于 2022 年 6 月 20 日《民进信息》第 604 期）

"双减"增效仍需近中长期对策配套

全国政协副秘书长、民进中央副主席朱永新，北京零点有数数据科技股份有限公司董事长袁岳反映，2021 年 7 月 24 日教育"双减"政策实施后，经历 2 个学期、2 个期末考、2 个寒暑假，目前校外培训机构有效压减，培训市场大幅降温；校内普遍实现课后服务"5+2"全覆盖，强化了作业管理、课后服务水平、课堂教学质量"三个提高"。对全国 29 个城市的 3211 位成年居民关于"双减"政策实施成效的调研结果也显示，仅从公众满意度感受而论，"双减"政策落地成效明显。但与此同时，对政策实施的疑虑及满意度存在明显差异，这样的社会心理基础为隐形培训、变种培训持续存在提供了空间，也增加了政策落实中家校协同的难度。当前，应把消除社会焦虑、提升家长信心、加强对政策的深度理解放在重要位置。

一、存在问题

（一）"双减"受到的关注度高，满意度尚有很大提升空间。"双减"政策实施一年后，社会关注度仍处于高位，调研中 66.6% 的公众关注"双减"，在"创建文明城市""老旧小区改造"等 12 项"近年推进的公共政策和相关服务举措"中处于第 3 位。而在整体满意度方面，"双减"在上述公共政策和相关服务举措中处于第 11 位，后续仍有优化和加力空间。如果将 12 项相关公共服务措施分成"锦上添花""着力保持""暂时维持""亟待改进"四个区，"双减"政策与

"个人信息保护""菜篮子工程"等同处于关注度较高、满意度较低的"亟待改进"区。

（二）家长焦虑是"双减"满意度不高的重要原因。调研发现，不满意度群体的焦虑主因在于：一是对学生减负，但中高考政策和教育评价机制不改革，"孩子会被教育高铁高速甩出"的担忧；二是就业市场"看学历、看名校"现象以及家长"唯分数、唯学历、唯升学"思维都尚未转变，担忧孩子现在减负将来就业前景有隐忧；三是部分家长对所在地方学校教育质量和教育均衡本就信心不足，担心"双减"及其执行面的差异会加大这一不均衡性；四是长期依赖学校和校外培训"双轨教育"的家长，对"双减"后如何管理孩子的时间和进行素质培养感到迷茫。

（三）对孩子教育辅导能力有限的人群在"双减"政策下更为焦虑。数据显示，月收入5000元以下、无固定收入、无业失业、初中及以下学历群体对"双减"关注度更高，满意度却更低；高学历、高收入等掌握更优社会资源的"三高群体"则对"双减"更加满意。《中国青年报》2022年3月的一次调查中也显示"因家长的能力，很难辅导好孩子"在教育焦虑中占比最高，教育辅导能力有限可能是有关群体对"双减"满意度低的重要原因。

二、有关建议

（一）把已出台配套措施加入"双减"明白卡。国家教育部近年出台了系列中高考改革等"双减"配套措施，但是家长知晓度低。教育部门可在推出的"双减"明白卡上，除了介绍"双减"初衷、开展的工作和成效，重点增加对已经出台的中考命题、普通高中育人方式改革、义务教育学校考试管理、义务教育质量评价、教育评价改革、中小学生作业管理、手机管理、睡眠管理、健康管理等"双减"相关配套政策的介绍与展示，让家长认识到国家开展系统性教育改革、改善教育环境的决心，打消家长"学生减负，但中高考、教育评价机制不改革""孩子被教育高铁高速甩出"的担忧。

（二）开展"双减"后学生发展与时间管理的典型案例经验宣传。教育部门鼓励学校总结"双减"实施后学生德智体美劳全面发展和健康成长的个体性的典型案例，总结家长群体配合学校创造的大量丰富生动的课后孩子时间管理的最佳实践，让家长切实感受"双减"对孩子"看得见""摸得着"的影响，也让部分相对缺少这类家教社教经验与能力的家长有可以学习借鉴的具体标杆。

（三）对"双减"后的作业设计进行统一规范和引导。作业是巩固学生课堂学习成果、检验学生学习效果的重要手段，"双减"的校内减作业，减的是学科类题海作业数量，不是减质量，更不是摒弃作业。教育部门在各地探索"七彩作业""配方作业""智慧作业""基础作业＋弹性（特色）作业"等作业创新设计基础上，谨慎沉淀、小心求证，按照学生核心素养大纲的培养目标对作业设计进行统一规范和引导，促进学生能力评价从"知识型"向"能力型"转变，避免学校间产生以作业为代表的新的教育不均衡。

（四）建立社区、妇联、共青团、公益基金会等组织对教育的配合机制。"双减"的校外减培训，减的是"教育资本化"，不是减"社会参与"。面对社会低收入、低学历群体的担忧，宜结合家庭教育促进法，为家长组织提供部分义务或低成本的公益性社会教育资源。可联动社区、妇联、共青团、公益基金会等社会组织，鼓励其探索学生可参与的社会服务项目；也可进一步推动校外培训机构"营转非"，整合资历较深、资质正规、产品和服务能力较强、教育人才和课程资源较丰富的机构，进入社会教育资源库。在借鉴国际经验的基础上，探索社会资源参与学生课后服务和兴趣教育的模式，补充家庭教育和家长"自教育"的不足。

（发表于 2022 年 8 月 29 日《民进信息》第 870 期）

公园城市建设亟需提质扩量

全国政协副秘书长、民进中央副主席朱永新，民进中央参政议政特邀研究员、上海交通大学中国城市治理研究院常务副院长吴建南，北京零点有数数据科技有限公司董事长袁岳反映，公园城市建设是体现新发展理念的城市发展高级形态，是提高全民生活质量、优化城市生态环境的重要举措，其价值体现在人文、经济、社会、美学等多个维度。2022年8月，民进中央联合零点有数数据科技有限公司利用答对交互平台，调研全国29个城市3211位居民对"公园城市建设"实施成效的评价结果。调研发现，公众对公园城市建设较为关切，但业界和学界对公园城市建设在经济方面的价值发挥研究作用尚不充分，公园城市建设亟须提质扩量。

一、背景情况

（一）公园城市建设受到公众高度关注，满意度待提升。调研数据显示，全国有62.4%的公众关注公园城市建设，在12项"近年推进的公共政策和相关服务举措"中，受关注度排在第5位；但高关注度下，公众对公园城市建设满意度评价为79.66分，在12项公共服务举措中处于第10位。因素重要性推导模型显示，如果将12项相关公共服务举措分成四个区，公园城市建设和个人信息保护法、教育"双减"政策、"菜篮子工程"这些民生安全保障政策同列亟待改进区。

（二）公园城市建设在量和质上均难以满足需求。结合本次评价收集的语音意见顾客之声（VOC）自动分析结果，对公园城市建设不满意群体的意见主因表现在：城市绿化面积太少、城市"拆建频繁"、"胡乱建设，不考虑人民实际需求"、公园分布太少、公园内部设施太少、公园建设有些设计不符合公众需求、设施被部分人群占领无法满足多元群体需求。综合来看，目前公园城市建设对本地人群的需求分析和响应都不够充分，一是在数量和覆盖范围上，二是在规划研究上，三是在设施配套和功能、服务设计上，尚未建立完善的供需匹配和需求反馈机制。

（三）各城市表现参差不齐，公众满意度差异较大。在本次调查覆盖的 29 个城市中，有 15 个城市公众满意度高于总体平均水平79.66 分，其中海口、杭州、成都三地市民对本地公园城市建设的满意度最高，依次为 84.01 分、83.59 分和 83.07 分，处于全国较高水平，三地在公园城市建设方面的政策举措、推进落实成效显著，受到公众高度认可。有 14 个城市公众满意度低于总体平均水平，最低分为 75.4 分，和最高分相差 8.6 分。

（四）中青年群体关注度和满意度都高，老人最关注但最不满意。进一步对人群进行对比分析发现，不同年龄段群体对公园城市建设的关注率和满意度差异较大。30—49 岁的中青年和中年群体满意度基本一致，在各年龄段中处于较高水平，其中 30—39 岁人群关注度更高（64.19%），这部分人群通常刚步入结婚生子阶段，体现出亲子家庭对公园城市建设的强烈需求；60 岁及以上老人对公园城市建设关注度最高（65.38%），但是满意度却最低，仅为 76.49 分；50—59岁的中老年人对公园城市建设的满意度也较低，仅为 77.90 分。

二、原因分析

（一）公园城市建设作用发挥仍然不足。公众关注度反映出公园城市建设是强烈的民之所需，与个人信息安全、教育"双减""菜篮子工程"等民生保障政策同样重要。很多城市在制定了推动公园城市建设的政策举措之后，取得了明显成效，获得了本地市民的高度评价，但从整体来看公众对于公园城市建设的数量和品质都抱有高期待。这导致公园城市建设在生活、社会层面的价值发挥还不够充分。

（二）业界和学界对公园城市建设在经济方面的价值发挥研究尚不充分。公园城市建设是日常生活必不可少的公共服务。公众高关注度和各城市间满意度表现不平衡，反映出公园城市建设需要被提到更高的战略地位，需要更充分的制度保障。但当前，尚缺乏对公园城市建设的高层规划和建设指导意见。例如，2019 年 10 月商务部等十四部门联合印发的《关于培育建设国际消费中心城市的指导意见》中，明确提及了文化、体育、旅游等产业，并提出了"促进传统百货店、购物中心、大型体育场馆、闲置工厂区等"空间在促销费中的任务，但是并未明确提出公园、园林绿地等重要场景的作用，而是将"开展城市环境美化建设、优化生态宜居环境"作为"加强消费环境建设"的任务之一提出，仅体现了园林绿化的软效益，而没有体现出其直接的促销费、拉动经济作用。

三、有关建议

（一）强化公园城市示范试点顶层设计，扩增名单数量。加强国家层面的顶层设计，从制度层面进行统筹规划，将其作为城市规划的重要内容。除成都外，建议相关部委研究制订新的公园城市示范区或试点城市建设方案，增加城市名单，对于即使不在名单中的城市，也需制定最低限度建设目标和建设标准。在成都建设经验总结梳理基础上，征集更多的公园城市建设优秀案例和做法，邀请多行业专家组建专家委员，引入专业独立第三方，研究设计相关建设方案、建设标准、评估方案、验收方案等，并进行指导、督建，开展动态化的征集、评估和验收。

（二）动态监测公园城市建设市场效益，发挥融合作用。园林绿化相关部门通过研究分析，梳理公园城市建设促销费的内涵和外延，形成消费指数类型和评价指标体系，通过网络大数据抓取、定向获取行业数据和特定点位的抽样调查，多渠道收集指数研究相关基础数据，计算公园城市建设促销费指数，量化公园城市建设促销费的成果，算好"生态账、产业账、效益账"。通过和更多的城市建设场景结合，发挥"公园 +"和"+ 公园"的融合效益。公园绿地作为主体出现时，研究其带来的经济效益和社会效益，当其作为附属出现时，研究其为其他行业带来的促进效益和拉动效益。各地将公园城市建设纳入区域产业、城市、文旅不同领域的规划和建设工作中，强化"+ 公园"的作用。

（三）重视服务体验、创新智慧监管，提升服务品质。一是将服务体验师和服务设计引入公园管理服务优化中，帮助公园完成从空间向服务体的转型。各地公园对游客进行精细化的用户画像，兼顾老人、儿童、青年等不同群体在同一空间的多元化需求，提升细分群体服务体验。招募来自不同人群的公园体验师进行常态化体验和问题反馈，将体验落在具体的服务场景和触点上，量化采集体验需求，包括公园门票服务、游园服务、活动展览、文创产品等多个体验场景，为公园管理方提供优化管理服务的具体可落地的抓手，提升服务供需匹配度。二是科学推进智慧公园建设，提升服务标准化、精细化水平。以提高公园整体管理水平、运行效率为重点，运用大数据、云计算、移动互联网、信息智能终端等新一代信息技术，结合游客交互体验平台，对公园管理、运营、服务等全过程进行数字化表达和智能化控制，通过搭建线上公共服务平台，提供智慧便民服务，完善公园智能导览等，持续提升公园建设规范化、标准化、精细化水平。

（发表于 2022 年 10 月 9 日《民进信息》第 1011 期）

加快出台个人信息保护法配套措施

全国政协副秘书长、民进中央副主席朱永新，北京零点有数数据科技有限公司董事长袁岳反映，随着大数据、云计算、应用算法、人工智能等数字化技术的发展，个人信息和数据安全已成为社会关注热点。2021年11月1日《中华人民共和国个人信息保护法》（以下简称《个人信息保护法》）正式开始实施，标志着我国个人信息保护步入新阶段。近期，通过在全国29个主要城市随机抽取3211位18—60岁年龄段的居民，利用答对交互平台调研了该法律实施后个人信息保护的最新状况。

一、情况介绍

（一）居民关注度高，但满意度尚存较大提升空间。本次调查显示，67.2%的公众关注《个人信息保护法》，在12项"近年推进的具体公共政策和相关服务举措"中居第2位；但对《个人信息保护法》满意度在12项政策中排在第8位，百分制下的加权满意度得分为80.24分。因素重要性推导模型推导显示，《个人信息保护法》处于关注度较高、满意度较低的亟待改进区，显示立法出台使得个人信息保护更加有法可依也初见成效，但相关保护机制的建设与依法保护的成效尚未充分显现。

（二）经济发达地区城市居民、高学历群体满意度偏低。个人信息保护满意度，与居民互联网使用经验、对个人信息的敏感程度与识别能力、居民维权意识等方面有直接关联。中国互联网络信息中心（CNNIC）《中国互联网络发展状况统计报告》显示，城乡互联网普及率和细分群体互联网使用率差距均在不断缩小；下沉市场短视频使用率已超过一、二线市场，网络视频和即时通信使用率与一、二线市场持平。调查结果显示，居民对个人信息保护的满意度与城市经济发展状况有一定关系。一、二线城市居民的满意度得分低于三线城市，满意度得分分别为 78.04 分、79.70 分和 83.10 分。个人背景信息如年龄、职业、收入等对居民满意度影响不大，但硕士及以上学历群体的满意度（76.45 分）低于总体水平（80.24 分）。反映在整体经济社会程度发展较高、受教育程度较高的背景下，民众对个人信息保护的敏感度和期待要求都会更高，而对实施成效的评价也会更苛刻。

（三）日常生活中可感知的个人信息泄露问题依然突出。第 50次《中国互联网络发展状况统计报告》显示，我国网络安全形势持续好转，遭遇个人信息泄露的网民比例有所下降，但仍处于较高水平（21.8%）。调查结果显示，在 118 位表达了具体意见的不满意居民中，有 44.07% 的居民称线上服务和数据服务的渗透性不断加强，其中夹带的个人信息泄露和被违规使用现象普遍存在；有 13.56% 的居民表示曾因个人信息泄露而遭电话骚扰；更有 18.64% 的居民直言自己遇到各种个人信息保护方面存在的问题，从而导致自己增加了对网络服务、医疗服务、防疫服务、政务服务、金融服务等方面的疑虑。一些媒体中传播的利用信息和数据进行的违规操作案例，也敲响了个人信息保护领域的警钟。

二、有关建议

（一）建立专门的个人信息保护监管机构。个人信息泄露滥用的形态丰富，变化多端，需要对个人信息保护的需求场景及时摸底、高效判别、快速反应、有效监管和有力处置。建议中央网信办设立专门的个人信息保护监管机构履行相应管理职能，并督促各部门制定并公布与其职能相关的个人信息保护配套措施，督导管理需要统筹协同的相关工作。

（二）建立各行业各领域个人信息保护标准和监督机制。目前全国信息安全标准化技术委员会已出台《信息技术安全技术公有云中个人信息保护实践指南》《信息安全技术　移动互联网应用程序（App）收集个人信息基本要求》等推荐性国家标准，但行业标准应用仍有待建设，尤其是广受关注的快递、直播、新零售、金融、疫情防控、互联网服务平台等领域尚未有适应新形势新要求的专门深度细化标准。建议主管部门督促相关行业主动明确本行业在信息处理中的权利和义务，制定相关隐私管理政策，并做好监督落实。

（三）确立个人信息保护领域的公益诉讼机制。个人信息滥用多涉及公众利益，《个人信息保护法》第七十条规定了公益诉讼救济方式，但实践中公益诉讼仍面临不少困境，比如可作为原告的消费者组织仅限于省级及以上消费者协会，国家网信部门确定的组织尚不明确，个人信息侵权举证难度大，立案起诉标准不清晰；等等。建议司法部门与网信、检察、公安部门共同明确相关公益诉讼的立案标准。另外适当扩大公益诉讼原告范围、扩充所涉及消费者保护组织的级别、纳入检察机构作为公益诉讼提起者，甚至可以考虑纳入专门的个人信息保护维权公益机构；应明确网信、公安等相关部门跟进固定有关证据的时限，支持高校或科研机构设立个人信息侵权鉴定机构，以利公益诉讼举证工作顺利进行。

（四）建立个人信息保护工作的全国统一信息发布窗口。个人信息保护工作广受社会各界关注，虽然相关机构陆续开展系列工作，但社会影响力偏低，不利于后续工作展开。建议依托国家层面平台建立个人信息保护工作子平台，实时公布相关配套规章、解释和标准等动态进展信息；提供各类专项整治行动检查结果的综合查询窗口，如工信部通报过的所有侵害用户权益 App 清单及整改情况、各省专项整治行动查处的相关机构等；及时发布社会公众关注的重大事件的处理结果。

（发表于 2022 年 10 月 11 日《民进信息》第 1033 期）

继续将人民生活满意度作为衡量工作的"标尺"

　　全国政协副秘书长、民进中央副主席朱永新，北京零点有数数据科技有限公司（以下简称零点有数公司）董事长袁岳反映，中共二十大将"增进民生福祉，提高人民生活品质"明确作为新时代新征程中国共产党的使命任务，坚持以人民为中心的发展思想，使人民获得感、幸福感、安全感更加充实、更有保障、更可持续，也是习近平新时代中国特色社会主义思想的重要内容。这个发展任务更丰富、要求更高，挑战也更大，人民的需求、人民的满意和人民的期待是我们未来工作的重要抓手，也是衡量我们工作成效的标尺。需要我们在从事各项工作的时候时刻关注人民的感受，把握人民的生活需求。

一、基本情况

　　近日，民进中央联合零点有数公司，对全国除新疆、西藏、宁夏和港澳台地区以外的 29 个省会城市、自治区首府城市、直辖市和深圳市，调研个人生活总体满意度及治安、职业、业余生活、收入、住房等 11 个分领域满意度。调研发现，长期受市民关注的诸多社会问题已有所缓解，2022 年中国市民生活满意度升至新高，但未来预期乐观度还有待巩固。

　　（一）突出社会热点问题得到化解，市民关注点更为多元分化。以 2000—2016 年来看，通常最受人们关注的第一位社会问题往往有 35% 以上的关注度，最高甚至达到 70% 的关注度，而到第五位最受关注社会问题的关注比例一般也不会低于20%。但2022年最受城市居民关注的前三位社会问题分别是"医疗服务与改革""就业机会与保障""环境质量与保护"，其关注度分别仅为16.2%、16.1%、16.1%，而其他社会问题获得的关注度都超过5%。一方面，说明比较突出的社会短板被补齐，整个社会更为健康有序；另一方面，也从侧面体现出当前市民社会更具有多元、分化、变动的社会特质。纵观历年来市民关注的社会问题，一直备受关注的房价、医疗、环保、就业问题还没有离开公众的视野；而人口老龄化、经济发展动力等问题，开始成为新的关注点；食品药品安全、社会治安、社会保障、物价、贫富分化等曾经在不同年份位列热点前列的社会问题已有所缓解。

（二）城市居民生活满意度持续提升，六项分领域满意度突破4分。2022年中国市民生活满意度均值得分4.05分，首次突破4分，达到比较满意的水平。相比2000—2016年进行的同题调查的3.26—3.84分有显著提升。同时2022年城市居民对生活感到满意的人群比例也进一步提高，数据显示，对生活非常满意和比较满意的受访者比例之和达83.8%，而对生活非常不满意和比较不满意的比例之和为2.5%。2022年市民不仅总体生活满意度提升，而且在各项分领域指标上也升分明显，有六个方面的公众满意度突破了4分，达到比较满意水平。这六项指标按排名顺序分别为：社会治安满意度、人际关系满意度、个人工作满意度、业余生活满意度、居住状况满意度、学前教育满意度。

（三）市民生活满意度不仅基于对国家整体发展的认可，也建立在对自我生活质量提升的认可之上。与2006—2014年有关居民生活满意度调查结果对比，2022年的数据显示，市民对个人生活各领域的满意度与对各项公共服务的满意度齐增；而就对个人生活总体满意度的影响力而言，个人生活各领域的满意度的相关性更高，多数指标的相关性都在0.3以上；而对公共服务的满意度的相关性全部在0.3以下，体现出当前居民生活品质提升更具落地性。分析个人生活分领域满意度与总体生活满意度的相关性发现，"个人经济状况满意度""工作状况满意度""业余生活满意度"始终是影响人们对自己整体生活满意度最重要的三个因素。2022 年"个人经济状况满意度"的影响力有所上升，代替十年前的"业余生活满意度"成为影响人们总体生活满意度最重要的因素。另外"消费时机认同度"对个人整体生活满意度的影响力较 2012 年也有比较大的增长。

二、存在问题

（一）预期收入增长水平未达高位，未来消费增长预期支撑不足。调研发现，市民的"个人经济状况满意度"为 3.87 分、对于"消费时机的认同度"为 3.57 分，这两个指标得分位处本年度各生活质量指标的中间位置，但提升的幅度较大。但是，受今年上半年各地疫情反复影响，在本次调查中当询问受访者对于未来一年个人收入水平的预期时，有 31.2% 的人认为会没有变化，9.0% 认为会有所下降，0.4% 认为会大幅下降，合计有超过 40% 的人对未来一年个人收入增长并不乐观，未来一年个人收入增长乐观度为 3.61 分。此外，人们对未来一年的整体生活乐观度 3.62 分，是近年来调查数据中略偏低的一个分值。市民未来收入预期乐观不足，也将削弱未来消费增长的可能性。

（二）养老保障尚不能满足当前老龄化服务需求，养老忧虑度仍处高位。根据人社部预测，"十四五"期间我国老年人口将超过 3 亿人，从轻度老龄化进入中度老龄化阶段。我国"50 后"人口约为 2.06 亿，"60 后"人口约 2.35 亿，"70 后"人口约 2.19 亿。从 2022 年开始，每年将有 2000 万的"60 后"加入养老大军，预计 2025 年我国会有超过 1 亿规模的"60 后""年轻老年人"。本次研究中，"养老忧虑度"得分为 3.32 分，这个指标的得分不仅在今年的各项分领域满意度中排名靠后，而且与 2012 年相比忧虑度提升了 2.92%。本次研究中我们将"养老忧虑度"分为"养老照顾忧虑度"和"养老费用忧虑度"，研究数据显示，整体来说，受访者对养老费用的忧虑度稍高，为 3.30 分，养老照顾忧虑度为 3.33 分。60 岁以上组的"养老忧虑度"是所有人群中最低的，而处在养老担当中坚位置的 40—49

岁年龄组的"养老忧虑度"是所有人群中最高的。

（三）城市社会中年轻人对生活的不满意感更强，理想与现实落差较大。比较不同群体得分，除了养老忧虑度略低，未来生活预期乐观度与其他市民群体接近外，30岁以下人群的个人生活各维度满意度得分都处在后位。这显示出对于年轻人来说较高的生活质量期望与现实条件存在落差，在社会资源分配与社会治理各个方面的青年参与、青年话语权和适应青年的需要方面需要给予更大的空间。

三、有关建议

（一）建设专业、独立、持续的中国人民生活满意度指数监测体系。尽快建设常规的中国人民生活满意度指数监测体系（SIPLC, Satisfaction Index on People's Life in China），扩展到涵括城乡居民，主要的行政区划，覆盖当前核心政策与公共服务措施，以此衡量检验这些工作的成效和所得到的人民认可程度。监测工作需要考虑与各方关联度而产生的立场偏差与利益纠葛，因此既需要强调用好专业、优质的第三方机构，也应做好对监测工作的监理督察工作。

（二）针对公众群体需求差异性和动态变化提供组合型施政解决方案。更加重视对公众分群体需要的认识，重视差异化需求的满足途径。例如，处于不同生命周期的群体老人、中壮年、年轻人的需要就不同；不同职业的社会群体企业家群体、新社会阶层和蓝领白领员工群体，新市民与老市民，不同收入水平的群体诉求与关注点也不同。需要在过去建设统一的服务供给、保障政策、筑底线的工作思路基础上，在增强公共服务的均衡性和可及性的基础上，加强对于特定社会群体需求问题的发掘、运筹、组合和平衡的解决能力，开辟超越西方公共服务体制的中国式人民高质量满意度管理机制。

（三）应用数据技术，精准把握前瞻性服务能力的建设。面对规模化人群，多样化的需求，更快节奏的变化，捕捉与满足不同状态、不同角色、不同场景里的民众需求，需要我们高度重视新型数字技术的应用，在现有对于数字算力、数据平台、数字系统建设的基础上，加强对更多日常数据清洗处理与可访问性的投入，加快不同来源的数据融通，推进不同场景中的应用算法开发，建设丰富充裕的数字脑核，高效高质地运用数字化治理手段做好数字化决策预案、决策选择支持、决策执行过程监测和决策成效评价。

（四）探索"一带一路"沿线国家人民生活满意度合作性实验监测，推广中国善治经验。2019 年《为人民谋幸福：新中国人权事业发展 70 年》白皮书提出"人民幸福生活是最大的人权"，中国以发展促人权的理念会越来越具有说服力。随着"一带一路"的建设推进，中国提升人民满意度的发展经验也带给"一带一路"沿线国家重要启示，可以考虑在"一带一路"沿线首先选择 4—5 个友好国家尝试进行 SIPLC 实验监测，并将监测成果作为国家间治理经验交流、人民相互理解和交流、不同文化和体制下民生合作项目开发及其成效监测的重要依据，以此进一步丰富人类利益共同体建设的内容。

（发表于 2022 年 10 月 20 日《民进信息》第 1071 期）

"中国式现代化"赋予"科教兴国"更高地位、更重使命

全国政协副秘书长、民进中央副主席朱永新反映,习近平总书记在中共二十大报告强调,"教育、科技、人才是全面建设社会主义现代化国家的基础性、战略性支撑。必须坚持科技是第一生产力、人才是第一资源、创新是第一动力,深入实施科教兴国战略、人才强国战略、创新驱动发展战略,开辟发展新领域新赛道,不断塑造发展新动能新优势。"科教兴国离不开人才,而人才的培育自然也离不开教育,如何办好人民满意的教育,中共二十大报告为我们指明了前进方向、擘画了宏伟蓝图。

一、中共二十大报告将"科教兴国"独立成章,有着非常重要的特殊意义

我们注意到,在中共十八大报告和十九大报告中,科技创新驱动都是放在经济领域的部分来论述的,而教育只是作为民生领域部分的其中一点。中共二十大报告首次将教育、科技、人才作为一个整体性的重大问题单独论述,并且位序靠前紧跟在"使命任务""高质量发展"之后,我认为蕴含着特别的深意。教育的战略性定位得到进一步的明确,报告提出教育、科技、人才是全面建设社会主义现代化国家的基础性、战略性支撑,科技是第一生产力、人才是第一资源、创

新是第一动力，但是这三者其实都离不开教育，教育应该是科技、人才、创新的"第一基础"。中共二十大报告明确了教育在社会主义现代化强国建设和中华民族伟大复兴征程中的重要使命，在我们面临经济发展转型、科学技术"卡脖子"等问题的背景下，再次强调科教兴国和人才强国有着特别重要的意义。

二、高质量教育体系如何在"中国式现代化"的进程中发挥积极作用

中共二十大报告提出，"加快建设高质量教育体系，发展素质教育，促进教育公平。"这为我们今后的工作提供了根本遵循，充分体现了以习近平同志为核心的党中央对完善中国特色社会主义教育体系的根本要求。我理解的"高质量教育体系"，从国家的层面来讲，就是与社会主义现代化强国相适应的教育体系，包括高水平、均等化的基本公共服务体系，多样化、选择性的准基准公共服务体系，以及有利于人的成才的一个教育治理体系。具体来说，就是要确保各个教育阶段、各种教育类型都能够高质量发展，比如义务教育如何实现优质均衡以及城乡一体化，学前教育和特殊教育如何更好地推进普惠发展，高中端的教育如何更好地多样化发展，职业教育如何实现普职融合、科教融合、产教融合，高等教育如何协同创新，学校家庭社会如何建立起好的协同育人的机制，以及如何构建"中式学习体系"等。

三、从"公平而有质量的教育"到"高质量的教育体系"表述变化的背后深意

相比较中共十九大报告提出的"公平而有质量的教育"，中共二十大报告表述升华为"高质量的教育体系"，从"公平有质量"到"高质量"，从"教育"到"教育体系"，表述变化的背后蕴含着丰富

的内涵。我认为，公平和质量始终都是教育的两个基本问题。改革开放以来，特别是党的十八大以来，国家持续加大了对西部和农村教育事业的投入，合理配置教育资源，东西部地区、发达地区以及落后地区城乡之间的教育发展不均衡的问题得到了很大的缓解。在这种背景下，我们强调建设高质量教育体系和促进教育公平，就有着特别重要的意义。今天我们所追求的教育公平，是通过经济社会发展和教育自身的变革来实现的更高水平的公平，也就是高质量背景下的公平。它在于让每一个个体都有机会享受到优质教育资源，都能够得到发展的机会，都能够成为有用之才。从"教育"到"教育体系"的变化，体现了过去公平而有质量的教育主要就基础教育而言，到现在针对从学前教育到终身教育全过程的华丽转变。

四、对于培养德智体美劳全面发展的社会主义建设者和接班人的理解

再对比一个细节上的变化，中共十九大报告提出"培养德智体美全面发展的社会主义建设者和接班人"，而这次二十大报告表述为"培养德智体美劳全面发展的社会主义建设者和接班人"，多了一个"劳"字。虽然只有一字之差，但是我觉得对于教育培养目标的表述却是更加完整了。之前很长一段时间里，劳动教育在我国的大中小学课程中基本消失了，在我们的教育方针中也看不到了。此次中共二十大报告劳动教育得到了"回归"，反映出强调通过劳动教育，使学生能够理解和形成正确的劳动观，树立劳动最光荣、劳动最崇高、劳动最伟大、劳动最美丽的观念；体会劳动创造美好生活，体认劳动不分贵贱，热爱劳动，尊重普通劳动者，培养勤俭、奋斗、创新、奉献的劳动精神；具备满足生存发展需要的基本劳动能力，形成良好的劳动习惯。总而言之，就是要爱劳动、会劳动，要尊重别人的劳动。其实我们社会上的很多"教育焦虑"，比如担心孩子上职业学校等，根源在于对劳动的价值、劳动者的态度发生了认知偏差。无论是对个人还是对家庭、对国家而言，教育都是一个长久的计划。教育需要谋划，

需要时间，也需要耐心。在二十大报告里面我们看到了谋划，我们也期待未来收获满满的人才。

（发表于 2022 年 10 月 19 日《民进信息》第 1073 期）

快递服务跃升应聚焦"末端服务"瓶颈

近 10 年，我国快递业保持超高增速发展，快递体量达世界第一。海量的快递深入千家万户，与人民生活息息相关，快递的服务满意情况更是备受关注。近期，民进中央面向全国 29 个城市 3211 位居民，调研了快递服务满意情况。调研发现，快递服务获得民众较高评价，在调研的商业服务中百分制下的综合加权满意度为 81.1 分；老年群体等相对弱势群体对快递服务满意度较高，体现了快递行业发挥了促进消费公平的作用。但是，快递业大而不强、精细化服务不足，成为制约服务行业消费升级的短板之一。

一、存在问题

（一）精细化服务水平明显有待提升。从不同级别城市看，三线城市用户对快递服务非常满意的比例为 44.5%，高于一线城市的 36.4%、新一线城市的 36% 和二线城市的 36.8%。东部地区、一线城市、新一线城市和二线城市快递基础建设相对更发达完善，但用户满意率反而不够高，体现了快递行业的服务尚未完成从基础建设到精细化服务的提升。

（二）末端服务正在成为阻碍快递服务发展的主要瓶颈。2022 年 1 月国家邮政局发布的《快递市场管理办法（修订草案）》（征求意见稿）中对于末端投递已经有了明确要求，但效果欠佳。调研发现，快递行业最大的痛点来自末端服务，末端服务的矛盾点主要是不上门以及由此引发的损件、丢件等一系列问题。根据零点有数数据科技有限公司为国家邮政局提供的《快递行业服务水平监测报告》，2021 年行业最大的服务下降点正是来自快递上门问题，派件员服务满意度由 2020 年的 88.1 分降至 84.3 分。2022 年 6 月央视网发起话题："快递送货上门是不是法定义务？"瞬间登上热搜榜，足见快递服务对民众影响之深。出现上述问题的原因，一是企业未能充分把握群众需求，未经用户同意采取集中投递等方式引发群众不满。二是激烈的价格战迫使企业以价换量、降本求存，通过减少派费、聘用临时工等方式降低人力成本。这导致快递员收入减少而流动性提高进而直接影响到稳定性。在人力资源和社会保障部公布的 2022 年第二季度全国最缺工 TOP100 职业排行榜中，快递员缺工程度排名第二。

二、有关建议

树立人民快递为人民和以用户为中心的服务理念，突破快递末端服务瓶颈，切实提升民众满意度。

（一）进一步强化监管，确保末端服务规范的落地性。末端服务频频引发群众不满，相关法规落实不到位，主要是企业普遍做不到而出现了法不责众的情况。监管部门要切实加强监管，同时引导快递企业通过技术手段完善服务，避免"一刀切"集中投递，努力做到按需投递。鼓励快递企业建立更加细化的服务标准，充分考虑用户需求和快递企业的实际供给能力，做到刚性承诺和柔性服务的组合。引导快递企业建立末端用户需求收集系统，了解用户的投递偏好，以技术手段加持，真正实现多元末端的协同。

（二）妥善处理末端投递突出问题。针对末端投递导致的快件丢失、破损问题，快递行业协会出台明确统一的判责标准，避免末端问题被无限放大，恶意投诉者钻空子获利，普通民众投诉无门。邮政管理部门需进行双向管控，一方面，需引导快递企业做到售后处理渠道公示说明，售后处理路径清晰化、处理过程透明化、处理方案一致化；另一方面，从保障行业尊严和企业权益的角度，允许企业在监管部门的监督下，建立快递行业用户信用体系，必要时可设立恶意投诉黑名单，有利于行业良性发展。

（三）引导行业良性竞争。政府部门需坚持引导行业多元发展、做好服务分层、产品分类，谨防价格战抬头，维护行业理性发展。引导快递企业采用合理的人员管控方式，为用户提供更好的服务。

（发表于 2022 年 10 月 24 日《民进信息》第 1094 期）

准确把握二十大报告关于教育的新提法新要求

全国政协副秘书长、民进中央副主席朱永新反映，中共二十大是在全党全国各族人民迈上全面建设社会主义现代化国家新征程、向第二个百年奋斗目标进军的关键时刻召开的一次十分重要的大会，报告站在民族复兴和百年变局的制高点，科学谋划未来五年乃至更长时期党和国家事业发展的目标任务和大政方针，提出一系列新思路、新战略、新举措，是指导我们全面建设社会主义现代化国家、全面推进中华民族伟大复兴的纲领性文献。

二十大报告关于教育问题的论述丰富、全面、深刻，有许多创新理论与观点。

一、充分肯定了十年来中国教育的成就

二十大报告对过去十年教育工作取得的成就做了充分肯定。特别是指出在幼有所育、学有所教上持续用力，建成了世界上规模最大的教育体系，十年来中国教育实现了历史性的跨越式发展。比如，在学前教育方面，围绕破解"入园难"，国家出台了两个学前教育三年行动计划和一系列相关政策，推动学前教育跨越式发展，取得了历史性成就。2021年，全国幼儿园数达29.5万所，比2011年增加12.8万所，增长了76.8%。2021年，全国幼儿园在园幼儿数达4805.2万人，比2011年增加1380.8万人，全国学前三年毛入园率由2011年的62.3%提高到2021年的88.1%，增长了25.8个百分点。比如，高

中教育也加快了普及发展步伐，如期实现了普及目标。2021 年，全国高中阶段教育毛入学率达 91.4%，比 2012 年提高 6.4 个百分点。2021 年，全国普通高中总数达 1.46 万所，在校生达 2605.03 万人，比 2012 年分别增长 7.97% 和 5.59%。

十年来，我国职业教育从层次走向类型、从政府主体走向多元参与、从规模扩张走向内涵发展，建成了全世界规模最大的职业教育体系。2021 年高职学校招生 557 万人，相当于十年前的 1.8 倍；中职学校（不含技工学校）招生 489 万人，招生规模企稳回升。中高职学校每年培养 1000 万名左右的高素质技术技能人才，新增劳动力的平均受教育年限达 13.8 年，为经济社会发展提供了有效的人才支撑。

二、强调了教育的战略地位

二十大报告对于教育的战略地位进行了充分的肯定和强调。在十八大报告中，科技与教育分别在第四部分"加快完善社会主义市场经济体制和加快转变经济发展方式"和第七部分"在改善民生和创新管理中加强社会建设"加以论述。十九大报告中则分别在第五部分"贯彻新发展理念，建设现代化经济体系"和第八部分"提高保障和改善民生水平，加强和创新社会治理"加以阐述，也就是说，科技与创新驱动是作为经济问题，教育是作为民生问题加以考虑的。

但是，二十大报告把教育与科技单列，以"实施科教兴国战略，强化现代化建设人才支撑"为题进行讨论，而且位置前移到第五部分，把科技、教育、人才作为一个整体性的重大问题单独论述，有着特别的深意。报告明确提出，教育、科技、人才是全面建设社会主义现代化国家的基础性、战略性支撑，科技是第一生产力，人才是第一资源，创新是第一动力。教育是国之大计、党之大计，要坚持教育优先发展，建设教育强国，坚持为党育人，为国育才，全面提高人才自主培养质量。着力造就拔尖创新人才，聚天下英才而用之。明确指出了教育在社会主义现代化强国建设和中华民族伟大复兴征程中的重要使命。在我们面临经济发展转型、科学技术"卡脖子"等问题的背景下，再次强调科教兴国和人才强国有特别重要的意义。

三、重申了党的教育方针

二十大报告明确提出，要落实立德树人根本任务，培养德智体美劳全面发展的社会主义建设者和接班人。劳动教育十年来第一次写进党代会的报告。很长一段时期，劳动教育在我们大中小学校都"消失"了，在我们的教育方针中也不见了。二十大报告中劳动教育的回归，就是要通过劳动教育，使学生能够理解和形成正确的劳动观，树立劳动最光荣、最崇高、最伟大、最美丽的观念，体会劳动创造美好生活，体认劳动不分贵贱，热爱劳动，尊重普通劳动者，培养勤俭、奋斗、创新、奉献的劳动精神，具备满足生存发展需要的基本劳动能力，形成良好劳动习惯。现在社会上的教育焦虑，如担心孩子上职业学校等问题，根源在于对劳动的价值、劳动者的态度发生了认知偏差。

四、全面部署了加快建设高质量教育体系，办好人民满意的教育

二十大报告对于加快建设高质量教育体系，办好人民满意的教育进行了详细丰富、深刻完整的论述，其中有许多创新的提法。具体如下：

（一）报告提出要加快建设高质量教育体系，发展素质教育，促进教育公平。在十九大提出的"公平而有质量的教育"的基础上，进一步突出了"高质量教育体系"的目标。在这个时候，强调"建设高质量教育体系"和促进教育公平，有着特别的意义。今天所追求的教育公平，在于从学前教育到终身教育，让每个个体都有机会享有优质教育资源，都有得到发展的机会，都能成为有用之才。

（二）报告对发展不同阶段不同类型的教育提出了各自的重点内

容。如义务教育的重点是推进优质均衡发展和城乡一体化，优化区域教育资源的配置；学前教育与特殊教育的重点是普惠发展；高中阶段的教育重点是学校多样化发展；职业教育、高等教育、继续教育的重点是协同创新，推进职普融通、产教融合、科教融合，优化职业教育类型定位。这里关于职普融通和优化职业教育类型定位，都是第一次出现在党代会的文件中。

（三）报告对学科建设和教材建设问题给予了特别的关注。提出要加强基础学科、新兴学科、交叉学科建设，加快建设中国特色、世界一流的大学和优势学科。敏锐地关注到当代学科发展的趋势及其对于科技发展与一流大学建设的作用。报告提出的加强教材建设和管理，学科建设和教材建设问题，也是第一次出现在党代会的报告之中。

（四）报告对于民办教育发展问题有新的表述，与十九大提出的"支持和规范社会力量兴办教育"相比，二十大报告强调了"引导规范民办教育发展"。

（五）报告提出要推进教育数字化，建设全民终身学习的学习型社会、学习型大国。把教育数字化建设与学习型社会建设联系起来，意味着国家将进一步发展面向全社会的教育智慧平台。其中"学习型大国"的提法，也是第一次明确提出。

（六）报告继续关注教师队伍建设，强调要加强师德师风建设，培养高素质教师队伍，弘扬尊师重教社会风尚，再次体现了党中央对于教师队伍建设的关注与重视。

（七）报告对于发挥学校家庭社会教育合力作用提出了明确要求，提出要"健全学校家庭社会育人机制"，与近年来国家多次强调的重视家庭家风家教建设相一致。

（八）报告特别提出要加大国家通用语言文字推广力度。一方面，国家通用语言文字推广对于加强民族团结和凝聚力具有特别重要的意义；另一方面在脱贫攻坚的过程中普及国家通用语言文字也发挥了重要作用。这在党代会文件中也是第一次强调。

（九）报告对深化教育领域综合改革提出了明确要求。"深化教育领域综合改革"是十八大报告中提出的目标任务，这次二十大报告中除了谈到加强教材建设与管理和健全学校家庭社会育人机制外，重点谈到了完善学校管理和教育评价体系的问题。

（十）报告在"广泛践行社会主义核心价值观"部分，明确提出推动理想信念教育常态化制度化，推进大中小学思想政治教育一体化建设，这也对加强思想政治教育的顶层设计，贯通不同教育阶段的思想政治教育内容与方法，提出了新的课题。

（十一）报告在"提高全社会文明程度"部分，提出要加强和改进未成年人思想道德建设，推动明大德、守公德、严私德，提高人民道德水准和文明素养。同时，提出要加强国家科普能力建设，深化全民阅读活动，完善志愿服务制度和工作体系等。

总的来说，加快建设高质量教育体系，办好人民满意的教育，从国家层面来讲，就是建设与社会主义现代化强国相适应的教育体系，包括高水平的、均等化的基本公共教育服务体系，多样化、个性化、选择性的准基本公共教育服务体系和有利于人人成才的教育治理体系。作为教育工作者，我们将认真学习贯彻二十大精神，积极投身教育改革发展的实践，为建设社会主义教育强国，推进中国式现代化事业做出新的贡献。

（发表于 2022 年 10 月 28 日《民进信息》第 1114 期）

城市应急安全管理需提升治理系统性

　　全国政协副秘书长、民进中央副主席朱永新等反映，城市应急安全治理的系统性建设，是保障城市发展的重要环节。城市应急安全发展的影响因素复杂多面、不断演化，使得城市应急安全问题具有一定的突发性和不可预测性，且在不同自然环境或不同经济发展区域中呈现不同特点，只有系统织密城市应急管理安全网才能够从容应对挑战。截至 2020 年年底，超过 250 个城市报名参与国家安全发展示范城市活动，力求探索如何系统应对当下挑战。近期，对全国 29 个城市的 18—60 岁居民调研发现，"创建安全发展示范城市"实施成效评价度高，但仍有提升改进的空间。

一、背景情况

　　调研显示，目前仍有 62.1% 的公众表示关注这项工作，在 12 项"近年推进的公共政策和相关服务举措"中排在第 6 位；"创建安全发展示范城市"整体满意度 81.42 分，在 12 项政策中排在第 3 位。因素重要性推导模型显示，如果将 12 项相关公共服务措施分成四个区，其中，"创建安全发展示范城市"政策处于关注度中高、满意度中高的着力保持区。该项活动获得双高评价，体现了政府工作着力点契合公众切身需求，以及应急科普宣传形式的创新对提升全社会应急安全文化水平、提升群众防灾避险能力也起到了推动作用。

　　然而，不同群体对"创建安全发展示范城市"的关注度和满意度截然不同。从年龄、收入、学历、职业等维度看，有相当一部分人群关注度和满意度均接近平均水平。但受教育程度相对高的群体中关注"创建安全发展示范城市"活动的比例超过 71.1%，远高于受教育程度相对低的群体，但他们的满意度却低于平均水平。与之相反，离退休人员、公务员群体对该活动的关注度低于平均水平，但满意度却高于平均水平。此外，受教育程度相对低的群体、无固定收入群体对此项活动关注度和满意度均低于平均水平。女性对城市安全发展的关注度和满意度均略高于男性。

二、存在问题

创建活动获益感低、安全发展规划不周全、安全文化营造不足，是部分公众满意度不高的三大原因。调研中，公众对"创建安全发展示范城市"不满意主要集中在以下三个方面：

（一）创建活动获益感低。公众倾向于把创建活动看成是跃进式而非持续性的城市管理精进活动，会有"形式主义""劳民伤财""只是应付检查"等看法，对于创建活动中一系列公共管理增效活动没有关注，甚至认为现有措施和监督工作效果表面化、执行不规范。

（二）安全发展规划不周全。具体包括：安全发展规划在城乡区域间不平衡、规划时灾害要素考虑不够全面且整合力度较低、应急预案的规划缺乏针对性，且未配套落实应急演练优化机制。

（三）安全文化营造不足。目前，公众对于城市安全发展的内涵、外延和意义都相对片面，尚未形成"大安全、大应急、大减灾"的格局观。

三、有关建议

建议有关部门着力从执行、规划和共治三个方面提升安全发展工作的系统性，提升公众的认知度，增加群众"创建安全发展示范城市"获得感。

（一）建立监测管理、指挥处置、研究预测三位一体的城市安全风险管理系统，打造城市"应急脑核"。针对城市安全工作责任部门多、统筹资源复杂的情况，可整合汇聚各相关部门数据，形成城市安全大数据资源池，实现全灾种、跨部门、跨区域、跨层级的数据融合和一网统管，打造"全域联动、立体高效的安全防护体系"：通过数据治理有机整合灾害风险要素、承灾体属性、防灾减灾救灾资源的信息，为资源合理调配奠定基础；通过实时信息对齐和多级指挥中心直通一线（村居级）来提高指挥效率，并解决"信息传递的最后一公里"问题；还可以通过挖掘工作数据、考评数据、公众投诉数据等多方面数据之间的联系，建立合理算法提升监督效率和能力，在问题反馈中查漏补缺，逐步补齐城市安全管理的缺位工作。总之，通过数据算法治理，形成城市运行的"应急脑核"，通过打造先进高效的应急数据算法体系，形成更强的应急关键事项的提前发现能力、预警处置能力。

（二）充分利用应急灾害资源普查数据提升规划的系统性和科学性。一是积极探索自然灾害综合风险普查成果在自然灾害防治等重大规划编制中的应用，如通过数据分析缩短防灾减灾链路，为风险研判、预案修订、资源调度提供依据；通过数据分析平衡布局城乡及不同区域间的防灾减灾救灾资源；在灾害善后过程中注意前续灾害带来的数据积累，以便有针对性地复盘，提升未来应急预案的质量。二是从可持续性出发，建设"常普常新"的成果管理与更新系统，实现数据全量落地管控及后续普查更新内容的可扩展同步维护，从而确保这些具有准确性和时效性的应急灾害资源数据最终将汇入城市"应急脑核"，在规划的落地执行层面提供支持，真正提升预先处置能力。

（三）系统卷入社会共治力量以提升社会治理效能。重点了解群众看重什么、告诉群众干了什么、动员群众干点学点什么。一是利用民意调研对民意敏感点、需求点进行诊断。着力研究营造"城市安全文化"氛围的关键撬动点。二是搭建立体化的宣传网络，针对民意痛点多传达工作实效，以点带面收获正面声誉。重视及时、全面、动态的舆情跟踪监测。宣传目标人群可以首先切准高学历群体，提升他们的获益感和满意度，利用好他们需求敏感、反馈意愿强的特点，发挥意见领袖效应带动总体满意度提升。三是发起社会共识研讨会、体验师、科普赛事、志愿服务等活动，通过与公众的直接互动增强参与感，提升应急安全教育和应急文化营造效果，最终提升全民应急安全意识和素养。过程中重视行业协会、社区志愿者、学校的带动作用。

（发表于 2022 年 10 月 28 日《民进信息》第 1115 期）

加快构建"中国式现代化"公共服务新体系

全国政协副秘书长、民进中央副主席朱永新等反映，最新数据结果显示，中国城市公众对中央政府满意度继续保持高位，基层政府满意度进步明显，全国城市公共服务水平提升显著，公共服务短板基本补齐，中国城市已进入相对优质服务型社会。因此，需要对未来的公共服务发展设定新的目标与预期，形成中国公共服务发展的新的历史阶段。

一、基本情况

（一）公众对中央政府满意度和国家发展方向保持高度认可，基层政府服务进步明显。调查结果显示，94.05%的受访者认为中国正在朝着正确的方向发展，91.46%的中国城市公众对中央政府的满意度位于高位。同时，城市公众对中央、省、市、区（县）、街（乡）五级政府间的满意度差距正在逐渐缩小。2016年中央政府与乡镇街道间的满意度差超过30个百分点，越接近基层满意度越低，而2022年这一差距已缩小为8个百分点，说明政府整体表现效能拉高拉近，也体现了"放管服"改革取得成效。

（二）全国城市各项公共服务满意度水平较高，公共服务短板基本补齐。通过对社会治安、社会保障、基础教育、医疗卫生、疫情防控、垃圾处理、文化体育设施供给等13项公共服务事项满意度展开公众调查，显示各项公共服务满意度平均分在80分左右，最高分和最低分之差只有 4 分，城市公共服务短板已基本补齐。我国在过去十余年间，经历人均 GDP 从 3 千美元到 1 万美元的爬升期，不仅在公共服务方面的投入和供给持续增加，同时公共服务水平也有显著提升，得到社会公众的广泛认可。

（三）城市公共服务抵近商业服务满意度水平，但仍有向上空间。过去的十年间，在服务型政府建设、以人民为中心的服务理念指导下，各级政府部门简政放权，公共服务更加规范和标准化；通过使用数字化、网络化服务方式，服务更加便利可及；采用"接诉即办、街乡吹哨部门报到""一网统管一网通办"等大量创新服务方式，服务响应更加顺畅高效；通过"好差评"等多种内外监督机制，以评促改，不断优化公共服务流程，突破公共服务难以达到商业服务水平的限制。但是，还要看到商业服务领域有更多的前沿服务方式与标杆值得公共服务学习借鉴。应积极发挥商业化的专业服务机构的能量，利用价值链整合与生态组合、政府采购、服务推荐和服务展示等方式，充分发挥商务服务的作用，降低公共服务成本，优化与拉长整体社会服务有机链条。

（四）全国不同区域城市层面公共服务质量初步实现近质化。以每个城市 13 项公共服务满意度的平均分作为该市公共服务的总体满意度时，发现 2022 年全国城市间公共服务质量近质化水平显著提升，按七大经济区对公共服务总体满意度水平对比，得分最高的经济区和最低的经济区间差距不足 1 分。按不同服务事项在七大经济区间进行对比，最高得分 82.24 分，最低得分 76.52 分，差距不足 6 分。以往公共服务相对落后的地区，服务基础设施、人员服务意识、服务的标准等进步相对更快。同时城市人口规模、公众对服务的期望值较高等因素也会一定程度上制约公共服务水平有先发优势的东部一线城市公共服务满意度的表现。

（五）公共服务高质量发展中存在着需要特别关注的群体。调研发现，60 岁以上的老年人、离退休人员对各项公共服务的满意度总体较高。公务人员群体对公共服务的评价与其他社会群体存在较大差别，他们对就业服务和食品安全满意度较高，但该两项公共服务在其他社会群体看来，评价是较低的；对文化体育设施服务、基础教育服务两项的满意度又低于其他社会群体。学生群体、无业 / 失业人员、无固定收入人员是当前公共服务最需关注的群体，对各项公共服务满意度普遍低于其他社会群体。其中无固定收入人员，对 13 项公共服务的满意度都低于总体平均水平，应重点关注。现有教育体系的职业技能含量低、产业转型与经济下行中岗位获得机会少、灵活就业带来的生活保障不稳定都是影响满意度的重要因素。

二、有关建议

（一）进一步实施政务服务体制改革，建立以满足民众更高需求为驱动的一体化、精简型公共服务机制。我国现有的公共服务体制具有部门多、功能多、人员多、直接事项多的特点，在现有的"放管服"改革下，精简政务办事流程、在集中场所与网络办事（一网通办）、打通部门间信息与数据（一网统管）、做好民众直接诉求的汇总与办理（接诉即办）等方面都取得了很大成效。为了让民众更好地感到"找一个政府窗口就可以高效办事"，当前政务改革应聚焦在需要多部门协同办理事项的后端数据融通和前端办事协同机制创新上，同时简政放权、公共服务智能化的具体成效也应更好地体现在裁减预算内编制人员上，这既可能是减少政府支出的新动力，也是民众可感知的政务精简成效点。

（二）赋能社会化专业服务，将公共服务的直接服务与间接服务扩展为更为有力的长价值链。国际公共服务的重要经验之一就是充分调动专业服务的能量，使得政府直接服务保留在有限范围、有限规模与有限支出水平之上；在我国公共服务发展的同时，我国的社会化、商业化专业服务也取得了长足进步，这也为在公共服务中更好地借力专业服务板块提供了专业支撑。无论是在司法、就业、环保、数据、安全、公益领域，还是在政务、营商环境建设领域，对于专业服务的政府采购与多种政务社会合作机制已相当丰富。以疫情防控中的民生保供工作为例，政府自己来做，人力严重不足，缺少专业手段和常态化渠道，借助已有的网上购物平台、快递物流公司来保供，而政府重在监管与支持性服务，则可大大提升政府保供服务的满意度，降低政府服务压力。因此，新型公共服务应是创新高效政务服务、商业化专业服务、社会化公益服务和产业化生态服务的有机统一，应对多类社会化服务机构的培育、丰富、赋能、支持、激励有明确科学的目标规划、资源赋能、支持政策、作用空间和监管机制。

（三）在推动公共服务数字化高质量发展的过程中，重视针对服务场景中问题的算法建设。在公共服务数据中心、算力中心的基础上构建应用性公共算法中心，我国城市公共服务已实现信息化，正在向数字化发展，现在集中大厅办事、网上政务服务、12345 政务服务热线已普及，不少地方成立大数据局，加强城市数据治理和数据融合，探索数据驱动的城市治理新方式。当下，各地公共服务数字化基础工作注意加强算力配置的问题，也有地方努力使政务数据与其他相关社会数据具有更强的可访问性、可调用性和可贯通性。然而智慧服务、智慧城市除了要有算力（云存储、云计算、区块链）、算量（大数据与小数据）外，拥有面对具体场景问题开发的应用算法，才能真正高效调用数据、应用数据分析问题、应用数据解决问题。一个普通城市需要数以万计的算法，而今天很多大城市的公共服务算法总量也寥寥无几，因此无法高效发挥基于数据智能的问题判别、分类、预警预判、匹配优化、对策设计作用。为公共服务算法提供相应的预算科目、制订区域公共服务算法开发计划、引入与培养必要的公共算法人才，已成公共服务数字化与智能化建设的当务之急。

（四）重视培养新一代公共服务人才。我国的公共服务面广量大，涉及的专业不限于公共管理学科，因此新一代公共服务人才应不仅限于通过国家公务员考试资格，而且实际上岗人员除了明确的政治要求外，还要强调来自不同对应的文理工学科或者有佐证的相匹配的专业训练背景，应有一定时间长度的基层社会服务经验、公益服务或商业服务经验与工作业绩，同时应该经过包括社会问题及其透视、基层动员、群众沟通、文字梳理、数据分析、决策实践、冲突管理、政策理解与执行、利益集团管理、公共服务团队管理、社会资源管理、数字化工具等实用工作方法论的专业训练。公共服务队伍应当最大限度地减少把公共部门当成稳定、保障、有权、可显摆岗位的职业选择群体。

（发表于 2022 年 11 月 1 日《民进信息》第 1131 期）

我国城市商业服务业进入高质量发展"新赛道"

　　全国政协副秘书长、民进中央副主席朱永新等反映，商业服务业发展水平是衡量现代经济社会发达程度的重要标志。近日，通过面向全国 29 个城市开展的对 10 项主要商业服务满意度的评价调研，并与 2012 年 5 月在北京、上海、广州、武汉、成都五个城市展开的针对 22 项商业服务满意度公众评价结果做对比，研究发现我国城市商业服务业的消费者满意度已达较高水平，区域差异和行业差异明显缩短，数字化的服务在各商业服务领域全面渗透。我国城市商业服务业已进入高质量发展阶段，为中共二十大报告提出的"构建全国统一大市场，深化要素市场化改革，建设高标准市场体系"奠定了坚实基础。

一、背景情况

　　（一）城市商业服务水平实现整体性跨越提升。2022 年 10 项商业服务的综合满意度都在 80% 左右，排在最后一位的汽车 4S 店服务综合满意度也达到 77.40%。对比 2012 年和 2022 年前后 10 年城市消费者评价结果，2012 年表现最好的银行服务，满意度也只有 59.7%，排名最后的保险服务满意度只有 35.3%。2022 年的数据显示，10 年间通过商业服务业企业的共同努力，在激烈的市场竞争条件和政府主管部门的监管机制下，我国城市商业服务业全面进入比较成熟、规范、优质的发展阶段，同时，表现最优的行业与排名最后的行业分值只相差 3%，行业间服务水平差距进一步缩小。

（二）线上购物、快递服务、餐饮服务成为新 10 年的服务典范。从具体排名看，10 年前银行服务、电信服务代表了当时的服务标杆。如今，线上购物、快递服务、餐饮服务成为新 10 年的服务典范。在 2012—2022 年中国很多行业的服务模式、行业竞争格局等都发生了极大的改变，这些改变最集中地体现在新技术、新模式，特别是各类线上服务的普及和浸透。2012 年智能手机还没有进入中国市场，今天很多大众化的网上服务都还没有出现，如餐饮业的网上外卖服务、金融领域的手机银行服务、快递服务的物流跟踪等。2022 年服务最优的恰是与在线新技术联系最紧密的服务类型。而在 2012 年综合满意度表现还比较落后的保险服务、餐饮服务、家政服务是进步最明显的行业。例如，保险服务综合满意度提升了 44.77%，餐饮服务综合满意度提升了 36.98%，家政服务综合满意度提升了 36.44%。而银行服务、电信服务、汽车 4S 店服务、物业服务行业的满意度排名顺序虽出现了下降，但综合满意度也有明显提升。

（三）区域间服务水平差异得到极大弥合。本次调研显示，东中西部地区、一二三线城市、七大行政区的不同城市，在各项商业服务满意度得分上差距不大，不同城市的各项商业服务的综合满意度差值多在 1% 左右，个别项差值达到 2%。从各地区 10 项商业服务总体水平看，区域间综合满意度差值也在 1% 以内，说明在线技术实现的广域服务覆盖带来服务感受的拉近，商业服务行业内部的服务规范和标准，也实现了在全国相对一致化或近质化的推行，我国商业服务水平上的地区间差距得到明显拉齐。

（四）不同群体间服务针对性、收费治理、人员素质提升攸关服务感受优化。虽然城市商业服务整体满意度提升，但根据多元对应分析结果，在不同年龄、不同教育程度和不同收入水平的群体间，服务感受存在差异。消费者的不满意点，集中在收费问题和人员服务素质问题上，收费问题主要体现为收费贵、乱收费、收费套路多、价格不透明；人员服务素质问题主要体现为速度慢、态度差、专业性不足等。交叉分析发现，在多数商业服务中，18—29 岁的"95 后"群体的满意度相对较低。而 60 岁及以上的老年人对家政服务、物业服务、4S 店服务的满意度低于其他年龄段。

二、有关建议

（一）发挥市场力量和政策鼓励作用，引导各商业服务行业积极做好高质量发展规划。满足不同群体更为个性化、场景化的需求，提供更具便利化、精准化的服务，鼓励更为广泛地引入大数据算法、智能化服务是下一阶段服务创新的主要方向。本次研究中消费者满意度相对居后的行业，如家政服务、物业服务，需要更好地加强数字系统管理和行业数据治理；银行服务、电信服务、保险服务等数据相对丰富，但服务算法开发应用需加强；旅游服务需要超越部门视野，加强跨行业、跨地区、跨部门资源统合和多元数据融合。在"十四五"期间，鼓励各个商业服务行业，出台更加顺应新发展阶段需求趋势的行业整体性发展规划，政府主管部门则定义好自己的引导、支持和监管角色。

（二）从服务经济走向体验经济，充分引入服务设计在各商业服务领域的应用。"体验经济"是继农业经济、工业经济、服务经济之后的经济发展模式，重在引入服务设计理念，其核心在于以消费者为中心、以体验为导向，服务流程持续优化，有更好的服务支撑体系。各服务行业中应用服务设计理念，加强引入服务设计师、服务体验师、服务数据官和算法科学家，做好生动体验和数字管理的结合工作。从消费者感受出发，做好服务要素的消费者期望、承受力和接受度摸底，全面提升服务生动性、服务周期管理、服务美学丰富性、服务设计的参与性、服务信息通俗性和可及性、服务投诉便利性、服务诉求办理的高效率、服务纠纷处理机制创新性。

（三）发挥公共服务和商业服务不同优势，优化"15 分钟便民生活圈"建设。在全国"城市 15 分钟便民生活圈"试点的基础上，根据目标社区中不同人群的需求特点，形成更为精准匹配的服务品类结构和服务性价比结构。探索商业服务资源和公共服务资源的配置模式创新，发挥好公共服务对于基础需要和特定人群需要的特殊保障兜底作用，最大限度地用好商业化服务个性化满足和专业高效的优势。

（发表于 2022 年 11 月 9 日《民进信息》第 1178 期）

基层治理需行政与自治有效衔接

党的二十大报告指出，我国要完善社会治理体系，健全共建共治共享的社会治理制度，提升社会治理效能，建设人人有责、人人尽责、人人享有的社会治理共同体。党的十九大以来，国家在解决基层治理悬浮化问题、向基层放权赋能方面加大了工作力度，取得了重要成绩，通过治理重心下移、资源下沉等手段逐步解决基层单位政务服务响应速度、运行效率、流转成本、资源配置等问题，通过这样的举措对于提升基层单位行政管理服务效能起到了作用。但是村居委会作为居民自我管理、自我教育、自我服务的基层群众性自治组织和共同体，功能发挥还不明显。

一、背景情况

对公众参与基层治理的认知、意愿开展研究尤为重要。近期，民进中央发起系列民生政策公众评价调研，获得了全国 29 个城市的18—60 岁 3000 多位居民对村居委会工作满意度的评价和参与基层治理的意愿情况。

（一）居民对村居委会工作情况满意度较高。通过调研发现，居民对村居委会工作情况整体满意度打分为 83.39 分，说明居民能切身感受基层工作的不易、更直观地看到其工作的成效，对其满意度处于较高水平。在所有居民群体中，对村居委会工作表示非常满意的比例达 28.5%，比较满意比例达 61.0%，表示非常不满意和不太满意的比例为 0.9%。调研发现，不满意人群中以 18—39 岁的青年人、大学本科及以上高学历人群为主（在不满意人群中分别占比 71.4% 和 67.9%）。

（二）居民参与基层治理意愿强，个人志愿服务意愿坚定。调研发现，居民在参与基层治理方面，对继续推选现在村居委会负责人的意愿度、对志愿者参与村居委会管理工作模式的认同度、对自己作为志愿者参与村居委会管理或服务活动的意愿度都比较高，表示肯定和可能的比例均在 83% 以上。其中，表达"肯定"愿意作为志愿者参与管理或服务活动的比例最高（30.2%），高于对继续推选村居委会负责人的意愿度（27.5%）、对志愿者参与村居委会管理工作的认同度（28.2%）。从这个角度来看，居民个人参与志愿服务的意愿显得更为强烈，形成了良好的基层共治的基础。

（三）不满意的主要原因基层治理能力不足、居民对村居委会作为社区共同体的认知不足。分析居民对村居委会工作不满意的原因，主要集中在其"推诿，责任心不强，不作为""不能解决老百姓问题""为人民服务不到位、不及时"三大方面，具体表现为"人浮于事工作不尽职尽责，糊弄敷衍居民，政府的政策在这里都没有很好地传递给居民""为了完成指标，工作粗暴""封控期间没有任何帮助""上门关怀服务不及时"。这反映出两方面问题：一方面，在居民心目中，村居委会是"国家治理单元"的一部分，类似于政府的末梢，而不是"社区共同体"的概念，因此对其所抱的期待和不满主要反映在其作为一个行政服务主体的效能实现问题；另一方面，当前村居委会在基层治理能力、治理效果上距离人民群众的期望仍有差距。

（四）各类居民对村居委会满意度、志愿服务参与意愿度差异明显，一线城市居民满意度不高但参与意愿较强。对比分析各类居民群体发现，60 岁及以上老年人、公职人员、月收入在 15001—20000 元的中高收入居民满意度、支持度、参与志愿服务的认同度和意愿度都是最高的，具有硕士及以上高学历居民虽然满意度不高但是作为志愿者参与服务的意愿度比较高，但是 18—29 岁的青年群体满意度和参与意愿都比较低。各类居民群体作为基层治理的主体，如何发挥好他们的参与性和主体性，还需要逐个重点突破。同时，对比不同类型城市发现，三线城市居民对村居委会满意度、支持度、参与志愿服务认同度和意愿度都远高于一线城市、新一线城市和二线城市，一线城市居民满意度相对低但是支持度、参与志愿服务认同度和意愿度相对高于新一线城市和二线城市。在一线超大城市，城市管理单元多，居民与基层村居委之间的联系更为紧密，对其管理和服务的需求和期待更高，同时一线超大城市社区行政化程度相对更高，社区人员配备、服务、社工机构、社区社会组织和志愿者动员体系更具优势。

二、有关建议

（一）用好社区党委、社区居委会、社区服务中心组合的同时，厘清各方关系。处理好社区基层组织作为行政末梢和社区自治组织的双重关系，首先，为了保障社区服务功能的充分实现，要充实社区服务中心的力量，确保社区服务中心建设到位，并有人财物的保障；其次，加强社区工作者能力建设的同时，也要加强对基层社区工作者的关爱。

（二）加大社区志愿者体系的常态化、组织化建设，吸纳多类主体充实村居委会队伍。打破村居委会、街乡、区政府的管理模式中村居委会人员数量少、能力弱的问题，用好居民志愿者力量，充实村居委会在公共服务、社区治理、动员组织方面的力量。把社区志愿服务者、业委会与村居委会的协作常规化、组织化，将业委会、志愿者组织整合在村居委会下新型的社区线上线下互动服务中心，提升社区韧性。在选举村居委会领导时，提名对象也应公开鼓励有人自荐或者居民联合推荐，吸纳志愿服务者、社区服务和社区工作、业委会中的人才充实到村居委会队伍甚至领导班子中，也提升村居委会选举投票率。

（三）基层治理需做到心中有数，用好数字化手段实现善治。村居委会领导需要对当前所面临的问题和挑战做到心中有数，对于领导主责的事项、履职情况、工作痕迹进行数字化管理，一方面有助于日后绩效评估，另一方面为未来村居委会换届选举、队伍调整能提供有力的依据。技术赋能基层治理、实现善治，将信息化技术真正用于社区治理和服务中，而不只是喊口号，例如用好社区居民微信群的信息公示、组织动员功能，用好基础的线上调研平台开展群众信息采集和意见反馈工作提升管理与服务效能等。

（发表于 2022 年 11 月 16 日《民进信息》第 1223 期）

媒体关注

　　媒体的价值和力量来自它的公共性。把弱者的声音放大，让智者的声音远播，是媒体的重要功能，而媒体建立的人和人、人和信息的连接，在很大程度上凝聚了社会人群的力量。许多委员都说我有"媒体缘"，许多媒体朋友喜欢找我采访聊天，我虽然不可能"来者不拒"，但是我总是尽可能挤出时间满足他们的要求。我知道，酒香也怕巷子深，委员的声音是离不开媒体的"放大"和"远播"的。媒体关注与社会关注、领导关注是统一的。

《人民政协报》：“秀才人情纸半张”

这些年来，每到年末都会收到永新寄来的一本日历、一封信函。

日历，16 开本，不到 50 页，除列有使用功能的 12 个月 50 余周 365 天的日历，供使用者安排日程、记录过往，重要的是，还有对"过一种幸福完整的教育生活——新教育"的初心、理念、价值、愿景、行动、成果，以及有关新教育重点著作的介绍。书写在新的一年日历上的新教育，虽惜墨如金，但以少少许胜了多多许，足以让人氤氲在新教育实验的明媚春光里了。

信函，一页纸，印满两面，辟头四句定场诗：

群山虎啸卷潮急，
沃野牛耕自奋蹄。
教育花开因有梦，
行知路上望旌旗。

然后，将自己 2021 年恪尽职守、学习研讨、著书立言、躬身历行之大者，娓娓道来。在感叹身为民进中央副主席、全国政协常委兼副秘书长、教授、博士生导师的永新，"努力如是之者"，一年做了那么多事情的同时，深深体会到，永新一年里，关山万里，行行重行行，"不忘合作初心，共担历史使命"的勤奋与执着。

其实，细细品读这四句诗，从具象到抽象，从现实到联想，从叙事到抒情，足以将永新的日历、信函，由读薄到读厚，由读厚到读薄。"群山虎啸卷潮急"，是"行至半山不停步，船到中流当奋楫"的自觉、自励。"沃野牛耕自奋蹄"，是对改革开放之初，民主党派老一辈领导人和成员致力"四化"，"老牛明知夕阳晚，不待扬鞭自奋蹄"精神内涵的传承。"教育花开因有梦"，是对新教育心心念念、忠于本心的追求。"行知路上望旌旗"，是秉持民盟前辈、教育界前辈陶行知先生"捧着一颗心来，不带半根草去"，奉命唯谨、知行合一的心路历程。

"秀才人情纸半张"，是过去文化人之间，多以诗文、书画作为馈赠之物，所费不多，在表意而不在表物的自谦、自嘲用语。信息化时代，许多文字往来已无纸化了。当手持日历、信函向永新表示感谢时，他则微笑着以"一揽子一年总结和祝福感谢的话，汇在一起，我是'秀才人情纸半张'"作为回应。我借用这句话，无非想表达很喜欢永新这种将自己工作成果与他人分享、自乐乐他的做法，很喜欢永新年末时节这份有质感的"纸半张"，当然，也读得懂这"纸半张"上的字里字外。

牛年的"纸半张"，是"留给史书一页新"。虎年又有新希望，新成果。相信永新虎年的"纸半张"，不变的是形式，丰富着的是内容。不变的是情怀，充沛着的是人生。

永新，新年好！

（发表于 2022 年 1 月 15 日《人民政协报》第 6 版，作者系全国政协委员、教科卫体委员会副主任常荣军）

《中国教育报》：朱永新："双减"背景下要适当增加教师编制

"'双减'政策全面实施以来，对于全面贯彻党的教育方针，落实立德树人根本任务，强化学校教育主阵地作用，营造良好教育生态，促进中小学生健康成长全面发展起到了重要作用。但在政策推进过程中，也出现了相关保障不到位，教师负担加重，课后服务质量不高等问题。"全国政协副秘书长、民进中央副主席朱永新建议，"双减"背景下要进一步完善基础教育保障体系。

朱永新在调研时发现，一是教师队伍无法满足"双减"后教育教学的需求。由于增加了课后服务、假期托管的任务，高强度、长时间的工作使得教师开展教科研等活动的时间被大幅压缩，教师专业发展和工作生活均面临较大压力。同时，"双减"对教师能力提出了更高要求。教师需要开展分层指导，要能够开设课后服务相关的课程，要具备多元评价的能力，要提高家校共育指导的能力等。二是课后服务的水平无法满足学生多样化的需求。相当一部分学校的课后服务内容是以学生完成作业为主，社会实践活动开展非常有限。而艺术、体育、科学等兴趣类课后服务往往班额大、班级数多，难以满足学生对音乐、美术、体育和创新、特色课程的需求。从课后服务的提供方式来看，以学校教师开设课程为主，少年宫、科技馆等社会教育服务的可及性较差，也很少有志愿者、公益性机构等提供相关服务。同时，课后服务的质量尚未纳入常规化监督评估体系，缺乏完备的质量监测保障。三是与"双减"政策相配套的经费保障尚未到位。调查显示，很多地方财政无力对课后服务经费予以支持，经费保障以收费为主。

这导致教师参与课后服务的补贴非常低；还有的地区在绩效工资总量不变的情况下，分配上向参与课后服务的教师倾斜，教师在工作时间明显变长、工作量增加的情况下基本维持从前的收入，工作积极性不足；有的地方试点通过购买公共服务的方式，从校外培训机构引进相关课程和服务，但在"双减"政策后，相关政策进一步收紧。

对此，朱永新建议，一是适当增加教师编制，加强教师培训。建议调整中小学教师编制标准，提高中小学师生比，适当增加教师编制总量。同时，针对"双减"政策对教师提出的新要求，对在职教师开展针对性的培训。二是调整义务教育阶段生均公用经费标准。充分考虑课后服务的管理、人员成本，在确定家庭的合理分担比例的基础上，核算不同类型课后服务的成本，并以此为依据，调整义务教育阶段生均公用经费标准。确保课后服务的经费充足，参与课后服务教师得到有效激励。三是建立校外教育机构公共服务购买机制。为了更好提升学校教育质量，并充分利用好社会上优质的教育资源，建议建立校外教育机构公共服务购买机制。

（发表于 2022 年 3 月 2 日《中国教育报》，记者：董鲁皖龙）

《中国教育报》：朱永新委员：建立国家英才教育体系，培养拔尖创新人才

"按照国际通用人群前 1%—10% 的比例测算，我国大概有 200 万—2000 万英才儿童需要纳入英才教育体系服务范围内，这是我国最为宝贵的财富。"全国政协副秘书长、民进中央副主席朱永新说，英才（也称"超前"）儿童是指同龄人中表现出高成就或有着取得更高成就潜能的儿童。与同龄人相比，他们具有更大的发展潜能，学得快、学得好，更容易早成才、成大才，是人力资源储备中的"富矿"。

朱永新表示，从世界范围来看，美国、英国、德国、俄罗斯、澳大利亚、韩国、日本、新加坡、以色列、新西兰等国都建立了完备的国家英才教育体系。相对而言，我国英才教育远远滞后于发达国家，一方面是缺乏从低年龄段开始直到高等教育阶段的英才教育完整的体系，另一方面是面向部分学业优异青少年开展英才教育的重点校、重点班，培养方向出现严重偏差。

对此，朱永新建议，一是走出观念和认识误区，为英才教育正名。英才教育并不违背教育公平原则，英才儿童在认知特征和人格特征方面与常态儿童具有显著差异，英才教育作为因材施教的一种形式，反映了因材施教的教育规律，体现了教育的差异性公平。

二是加强英才教育政策的顶层设计。政府必须发挥主导作用，从组织规划、机构设置、课程开发、教学改进、管理制度保障等多个角度，对英才教育政策涉及的各种问题进行系统规划与整体改进。

三是健全英才教育体系与教育模式。建立起"小学—初中—高中—大学"相贯通的英才教育系统，为不同教育阶段的英才儿童提供

"全覆盖"的特殊教育服务。

四是建立英才教育研究与资源支持体系。建议建立国家级英才教育研究机构，系统筛查英才儿童，建设全国英才教育数据库，追踪英才学生的成长、发展，制订英才教育总体方案，将英才教育内容纳入教师培养培训体系等，为英才发展提供专业支持。

（发表于 2022 年 3 月 2 日《中国教育报》，记者：董鲁皖龙）

《南方都市报》：全国政协常委朱永新：义务教育阶段建议调整生均公用经费标准

朱永新，全国政协委员、十三届全国政协常委兼副秘书长、民进中央副主席，知名教育家，曾被评为"中国十大教育英才"、改革开放30年"中国教育风云人物"。

履职笔记

今年全国两会，我共带来10份提案，其中7份与教育相关。我建议完善"双减"政策背景下的基础教育保障体系，应调整义务教育阶段生均公用经费标准，确保课后服务经费充足。

我的愿望

今年是我连续呼吁设立"国家阅读节"的第20年。

我认为，推进全民阅读，是促进人民精神生活共同富裕最基础、最便捷、最有效的路径。

"早晨5点起床读书；上午8点45分出发去中央统战部，参加年度重点调研选题介绍会；下午2点，参加参政议政部的部门工作会议；下午三点半出发去友谊宾馆做核酸检测；下午四点半到达驻地……"

3月1日，2022年度两会专栏"永新日记"开始更新，这意味着第十三届全国政协常委兼副秘书长、民进中央副主席朱永新进入"两会时间"。从 2003 年履职全国政协委员开始，朱永新每年两会都不间断更新日记、手记，近十年，他每年的履职实录都能构成一本书的体量。

今年全国两会，朱永新延续了以往对教育的关注，他共带来 10 份提案，其中 7 份与教育相关，包括建立国家英才教育体系、完善"双减"政策背景下基础教育保障体系、建设国家在线教育资源平台、提升基础教育教师队伍学历、支持非营利性民办学校发展。此外，今年是他连续呼吁设立"国家阅读节"的第 20 年。

谈英才教育

因材施教不违背教育公平　为超前儿童提供特殊服务

今年，朱永新的提案中，首次出现一个特殊教育领域——英才教育。英才教育的对象是英才（也称"超前"）儿童，他们从小表现出有取得更高成就的潜能，朱永新称他们为人力资源储备中的"富矿"，并认为能否开发好、利用好英才儿童这一稀缺资源，涉及一个国家的核心利益。

朱永新指出，英才儿童在认知特征和人格特征方面与常态儿童具有显著差异，英才教育反映了因材施教的教育规律，并不违背教育公平原则。

朱永新观察到，与美国、英国、德国、以色列、新加坡等国家相比，中国的英才教育远远滞后。一方面，中国缺乏从低年龄段开始直到高等教育阶段的英才教育完整体系；另一方面，目前面向部分学业优异青少年开展英才教育的重点校和重点班，在培养方向上出现严重偏差。

因此，他建议，中国应制定"全国英才教育发展规划"，从政府管理、财政支持、英才甄选程序、英才教育体系结构、课程开发、教师培训、项目评估等各个方面，整体设计、全面规划英才教育的政策体系。比如，建立起"小学—初中—高中—大学"相贯通的英才教育系统，为不同教育阶段的英才儿童提供"全覆盖"的特殊教育服务。

谈"双减"政策

需要配套经费保障 适当增加教师编制

针对 2021 年以来教育领域的热门话题"双减"，朱永新关注到，政策推进以来，出现相关保障不到位、教师负担加重、课后服务质量不高等问题。

《南方都市报》记者了解到，今年全国两会期间，民进中央也将就"双减"政策提交建议，呼吁减轻教师负担，为教师提供有效激励和保障。

对此，朱永新介绍："不少一线教师在岗时间达 11 个小时以上""课后服务的质量缺乏完备的监测保障""有的地方，一个课时的课后服务只给教师发 5 元补贴"，这些都是"双减"落地以来出现的一些代表性问题。

对此，他建议，适当增加教师编制，并对在职教师开展针对性培训。比如，指导教师差异分层布置作业、在教学中实施综合且个性化的发展评价等。

此外，朱永新还建议，应调整义务教育阶段生均公用经费标准，确保课后服务经费充足。同时，学校要充分利用好社会上优质的教育资源，建立校外教育机构公共服务购买机制。

谈教师队伍

在职教师提升学历 给予适当学费补偿

教师队伍建设是朱永新长期关注的问题，在本届全国政协委员履职期间，他曾提交过关于妥善解决中小学教师队伍性别结构失衡问题、加快推进幼儿师范高等专科学校建设等提案。

今年，在《关于加快提升基础教育教师队伍学历的提案》中，朱永新提到，中国目前基础教育教师队伍的整体学历水平与世界教育发达国家相比，存在较大差距，今后或将制约 2035 年实现迈入教育强国行列的目标。

因此朱永新建议，应出台专门的政策支持本科及以上的师范专业建设；逐步扩大全国教育硕士招生规模；保障教师在职提升学历的权益；提升公费师范生培养层次，探索建立"4+2"教育专业本硕贯通培养体制；对提升学历的在职教师进行一定的学费补偿；利用"互联网+"技术，搭建国家层面的在线教师教育平台等。

谈全民阅读

自 2003 年起连续 20 年　呼吁设立"国家阅读节"

据《南方都市报》记者梳理，朱永新在本届政协委员履职期间，5 年共提交教育类提案 30 余件，内容涉及中小学教师队伍建设、民办教育发展、公益在线学习平台、残障儿童就学、乡村教育振兴等多个方面。

此外，今年已经是他自 2003 年开始，连续呼吁设立"国家阅读节"的第 20 年。《南方都市报》记者注意到，2021 年，朱永新曾在相关提案中建议，将孔子诞辰日设立为国家阅读节，2020 年，他的提案题目为《建立国家阅读节，用全民阅读弘扬优秀传统文化，深入推进社会公平》。

今年，朱永新仍建议设立国家阅读节，并表示：全民阅读能够夯实共同富裕的精神基础。他认为，"推进全民阅读，是促进人民精神生活共同富裕最基础、最便捷、最有效的路径"。

（发表于 2022 年 3 月 3 日《南方都市报》）

中新网：民进中央副主席朱永新：增强履职效能 建言资政与凝聚共识双向发力

"2022 年是'十四五'规划承上启下的重要一年，中共二十大和民进十三大将召开，从历史经验看，换届之年我们的政治责任将更加重大，履职工作任务会更加繁重，对履职担当和工作成效的要求也将更高。"

全国两会召开在即，全国政协常委兼副秘书长，民进中央副主席朱永新近日在北京接受中新网记者采访，介绍民进中央过去一年履职工作情况、提案重点，以及未来工作重心。

履职活动丰富 建言成果丰硕

朱永新介绍，2021 年民进中央坚持围绕中心、服务大局，在履行参政议政、民主监督、参加中国共产党领导的政治协商基本职能的工作中不断开创新局面、展现新气象、取得新成绩。

首先是履职活动丰富。去年民进中央参加了 5 次中共中央或委托有关部门召开的党外人士座谈会、调研协商座谈会等，发表协商意见、提出具体建议；参与了全国两会及全国政协组织召开的各类会议活动；围绕"加强科研队伍建设，为强化国家战略科技力量提供人才保障"主题，开展了 2021 年度重点考察调研；还对为期 5 年的脱贫攻坚民主监督工作进行了系统的总结，同时启动了长江生态环境保护民主监督等工作。

其次是建言成果丰硕。民进中央围绕经济社会发展重大问题积极建言，报送《关于加强科研队伍建设的建议》等 14 份；向全国政协十三届四次会议提交党派提案 46 件、民进界别提案 28 件、个人提案或联名提案 195 件，会议期间 25 位委员反映重要信息 78 篇；年度重点考察调研形成调研报告 37 份、调研协商座谈会发言 1 份；全年收到社情民意信息 7824 件，截至 2021 年 6 月底，被全国政协采用 189 篇，专报中共中央和国务院领导 21 篇，转送有关部门 105 篇。

最后是能力建设扎实。朱永新介绍，民进中央注重完善集智聚力工作机制，更好发挥参政议政特邀研究员、特邀信息员作用，积极支持民进地方组织加强横向交流和联动；推进各项规章制度建设，进一步提升工作的制度化、规范化、程序化水平；对各专门委员会强化课题引领，开展调研活动，加强上下联动，编印《民进中央专门委员会工作简报》，加强专委会工作总结和交流。

关注民生改善　开展专题调研

1 月 25 日，时任国务院总理李克强主持召开座谈会，听取各民主党派中央、全国工商联负责人和无党派人士代表对《政府工作报告（征求意见稿）》的意见建议。民进中央主席蔡达峰建议多方面做细民生工作、多渠道促进充分就业。

"民生是社会之基，民生的显著改善，为社会稳定奠定了坚实基础。"朱永新介绍，民进中央领导在座谈会上着重提出民生方面的建议，中心思想是保持稳定发展大局，需要保障和改善民生，兜牢民生底线；保障和改善民生，必须坚持中共中央集中统一领导，坚持稳中求进，加强统筹协调，多方面做细民生工作，多渠道实现充分就业。

他说，民进作为参政党，在民生和就业方面开展了专门的调研工作。2021 年，民进中央科技医卫委员会赴陕西开展"提升基层基本公共卫生服务水平"相关调研，详细了解了基层医疗机构基本公共卫生服务项目实施、基本医疗服务、新冠疫苗接种、医疗队伍建设、基层医务人员收入等相关工作情况；民进中央教育委员会赴广西开展

"推动教育公共服务均等化"相关调研，详细了解了城乡基础教育发展情况、教育公共服务均等化进展情况。

他同时介绍，民进中央、民进地方组织、基层组织以及遍布各行各业的民进成员，非常重视汇集、研究和反映社情民意，并在会内搭建了从基层到党派中央的社情民意信息工作网络。

发挥民进特色　坚持双向发力

谈及今年工作重点，朱永新指出，民进中央将坚持目标导向，增强履职效能，坚持建言资政和凝聚共识双向发力，更好发挥参政党作用。

他介绍，民进中央将突出特色，持续巩固和拓展特色品牌活动，注重从活动规模、质量和影响上下功夫，做到围绕中心、服务大局，不断扩大活动的影响力和传播力。民进还将深化与上海社会科学院、北京师范大学中国教育政策研究院、清华大学政治经济学研究中心等参政议政合作平台的交流合作，推进服务参政议政的"民进智库"建设；聚焦"双减"政策落地、新发展格局下教育事业高质量发展、弘扬中华优秀传统文化等主界别领域问题，加强研究合作，积极建言献策。

朱永新续指，民进中央将注重集智聚力，引导广大会员充分发挥本职优势、结合本职特点、深入调查研究、积极发现问题、科学建言献策，促进"双岗建功"；充分团结会内外力量，实现信息、资源、成果共享，形成联系密切、合作共赢、相互促进的履职活动格局；增强工作主动性、预判性和科学性，及时针对有关重点议题组织开展专题研究，高效地形成议政建言成果。

（发表于 2022 年 3 月 4 日中新网，记者：王捷先）

新华网：全民阅读凝聚人心　垒砌国家竞争力重要基石

移动互联网不断普及，海量信息冲刷着每个人的阅读习惯。切换不同方式，从中饱览广阔世界，我们的阅读拥有比以往更多的选择。两会之际，新华网特别节目《两会青年问答》连线采访全国政协常委兼副秘书长、民进中央副主席、中国陶行知研究会会长朱永新，同时还邀请了一位青年网友快手达人"压力差阿连"参与提问互动，一起来讨论全民阅读相关的热点话题。

以下是采访实录：

主持人：今年两会，您呼吁设立"国家阅读节"。这也是您连续多年提出与全民阅读有关的提案，是什么原因促使您一直关注这一话题？

朱永新：作为一个教育学者，我在研究过程中发现，其实教育最关键的、最基础的就是阅读。我们在约 20 年新教育实验探索中也证明，只要认真抓阅读、建设书香校园，学校的教育品质就很棒，这个区域的教育发展很好。阅读既是一个人精神成长的重要基石，也是一个民族精神境界的直接反映，的确是凝聚人心、形成共识、推动国家竞争力提升非常重要的基石。

主持人：在您看来，全民阅读对于建设文化强国有何意义？

朱永新：一个国家的文化实力在很大程度上取决于阅读率。我们的文化在哪里？在很大程度上是保存在我们那些伟大的经典、伟大的著作里。实际上，人类伟大的思想、重要的智慧，就在那些伟大的著作里。我们只有通过阅读，才能真正拥有它们，才能让它们成为我们生活中非常重要的组成部分。所以阅读是建设文化强国的关键。特别是在迈向共同富裕的进程中，我们精神生活的富裕富足，本身也是共同富裕的重要组成部分。要抓好全民阅读，抓好我们共同价值观的建立。全面阅读是文化强国建设最基础、最关键、最直接、最便宜、最便捷有效的方式。

快手达人"压力差阿连"：您一直强调少儿阅读的重要性，少儿阅读是全民阅读的基础。您认为对学生来说，该如何平衡课内学业和课外阅读？目前我国少儿读物的创作和出版呈现出怎样的态势？

朱永新：近年来，我国儿童阅读、儿童读物创作呈现出井喷式增长态势。每年优秀的图画书、儿童读物、科普读物产出越来越多，且在装帧、内容、创意等方面的水平都有长足发展，与国外同类读物不相上下。而整个社会对儿童阅读的重视也越来越明显，更多的父母亲、学校已意识到阅读在儿童身心发展过程中的意义和价值。我觉得这是非常可喜的。

儿童阅读决定人类的未来。人的早期的阅读生活，对其一生的影响是刻骨铭心的，对其今后人生成长起着非常关键的作用。当儿童未来成为社会的主人，这些就会影响社会的品质，影响社会的价值观。因此在儿童成长早期，让那些最好的价值观、智慧、思想能够与他们相遇，我觉得对其今后人生成长具有奠基性、根本性的作用。

快手达人"压力差阿连"：在当今互联网时代，在线教育能打破时间和地域的限制，让优质的教育资源通过互联网得到普及。您认为国家在线教育资源平台的建设今后应在哪些方面着手发力？

朱永新：今年我带来一个提案，就是应该向"学习强国"平台学习，来建设国家教育资源的教育学习强国。如果有一个教育资源平台，像"学习强国"一样，分门别类提供教育资源，就可以让所有人通过手机或平板电脑等便捷获取。这样一个国家教育资源平台的建设，是在我国教育信息化过程中必须进一步解决的重要问题。

（发表于2022年3月4日新华网，记者：何凡、李由、袁晗）

《人民政协报》：全国政协常委朱永新："双减"后，经费保障不应"姗姗来迟"

"双减"政策全面实施以来，对于全面贯彻党的教育方针，落实立德树人根本任务，强化学校教育主阵地作用，营造良好教育生态，促进中小学生健康成长全面发展起到了重要作用，但在政策推进过程中，也出现了相关保障不到位的问题。全国政协常委、民进中央副主席朱永新在近段时间的调研中，就有不少"发现"。

朱永新表示，"目前，很多地方财政无力对课后服务经费予以支持，经费保障以收费为主。这导致教师参与课后服务的补贴非常低，有的地方一个课时只发 5 元补贴，教师在工作时间明显变长、工作量增加的情况下基本维持从前的收入，工作积极性不足。有的地方试点通过购买公共服务的方式，从校外培训机构引进相关课程和服务，但在'双减'政策后，相关政策也在进一步收紧。"

在他看来，"双减"政策的出台落地，代表基础教育综合改革进入新的阶段，学校教育的主阵地作用将进一步凸显，学校教育的任务和内容都得到了扩充，教师工作职责和工作量的增加必然要求相关保障体系的进一步完善。

朱永新说，"建议充分考虑课后服务的管理、人员成本，在确定家庭的合理分担比例的基础上，核算不同类型课后服务的成本，并以此为依据，调整义务教育阶段生均公用经费标准。确保课后服务的经费充足，参与课后服务教师得到有效激励。"

他还提出在建立校外教育机构公共服务购买机制的基础上，建立校外教育机构公共服务购买经费保障机制，将校外教育机构公共服务购买经费列入财政预算。同时，积极推广委托管理，在教师配备、课程供给方面拿出一定的比例，购买校外教育机构公共服务。

（发表于 2022 年 3 月 5 日《人民政协报》第 17 版，记者：吕巍）

《新京报》：专访全国政协副秘书长朱永新：建议设立国家阅读节，建设书香中国

　　2022年全国两会拉开帷幕，昨日，全国政协常委兼副秘书长、民进中央副主席朱永新接受了《新京报》贝壳财经记者的专访。朱永新多年来一直倡导全民阅读，呼吁设立国家阅读节，建设书香中国。

　　在被问及"在阅读推广中，读者尤其青少年在具体的阅读书目选择上，重心应该放在哪些板块？无论是从利于身心成长还是个人能力成长方面"时，朱永新表示，在有限的时间内，只有这么一点点阅读的时间，就应该努力读那些最好的书。

　　朱永新称，现在国家每年出版的图书有40万—50万种，阅读书目的选择是一个很重要、很关键的问题，"在这么多书籍的情况下，让父母、老师、所有的读书人选书，的确不是件容易的事情，尤其是青少年，尤其是普通的家庭。"

　　朱永新主张"阅读的高度决定精神的高度"，"一个人读什么就会成为什么。读真正的好书才对人有益。所以我们专门组织专家研制了中国幼儿基础阅读书目，中国小学生、中学生、高中生、大学生以及教师、父母等的阅读书目。这次我还专门提出了'建设书香企业'的提案，我们中国在企业里工作的人群有好几亿，这样的群体怎么阅读，其实都值得关注。最关键的一个问题就是读什么。过去讲'开卷有益'的时代已经过去了，如果大量的时间读那些无聊的、低级趣味的书对人的成长是不利的。包括中小学生读的流行的书，不是说不要读，但全是那些东西，肯定跟读经典图书的价值意义和性价比不一样。"

　　此外，朱永新还提到，中小学目前很流行项目式学习（PBL），"项目式学习的过程中也同样涉及了项目式阅读的问题。我正在组织专家研制项目式学习的书目，'读什么'是阅读的基础问题或首要问题。当然后面还有阅读方法的问题，我觉得只要真正懂得阅读的意义和价值，方法是可以自我寻找的。"

　　（发表于2022年3月5日《新京报》贝壳财经，记者：孙文轩、白金蕾）

《人民政协报》：朱永新委员：电商平台不应成为盗版书销售的新土壤

　　图书作为特殊文化产品，在传播知识、启迪智慧、传承文明中发挥着不可替代的重要作用。然而，在出版业发展过程中，盗版书一直如影随形顽固地存在，特别是在互联网时代，图书销售的重要渠道——电商平台，渐成盗版书销售的新土壤，侵犯着著作权人和出版单位的权利，破坏着出版行业的正常发展，损害着消费者的利益。

　　"电商平台销售盗版书有多猖獗，你可能都想象不到。"全国政协副秘书长、民进中央副主席朱永新满脸无奈，他告诉记者，2021年，某机构在某电商平台上的165家店铺中采购了267本图书，涉及103个出版社，在鉴定的199本书中，只有18本为正版书籍，其余181本为盗版书籍，盗版率超过90%。而在该机构联系店主反映问题的时候，多家店主"理直气壮"地表示："没错，书确实是盗版的，这个价格还想买正版？"

　　朱永新表示"如果不严厉打击盗版书产业链，势必会给成长中的年轻一代的世界观、价值观带来不良影响。"

　　如何打击？按照目前有关法律要求，平台对销售盗版图书虽然没有主动审查的义务，但要履行主体责任。因此，朱永新建议加强对电商平台的监管，并要求平台履行好必须履行的主体责任。比如公开承诺，平台明知用户销售盗版图书，仍不依法作出处置，要承担相应的法律责任；凡是经营销售图书的店铺，平台必须审核其《出版物发行经营许可证》；公布盗版图书举报方式，营造良好的监督环境；明示维权程序，为平台加快对侵权事件的快速处理进行自我约束，同时公告维权单位或个人的合法处理程序；设立预警及熔断机制，投诉超过一定数量就需要启动应急查处措施，关闭涉诉第三方合作商店铺。对已经查实的盗版商家清理处置，并不得在平台再注册经营销售图书的店铺等。

朱永新表示，目前，著作权人和出版单位向电商平台申诉，其维权过程极其艰难曲折，收效甚微。"因此，电商法律法规体系的完善至关重要。"

朱永新认为，应制定法律规范电商第三方合作商的行为，逐步完善电商平台经营者的税收征管、经营准入、经营行为等各个环节的法律规制，尤其是明确电商平台第三方合作商销售盗版图书后，电商平台所需要承担的法律责任。同时，围绕法律法规的落地，开展专项整治行动，对在电商平台公开销售盗版图书的店铺，落地查人，追究其法律责任。

在传统监管机制不能完全兼容电商平台销售盗版图书监管需求的背景下，朱永新还提出建立健全全网各电商平台的信用信息共享体系的建议。支持信用良好的第三方合作商获取更大的流量展现，将"信用良好"作为推荐的重要考量因素，对有不良信用记录的第三方合作商则"一票否决"。

（发表于2022年3月6日《人民政协报》第28版，记者：吕巍）

《检察日报》：朱永新委员：严厉打击向未成年人租售游戏账号行为

网络游戏实名制度是防止未成年人沉迷网络的重要基石。但目前仍有游戏账号租售平台顶风作案，钻监管空子，提供账号租售、人脸代过等服务，帮助未成年玩家绕过防沉迷监管，形成了灰色产业链，甚至衍生出网络诈骗行为。对此，全国政协常委兼副秘书长、民进中央副主席朱永新接受本报记者采访时表示，应严厉打击向未成年人租售游戏账号的行为。

"一方面，应通过立法规范监管游戏账号租售平台，维护游戏实名制度。"朱永新委员表示，网络游戏账号及社交账号通过各大平台租售，存在大量的泄露个人隐私及网络诈骗风险，但国内尚未有专门针对游戏账号租售的法律法规，建议启动相关领域的立法工作，也可在《中华人民共和国个人信息保护法》与《中华人民共和国未成年人保护法》等法律框架下，制定未成年人防沉迷系统相关实施细则，对倒卖个人信息、非法交易账号等违法行为进行惩处，同时规定不得向未成年人出售或租借成年人游戏账号。一经发现，租售者和相关平台将被追究相关民事责任，对其中涉及教唆、诱导未成年人租号、买号的平台及商家，视情节严重追究刑事责任。

"对于倒卖个人信息、非法交易账号等违法行为，特别是以买卖道具、代练、租售游戏账号等为由收费但不提供服务的网络诈骗行为，检察机关亦应有所作为。"朱永新委员建议，要严厉打击向未成年人提供服务的游戏账号租售平台，禁止游戏代练平台向未成年人开放，禁止电商、社交等互联网平台为游戏账号租售平台提供推广、运营服务；鼓励游戏企业等互联网平台提供线索、协助打击灰色产业链，肃清提供人脸代过服务的黑灰团伙，保障用户信息安全。

（发表于 2022 年 3 月 7 日《检察日报》，记者：刘亚）

《光明日报》：人才强国　奏响高质量发展新乐章

习近平总书记在中央人才工作会议上强调，加快建设世界重要人才中心和创新高地，必须把握战略主动，做好顶层设计和战略谋划。

人才兴，则事业兴。2022年刚刚进入第3个月份，我国人才队伍已交出一份喜人的成绩单："中国天眼"遥望星河更远处，小麦抗白粉病育种研究取得突破……一曲人才发展与民族复兴同频共振的强国乐章，正在这个万物萌发的春天奏响。

在实现中国梦"关键一程"上，如何使人才引擎持续释放出澎湃动力，让高质量发展跑出新时代"加速度"？一起听听代表委员们的真知灼见。

嘉宾：
朱永新委员（全国政协副秘书长、民进中央副主席）
邱　勇代表（中国科学院院士、清华大学党委书记）
余兴安委员（中国人事科学研究院院长）
主持人：本报记者罗旭

1. 革除壁垒，营造成长环境

主持人：青年兴则国家兴，青年强则国家强。如何让更多青年人才挑大梁、当主角？

朱永新：青年人才是国家战略人才力量的源头活水。各部门、各级领导不能只将目光聚焦于"大师"和"顶尖人才"，而应把注意力放在千千万万没有任何"帽子"的青年人才身上。

要为青年人才营造机会公平、规则公平、权利公平的成长环境。要在项目支持、职称评定、个人晋升等方面进行改革，尊重科学规律和人才成长规律，鼓励青年人才自由驰骋、大胆尝试，为他们创造更多历练机会。

邱勇： 立足新时代，激励广大青年人才脱颖而出、砥砺前行，是十分现实而又紧迫的任务。必须把握战略主动，做好顶层设计和战略谋划，打破学科专业壁垒，积极营造开放包容的交流氛围，充分支持青年人才大胆开展跨学科研究、前沿突破性研究、非共识性研究，敢闯"无人区"、敢啃"硬骨头"，坚定创新自信，勇攀科学高峰。

立足"两个大局"，对青年人才的思想引导还需要进一步加强。要发挥党管人才的政治优势，加强对青年人才的思想引领，引导他们立鸿鹄之志、行大鹏之举，主动担负起时代赋予的使命，做党和国家事业发展的生力军。

余兴安： 青年科技人才是创新活动中最活跃、最积极的因素，青年阶段是科学研究的黄金时期。如果给予青年更多机会，加大培养力度，势必会让更多拔尖人才"冒出来"，为科技强国建设输入源源不断的动力。要在体制机制、管理服务等方面继续创新突破，不断革除束缚人才发展的壁垒，破除论资排辈的陈旧观念，放手让青年人才在重要领域和重要岗位上攻坚克难、施展才华，积极为青年人才创造能够充分施展其才能并脱颖而出的发展平台。

2. 释放潜能，激发创新活力

主持人： 深化人才发展体制机制改革过程中，"破四唯"一直是科技界的焦点话题。"破四唯"到底难在哪里？破了之后如何"立新规"？

邱勇： "四唯"的存在，很大原因是论文、职称、学历、奖项等指标易于统计、方便比较。"四唯"就是学术上的懒政。

"破四唯"的同时，必须"立新规"。大学要高度重视学术评价标准所体现的价值取向。清华大学在 2019 年发布了《关于完善学术评价制度的若干意见》，建立"重师德师风、重真才实学、重质量贡献"的评价导向。2020 年以来，学校持续推进学术评价制度改革，完善教师代表性成果的同行评议制度，不再把学术论文发表数量作为学生申请学位的前提条件……这些改革措施，目的都是释放人才创新潜能。

余兴安：系统解决"四唯"问题，需要在思想观念、评价管理、运行机制等方面都走出"唯"的死胡同。要完善人才评价和激励机制，健全以成果为导向的科技人才评价体系，同时还要注重构建充分体现知识、技术等创新要素价值的收益分配机制。只有不断深化体制机制改革，激发人才创新活力，才能使更多科研人员沉下心来、潜心向学、埋头苦干。

朱永新：不破除那些束缚人才活力的规定，青年科技人才就难以健康成长，科技界的急功近利现象就无法根除。

"破四唯"需要真正引入专业评价、国外同行评价，建立多主体专业评价体系，推动评价过程公开化、透明化，形成风清气正的评价生态，从而系统、可持续、彻底地解决问题。

3. 长远布局，实现原创突破

主持人：硬实力、软实力，归根到底要靠人才实力。破解"卡脖子"难题，在人才培养上需要关注哪些问题？

邱勇：中华民族伟大复兴中国梦的实现，很大程度上靠创新、靠科技、靠人才。作为培养基础研究人才主力军和"卡脖子"关键核心技术攻关国家队，高水平研究型大学肩负着重要使命。必须把立德树人作为根本任务，主动发挥自身优势、坚持开放创新，努力建成学术大师荟萃、优秀学者向往、青年才俊辈出的世界人才高地。清华大学将深入实施"强基计划"，构筑人才培养特区，激励优秀学生投身基础学科研究，为国家培养一批学术思想活跃、具备国际视野、发展潜力巨大的基础学科领域未来学术领军人才。

朱永新：中国面临的很多"卡脖子"技术问题，根子是基础理论研究跟不上，源头没搞清楚。要加强学科布局和体系建设，全面夯实基础理论研究，补足冷门、薄弱学科短板，推动学科交叉融合。要加大对甘坐"冷板凳"、从事基础研究工作的青年科研人员的政策支持力度，激励大家心无旁骛地专注科学研究，实现越来越多"从0到1"的原创突破。

余兴安：打好关键核心技术攻坚战，需要有一批专业技术过硬、富有进取精神的科技领军人才。在这方面的人才培养和人才布局，需要更具前瞻性和战略性。"卡脖子"也分眼前的和未来的、看得见的和看不见的，往往未来的、隐性潜在的"卡脖子"更具挑战性和风险性。要抓住重要的、重大的问题，做长远布局，切忌"头痛医头，脚痛医脚"。

（发表于2022年3月7日《光明日报》，记者：罗旭）

《团结报》:"幸福比成功更重要,成人比成才更重要"——访全国政协常委、民进中央副主席朱永新

　　"你通过什么来评价自己的孩子是不是优秀?分数?老师的评价?""你能接受自己的孩子是个普通人吗?"今年两会前夕,全国政协常委、民进中央副主席朱永新在接受采访时,提到了自己曾经询问友人的"扎心"问题,他得到的答案是多种多样的,但是于他个人而言,他的回答十分明确:"我始终认为,幸福比成功更重要,成人比成才更重要。"

　　教育是民进的主界别之一,朱永新作为教育界专家,今年向全国政协提交的10件提案中,有7件与教育相关:建立国家英才教育体系、完善"双减"政策背景下基础教育保障体系、建设国家在线教育资源平台、提升基础教育教师队伍学历、支持非营利性民办学校发展……提案紧密围绕当前社会关心关注的教育改革话题,谈到当下备受瞩目的"双减"话题,朱永新认为,"双减"本质上是为缓解教育焦虑,呼应社会需求。政策自实施以来,学生作业负担明显减轻,同时遏制了资本在教育领域的野蛮生长,这对教育健康发展意义深远。

　　作为深受学校和家长信任的专家学者,在提出建议的同时,朱永新也乐于在互联网上与网友分享、探讨。前不久,有一位北京的母亲给朱永新写了封信,这位母亲说,尽管"双减"政策已经实行,但是她仍然想尽办法自我加压,自家读初一的孩子还是要晚上写作业到11点,虽然成绩还算理想,但是焦虑并没有缓解。朱永新把信的一段放在网上,一天时间就有了150余万次浏览量、7000多条留言,网友对于"双减"的讨论热情十分高,一种声音说要放过自己和孩

子；另一种声音说，现在不苦一点，将来读不了大学会更苦。

"面对焦虑的家长和不同的声音，我们目前迫切需要去帮助全社会提升教育素养，更好地理解教育、关注教育，认识到什么才是好的教育。"朱永新说，家长要认识到孩子的个体差异性，帮助孩子享受学习、享受人生，"双减"一方面做减法，减去了负担和作业，另一方面也要家长做加法，给孩子发展自己擅长的领域提供空间。"真正去尊重孩子、相信孩子，他会发展得比你想象的更好。"同时，朱永新也指出，深入普及家庭教育知识迫在眉睫，要加大落实家庭教育促进法力度，在学校里建父母学校，在社区里要有家庭教育指导的机构，这对于"双减"能更好落实也是至关重要的。

当然，家长的焦虑除了自身观念的转变，更多的是要学校能够发挥教育的主阵地作用，因此，朱永新也提出了提升基础教育教师队伍的整体学历水平、加强教师培训等建议。"双减"对学校提出了更高的要求，也在一定程度上解放了孩子，朱永新说："接下来，我们要做的就是帮助全社会进一步理解国家推进'双减'的政策，为办人民满意的教育而不断凝聚共识。"

"阅读公平是教育公平的基础。"谈到教育，朱永新总会提到阅读，在他看来，如果不同地区的孩子有同样好的阅读环境、阅读条件和阅读资源，他们的精神成长就可能站在同一起跑线上。

从 2003 年至今，朱永新连续 20 年在全国两会上呼吁建立国家阅读节，"阅读需要唤醒，需要仪式，需要平台，就像战士出征前的宣誓、擂鼓一样。"就像提出设立阅读节一样，提交相关提案本身也成了一件非常有仪式感的事情，每年全国两会，我们都会期待朱永新提出的与阅读相关的提案，期待看到他为全民阅读的开展与普及建言献策。

今年，朱永新的提案以促进人民精神生活共同富裕为着力点，在他看来，全民阅读是夯实共同富裕的精神基础，也是最便捷、最有效的路径，他在提案中提出，把孔子诞辰日作为国家阅读节的时间，同时加强公共图书馆的建设，进而推动建设书香社区、书香城市。

"阅读是个体生命走向幸福完整的必由之路，是家庭文化传承与创新的重要根基，是理想学校建设与发展的根本手段。"朱永新说，在"双减"背景下，全社会更需要重视阅读的意义，重视阅读对于青少年精神成长的关键作用。

2022 年全国两会召开之际，朱永新最新力作《书香政协满庭芳：全国政协常委朱永新 2020 年履职实录》如期与读者见面。

这本书包括"两会手记""年度提案""调研手记""社情民意""参政之声""议政网事""媒体关注"7 个部分，记录了作者在 2020 年的工作情况，及传统和新兴媒体对作者及其工作的报道等。全书从全国政协委员、民主党派成员的视角，透视中国民主政治的进程；是民主党派与中国共产党思想上同心同德、目标上同心同向、行动上同心同行，政治协商、民主监督的真实写照。

（发表于 2022 年 3 月 8 日《团结报》，记者：李可）

央广网：朱永新委员：加速研发中小企业数字化"工具箱"

中小企业承载着数亿人的就业创业，也是我国重要税收来源。过去一年传统产业数字化智能化改造加快，中小企业群体在数字化转型过程中，面临着人才缺乏、成本高企困境，"不敢转、不能转"等突出问题。

针对中小企业数字化转型过程中面临的困境，全国政协常委兼副秘书长、民进中央副主席朱永新接受记者采访时表示，这需要进一步提供丰富低成本、好使用的数字化工具箱，降低企业数字化转型成本和壁垒。

今年，朱永新将在两会提交《关于促进中小企业数字化转型增强企业国际竞争力》的提案。朱永新建议，因地制宜、因企制宜针对我国中小企业数字化转型升级需求，从四大引擎出发打造促进中小企业数字化的"加速器"。

加速研究开发性价比高的数字化"工具箱"

相关调查显示，我国70%中小微企业管理者有着强烈的数字化转型意愿，但近80%已经进入数字化转型的中小企业尚处于基础探索阶段。由于数据采集基础薄弱、转型人才欠缺和技术应用水平较低，多数企业不会转型。转型成本高和资源不足，使得中小企业不能转型。

朱永新指出，大部分中小企业数字化转型瓶颈在于搭建办公数字化的模块、流程数字化、数字化管理、数据的资产流通，因此需要进一步丰富低成本、好使用的数字化工具箱。

他建议，由政府牵头鼓励大型互联网公司积极参与设计，带动免费数字化平台的使用，同时不断丰富应用场景，让中小企业更方便、更灵活地搭建数字化办公模块。

"中小企业最需要的当然是能够轻松上手、便于使用的数字化转型工具，关键是务实，不能成为企业的大负担。"朱永新说。

一款低门槛、好使用的数字化工具对企业意味着成本与效率的"双赢"。长安汽车使用与微信体验一致的企业微信作为数字化办公工具，不用额外培训，仅培训成本一项就能节省 280 万元。同样，湖南专精特新"小巨人"全康科技通过这一数字化助手，简单几步就免费搭建起了数字车间，"车里 60 岁的工人都会用"。

朱永新认为，普惠型数字化工具的应用，不仅能实现降本增效，也能带动其他企业借助数字化提升效益。

构建"政府 + 科技企业 + 专业服务机构"孵化器

朱永新建议，构建"政府 + 科技企业 + 专业化服务机构"的"孵化器"，完善支持中小企业数字化转型的支持体系，通过三方合力推动中小企业数字化转型。

"特别希望地方政府致力于打造中小企业数字化转型的资源集散平台，尤其是要建立面向县一级中小微企业数字化转型的产业集群。"朱永新指出，这需要一方面解决中小企业融资问题，另一方面致力于解决中小企业技术难题，政府要在财政、金融方面想办法积极推动中小企业使用数字化工具。

朱永新表示，要加速推进数字化标准建设和发展数字化培训项目，建立中小企业数字化人才"蓄水池"，加强中小微企业数字化转型内驱力建设，培养企业能够自主转型。

协助企业数字化转型，标准化显得非常重要。朱永新建议，政府部门可以加强针对中小企业数字化转型规划，牵头制定中小企业数字化转型的标准，并发布转型标杆案例。

"数字化转型不是一家企业、一个产业链环节就能达成，特别要注重推动上下游产业链同步转型。"朱永新强调。

（发表于 2022 年 3 月 8 日央广网）

《中国青年报》：朱永新委员连续 20 年呼吁建立国家阅读节：实现阅读的"共同富裕"

"从 2003 年开始，我在每年的全国两会上，一直呼吁建立国家阅读节。这不是哗众取宠，不是行为艺术，不是可有可无的建议，而是基于我们对于阅读价值的理解和对于阅读现状的认识提出来的。"今年，全国政协常委兼副秘书长、民进中央常务副主席朱永新提交了《关于建立国家阅读节，以全民阅读夯实共同富裕的精神基础的提案》，这是他第 20 年呼吁建立国家阅读节。

如何有效地促进人民精神生活共同富裕？朱永新认为，推进全民阅读是最基础、最便捷、最有效的路径。阅读需要唤醒，需要仪式，需要平台，就像战士出征前的宣誓、擂鼓一样，"首先要建立国家阅读节，为推进全民阅读搭建活动平台。"

"其次，把孔子诞辰日作为国家阅读节的时间。"朱永新说，孔子是中国传统文化的重要代表人物，也是中国最早的阅读推广人。9月 28 日是孔子诞辰日，把这一天作为国家阅读节，不仅有助于唤醒全民的阅读意识，也有助于我们纪念这一伟大的万世师表和终身阅读学习的典范人物。

再次，要进一步推进阅读公平。朱永新认为，阅读资源的公平是教育公平的重要基础，也是社会公平的重要基础。阅读是提升国民素质、缩小社会差距、推进社会公平最有效的手段之一，"如果不同地区的孩子有同样好的阅读环境、条件和资源，他们的精神成长就可能站在同一起跑线上。"

最后，要加强公共图书馆的建设。朱永新说，公共图书馆作为现代公共生活的信息中心，其免费开放，将为我们提供全民阅读、连续阅读、终生阅读的保障。世界图书馆的历史证明，公共图书馆应当承担大众阅读的领导者和推行者的神圣使命，通过丰富多彩的阅读推广活动如推荐书目、读书报告会、新书宣传、指导家庭和社区开展儿童和成人阅读等，对于建设书香社区、书香城市，推动社会的文明进步，具有深远的意义。

"阅读的'共同富裕'是精神生活'共同富裕'的前提。让我们一起努力，通过国家阅读节等措施，进一步推动全民阅读，建设书香中国，夯实共同富裕的精神基础。"朱永新说。

（发表于 2022 年 3 月 8 日《中国青年报》，记者：李华锡）

中国青年网：朱永新：建议加强世界城市日宣传向青少年传播可持续的城市发展理念

"用好'世界城市日'这个抓手、载体，对于对外开展城市公共外交、国际合作，展示中国特色城镇化道路的内涵，乃至讲好当代中国故事，可以发挥重要作用。"今年两会期间，全国政协常委兼副秘书长、民进中央常务副主席朱永新告诉记者，建议重视在青少年群体中传播"可持续的城市发展理念"。

2013 年 12 月第 68 届联合国大会通过决议，决定从 2014 年起将每年的 10 月 31 日设为"世界城市日"。值得注意的是，2010 年上海世博会主题"城市，让生活更美好"成为"世界城市日"的总主题。

朱永新分析说，这是迄今为止唯一由中国政府在联合国推动设立的国际日，它的设立反映了当前国际社会对全球城市化问题的关注，也显示出中国在全球城市化发展进程中话语权的增强。

不过，从近几年"世界城市日"相关活动的举办情况来看，取得一定成效的同时，也存在明显不足。朱永新认为，国内"世界城市日"活动缺乏总体规划，针对"世界城市日"的宣传介绍严重不足，公众知晓度偏低，有关活动社会动员不足，活动内容缺乏统筹规划，"世界城市日"概念尚未落地；"世界城市日"活动主题集中在城市建设方面，内涵有待深化；社会参与面窄，组织动员面不广，影响力不足。

如何让"世界城市日"被更多的人熟知，并且参与相关活动？朱永新建议，在国家层面成立"世界城市日"议事协调机构，加强对世界城市日活动的组织领导和政策协调。从国内来看，应围绕"深入推进以人为核心的城镇化战略"，以城市（镇）为空间场域，广泛设置落实新发展理念、培育新发展动能、构建新发展格局等方面的议题，把"世界城市日"打造成推进中国城市文明进阶发展的广阔平台；从国际来看，以中国城市发展成功模式在非传统治理领域形成年度性国际话语权、引导力的重要窗口和平台，必须从国际政治互动角度进行整体谋划与精细设计。

"还应积极策划和组织城市日活动，扩大城市参与面。"具体而言，朱永新表示，选择贴近城市生活的主题，把城市的建设、发展和更美好的城市生活联系起来；把官方活动与学术界、社会组织的活动以及群众性的宣传教育活动、文体活动结合起来，充分调动社会组织、企业、市民的参与积极性；加强与国际组织、外国城市的联系，把"世界城市日"活动办成高层次、高水平探讨全球城市问题的平台；扩大城市参与，淡化主场、强化参与，注重空间布局、时间延续和类型覆盖。

此外，朱永新还建议加强"世界城市日"的宣传和传播力度，比如将其纳入国家对外宣传工作序列，讲好中国城市故事，重视在青少年群体中传播"可持续的城市发展理念"等。

（发表于 2022 年 3 月 9 日中国青年网，记者：王龙龙）

《中华读书报》：全国政协常委朱永新：阅读是个体生命走向幸福完整的必由之路

"阅读仍然是我最关心的。"两会前夕，全国政协常委兼副秘书长、民进中央常务副主席朱永新告诉《中华读书报》记者，2018年两会上他提交的《关于推进"高铁阅读"的提案》，被评为全国政协年度"好提案"。今年又准备了十个提案，其中有三个是关于阅读的：建立国家阅读节、严厉打击图书盗版和建设书香企业。

朱永新委员告诉记者，《关于建立国家阅读节 以全民阅读夯实共同富裕的精神基础的提案》仍然是他今年的"1号提案"。2021年，习近平总书记在《扎实推动共同富裕》中对"共同富裕"提出了明确的界定和新的要求，其中特别强调，共同富裕是全体人民的富裕，是人民群众物质生活和精神生活都富裕。促进共同富裕与促进人的全面发展是高度统一的。如何有效地促进人民精神生活共同富裕？他认为推进全民阅读是最基础、最便捷、最便宜、最有效的路径。为此，朱永新委员提出了建立国家阅读节，为推进全民阅读搭建活动平台；把孔子诞辰日作为国家阅读节的时间；进一步推进阅读公平；加强公共图书馆的建设等四条建议。

从2003年开始，朱永新委员在每年的全国两会上一直呼吁建立国家阅读节。他强调，这不是可有可无的建议，而是基于我们对于阅读价值的理解和对于阅读现状的认识提出来的，尤其在网络时代，在信息大爆炸的背景下，阅读的重要性有增无减。阅读需要唤醒，需要仪式，需要平台，就像战士出征前的宣誓、擂鼓一样。阅读是个体生命走向幸福完整的必由之路，是家庭文化传承与创新的重要根基，是理想学校建设与发展的根本手段，是社会改良与历史进步的主要工具，是民族精神振兴与升华的基本途径，是人类命运共同体建设的重要通道。阅读的"共同富裕"是精神生活"共同富裕"的前提，也是物质生活"共同富裕"的保障。希望通过设立国家阅读节等方式，进一步推动全民阅读，建设书香中国，夯实共同富裕的精神基础。

与阅读相关的第二个提案是《关于严厉打击图书盗版的提案》。朱永新委员在提案中提出，图书作为特殊文化产品，在传播知识、启迪智慧、传承文明中发挥着不可替代的重要作用。但是，在互联网时代，图书销售的重要渠道——电商平台，渐成盗版书销售的新土壤，同时数字出版产业也面临着规模化的盗版侵权现象，长期以来严重地伤害着著作权人和出版单位的权益，阻碍着出版行业的正常发展，损害着消费者的利益。如果不严厉打击盗版书产业链，将会给成长中的年轻一代的世界观、价值观带来不良的影响。为此，他提出了加强电商平台遵纪守法的管理力度，完善电商法律法规体系，斩断数字出版盗版利益链，建立全网信用信息共享体系和加大宣传及奖励力度等五点建议。其中关键是加强对平台的管理力度。

与阅读相关的第三个提案是《关于建设书香企业，促进经济社会高质量发展的提案》。近年来，朱永新委员参加了总裁读书会的一些活动，与宋志平理事长和刘世英秘书长等多次讨论交流过关于企业家读书和书香企业建设的问题。这个提案就是在他们交流的基础上撰写的。在我国，企业从业人员7亿—8亿人口，如果广大企业广泛推动全员读书，将把全民阅读活动真正扎实落地，由企业全员阅读带动影响家庭阅读、社会阅读，全民阅读必将扎实落地，书香中国也会水到渠成。同时，企业提供越来越多的高质量的产品和服务，是实现我国经济高质量发展和人民美好生活的基础和保障。要实现企业产品和服务的提升，普遍提高企业职工思想文化素质是前提和关键。要提高员工素质，就要努力建设书香企业，在企业中大力提倡全员阅读。为此，朱永新委员提出了推动企业建立读书会、建立企业图书馆、研制适合企业家和企业员工的阅读书目、建设企业读书云平台等具体建议。

朱永新委员在2018年两会上提交的《关于推进"高铁阅读"的

提案》，被评为全国政协年度"好提案"。在朱永新委员看来，实现"高铁阅读"具有现实基础。首先，高铁车厢舒适、卫生，提供了良好的阅读环境；其次，高铁上的读者群基数庞大而且相当稳定，高铁动车组 2017 年全年发送 17.13 亿人次，预计未来每年的客运量超过 30 亿人次；再次，高铁准时准点，时间相对固定；最后，高铁作为中国的大动脉、"一带一路"倡议建设的重要组成部分，大力推进"高铁阅读"不仅能提升高铁服务水平，也有利于促进文明对话和文化交流，宣传和推广我国文化，树立国家良好形象。推进"高铁阅读"带有公益和市场的双重属性，朱永新委员认为，铁路公司作为国有企业，应该承担起应有的社会责任，同时发挥市场作用，引导已有的阅读基金支持"高铁阅读"，引入文化机构、文化企业、互联网公司等社会力量进行商业运作，探索和创新推进"高铁阅读"的 PPP 模式。

（发表于 2022 年 3 月 9 日《中华读书报》，记者：张隽）

《新民晚报》：朱永新：我的 2022 两会关键词

3月4日下午3点，全国政协十三届五次会议在北京人民大会堂开幕。全国政协常委兼副秘书长、民进中央常务副主席朱永新今年提出关于《关于建立国家阅读节　以全民阅读夯实共同富裕的精神基础的提案》《严厉打击盗版图书和网络文学盗版，追究平台连带责任》《关于严厉打击游戏账号租售平台，维护游戏实名制度的提案》等建议。

作为一名关心教育的著名作家和学者，朱永新对推广全民阅读非常关心。从2003年开始，朱永新连续20年在全国两会上，呼吁建立国家阅读节。"我觉得，我的建议这不是哗众取宠，不是行为艺术，不是可有可无的建议，而是基于我们对于阅读价值的理解和对于阅读现状的认识提出来的。尤其是在如今的网络时代，在信息大爆炸的当前背景下，阅读的重要性有增无减。阅读是个体生命走向幸福完整的必由之路，是家庭文化传承与创新的重要根基，是理想学校建设与发展的根本手段，是社会改良与历史进步的主要工具，是民族精神振兴与升华的基本途径，是人类命运共同体建设的重要通道。"

与阅读相关的，则是呼吁对原创文化内容的保护，对非法盗版的严厉打击。

朱永新首先指出，盗版问题最近几年比较严重，特别是网络平台出现以后，"去年有十多家企业在一个平台上买了200多本书，结果所鉴定书籍的90%都是盗版书，非常猖獗。明天出版社有一本《猜猜我有多爱你》，这是一本非常受欢迎的儿童图画书，每年销售量在100万册左右，但是网络上的盗版却超过了180万本。我接触的很多出版社也都给我讲，凡是他们的经典好书都面临着盗版的问题。"

朱永新说，盗版图书泛滥的影响非常大，侵害的利益方是相当多的。比如作者没有利益了，没有稿费了，出版社没有利润了，正常的印刷机构没有效益了。"出版社在定价的时候已经考虑到盗版的因素，包括网络平台打折的因素，有了盗版之后，很多出版社在定价的时候为了比拼把价格定得很高。"图书定价虚高，最终侵害了所有读书人的利益。

另外，我国的数字出版产业也面临着规模化的盗版侵权现象，长期以来严重地伤害着著作权人和出版单位的权利，破坏着出版行业的正常发展，损害着消费者的利益。

网络文学是目前数字阅读里最大的一项业务，盗版现象非常严重。2020 年中国网络文学市场规模为 288.4 亿元，网络文学通过 IP 全版权运营间接或直接影响了动漫、音乐、影视、游戏等合计约 2531 亿元的市场，对数字文化产业的影响范围超过 40%。与此同时，2020 年中国网络文学盗版损失达 60.28 亿元，同比上升 6.9%。截至 2020 年 12 月，重点盗版平台月活跃用户量达 727.4 万，月人均使用时长近 19 个小时，月人均启动次数达 115 次。

"关键问题是我们要斩断数字出版盗版利益链，加大对盗版侵权站点的治理，斩断从内容攫取、网站运营，到广告联盟利益获取、应用市场推荐、搜索引擎导流的非法产业链。推进惩罚性赔偿制度在网络文学领域的落地，加大判罚力度，杜绝再犯空间。"

在谈到"盗版为什么会在网络上高发，治理中存在哪些困难"时，朱永新表示，主要是平台没有承担起责任，在跟平台举报的时候非常困难，手续非常麻烦。"我这次的议案主要是针对平台责任提出，不管是图书盗版销售还是网络文学盗版，这几年盗版越来越严重，死灰复燃的很重要原因就是平台的催生，他们以'避风港'原则放弃监管责任，躲避法律责任，甚至是从盗版销售行为和盗版阅读吸引流量，所以我觉得平台应该负起责任。"朱永新说。

（发表于 2022 年 3 月 11 日《新民晚报》，记者：珠兰）

《团结报》：深化阅读推广　共建"书香中国"
——全国两会代表委员建言深入推进全民阅读（摘要）

阅读，是一个民族凝聚力和创造力的重要源泉。近年来，随着"书香社会""书香中国"等重点阅读活动的持续开展，全民阅读热潮喷涌，多读书、读好书、善读书已成为新的社会风尚。从 2014 年起至今，全民阅读更是连续 9 年被写入政府工作报告中。在今年的全国两会期间，多位代表委员围绕全民阅读热烈讨论，并对如何开展全民阅读、建设"书香中国"议政建言。

以"书香企业"促进经济社会高质量发展

"由企业全员阅读带动影响家庭阅读、社会阅读，作用力更强、推动力更足，由此全民阅读必将扎实落地，书香中国也会水到渠成。"全国政协十三届五次会议期间，全国政协常委、民进中央副主席朱永新向会议提交《关于建设书香企业，促进经济社会高质量发展的提案》，为建设书香企业和书香中国建言。

朱永新指出，企业提供越来越多的高质量的产品和服务，是实现我国经济高质量发展和人民美好生活的基础和保障。要实现企业产品和服务的提升，普遍提高企业职工思想文化素质是前提和关键。要提高员工素质，就要努力建设书香企业，在企业中大力提倡全员阅读。企业是社会的"器官"，企业落地全民阅读，不仅要有组织保障，而且要有内在动机、行动能力和实际收益。

"在我国，企业从业人员有 7 亿—8 亿人口，如果企业广泛推动全员读书，将把全民阅读活动真正扎实落地，由企业全员阅读带动影响家庭阅读、社会阅读，作用力更强、推力更足，由此全民阅读必将扎实落地，书香中国也会水到渠成。"朱永新说。

朱永新建议，要推动企业建立读书会。企业读书会应该成为企业的标配，不仅可以形成良好的企业文化，而且可以打造优秀的团队，培养和发现人才，提升团队组织的能力和效率，为企业创造优质的产品和服务提供更有力的组织保障。此外，还要建立企业图书馆。企业图书馆的图书配备要充分听取员工的意见，满足员工的阅读需求。

研制适合企业家和企业员工的阅读书目也不可或缺。"有许多关于如何提高改善团队工作效率、服务态度、敬业精神、团结协作、精细化做好产品的书，光有少数管理者读是不够的，应该组织团队一起共读。"在朱永新看来，管理者与员工共读和充分讨论交流，才能凝聚共识，形成共同的价值观和共同的愿景，企业才有更强的竞争力和行动力。

朱永新认为，还可以建设企业读书云平台，开设每个企业自己的专门账户，实现每个企业的个性化需求，为企业读书会赋予快捷、方便、高效、节约等方面的服务。

朱永新表示，"总之，推进书香企业建设，对于落实全民阅读国家战略，推动精神生活的共同富裕，建设书香中国具有重要价值，对于企业自身的发展和企业社会责任的建设，也有重要的意义，需要有关部委高度重视、积极推动。"

（发表于 2022 年 3 月 14 日《团结报》，记者：刚罡）

《人民政协报》：政协书香开卷有"溢"

——委员畅谈参加全国政协委员读书活动的感受与思考（摘要）

2020年4月22日，习近平总书记对全国政协委员读书活动作出重要指示，两年来，委员读书活动如火如荼，委员们热情高涨，读书活动线上线下双向发力，在建言资政与凝聚共识中，飘溢着书香，收获了硕果。委员读书带动着政协机关干部读书，书香政协建设有力地助力书香社会建设。在"世界读书日"到来之际，本期文化周刊邀请部分委员，畅谈参加委员读书活动的感受与思考。

两年前，习近平总书记对政协委员读书活动作出重要指示，指出要运用好读书活动这个载体，努力带动和影响各界别群众开展读书活动。习近平总书记的重要指示，揭示了书香政协助力书香社会建设的路径。

"政协委员是界别群众的代表、各行各业的精英，会读书、善学习也应当是政协委员和政协工作者的基本功。"全国政协常委兼副秘书长、民进中央常务副主席朱永新认为，政协委员读书具有示范效应。热爱读书的委员，有条件成为各行业的阅读推广人，带头阅读推荐好书、分享阅读体会，能在全社会产生广泛的带动作用，促进引领书香社会建设。

两年前，全国政协开启委员读书活动，朱永新担任"试水群"的群主。他亲眼见证了委员读书活动如火如荼地发展，参与面不断扩大，活动方式不断丰富，初步形成了全国政协引领、地方政协共同参与、线上线下协同推进、读书履职相结合的良好格局，取得了增长知识、增加智慧、增强本领的成效，也产生了很好的社会反响。

"两年来的探索表明，书香政协建设已经取得了非常显著的外溢效应，对于促进书香社会建设发挥了重要作用。"朱永新说，"作为政协委员，阅读让我们对内提升自我，对外探索世界，形成我们每个人精神的'钢筋铁骨'。作为政协委员，我们身处全国各地，扎根各行各业，'书香政协'也就成为书香社会的'钢筋铁骨'。"

"委员读书活动成立以来，邀请各路专家人士进行讲读并形成成果，在一定程度上推进了读书社会化的进程。"阎晶明即将接任"委员读书漫谈群"群主，他所关注的问题在于，如何将该读书群建设得更便捷，科技含量更高。他表示，通过文字发布来进行交流，是政协委员的优长，但在交流上也受到限制，影响关注度与吸引力。将委员读书活动与社会读书活动，特别是其中的品牌活动结合起来，通过讲座、直播、发布会等多种方式，实现两者的对接，对推进全民阅读、建设学习型社会具有重要意义。

吕红兵所在的律师事务所与社会力量合作，以大数据互联网人工智能赋能并创新法治宣传与法律服务方式。去年 10 月，他们与法律科技公司"法到成功"合作推出 30 期"让民法典走到百姓身边、走进百姓心里"小视频，以短小精悍、生动活泼的形式讲述民法典的故事。还从互联网上成千上万个"海量"法律咨询题目中抓取并梳理出 7000 个与百姓切身利益有关的法律问题，以民法典为核心依据，有针对性地制作成"标准答案"。上述数据储存在法律科技公司"后台"，只要登录输入"关键词"即可一目了然。"我们努力以最为便捷的方式大大满足人民群众学法用法的实际需求，将在政协读书群中播下的学习研讨民法典的种子，成长并延伸至社会花开满园、绿树成荫。"吕红兵说。

"委员读书活动是广泛凝聚社会共识的有效之举。"吕逸涛表示，委员读书要读出"政协气质"，读出"时代质感"，通过政协的读书带动和影响各界别群众开展读书活动，是政协读书题中应有之义。近年来，委员读书活动不仅在读书群开展，也走进高校和青年一代、走向社会，拓展出形式多样的读书成果转化途径。比如委员读书群发言的不少话题成为协商议政的选题线索、提案线索，有的被编发为社情民意信息，有的成为书院建设落实项目。如何进一步扩大和深化读书活动的良好社会效应？吕逸涛建议充分发挥媒体作用，"在报纸开设专栏，在电视及网络新媒体开设专题，通过宣传报道委员读书活动涌现出的典型，出版政协委员读书笔记图书等，让大众既能直观了解委员们读书的过程，也能领略委员们因读书而产生的深邃的思想、智慧的火花，对大众产生强烈的引领、示范、带动效应，扩大委员读书的影响力和向心力，把政协读书群办成开放的书院，引发社会更广泛的关注和书香溢出效应，使书香政协成为引领书香社会建设的风向标，更好地推动全民阅读和书香社会建设。"

值得一提的是，委员读书不仅有力推动了社会读书，还在全国政协这个社会主义协商民主的殿堂里带动了机关干部读书。全国政协机关成立了"党史党建""经济社会""政治法律"和"文史哲"四个读书群，机关干部在这里阅读交流，互促互进，群主们热心服务，书友们文思飞扬，读书群特色栏目精彩纷呈，话题讨论持久热烈，形成一个又一个学习热点。政协机关书香四溢，与委员读书连成一脉，共同推动习近平总书记提倡的"书香社会"建设和全国政协主席汪洋所倡导的"书香政协"建设。

（发表于 2022 年 4 月 25 日《人民政协报》，记者：张丽）

《中国科学报》：大学生阅读太"浅"了吗？（摘要）

4月23日是"世界读书日"。哪些书籍是国内高校图书馆借阅榜上的"顶流"？答案是《平凡的世界》《三体》和《活着》。

不久前，高等教育数据咨询平台麦可思统计了国内101所高校2021年度的图书借阅数据，并发布了"2021年中国大学生图书借阅榜"。

在所有图书类型中，文学类作品的借阅量"一马当先"。在20本最热门的书籍中，有18本为文学作品，《平凡的世界》《三体》《活着》位列前三，《明朝那些事儿》《百年孤独》《白夜行》紧随其后。

与此同时，近几年有研究显示，国内大学生在阅读广度和深度上普遍存在不足。

在民进中央副主席、教育学者朱永新看来，造成这种情况最主要的原因是国内大学教育没有把阅读作为最重要的基础。

朱永新曾在哈佛大学肯尼迪学院短暂学习过。他说，国外大学几乎所有学科，尤其是人文社会科学领域的教学，都是建立在阅读基础上的。大学生的平均阅读量非常大，一天超过100页，这些书不是教科书，而是各领域的经典著作。

朱永新还记得，当时每门课的老师都会开出书单，罗列很多书目。每节课上，老师与学生都要就阅读的内容进行交流讨论。

"没读书就没法发言。如果你想要有超越别人的见解，就要去读那些书单上没有的书。这就给学生一种深入阅读的压力和动力。"朱永新说，"而在国内，真正以学科学习为导向的大学阅读体系还没建立起来，大学生阅读仍是个人化、休闲化的，所以阅读深度和广度就很不够。"

除此之外，朱永新认为另一个原因在于国内绝大部分学生在中小学阶段没有养成阅读的习惯和兴趣，导致大学阶段的阅读比较随意。在他看来，一个人的精神饥饿感是在中小学阶段形成的。发达国家的孩子从小就有系统的阅读书目和指导。这也是朱永新多年来一直组织编制不同年龄段阅读推荐书目的原因。

"无阅读、不教学，应该成为整个大学教育的理念。一个没有阅读的学校，永远不可能有真正的教育。"朱永新说。

"不阅读，也成不了真正的科学家。"陈勉说，自己与国际同行交流时，总能感觉到他们对科学未来的展望很有见解和想象力。陈勉相信，这与长期以来广而深的阅读是分不开的。

一场阅读"实验"

如何改变这种现状？多年前，在担任中国石油大学（北京）石油工程学院院长时，陈勉发起一场阅读"实验"。

他办了一场读书会，利用暑期一两周的时间，让老师和学生在一起读书。读书会的范围不限于本校，外校甚至外地学生都可以参加，交通费、住宿费全报销。读书会选出的书并不是教科书，而是能对科学进行深入探讨的书。

在陈勉的预想中，参加这场读书会的老师和学生能平等、自由、尽情地交流，享受思想的碰撞，学生甚至可以反对老师的看法，和老师辩论。他想用阅读打破隔绝创新思想的那堵墙。

"我总认为，创新最大的障碍不在于人才，而在于人们对权威的看法。但在应试教育的大背景下，学生总是去猜出题人和老师的想法，没有自己的想法。读书会能改变这一现状吗？"陈勉在心里留下了一个问号。

最初，读书会吸引了不少老师和学生。最多时，有近20位老师带了近20个班，每个班会讨论一本书或者一个读书主题。但陈勉很快发现，预想中的情境并没有在现实中发生。

"学生总想着这书与我考研有什么关系、对我考证有什么帮助，老师也难以放下自己的权威。读书会最终没有跳出老师讲、学生听的窠臼，慢慢流于泛泛而谈、浅尝辄止。"陈勉说。

这让陈勉感到遗憾，因为在人生的成长过程中，大学是最重要的阶段之一，而阅读是大学生培养独立思考习惯和通往深邃精神世界的路。大学期间的阅读会影响学生的一生。

朱永新给自己的儿子写过一封信——《大学是读书的天堂》。朱永新说，"大学阶段，课业相对没有中小学那么重，学习也更有自主性，正是读书的好时候。一方面应该补课，中小学阶段没有好好读过的书，尤其是那些最伟大的著作要读起来。大学生在进入大学的第一天，就应该建立自己的读书计划。"

除了专业阅读，在朱永新看来，那些中外最经典的文学作品、人文社科著作，比如《理想国》《社会契约论》《人类不平等的起源》《新教伦理与资本主义精神》等都是大学生重要的精神养料。

"一个有素养的人，看到那些人类历史上最伟大的精神高峰，都应该去攀登。即使暂时读不进去也没关系，至少你和它们相遇过，与伟大的思想对话过。"在他看来，"引导学生自主、高效地阅读，是对大学教育体系的基本要求，是大学的责任"。

（发表于 2022 年 4 月 19 日《中国科学报》第 4 版，记者：张文静、陈彬）

《人民日报》：以阅读助力乡村教育发展——一项在中西部六省开展的乡村儿童调研报告

北京单向街公益基金会近日发布一项乡村儿童课外阅读调研报告。报告以中西部六省、覆盖75万名儿童的乡村为调研对象，解析乡村儿童阅读现状，洞察阅读需求，识别可改善空间，为在乡村开展公共阅读活动提供支持。该调研报告得到中国扶贫基金会的支持。

在接受本报记者采访时，多位专家表示，中国乡村儿童阅读现状不断改善，未来仍有很大发展空间。

乡村儿童基本摆脱"无书可读"境况

报告显示，乡村儿童基本摆脱"无书可读"境况。调研发现，乡村儿童获取课外书的主要途径包括网上购书、书店、学校图书馆等多种类型。尽管与城市儿童比，乡村儿童家庭藏书量偏少，但经过多年努力，如今学校图书馆和公共图书设施可以帮助他们便捷地借阅到想看的书籍。

在接受记者采访时，全国政协常委兼副秘书长、民进中央副主席朱永新认为，中小学阶段是学生精神成长的关键期，农村学校与城市学校最大的差距，不是硬件设施，而是软件环境。

值得一提的是，朱永新发起的"新教育实验"在20年前就提出了"建设书香校园"的理念，一直大力倡导阅读。新教育实验尤其注重对乡村学校的扶持，通过多种措施帮助孩子们养成读书的习惯，获得读书的乐趣，同时也能促进学业成绩的提升。

中国扶贫基金会副秘书长秦伟说："这是一份有价值、有意义的乡村儿童阅读调研报告。我们希望未来单向街基金会发挥自身优势，通过中国扶贫基金会开展阅读陪伴等项目，为乡村儿童送去更多更好的精神食粮，让阅读潜移默化塑造孩子们健康的人格与良好的品德。"

需解决"如何选好书、如何读好书、如何爱上书"

报告显示，乡村儿童阅读依然存在着一些问题，"如何选好书、如何读好书、如何爱上书"是当下乡村儿童阅读需要面对的问题。

比如，乡村儿童阅读启蒙时间较晚，缺乏 3 岁以前的引导介入；阅读类型不均衡现象突出，超过八成乡村儿童未涉及艺术、通识、益智类书籍；约 24% 的乡村儿童整年阅读量超过 20 本，而城市儿童则近 46%；乡村儿童阅读频次及时长均较低，"碎片化阅读"问题显现；乡村儿童看书、阅读时，来自家长的指导与陪伴较为缺乏……

"我注意到，那些图书馆品质高、师生阅读氛围好的乡村学校，师生的精神面貌更积极向上，各类教学考核也成绩不俗。对阅读的重视，使得各项教育指标均超过城市学校的乡村学校已相当普遍。"朱永新说，"这些都让我更加坚定了以阅读增强乡村教育的信心。"

让乡村孩子尽早获得专业的阅读指导

"乡村教育的出路在阅读。"朱永新说，"要提升乡村教育品质，一条有效的路径是让乡村孩子尽早和经典对话，尽早读到好书，尽早获得专业的阅读指导。"

就提升乡村儿童阅读能力，报告建议，在选书、环境、反馈和伴读者等多个方面进行改善。包括关注阅读内容的多样化与分级阅读；优化阅读环境，提升阅读质量；扩大阅读主题活动项目在乡村儿童中的推广，持续提升阅读兴趣和阅读质量，鼓励儿童输出阅读成果；等等。

　　本次调查的大部分问卷在中国扶贫基金会"童伴妈妈"项目所在省份展开。秦伟介绍，这一项目由中国扶贫基金会发起，在 10 个省 106 个县 1379 个村建立了"童伴之家"。孩子们在课余及寒暑假，在"童伴妈妈"带领下开展阅读、美育等丰富多彩的主题活动。

　　作为一家拥有阅读基因的文化类基金会，单向街基金会致力于深入推广阅读文化。北京单向街公益基金会创办人许楠告诉本报记者，调研报告只是一个起点，未来希望能够在乡村儿童阅读领域建立高质量的阅读公益项目。

　　（发表于 2022 年 4 月 25 日《人民日报》海外版第 2 版，记者：刘少华）

中国新闻网：专家：亟需加强"双碳"人才的教育与培训

　　教育部印发《加强碳达峰碳中和高等教育人才培养体系建设工作方案》，鼓励高校开设碳中和通识课程，将碳中和理念与实践融入人才培养体系。然而由于碳达峰碳中和涉及的深层次基础科学问题多、资源能源环境等各种影响机制交叉融合，各行各业在落实"双碳"战略方面存在人才准备不足、问题认识不到位等问题，亟需加强教育与培训。

　　5月29日，以"碳中和教育：未来趋势与挑战"为主题的国际金融论坛（IFF）第20期学术会议在线上举行。此次学术会议邀请众多专家学者，就加强绿色低碳社会知识与意识普及，传统专业转型问题及挑战，新型碳中和交叉学科与专业建设，"双碳"教育的产学研合作网络与平台构建，以及"双碳"教育国际交流合作等方面作出进一步讨论。

　　国家气候变化专家委员会荣誉主任、科技部原副部长刘燕华指出，气候变化对全球造成的影响不单是科学问题，更是经济和地缘政治问题，将推动一系列广泛而深刻变革。"中国之前的高能耗快增长的发展模式已经无法持续，因此需要教育从不同维度推动发展模式和产业结构的转变。"

　　中国社会科学院学部委员、国家气候变化专家委员会副主任潘家华认为，目前推行碳中和教育应当聚焦在能源转型和技术创新两个方面。此外，还需从适应气候治理、气候金融、碳市场、碳核算等方面探索全方位解决方案。"在碳中和教育中设计针对气候变化的完整教学体系、教案和实践，我们才能够在应对气候变化时做到有条不紊地行稳致远。"

全国政协常委兼副秘书长、中国教育学会原副会长朱永新指出，碳中和教育要强调生态主义的价值观。"在追求经济增长和发展的过程中，人类活动已经超出了自然环境的承载能力，影响到整个人类的生存。学校应该成为实现可持续发展的碳中和目标的典范，以塑造我们所希望的未来。我们的教育观念需要从过去的关注个体走向关注群体，从过去的关注学习本身向关注人类的生态转变。"

朱永新认为，推动碳中和教育需要从基础教育到高等教育，无论是教材、教育内容还是教育大纲，都要突出绿色的理念，健全相关的标准体系。在基础教育中，推动中小学生形成正确的消费理念、养成绿色的消费模式。

（发表于 2022 年 5 月 31 日中国新闻网，记者：左雨晴）

《中华读书报》：朱永新：我是行动的理想主义者

朱永新是阅读的"超人"。

作为新教育实验的发起人，二十多年间，朱永新孜孜不倦，身体力行在各个领域全力倡导阅读。

"一个人的精神发育史就是他的阅读史，一个民族的精神境界取决于这个民族的阅读水平，一个没有阅读的学校永远不可能有真正的教育，一个书香充盈的城市必然是一个美丽的精神家园。"朱永新说，阅读虽然是个体行为，但每个个体行为汇聚起来就会成为一个国家行为，成为一个民族行为，继而造就一个国家的精神境界。

作为读书人的朱永新，他读陶行知、叶圣陶、杜威、苏霍姆林斯基等大师著作，孜孜不倦地连续写了十几年的读书笔记，带领父母、老师和大师对话；他曾经以每天读一本童书的速度，连续读了2000多本，每篇写下读书记录发布在自己的微博上……几十年间，朱永新一直遵循父亲的教诲，每日晨起读书、写作，著述等身，他的成长得益于父母的言传身教，在从事教育几十年间，他深谙家庭教育的重要性。因此，2022年1月1日，《中华人民共和国家庭教育促进法》正式实施之后，作为中国教育学会家庭教育专业委员会理事长，朱永新除了提出把家庭教育作为师范院校的一门课程等建议外，还主编了一系列相关图书，"名家忆父母"（《母爱的学问》《父爱的力量》）陆续由团结出版社出版，希望以此作为礼物，献给天下父母。

2012年，朱永新被新闻出版总署任命为"全民阅读形象代言人"；2020年，朱永新荣获"IBBY-iRead爱阅人物奖"。

阅读是教育的基础。20世纪90年代初，朱永新就有针对性地推出了学生必读书制度。

《中华读书报》：您是从什么时候意识到阅读的重要性，并确定以阅读作为重要的事业？

朱永新：1993 年担任苏州大学教务处长期间，我就发现大学生不读书的情况比较普遍，甚至中文系的学生连四大名著都没有读过。于是，我在苏州大学推出了学生必读书制度，组织专家开始研制大、中、小学生的书目。随着实验的深入，我们越来越深刻地发现，阅读应该是教育的基础，而阅读的关键首先就在于"读什么"。

《中华读书报》：从 1995 年起，您开始组织专家研制各类书目，推出中国幼儿、小学生、初中生、高中生等一系列书目。这些书目的确定，会有争议吗？

朱永新：在做大学生推荐书目时发现，培养大学生阅读习惯已经有些晚了，于是就想从中小学开始。我们还发现，学生不读书与老师有密切关系，所以又增加了教师书目，后来拓展到父母、企业家、领导干部的阅读书目……当然，做书目是费力不讨好的事情。很多人认为阅读是个体化行为，没必要推荐书目；在推荐书的时候，哪些书选、哪些书不选，不同的人有不同的看法，有争议是必然的。

不过，到目前为止，还没有针对我们的书目提出严厉批评的。曹文轩先生多次评价说，我们的书目可能有遗珠之憾（因为数量严格限制），但绝对没有鱼目混珠。我们用了很大心思，最早的大学生书目，开了几十次会议，换了两个团队，讨论了上千本书才确定；讨论小学生书目，二十多个人花了两年多的时间。

我跟团队说，书目本身当然仁者见仁，但有两条要求：第一，我们选的书必须是自己读过的，不能道听途说；第二，某本书没选上，你要告诉我理由。

我认为推荐书目对大部分人来说是需要的。尤其现在每年有几十万种图书出版，一般的老师、父母和孩子选书就如大海捞针。书目是人们阅读的重要指南。同时，选书要有标准。现在很多书目最大的问题是没有自洽的、严格的、统一的评选标准。我们会考虑文化的差异性、体裁的多样性，同时兼顾考虑经典性与可读性等。

《中华读书报》：那么，不同层次的"基础阅读书目"选择的标准和理由是什么？

朱永新：我一直认为，阅读的高度决定精神的高度，读什么样的书会成为什么样的人。所以，根据自己的职业和兴趣，选择一些能够帮助自己成长和发展的书籍，是我们每一个人必须努力学会做的事情。选书是一门技术活，需要视野、眼光，也需要情怀、经验。比如《中国幼儿基础阅读书目》，我们主张一是追求和展现真、善、美，要有价值引领；二是以儿童为中心，不能离孩子太远；三是以故事为中心，要有吸引力、想象力，要充满趣味；四是以绘本为中心，对一般儿童来说，图画是他们的世界；五是以共读为中心，共读、共写、共同生活。针对不同年龄层次，"基础阅读书目"中选了相当多的经典。经典是时间帮我们大浪淘沙选出来的，对形成我们共同的价值观有重要意义。

每做一个书目之前，我们都要制定原则和选择标准，我要求反复打磨，保证最好的书不会逃脱我们的眼睛。

如果说，20 年前的"新教育"还只是朱永新的一个梦想，如今他的梦想已经成为现实

《中华读书报》：从 2000 年开始您推动"新教育实验"。您如何理解"新教育"？

朱永新：和学院派不同，新教育是开放型的实验，是把原理、方法拿到教育一线去实践、检验、丰富、完善，我比喻为熬"石头汤"。锅是我架起来的，各种原料是大家共同给予并且一起熬制的，我和学校师生一起参与，一起推动新教育向前发展。新教育有"十大行动""五大课程"，都是不断丰富完善起来的。新教育最根本的核心理念就是"过一种幸福完整的教育生活"，帮助一个人拥有丰富幸福的人生，成为更好的自己，围绕这个宗旨不断推动新教育实验。

比如在调研中发现，中小学所有学科中，语文学科之外几乎没有阅读，我们重新发现了学科阅读的价值和意义，公布了小学数学、科学、中学物理、化学、艺术等不同学科的阅读书目，从 2016 年开始

研制了中小学所有学科的教师、学生的基础阅读书目《中国中小学学科阅读书目》。2019 年开始的《中国中小学项目研究阅读书目》，就中小学生进行项目学习提供阅读书目，首批已经启动航空航天、大气科学、电影、戏剧等二十余个书目。

这三大系列书目为儿童阅读提供了地图，而且每个书目之中、三大系列之间，又形成了由浅入深的阅读梯次，为儿童阅读的后续发展提供了有效的支持。

《中华读书报》："新教育实验"发端于江苏常州一个乡村学校，至今全国已有八千三百余所学校加入。这不仅是一次教育行动研究，在一定意义上可以视为一次阅读革命。在最初的时候，您大概没有想到会有这么多人参与，形成如此大的规模吧？

朱永新：没想到。最初计划以科学严谨的方法在一所学校扎根做。当时我在苏州做副市长，我在第一所挂牌的新教育实验学校的开学典礼上有段讲话，这段讲话很快在互联网传开，几十所学校一下就加入了实验。因为比较契合教育的规律，行动的门槛低，一看就懂，一做就有效，所以有比较好的拓展。

《中华读书报》：2002 年，在新教育实验开始不久，您曾在教育在线网站发过一个"朱永新成功保险公司"的帖子，要求新教育教师坚持写作，每天用心记录自己的生活，记录自己与学生的交流，记录自己的阅读与思考。您已经坚持了 20 年，统计过自己的著述吗？ 同行的教师中，有多少人坚持下来了？

朱永新：没有确切统计，我每天早晨 5 点多起床，有固定的阅读和写作的时间，一天一千字，一年就应该有 36 万字以上。同行也有很多人在坚持，都取得了重要成就。

事实证明，坚持下来不容易，但凡是坚持下来的老师基本都已经成为佼佼者。《中国教育报》每年评选"推动读书十大人物"。从 2005 年开始，10 人中每年都有 1—4 名来自新教育实验学校，没有一年例外。有人专门研究过获得诺贝尔奖的科学家，发现他们的写作能力超出一般的科学家 20 倍。新教育今年的年会是研究写作问题，我们要重新发现写作的意义和价值：不只是语文，应该上升到人生的基本能力。

《中华读书报》：您将少年儿童阅读推广体系化，解决"为什么读”“读什么”“如何读”“如何推广”“如何实践落地”“评估反馈再实践”等诸多实际问题。为什么您能做得这么实际有效？

　　朱永新：第一，有比较好的专家团队，第二，对阅读本身做了深入细致的研究，专业是很重要的。

　　阅读为什么重要？ 我在《我的阅读观》里讲到五条，而且从不同层面反复对这一问题进行论证。我曾经说过一个有点极端的观点："不读书不是人。"人有阅读的能力和权利，没有其他任何生命能够阅读；如果一个人不使用这样一种被赋予的特殊能力，在一定程度上就脱离了人的本质特征。

　　我从不同层面阐释了阅读的价值，接下来就是解决"读什么"的问题。传统的阅读讲"开卷有益"，现在则是"择卷有益"的时代了。

　　现在"如何读"的问题还没有全面展开，还有很大空间，每个领域都值得探索——比如亲子共读怎么做——还没有形成非常系统化的推进策略。不过，我们有一个总体的蓝图和工作方案，我刚修改完去年新教育的主报告，准备出版《新阅读教育论纲》。

以学术研究的成果参政议政，用做学问的方法当政协委员，是朱永新多年践行的原则

　　《中华读书报》：《语文阅读与成长》（山东教育出版社出版）被收入"名家论语文丛书"，和您一贯的教育主导思想一致。您在此书中倡导教师阅读，以阅读立人。多年来您一直倡导阅读，话题常说常新；同时您也写作了很多关于阅读的图书，诸如《改变，从阅读开始》《书香，也醉人》《我的阅读观》《造就中国人：阅读与国民教育》等，每篇文章、每本书都有新的观点。您的"新"来自哪里？

　　朱永新：无论写作还是演讲，我要求尽可能不重复自己，希望有新观点、新材料。这样就给自己很大的压力，需要不断阅读，在不断地和伟大作品对话的过程中不断刺激、丰富思维与想象，有新的思考。如我最近在首届全民阅读大会上的演讲中提到，我们是互联网时代的新移民，年轻人是原住民。这就是我前段时间读了有关互联网时

代的书籍受到的启发。

《中华读书报》：《书香政协满庭芳》是您的履职实录。此前您还出版有《我在人大这五年》（2008—2013）、《我在政协这一年》（2013—2017 五卷）、《使命与担当》、《春天的约会》等著作。您觉得这样的记录对于自己、对于业界有怎样的意义？

朱永新：最早是 2008 年出版的《我在政协这五年》，2013 年出版了《我在人大这五年》。2013 年之后，每年用一个主题出一本。2021 年整理出版《协商的力量》，根据政协的主题来凝聚书的内容。2018 年的时候，我把从 2008—2017 年在人大、政协的履职情况整理成 10 本小书，在山西教育出版社出版了《见证十年》。从 2019 年开始，在团结出版社继续出版每一年的履职实录。

这样的记录，我认为是很有意义的。对自己来说，一是自己生命活动的记录。这个记录跟我鼓励教师写作一样，要写得精彩，首先要活得精彩、做得精彩；对业界来说，普通百姓很难有机会了解人大代表、政协委员的履职情况。有一年我去哈佛大学，在图书馆看到一本《我在政协这五年》，非常吃惊。他们说这很正常，过去了解政协的活动只能看《人民日报》。你的著作是个人档案，鲜活、有意思。《我在人大这五年》把我在人大每次常委会的发言都记录下来，因为都是原生态的，可以看到人大代表的履职过程。全国政协副主席何维说，这是民间的两会史、政协史。全国政协副主席邵鸿说，这样的记录本身对其他政协委员也很有意义，可以说是政协委员的教科书。

《书香政协满庭芳》记录了我在 2020 年一整年的政协履职过程，包括"两会手记""年度提案""调研手记"等，把政协委员阅读的故事记录下来，本身就很有意义。

《中华读书报》：阅读快、写作快，您的高效是有目共睹的。感觉您像是不知疲倦的超人，一直处于高速运转中。

朱永新：如果不喜欢也很难坚持，不享受不可能坚持几十年。阅读和写作是我最享受、最坚持的两件事，慢慢变成一个习惯，成为一种生活方式。

《中华读书报》：在"调研手记"中，记录了您去甘南藏族自治州、湘西土家族等偏远地区冒雨调研的实录，有力量、有分量、有很强的说服力。能否谈谈您在调研中印象比较深刻的故事？

朱永新：每一次调研都有值得记录的故事。记得有一次去广西的贫困山区，我遇到一个四十多岁的贫困户。我问他："你为什么不出去打工？"他说："不会说普通话。"我们听他讲话还要配个翻译。一个人的语言能力能影响家庭的经济收入，所以我提出要加大贫困地区中小学的普通话教学。

再如，我去了云南某贫困地区的一所学校，这所学校里没有图书馆，书全放在食堂边的仓库里。我看到三四年前政府采购的书还打包在那里，就问这些书为什么不让学生看。学生遇到一本好书不亚于教师给学生上一堂课，让学生有好的学习资源非常重要。每到一所学校，我都会去看看图书馆，发现的问题都成为我提案的重要内容。孩子们不仅需要营养餐，更需要精神正餐。

坚持公益性才有公信力，这是阅读推广的底气和前提

《中华读书报》：在推动阅读的过程中，是否也有一些质疑的声音？这些声音会构成阻力吗？

朱永新：当然有。有人怀疑我是否为了盈利，怀疑我提倡建立"国家阅读节"是否作秀，怀疑阅读的重要性。但是，我是学教育的，知道阅读的意义和价值。我坚持阅读的公益性，想用行动来说话。这么多年做阅读，绝对不是为出版社、为自己推销图书。我们要努力把最好的东西给孩子。身正不怕影子歪，时间会说明一切。

《中华读书报》：推广阅读也是公益事业，需要付出大量人力、物力、财力，同时又要保持自己的独立性、公益性、专业度和公信力。

朱永新：必须坚持公益性才能有公信力。这是基本的前提。我们有八千多所新教育的学校，坚持不收费；给贫困学校送书，帮助教师和孩子们得到好书。还有一些公益性活动完全免费，包括童书评选活动、邀请名家义务在网上做公益讲座，自己筹集费用，成立基金会支持项目开展。

《中华读书报》：您在《书香政协满庭芳》中也提到，有时候"的确感到身体的疲倦"。能够将新教育实验坚持下来，应该是使命感和责任感的推动吧？

朱永新：开弓没有回头箭，做一件事情，要善始善终。我对自己的要求就是我在本职工作上要做第一名，不管分管什么工作。只有把本职工作做好了，才能做其他事情。这是我给自己设的底线。好在，我非常幸运的是，无论在大学、政府还是民主党派，我的工作与专业、本职与业余，是高度重合、互相交叉、彼此促进的。

《中华读书报》：有没有疲惫的时候？

朱永新：同时从事那么多活动，推动新教育、接受采访、阅读写作，虽然时间有限，但这些都能承受。真正感到疲惫的时候是得不到理解。比如听到朋友说我没有把主要精力用在本职工作上，真的很委屈。其实我任何时候都绝对是本职第一，因此绝大多数活动都安排在周末、节假日。我是把别人喝咖啡的时间用于阅读，把别人睡觉、喝酒、聊天的时间用于写作。

《中华人民共和国家庭教育促进法》实施，朱永新主编"名家忆父母"献给天下父母

《中华读书报》：编选《母爱的学问》，切入点是什么？ 今天重提母爱的教育意义，您认为有怎样的重要性？

朱永新：一直想编写一本关于母亲与教育的书。因为母亲在一个人的生命中起着关键的作用。这个问题在传统教育中就有许多论述。今年1月1日，《家庭教育促进法》正式公布。作为中国教育学会家庭教育专业委员会的理事长，我希望为父母选一些学习资料，作为实施《家庭教育促进法》的礼物，借此普及家庭教育的理念，希望大家学好用好《家庭教育促进法》。另外一个重要原因是，大家对于母爱的理解有偏差，我们提出了"智慧爱"的概念。鲁迅说，爱孩子是母鸡都会做的事，本能的爱反而会影响孩子的正常发展。一开始我收集了很多感人的文章，但仔细读后发现很多文章虽然很感人，但教育意

义不大，没有讲母亲和孩子之间的关系，只好忍痛割爱。我是从教育的角度编选的。

《中华读书报》：您如何看待母亲的教育力量？

朱永新：我认为，对于母亲来说，在教育上特别需要注意以下几个问题：第一，要意识到自己在教育孩子过程中的不可替代性。第二，要尽早给孩子朗读，讲故事，培养孩子的阅读习惯与兴趣。一个人的精神发育史就是他的阅读史。阅读本身也是建立亲密感，培养孩子对声音的敏感、对阅读的兴趣的重要途径。第三，要为孩子营造一个和谐的家庭氛围。所有成为母亲的和将会成为母亲的人一定要记住：母爱也是一门学问，需要智慧与研习。母亲也是一门"职业"，需要学习和探究。因为，母亲就是女人最神圣的天职。

《中华读书报》：您在《父爱的力量》代序中提出一个有趣的观点：父亲是男人最重要的工作。

朱永新：在中国古代，父亲在家庭和家庭教育中具有非常重要的地位。《三字经》云："养不教，父之过"，父亲不仅是一家之主，也是家庭教育的主要责任人。中国古代流传下来的家书、家训，从《颜氏家训》到诸葛亮的《诫子书》，从《袁氏世范》到《朱子家训》，一直到近代的《曾国藩家书》，也无一例外地是由父亲主导撰写的。父亲是一个坚毅的称谓，意味着责任与担当。每个成年男子无论做什么，他最重要的工作之一就是做父亲。

《中华读书报》：《父爱的力量》在父亲节前夕推出，想必饱含了您的诸多寄托。

朱永新：母爱给孩子以温暖，父爱给孩子以力量。在前行的路上，我们既需要温暖，也需要力量。

我曾经说过，一个人真正懂得父亲，一生中要经过两次淬炼。一次是成为父亲，一次是失去父亲。成为父亲，才知道当父亲不容易。父亲往往是男儿的第一个榜样，人生的第一个生命原型。父亲的角色在家庭中是不可或缺的。

在《母爱的学问》中我说过，与一般的选本不一样的是，我是用一双教育的眼睛来选编的。我希望，这本书不是一般的文学作品，而是兼具文学性与教育性的读本。《父爱的力量》也是如此。

因为教育，朱永新的个人生活同国家和民族的命运紧紧联系在一起

《中华读书报》：看完《书香政协满庭芳》，我非常感动。朱老师为教育，走了太多路、做了太多事！可是，好像又可以只用一句话概括，就是一生只为教育。您觉得呢？您如何评价自己所做的一切？如何概括自己 20 多年为新教育所付出的一切？

朱永新：这样说也是可以的。第一，我自己的成长得益于教育，得益于阅读。我一生没有离开教育，一开始在大学从事教育，担任苏州市副市长也是分管教育，我所在的中国民主促进会 60% 的会员来自教育界。我的每一份工作都和教育紧密相关，本职工作和业余爱好、兴趣紧密联系在一起是特别幸运的一件事。从睁眼到闭眼，我的所有时间都关乎教育，有时为政府，有时为政协，有时为党派，有时为自己做研究、做阅读。

有人曾经讲过，教育在人类所有事业中是最伟大、最关键、最基础的事业，涉及人的成长，从国家、民族来说也是涉及国家、民族的力量。因为教育，我的个人生活与国家和民族的命运紧紧联系在一起。

《中华读书报》：您的许多文章和观点，特别有启示意义。我想您是身体力行地实践了作为教育家的职责。您认为理想的教育是怎样的？您有偶像吗？

朱永新：我专门写过一本书《我的教育理想》，谈到理想的学校、理想的校长、理想的德育、理想的智育等。偶像当然有。每个人在成长历程中都有偶像或榜样。新教育的生命叙事理论认为，每个人的一生都是在书写一个故事，每个人既是自己故事的主人公，又是自己故事的作者。有些人能把故事写成伟大的传奇，有些人写成平庸的故事，有些人甚至写成了事故，最关键的是你选择了什么样的生命原型、自我镜像、人生榜样。

在叙写生命故事时，我们和小说家写作一样，总要寻找原型，像谁那样活着就可以成为谁。我写过一篇文章《像孔子一样做老师》，孔子就是我的偶像，"学而不厌，诲人不倦"；苏霍姆林斯基也是我

的偶像，他 16 岁开始做老师，一生笔耕不辍。我关于阅读的理念，就得益于苏霍姆林斯基；还有"捧着一颗心来，不带半根草去"的陶行知先生。我现在是中国陶行知研究会会长。他也是我的人生偶像；我们民进的前辈叶圣陶先生也是我的偶像。我还选编了《叶圣陶教育名篇选》。这些人的著作我都系统阅读过，有些还看了不止一遍。他们是我非常崇敬的偶像。

《中华读书报》：您如何看待新教育的前景？

朱永新：总体上我是乐观的，但还是很有危机感。新教育的发展取决于我们的努力和专业化水准，如果我们不能与时俱进，不能源源不断地给学校的一线教师提供专业支持，迟早也是会被淘汰的。为了能够让新教育的课程、项目不断提高专业化水平，新教育研究院先后成立了阅读、家庭教育、生命教育、科学教育、艺术教育等 10 多个专业化团队，为可持续发展做了许多准备，也能够持续为学校提供更好的专业支持。

新教育实验从苏州的一所学校，星火燎原，发展到现在的规模，我们一直如履薄冰。我们一直在研究未来教育的发展趋势，2019 年我出版了《未来学校》，提出要推进教育的结构性变革，推动学校教育方式的变革、学习方式的转型。很多年前我就一直呼吁，应该尽快建设真正意义上的国家网络教育资源平台（线上学习中心），近些年在线学习逐渐成为全民终身学习的重要实现途径和参与方式。特别是新冠疫情发生以来，从中央到地方，在建设和推广应用在线教育资源平台等方面积累了大量经验。

语文教育改革跟我们的阅读理念也密切相关。新课程改革方案出台、《家庭教育促进法》颁布后，很多教师说，跟着新教育走没错。新教育基本引领了语文教育的改革、家校合作的方向。最近，我们在关注碳中和教育的问题，希望进一步加强生态环境教育，把人作为生态教育的一部分。我们一直在努力，一直在成长。

《中华读书报》：您是理想主义者。

（发表于 2022 年 6 月 15 日《中华读书报》，作者：舒晋瑜）

《中华读书报》：讲好中国特色新型政党制度故事

　　《书香政协满庭芳：全国政协常委朱永新 2020 年履职实录》是全国政协常委、民进中央副主席朱永新 2020 年作为全国政协委员和民主党派成员的履职纪实。全书包括"两会手记""调研手记""参政声音"等部分，记录了作者在 2020 年的履职情况，及传统和新兴媒体对作者的报道等。

　　《书香政协满庭芳》是"朱永新履职书系"的第三本书。从 2020 年的《春天的约会：全国政协常委朱永新两会手记》，到 2021 年的《使命与担当：全国政协常委朱永新 2019 年履职实录》，第四本《协商的力量》也预计于今年下半年出版。

　　《书香政协满庭芳》既呼应了"书香政协"活动，也是政协委员能力建设的途径和成果。正如朱永新所说："写好一个提案是离不开阅读的，所有的提案都和阅读相关。"朱永新期待通过"书香政协"带动"书香社会"，进而促进他多年来一直关注的全民阅读。

　　"朱永新履职书系"从个体和民间的视角反映了中国民主政治的进程。这套书从内容上看，政协委员某一天的日记、考察调研，呈现了多党合作和政治协商的具体场景；整套书，则记录了作者作为全国政协委员和民主党派成员多年的履职过程，呈现了作者个人的观察和思考，而且素材具有连续性，通过前后对比，读者可以清晰地了解中国特色民主政治的发展历程。作者用老百姓和"局外人"能看得懂的语言讲述了中国共产党领导的多党合作和政治协商制度，拉近了普通读者和国家大事、国家基本政治制度之间的距离，为读者了解中国两会、了解中国共产党领导的多党合作和政治协商制度打开了一个窗口。

"朱永新履职书系"是团结出版社讲好中国特色新型政党制度故事的实践探索。讲好中国特色新型政党制度故事，出版工作者不仅要"能讲"，更要"善讲"，向广大读者展现一个全面、立体、真实的多党合作故事。"朱永新履职书系"，正是在这样的指导思想下进入我们出版视野的。

以学术研究的成果参政议政，用做学问的方法当政协委员，是朱永新多年来一直践行的原则。作为一名党派出版社的出版工作者，我们也将不断提高自己的"脚力、眼力、脑力、笔力"，在新时代努力讲好中国特色新型政党制度故事。

（发表于 2022 年 6 月 29 日《中华读书报》第 8 版，记者：李可）

中国网：全国政协委员热议绿色低碳生活 绿色小举动连接"双碳"大目标

"少用塑料袋、一次性筷子，合理使用家用电器，使用节能的材料与设备；做好家庭的垃圾分类……"这些看着不起眼的生活小细节，和实现"双碳"目标有什么关系？普通人还能做些什么？

在围绕"统筹推进绿色低碳高质量发展"协商议政的全国政协常委会会议上，多位政协委员将目光投向了"绿色低碳生活"，在他们看来，推动绿色低碳的生活方式变革，正是实现"双碳"目标的基础和最直接的路径。应该大力倡导绿色低碳生活方式，形成全社会共同参与减碳的良好风尚，助力实现碳达峰碳中和目标。

全球约三分之二的碳排放与私人家庭活动有关

看电视会造成多少碳排放量？做一顿饭、用一吨水又会为温室效应"贡献多少力量"？

"不知道，没想过，应该没多少，可以忽略不计吧？""还是应该以工业减排为主吧？"面对记者的随机采访，很多人都表示，虽然知道要绿色生活、低碳出行，但对于家庭生活所造成的碳排放并无概念。

实际上，联合国环境署的《2020年排放差距报告》指出，采取更强有力的气候行动须包括私营部门和个人消费行为的改变。如果采用基于消费的温室气体排放核算法计算，全球约三分之二的碳排放都与家庭排放有关。

无疑，居民生活消费是温室气体排放的主要来源之一，这看起来高大上的"双碳"目标，和我们每一个人都息息相关。

有研究机构做过这样的计算："家庭用电中，二氧化碳排放量（千克）等于耗电度数乘以 0.785；家用天然气中，二氧化碳排放量（千克）等于天然气使用度数乘以 0.19；家用自来水中，二氧化碳排放量（千克）等于自来水使用度数乘以 0.91；开车出行，二氧化碳排放量（千克）等于油耗数乘以 2.7。"

"中科院有关研究指出，我国工业过程、居民生活等消费端碳排放占比已达 53%。实现'双碳'目标需要全社会每一个公民的共同参与。"全国政协常委舒晓琴说。

事实上，近年来，我国在推动公民低碳消费、推广绿色低碳生活方式等方面进行了积极探索，围绕实现"双碳"目标，中央和各地出台了不少推动绿色低碳生活方式转变的配套政策文件。比如《关于完整准确全面贯彻新发展理念做好碳达峰碳中和工作的意见》强调，"加快形成绿色生产生活方式"，《关于印发 2030 年前碳达峰行动方案的通知》部署"绿色低碳全民行动"；等等。

"但社会公众的节约意识、生态环保意识还有待增强，对碳达峰碳中和目标与自身生活关系的认知还不够明晰，尚未形成全民自觉践行绿色低碳生活的良好社会氛围。"舒晓琴表示。

全国政协常委朱永新也坦言，由于绿色低碳生活方式涉及范围较广，涵盖衣、食、住、行等多个方面，加之居民长期以来的传统消费理念和习惯根深蒂固，实现生活方式的绿色变革仍面临重重挑战，任重而道远。

推进绿色低碳生活示范

作为居民，绿色低碳生活该从何做起？

"如减少某些方面的消费，少买衣服，少用洗衣粉，减少装修材料用量，少用塑料袋、一次性筷子，少用电梯、电视；避免粮食浪费，合理使用家用电器，使用节能的材料与设备；做好家庭的垃圾分类，绿色公交出行等。倡导消费低碳或零碳产品，通过消费促进生产。"朱永新给出了具体建议。

此前，曾有人这样算过一笔账：走楼梯上下一层楼能减排约0.218千克；少开空调1小时能减排约0.621千克；少用10双一次性筷子，能减排约0.2千克；熄灯一小时，少用一度电，减排约0.785千克；回收一吨废纸可少砍17棵大树……

这些细微的生活习惯，都会悄然影响和改善我们的环境。

除了在生活中养成良好习惯之外，朱永新还认为应该编制颁布全民节能减排手册或绿色低碳生活指南，将低碳行为指导落实到生活中可执行的层面，使居民了解绿色低碳生活的必要性、紧迫性和基本方法。

舒晓琴也表达了相同的观点：发布绿色生活方式指南，积极宣传绿色生活科学方法，探索开展个人碳积分排名，低碳生活自愿承诺，引导群众从身边点滴小事做起，逐渐养成绿色低碳行为习惯和生活方式。

也有常委建议，实施全民环境保护宣传教育行动计划，提高公众对生态环境问题的关注度和环保意识。同时，发挥政府宣教职能，倡导低碳、可持续的绿色生活方式和消费模式，深入开展绿色生活创建行动，创建一批绿色家庭、绿色社区、绿色学校等示范试点。

值得一提的是，政府部门、公益组织也开始积极行动起来。

为了呼吁公众关注塑料污染，循环使用塑料制品，公众环境研究中心专门研发了塑料循环地图。塑料循环地图中包含了生产端的企业、消费端的门店以及塑料的回收与处置企业，目前已经收录了超过2.4万家塑料生产企业，超过2.2万家塑料回收企业以及2300家左右塑料处置相关企业。

"相关机构可以在地图中更新各自机构的信息，填报减塑行动案例，消费端门店还可以展示其提供的减塑服务内容。个人用户则可以通过地图查询相关企业的环境表现，开展机构减塑行动的观察，发现优秀的减塑行动案例并对于相关机构提出自己的意见建议。"公共环境研究中心（IPE）创始人兼主任马军说。

"欢迎更多的利益相关方参与塑料循环地图、参与全民减塑打卡活动，共同提升全社会对于塑料污染问题的关注，并积极开展行动。"中国石油和化学工业联合会国际交流处处长满娟表示。

绿色生活方式不能仅靠公民"自觉"

同时，委员们也表示，低碳生活的形成不能仅靠公民"自觉"，更需要政策来引导鼓励。

"要加快研制适用于我国国情并可融入到主要生活要素领域的绿色生活方式标准和规范，让居民切实了解绿色生活具体样式，使绿色生活方式有据可依。"朱永新说。

朱永新还建议，对于涉及链接不同生活要素上下游的企业，应加大绿色商品和服务标准的制定，扫除伪"绿色"现象，增加公众对于绿色产品和服务的信任度，增加绿色消费信心。将不同领域绿色消费目标纳入经济发展规划中，循序渐进促进绿色生活方式的发展。

"持续加大政府以及金融机构对于不同经济发展程度地区的绿色公共投资力度，完善有利于绿色生活方式的基础设施建设，推广符合当地发展实际的高效回收循环利用设施和便捷公共交通系统设施等。"朱永新说。

加强绿色低碳生活方式的监测和评估也必不可少。建立衣、食、住、行、游等生活领域的绿色消费指标体系和监测评估体系，推动各地建立不良消费行为的信息披露平台。

"研究表明，只要在居民的电费账单上附上本人与所在社区其他居民的用电情况的对比，向消费者实时报告用能情况，就可以促进节能行为。"朱永新说。

民进中央则建议，创新垃圾分类回收模式和智慧管理平台。借助互联网、物联网、大数据、云计算等现代信息技术，推动生活垃圾分类回收利用精准管理，完善生活垃圾分类回收利用体系建设。充分发挥手机 App、客户端等软件的便捷性和经济性，调动居民和企业垃圾分类回收的积极性，宣传推广智能自助回收设备和"互联网＋"创新回收模式。

低碳教育进校园

"知为行之始，学为用之先。实现'双碳'目标，是中国式现代化的必由之路，也是高质量发展的必然要求，教育必须先行。"全国政协常委刘晓庄说，坚持从小抓起，加强基础教育。中小学生是国家未来发展的中坚力量，树立正确科学的"双碳"理念要"从娃娃抓起"。

刘晓庄建议将"双碳"基础知识纳入中小学课程，进教材、进课堂，在物理、化学、生物等基础学科中适当融入"双碳"内容，精心培育一批具备生态理念和科学潜质的青少年群体。

刘晓庄特别提到了"天人相应、道法自然""中庸致和、天人合一"等中华优秀传统文化思想，在他看来，更应该让中小学生从小接受尊重自然、尊重客观规律的熏陶，懂得不"涸泽而渔、焚林而猎"，人与自然和谐相处的道理。

朱永新也建议，学校应成为实现可持续发展和碳中和目标的典范。应深入开展低碳教育，强化青少年的节约意识和绿色低碳理念。

"要在我国全面开展'双碳'教育，普及'双碳'知识，切实增强全民对'双碳'的认知度和参与度，引导广大干部群众正确认识和科学把握'双碳'目标的实现路径，把'两山''双碳'理念植根于心、付诸于行，以进一步凝聚共识、汇聚合力，保障'双碳'行动'不偏向、不走样'，推动降碳、减污、扩绿、增长协同推进，助力'双碳'目标如期实现。"刘晓庄说。

"让我们从自己做起，用绿色低碳生活方式减少排放，助力'双碳'目标的实现。"朱永新说。

（发表于 2022 年 6 月 30 日中国网，记者：王茜娟）

《现代快报》：朱永新：阅读是终身之事

"阅读确实是终身之事，每个阶段阅读都有不同的风景，每个阶段阅读都有不同的任务，每个阶段阅读都有不同的新的可能性。阅读会让我们遇到一个更大的世界，遇到一个更新的世界，阅读也会让我们看到一个更好的自己。"

7月3日，江苏书展的重点活动"书香中国·全民阅读大讲堂"第二场线上开讲。全国政协常委兼副秘书长、民进中央副主席朱永新在北京会场围绕"阅读是终身之事"，阐释了从儿童的早期阶段、中小学阶段、大学阶段、职场阶段、老年阶段五个不同阶段的阅读目的和阅读重点。

"一个人的精神发育史，就是他的阅读史。"在新近出版的随笔集《每朵乌云背后都有阳光》中，朱永新着重论述了阅读和教育的关系，探讨了儿童的早期阅读对人一生的深刻影响。朱永新认为，阅读应该从儿童开始。"人类最伟大的智慧就在那些最伟大的著作之中。对于儿童来说，认识人类创造的文字，开启真正的阅读生活，是他成为真正的人的开始，是他进入人类文明的世界的第一步。"儿童时期的阅读，也是人类精神成长的最重要的"母乳"。"儿童通过童书认识世界各种联系和关系，认识各种人物的命运和逻辑。儿童从不同的书中不断地感受真与假、美与丑、善与恶，不断的体验、感受、总结、归纳、概括，从具象走向抽象。"

基于儿童时期阅读的重要意义，儿童阅读的书籍选择成为最基础也最关键的问题。为了针对性地解决这一问题，朱永新设立了新阅读研究所，成立了专业化的团队，专门研究适合不同人群阅读的书目。

从 2010 年开始，历时 9 年，研究所完成了《中国人阅读基础书目》研制和发布，其中包含了幼儿、小学、初中、高中、教师、父母、公务员、企业家等九个群体，不同年龄和群体的读者都可以在书目中寻找适合自己的书籍。

"父母的书架决定孩子的未来。最好的学区房就是家里的书房。"朱永新认为，中小学阶段应该解决的首要问题就是阅读问题，"我曾经打过一个比喻，画两个圈，一个是教育，一个是阅读。这两个圈放在一起的话，它的重合度至少超过 50% 以上。如果我们把阅读的事情做好了，教育就成功了。如果教育把阅读的事情做好了，那么我们的阅读推广也就有非常坚实的基础了。所以这两者在一定程度上是同一回事。"

本科教育阶段既是一个人成长的关键时期，也是一个人的想象力、创造力蓬勃发展的关键时期。朱永新强调，大学应该是读书的天堂，一个大学如果没有阅读，很难称之为一所真正的大学。遗憾地是，据复旦大学一项调查，大学生读本专业经典著作的占比为 15.2%，读人文科学经典的占 22.8%，读专业文献的占 9.3%，读外文文献的占 5.2%。"这说明阅读并没有在大学阶段受到足够的重视。所有的学科以及这些学科涉及的领域基本上都是由一部部经典组成的一个个山峰，只有攀登过这些山峰，才能真正到达光辉的顶点，而阅读在这整个过程中起着非常关键的作用。"朱永新提出，进入大学后，学生首先应该为自己制定一个阅读规划，"如果不抓住人生的关键期，你很难真正地有所成就。"

大学毕业后，进入职场几乎是每一个人的必经之路。朱永新认为，"读书人"应该是职场人的共同身份，每个人都有自己不同的职业，首先要通过阅读懂得和职业相关的基本知识、基本原理、基本技能。其次，阅读可以丰富人们的精神生活，让人们获得幸福感、获得智慧，"通过阅读，我们能够穿越时间、空间的限制，看见不同的生活，不同的风景，不同的人生。我们不需要通过自己的尝试错误而获得智慧，而能够通过观察别人的生命、了解别人的活动而增长自己的智慧。"

在退休以后，每个人都将不可避免地步入人生的老年阶段。朱永新提出，老年阶段的阅读对于人的身心都将产生极大的影响，"多阅读、多动脑、多处理复杂问题、学习一门新的语言，甚至是玩电子游戏等，这些复杂的脑部运动，都有助于延缓大脑的衰老，每天阅读 3.5 个小时以上能够将寿命延长 23%。"从另一个角度看，阅读还能缓解人内心的焦虑，让人学会更加达观地面对人生的各种境遇，"阅读不能改变人生的长度，但是它可以改变人生的宽度和厚度；阅读不能改变人生的物象，但是它可以改变人生的气象和品质。外在的相貌和基因无法改变，但是人的精神可以通过阅读而蓬勃葱茏，气象万千。"

（发表于 2022 年 7 月 3 日《现代快报》，记者：张垚仟）

《株洲日报》：全国政协副秘书长、民进中央副主席朱永新在株调研

　　7月20日至22日，全国政协副秘书长、民进中央副主席朱永新率队在株洲，对"双减"与高质量基础教育体系建设开展调研。

　　民进中央及省委会领导姜其和、潘碧灵、雷鸣强，市领导罗琼、陈艳娟参加。

　　我市始终把"双减"作为一项重要政治任务，列为重大民生工程，构建高质量基础教育体系取得显著成效，职业教育、乡村教育、心理健康教育、电脑随机编班等工作经验在全省、全国推介。

　　调研组实地走访了株洲人工智能职业技术学校、湖南铁路科技职院、湖南省商业技师学院、芦淞区白关小学、醴陵一中、醴陵樟木岭中学、醴陵龙虎中心小学、株洲市二中附小等地，详细了解推进"双减"工作面临的困难和问题，就建设义务教育保障新体系听取意见建议。

　　朱永新充分肯定株洲职业教育、基础教育等取得的成效。他说，要搭建职业教育和普通教育的立交桥，充分调动企业的积极性，积极探索职业教育产教融合模式，更好服务地方经济社会发展。要推动城乡教育高质量均衡发展，培养一批留得住的优秀教师，切实帮助解决老师面临的实际问题，激发老师投身教育事业的内生动力。要家校携手，大力培养学生的阅读习惯，更加关注学生的心理健康问题，让学生享受学习、快乐成长。民进中央将发挥在教育领域的优势，汇聚各方资源，积极为构建高质量基础教育体系贡献智慧和力量。

　　　　　　　（发表于 2022 年 7 月 24 日《株洲日报》，记者：邓伟勇）

《人民政协报》:"委员气质"是怎样炼成的?

读朱永新《书香政协满庭芳》,感慨系之,感佩不已。读思永新,境界永新,每年一厚本,连续16年,这是一种什么精神?这种韧性而持久的坚持乃我仅见。我多年前就记住了作者的一句话:"一个人的精神发育史就是他的阅读史。"阅读不难,几十年如一日难,几十年如一日笔耕"两会"尤其难。

这本书带给我最大的一点启示,那就是:世事喧嚣,百年变局;明月清风,不劳寻觅。花繁柳密处拨得开,方见手段;风狂雨骤时立得定,才是脚跟。

摆在我面前的书是一本委员的履职史。这本书囊括"两会手记""年度提案""调研手记""社情民意""参政之声""议政网事""媒体关注"七个部分,记录了作者在2020年的读书工作实况等。己亥末庚子初,一场新冠肺炎疫情突袭大江南北。每临大事有静气。在统筹疫情防控和经济社会发展的难忘日子里,一个别开生面的"防控疫情读书会"在移动履职平台试水启航,永新兄荣任群主。在这个群里,我呼吸着"四由三度"的空气:由此及彼、由表及里、由疫而治、由内而外;思想的厚度、资政的高度、民生的温度。永新群主调和鼎鼐,众委员踊跃参与,那种热烈的气氛、畅意的讨论、积极的建言,印刻在我的心灵深处。我想,心中有光,脚下有路,读书也就有了方向和力量。

摆在我面前的书是一本民间的"两会"史。正如作者体验性自道:如果"两会"是中国人的"政治春节"的话,提案则是不可缺少的"年货"。我连续多年细读永新兄的"年货",重点中有亮点,高度中有温度，精研中有精华。基于教育阅读，扩及民生文化。倾听时代的声音，透视问题的要害，找到切实的对策。我注意到，有的提案一以贯之，颇有"不信东风唤不回"的坚定态度与勇毅追求。当下是移动互联时代，政协委员要运用网络察民情、解民意，要与媒体传播互动，发出好声音，传递正能量，永新兄认为这是委员履职的重要路径，乐此不疲，绵绵用力，有声有色。新时代政协委员应该是什么样子？"两会"展现了怎样的全过程人民民主进程？也许我们从这本书中找到答案。

摆在我面前的书是一本中国知识分子家国情怀心灵史。"致广大而尽精微，极高明而道中庸。"居庙堂之高，则忧其民；处江湖之远，则忧其君。"为天地立心，为生民立命，为往圣继绝学，为万世开太平。"这些中华优秀传统文化的精粹点点滴滴注入中国知识分子心头。我从永新兄的笔记中，触到了立时代之潮头、发思想之先声的脉络，感受到了为党分忧、为国履职、为民尽责的光荣使命，感受到了砥砺情怀、不易操守、孜孜以求的赤子之心。

回到读书。我们从中华优秀传统文化的创造性转化和创新性发展中汲取"政协力量"，从世界文化中汲取科学、理性和文明的滋养，转化为"委员声音""委员气质"，向着凝聚共识和建言资政聚焦发力，始终对准梦想、责任和复兴的历史航向。

（发表于 2022 年 8 月 1 日《人民政协报》第 12 版，作者系全国政协常委、提案委员会委员，中国税务学会副会长张连起）

《人民政协报》：好提案需要用心"铸就"

2022年9月20日，政协第十三届全国委员会优秀提案和先进承办单位名单公布，全国政协副秘书长、民进中央副主席朱永新在全国政协十三届四次会议上提交的《关于妥善解决中小学教师队伍性别结构失衡问题的提案》榜上有名。

谈起这篇提案的"诞生"过程，朱永新打开了"话匣子"。

"近年来，中小学教师男女比例严重失衡的问题引起了社会的广泛关注。作为以教育为主要界别的参政党，中国民主促进会一直关注教师问题，每年召开教师发展论坛研究教师问题。教师性别失衡的问题，自然也引起了我的关注。"

为此，朱永新专门深入学校进行调研，结果发现情况比想象的还要严重。"尤其是乡村学校，男教师数量更少，且普遍年龄偏大。我曾经调研过的醴陵一所乡村小学，共有近40位教师，男教师只有三位，且年龄都在50岁左右。"

作为教育学者，朱永新深知教师性别比例失衡对学生成长的危害。基础教育阶段是学生身体发育和心理成长的关键时期，对学生性别角色定位和品格发展有十分重要的作用。女性教师占绝对主导地位的教育环境，不利于学生性格、心理和行为方式的健全发展。

"这是一个比较严重的问题，所以我就想通过提案来反映，以引起全社会的重视。"

虽然有了初步的想法并进行了走访调研，但朱永新深知，要形成一件好提案，仅靠调研中的直观感受是不够的，于是他查阅了大量国内外资料，访谈了很多教师、校长、教育工作者，在深入了解情况的基础上，在提案中提出了实施退伍军人教师培养计划、切实提高教师待遇水平、改革师范教育招生和培养体制、营造尊师重教氛围等建议。

"其实，实施退伍军人教师培养计划的建议是受到国际经验的启发。美国 1992 年就提出了'军转教计划'，英国也提出'从部队到教师'计划，目的就是让退伍军人们将他们在军队学到的才能与价值观念运用到学校课堂里，并平衡教师性别比例。"

受此启发，朱永新在提案中建议师范院校开通退伍军人师范生的专门招生通道，每年招收一定数量的退伍军人师范生；国家通过奖学金、助学金等方式支持有从教意愿的退伍军人进入师范院校就读；地方教育和人事部门在教师招聘中，要优先考虑退伍军人师范生；等等。

提案提出后，各类媒体纷纷报道，也引起相关部门的关注。教育部教师工作司专门与朱永新联系沟通，退役军人事务部还特意登门专访。今年 6 月，退役军人事务部、教育部、人力资源和社会保障部联合印发了《关于促进优秀退役军人到中小学任教的意见》，其中吸收了朱永新提案和访谈稿中的部分建议，上海退役军人学院也于今年正式成立，学校的任务之一便是"使优秀退役军人从紧握三尺钢枪的军营顺利走上指捏三寸粉笔的讲台，成为一专多能的优秀教师"。这也与朱永新提案中的设想不谋而合。

履职多年，朱永新一直认为，撰写一件好提案不容易：需要信息收集、整合、提炼的功夫，需要专业知识和开阔视野，需要解决问题的方法；撰写一件好提案也很容易：只需要一颗解决问题的心。

朱永新表示，"这件提案，就是来源于我在调研中时刻保持的那颗'解决问题的心'。能为社会真真切切地解决一点问题，是提案者最大的愿望。"

（发表于 2022 年 9 月 28 日《人民政协报》第 12 版，记者：吕巍）

《21世纪经济报道》：中学少年班数量"缩水"：高潜能儿童何处去？（摘要）

目前，教育界出现了重新开展英才教育的呼声。

"我国每一万名超常儿童中，仅有2人接受了超常教育，而且主要集中在开展超常教育的大城市；而美国是每一万名超常儿童中有4000人接受了超常教育，在有的州甚至达到了8000人以上。所以，目前我国教育不仅没有享受到人口红利，相反，正在极大的浪费资源。"刘嘉说。

民进中央副主席朱永新调研发现，国内基础教育阶段培养超常儿童的学校，每年招生量加起来不足千人。

据介绍，美国率先把英才教育上升为国家战略，通过一系列法令和政策加强英才教育体系，到1990年全美50个州都有了英才教育的政策与立法。韩国2000年通过《超常人才教育振兴法》。

目前已有学者建议，根据我国国情，尽快颁布超常教育的法规政策。

朱永新等人2021年撰文指出，建议打破学段限制，建立"小学—初中—高中—大学"相贯通的英才教育系统，为不同教育阶段的英才儿童提供"全覆盖"的特殊教育服务，具体组织形式主要包括普通班的融合—充实教育模式、英才班的教育模式和英才学校的教育模式三类。

当然，在教育界，英才教育的办学理念还存在冲突。有的主张，按照韩国等国做法，集中在科学、数学和信息三大领域培养超常儿童，有的则主张，不要过早地给超常儿童确定方向，而是应该让他们自由发展。

　　总之，英才教育被认为是将超常儿童甄别出来因材施教。

　　朱永新撰文指出，真正的教育公平不排斥卓越、不强求齐步走，而是应该让每个孩子都得到适合自己的最好的教育，同时使一代人的发展成就最大化、社会整体利益最大化。

　　（发表于 2022 年 9 月 28 日《21 世纪经济报道》，记者：王峰）

《中国教育报》：朱永新荣获"一丹教育发展奖"！为推动教师发展，他做了这些努力……

重磅！2022年"一丹教育发展奖"于今日揭晓。

苏州大学教育学院教授、新教育实验发起人朱永新荣获2022年"一丹教育发展奖"。

该奖项表彰其在推动教师专业能力发展方面的贡献。

一丹教育发展奖评审小组主席、联合国教科文组织教育应用资讯科技研究院理事——多萝西·戈登（Dorothy K. Gordon）表示：

"朱永新教授致力于推动教育公平和教育普惠——与世界各地的教育工作者所关注重要教育议题不谋而合。新教育实验鼓励以全方位学习带来个人成长，为此，培养教师及学生的阅读、写作和沟通能力至关重要。这些措施逐渐改变教师专业发展模式和学生在校内外的学习方式。更重要的是，他提醒了我们：学习也可以充满快乐。"

朱永新教授自2000年发起"新教育实验"，并在全国推广。经过20多年的深耕，新教育实验惠及全国8300多所学校，50多万名教师及800多万名学生，其中超过半数来自农村及偏远地区。

朱永新说："新教育最大的成就，是点燃了许多普普通通老师的理想与激情，让他们知道教育原来可以如此美丽，教师原来可以如此生活。"

就像朱永新所说的那样：一位普普通通、平平凡凡的老师加入了新教育，会变得自信满满、激情满满；智慧多多，幸福多多；乐此不疲，乐而忘返……

今天，我们一起了解朱永新教授在20多年的新教育实验探索中，对"教师发展"这一话题持有的主张与观点，以及对推动教师发展所做出的努力。

一、"职业认同，是教师成长的内在动力机制"

在朱永新教授看来，促进教师成长，是新教育实验的逻辑起点。

他认为，教师是教育过程中最重要、最关键、最基础的力量。没有教师的发展，学生的成长，就成为无本之木；没有教师的研发，课程就成为无源之水；没有教师的实践，理想课堂就成为水中之月。

对教师职业价值的强调，会使教师的职业尊严感和使命感油然而生。

"教师对职业越认同，越会在教育生活中收获幸福，越会获得爱护学生的不竭动力。"朱永新教授十分重视教师职业价值感的寻找。在新教育实验推动过程中，他把教师成长分为职业认同与专业发展两个方面。

他说："职业认同，是教师成长的内在动力机制。"

朱永新提出，职业认同以生命叙事理论为基础，主张每位教师的生命都是一个故事，他既是故事的主人翁，又是故事的作者。能否把自己的生命写成一部伟大的传奇，取决于本人是否真心用心地书写自己的生命故事。

二、"过一种幸福完整的教育生活"

"过一种幸福完整的教育生活"是朱永新的核心理念，他认为，教育的重要目标之一就是帮助每个人发挥自身潜能，成为更好的自己。

他所期待的理想彼岸是："一群又一群长大的孩子，从他们身上能清晰地看到：政治是有理想的，财富是有汗水的，科学是有人性的，享乐是有道德的。"

越来越多的教师，在朱永新老师这样的教育理想点燃下，开始自觉地将自己的生命与学生的生命编织在一起，过上一种幸福完整的教育生活。

其实，这就是朱永新带领的教育人的承诺，也是他们的梦想。

三、"专业阅读，成就幸福教师"

"没有教师的阅读，就没有教师真正意义上的发展。"朱永新非常关注教师的阅读问题，推动新教育实验进行了以下探索：

1. 编制教师专业发展地图

朱永新教授带领新教育研究编制了教师专业发展地图。这个地图由三部分组成：本体性知识（即学科专业知识）、教育学心理学及职业知识、人文及科学背景知识。这三部分不是彼此孤立，而是相互支撑，有共同的知识背景和价值观。

2. 主张共同阅读

朱永新教授主张教师应该通过共读的方式来相互切磋，使阅读不成为一个走马观花的过程，而成为共同磨刀的过程，成为锻炼彼此思维能力与理解力的过程，这是专业阅读的有效方式。

3. 强调关注根本书籍

朱永新教授强调应该关注根本书籍，即奠定教师精神及学术根基，影响和形成其专业思维方式的经典书籍。

四、"一个人的专业写作史，就是他的教育史"

朱永新说："一个人的专业写作史，就是他的教育史。"

为了推动更多老师开始专业写作，朱永新老师曾经开了一个"朱永新成功保险公司"，他对老师说："你每天坚持写 1000 字，记录你的课堂、你的故事。写十年，不成功我赔偿，以一赔百。"这么多年以来，一大批教师在"保险公司"中成长。新教育实验专门制订了新教育种子计划，培养年轻教师，帮助他们很好地成长，带动周边的人。

朱永新发起的新教育专业写作具有以下特点：强调理解与反思，反对表现主义；强调与实践相关联，强调客观呈现，反对追求修辞；主张师生共写随笔，注重案例研究。

谈到新教育的教师专业写作，朱永新老师说："不以外在的名利为终极目标，不为写作而写作，而是使写作恢复本来面目，服务于日常教育教学实践，成为自我反思的基本手段，促进师生幸福完整生活。"

五、"一个人可能走得更快，但一群人才能走得更远"

"在专业阅读、专业写作的基础上，借助专业发展共同体提升教师的专业化水平，是教师成长的必由之路。因为，一个人可能走得更快，但一群人才能走得更远。"朱永新说。他发起的新教育教师专业交往有两个重要特征：

一是采取"底线＋榜样"的形式。底线是要求教师有底线，底线是所有人都能做到的，也是必须做到的。但底线如果没有榜样是远远不够的，榜样是需要共同体来培养的，因而新教育的共同体既建立在自觉自愿的基础上，又拥有一个良好共同体宽松氛围的土壤。

二是共同体成员必须形成共同的愿景。对于共同体而言，共同愿景就是理想和信仰，就是战斗力、向心力和凝聚力。建立在共同愿景基础上的共同体，具有一般组织所不具备的特质。教师通过阅读写作，通过与团队的对话，其精神状态会发生很大变化。

六、"不能忽视行动二字的力量"

朱永新说："今天的中国缺少的不是批评家，不是理论家，而是真正的行动家。我们应该提倡的，是要用脚踏实地的行动向着理想迈进。"

在发起新教育实验的一开始，他就强调："不能忽视行动二字的力量。"

2002 年，最初从昆山玉峰实验学校起航的时候，提出了"五大行动"；2013 年，正式提出了"十大行动"。

1. 营造书香校园

"营造书香校园"，是指创造浓郁的阅读氛围，整合丰富的阅读资源，开展多彩的读书活动，让阅读成为师生日常的生活方式，进而推动书香社会的形成。

朱永新坚信，没有书香的校园，不是真正意义上的学校；没有书香的校园，只是一个教育训练的场所。

2. 师生共写随笔

"师生共写随笔"，是指通过教育日记、教育故事和教育案例分析等形式，记录、反思师生日常的教育和学习生活，促进教师的专业发展和学生的自主成长。

朱永新认为，无论是教师还是学生，为了写得精彩，就必须做得精彩、活得精彩。

3. 聆听窗外声音

"聆听窗外声音"，是指通过开展学校报告会、参加社区活动、研学旅行等形式，充分利用社区教育资源，引导学生热爱生活、关注社会，形成多元价值观。

朱永新认为，学校的格局有多大，未来孩子们的胸怀就有多大。学校里看到的世界有多大，未来孩子们的发展空间就有多大。

4. 培养卓越口才

"培养卓越口才"，是指通过讲故事、演讲、辩论等形式，让孩子愿说、敢说、会说，从而形成终身受益的自信心、沟通能力和表达能力。

朱永新说，表面上看是"说"，其实"说"的背后是思想，为了说得精彩就必须研究得精彩。而人际沟通能力和表达能力的培养，恰恰是我们教育里所缺乏的。

5. 构筑理想课堂

"构筑理想课堂"，是指本着平等、民主、和谐的课堂理念，在课堂上建立人类文化知识和学生生活体验之间的有机联系，实现课堂的个性化和高效性，让师生产生与知识、与生活和与生命的深刻共鸣。

课堂是学校最重要的教育形式，是学校最重要的舞台，是师生生命展现最重要的一个场所。

6. 建设数码社区

"建设数码社区"，是指通过加强学校内外网络资源的整合，建设学习型的网络社区，引导师生利用网络进行学习和交流，培养其信息意识和信息应用能力。

7. 推进每月一事

"推进每月一事"，是根据学生的身心发展特点及学校与社会生活的节律，每月开展一个主题活动，通过主题阅读、主题实践、主题展示、主题评价和反思等方式，开展多种形式的活动，从多角度培养学生良好的行为习惯和公民意识。

朱永新带领新教育通过每月重点培养一个好习惯的方式，在整个中小学阶段螺旋式训练，以帮助学生养成一生受益的习惯。

8. 缔造完美教室

"缔造完美教室"，是指在新教育生命叙事和道德人格发展理论的指导下，以理想课堂的三重境界为目标，师生通过"晨诵、午读、暮省"共同建构知识和编织生活，形成有个性特质的教室文化，书写一间教室的成长故事。

朱永新说："'守住自己的教室'，就是要擦亮每个日子，呵护每个孩子，让每一个生命在教室里开出一朵花来。"

9. 研发卓越课程

"研发卓越课程"是指在执行国家课程和地方课程、校本课程的基础上，鼓励教师对教材进行二次开发和整合创造，通过课程创新使课堂成为汇聚美好事物的中心，并引领学生进行认知体验、合作探究，建立知识与世界的内在联系，将所有与伟大知识的相遇转化为自身的智慧，从而使得师生的生命更加丰盈。

10. 家校合作共育

"家校合作共育"，是指通过建立和发展家庭、学校、政府和社区多方教育主体之间的新型合作伙伴关系，完善家校政社共育机制，拓展和改善学校教育教学资源和条件，并影响家庭、家教和家风，促进现代学校制度建设，强化社区和谐共生、家校政社共育机制，实现家庭、学校、政府和社区的协调发展，促进父母、孩子与教师等相关人员的共同成长。

20 年，朱永新老师带领新教育实验通过专业阅读、写作与交往，提高教师职业认同，促进教师成长，点燃教师的理想。

感谢朱永新老师为推动教师成长所付出的努力！

最后，送给所有老师朱永新的一首诗，希望每一位老师都能过一种幸福完整的教育生活！

附：享受着教育的幸福
——朱永新

生活就是教育
教育就是生活
生活离不开教育
教育创造新生活
你如何理解生活
你就将拥有怎样的生活
你如何理解教育
你就将拥有怎样的教育
你的眼里没有色彩
你的生活就不会缤纷
你的心里没有阳光
你的教育就不会辉煌
有人面带微笑

拥抱每一轮新的太阳
有人心怀烦恼
拒绝每一个美的希望
拒绝会换得拒绝
拥抱会赢来拥抱
你的一切实际上都是自己酿造
有一种态度叫享受
有一种感觉叫幸福
学会面带微笑才能享受生活
懂得播种快乐才能收获幸福
那么，亲爱的老师
让我们面带微笑
让孩子的心田充满阳光
让我们播种快乐
让学生的明天更加辉煌
让我们也把微笑和快乐
贮满自己的心房
享受着教育幸福
你就多了一双发现的眼睛
每一个孩子的潜能就会激情迸射
每一个孩子的个性就会轻舞飞扬
而你
也就如同插上了飞翔的翅膀
享受着教育幸福
你就多了一份快乐的心情
你会把每一个挫折看成考验
你会把每一种困难看成磨炼
你时时刻刻都会听到花开的声音
享受着教育幸福
你就多了一股创造的激情
你会把课堂精彩地演绎

你会把每一句话精心地锻造
你会把校园变成卓越的教育梦工场
享受着教育幸福
你就多了一种生活的诗意
你能从平凡中品味出伟大
从失败中咀嚼出成就
你能读懂每一个孩子的脸庞
走进每一个孩子的心房
你会惊奇地发现：
幸福从此熙熙攘攘

（发表于2022年9月29日《中国教育报》，记者：俞水）

《香港文汇报》：苏州大学教授朱永新斩获"一丹奖"

全球最大教育奖项"一丹奖"29 日揭晓新一届获奖者。苏州大学教育学院教授朱永新获"一丹教育发展奖"，亦是"一丹奖"创设以来首位获奖的中国人。"学习政策研究所"主席兼首席执行官、斯坦福大学教育学荣休教授琳达·达林哈蒙德获"一丹教育研究奖"。每位获奖者将获 3000 万港元奖金，一半是现金奖，另一半是支持推动教育研究或项目的资金。颁奖礼将于 12 月在香港举行。

据介绍，朱永新 2000 年发起"新教育实验"，并在全国推广。"新教育实验"为探索素质教育路径、助力中国教育改革与发展所作出的重要贡献获得了"一丹奖"评审委员会以及国内外教育界专家的广泛认可。

"一丹教育发展奖"评审小组主席、联合国教科文组织教育应用信息科技研究院理事多萝西·戈登表示，"朱永新教授致力于推动教育公平和教育普惠——与世界各地的教育工作者所关注的重要教育议题不谋而合。新教育实验鼓励以全方位学习带来个人成长，因此培养教师及学生的阅读、写作和沟通能力至关重要。这些措施逐渐改变了教师专业发展模式和学生在校内外的学习方式。更重要的是，他提醒了我们，学习也可以充满快乐。"

据了解，全球最大教育奖项"一丹奖"是由腾讯主要创始人陈一丹于 2016 年创立，旨在表彰及支持对教育研究和发展作出重大贡献的个人或团队。从 2017 年开始，每年颁发一次，授予个人或团体中最多三位主要代表。迄今为止，共有 13 位"一丹奖"得奖者。"一丹奖"的颁发由设于香港的"一丹奖"基金会管理，并由 25 亿港元的独立信托基金支持及营运。该奖的提名一般于每年 10 月开始，次年 3 月底截止，于同年 9 月公布得奖者名单，并于 12 月举办颁奖典礼及峰会。

（发表于 2022 年 9 月 30 日《香港文汇报》，记者：江鑫娴、张宝峰、凯雷）

中国新闻网：教育"行动派"朱永新的"十年如一日"

中国共产党领导的统一战线，群星闪耀。他们中有国际及国家奖项的获得者、有享誉全国乃至全球的文艺名家、有叱咤商界的风云人物……在中共二十大召开之际，中新社推出系列专题片《我们的十年——党外人士话复兴》，寻访三十位深耕不同领域的党外人士，展现他们秉持家国情怀，同心共筑中华民族伟大复兴的中国梦的动人故事，敬请关注。

民进中央副主席朱永新每天早上 5 点起床晨读，开始一天的工作，几十年如一日。2013 年起他担任全国政协常委兼副秘书长，所提交的提案有九成都和教育相关，其中三成关注教育公平问题。他每年都要进几十所学校，在他看来，真正的教育智慧来自民间，而不是在办公室想出来的。当一天工作结束回家，看着一橱柜的著作，朱永新说，那是他用心活着的证明。

（发表于 2022 年 10 月 14 日中国新闻网）

中央电视台《新闻1+1》：二十大报告中重申"实施科教兴国战略"，有何深意？（摘要）

　　教育、科技、人才是全面建设社会主义现代化国家的基础性、战略性支撑。必须坚持科技是第一生产力、人才是第一资源、创新是第一动力……实施科教兴国战略，二十大报告再有重要论述。独立成章的设计有何深意？如何"办好人民满意的教育"？《新闻1+1》"二十大观察"邀请中国人民大学、习近平新时代中国特色社会主义思想研究院教授王向明，全国政协副秘书长、中国陶行知研究会会长朱永新，共同关注中国的科教兴国战略。

　　董倩：作为一名多年致力于教育领域的专家，您怎么看待这一次在党的二十大报告中，"科教兴国"独立成章，并且提升在第五篇章，特别靠前的位置？

　　朱永新：二十大把"科教兴国"独立成章有着非常重要的特别意义。我们知道，在十八大报告和十九大报告中，科技、创新驱动都是放在经济的部分，而教育则是放在民生的部分来谈的。这一次把科技、教育、人才作为一个整体性的重大的问题单独论述，有着特别的深意。教育的战略性地位得到进一步明确。报告明确提出，教育、科技、人才是全面建设社会主义现代化国家的基础性、战略性支撑。科技是第一生产力、人才是第一资源、创新是第一动力。但是这三者都离不开教育，教育是科技、人才和创新的第一基础，我认为报告的重要意义是明确指出了教育在社会主义现代化强国建设和中华民族伟大复兴征程中的重要使命。在我们面临经济发展转型、科学技术"卡脖子"等问题的背景下，再次强调科教兴国和人才强国有着特别重要的意义。

董倩：这次报告中把"加快建设高质量教育体系"写进党的二十大报告中，怎么理解高质量教育体系？它在中国式现代化的进程中，将发挥怎样的作用？

朱永新："建设高质量教育体系"是 2020 年党的十九届五中全会明确提出的。我理解，所谓的高质量教育体系，从国家层面来讲，实际上就是与社会主义现代化强国相适应的教育体系。它应该包括高水平的、均等化的基本公共服务体系，多样化、选择性的准基本公共教育服务体系和有利于人人成才的教育治理体系。

具体来说，就是要保证各个教育阶段、各种教育类型都能够高质量发展。如义务教育如何实现优质均衡发展和城乡一体化，学前教育与特殊教育如何推进普惠发展，高中阶段的教育如何实现多样化发展，职业教育如何实现普职融合，高等教育如何协同创新，学校家庭社会如何建立协同育人机制，如何构建终身学习体系等。

董倩：从党的十九大"公平而有质量的教育"到二十大"高质量教育体系"，两个表述中，从公平有质量到高质量，从教育到教育体系，这字面表述的变化背后意味着什么？

朱永新：公平与质量始终是教育的两个基本问题。改革开放以来，尤其是党的十八大以来，持续加大对于西部地区和农村教育事业的投入，合理配置教育资源，东部与西部地区、发达地区与落后地区、城乡之间的教育发展不均衡的问题有所缓解。在这个时候，强调"建设高质量教育体系"和促进教育公平，有着特别的意义。今天所追求的教育公平，是通过经济社会发展和教育自身变革来实现的更高水平的公平，即高质量背景下的公平。在于让每个个体都有机会享有优质教育资源，都有得到发展的机会，都能成为有用之才。

从教育到教育体系，过去的"公平而有质量的教育"主要是就基础教育而言，现在则是针对从学前教育到终身教育的全过程。

董倩：有一个细节，在十九大报告中"培养德智体美全面发展的社会主义建设者和接班人"，二十大报告中的表述是，"培养德智体美劳全面发展的社会主义建设者和接班人"，而且，在这一章最后也写明：坚持尊重劳动、尊重知识等。您怎么看待这个细节的变化？

朱永新：虽然只有一字之差，但是对于教育培养目标的表述更加完整了。很长一段时期，劳动教育在我们大中小学"消失"了，在我们的教育方针中也不见了。二十大报告中劳动教育的回归，就是要通过劳动教育，使学生能够理解和形成正确的劳动观，树立劳动最光荣、劳动最崇高、劳动最伟大、劳动最美丽的观念，体会劳动创造美好生活，体认劳动不分贵贱，热爱劳动，尊重普通劳动者，培养勤俭、奋斗、创新、奉献的劳动精神，具备满足生存发展需要的基本劳动能力，形成良好劳动习惯。一句话：爱劳动，会劳动，尊重别人的劳动。其实，现在社会上的教育焦虑，担心孩子上职业学校等问题，根子上就是对劳动的价值、劳动者的态度发生了偏差。

（访谈于 2022 年 10 月 19 日中央电视台《新闻 1+1》）

《新京报》：专访全国政协副秘书长朱永新：加快中小企业数字化建设

　　2022 年全国两会拉开帷幕，昨日，全国政协常委兼副秘书长、民进中央副主席朱永新接受了《新京报》贝壳财经记者的专访。今年朱永新将在两会上提出关于"促进中小企业数字化转型增强企业国际竞争力"的建议。

　　在朱永新看来，中小企业是我国数量最大、最具活力的市场主体。加快中小企业数字化既是顺应数实融合发展趋势的必要之举，也是实现中小企业高质量发展、提升国际竞争力的必由之路。朱永新指出，近年来，政府出台了一系列支持中小企业数字化发展政策，但由于数字技术和数据要素具有高固定成本和低边际效益的特点，不同规模的企业数字化转型能力差别巨大、数字鸿沟明显，政策传导效果有待提升，"不敢转、不能转"问题依然突出。

　　相关调查显示，70% 中小微企业的管理者有强烈的数字化转型意愿，但近 80% 已经进入数字化转型的中小企业尚处于基础探索阶段。由于数据采集基础薄弱、转型人才欠缺和技术应用水平较低，多数企业不会转型；转型成本的高企和资源投入的不足又使得中小企业不能转型；转型见效慢、协同差、成果不明显使得中小企业对转型信心不足而不敢转。

　　朱永新说，中小企业最需要的数字化是能够轻松上手、便于使用的数字化转型的工具，关键是能务实，不要成为企业的大负担。低门槛、好使用、性价比高的数字化"工具箱"，能够降低中小企业数字化转型成本。"像长安汽车，使用企业微信，上手简单，不用培训，单培训成本就能降低 280 万元。最近几年兴起的 AI 质检，效率和稳定性也有很大的提升，所以中小企业的数字化转型的确是很有用的，特别是比较好的工具，能够帮助他们用数据驱动提质增效。"朱永新称，不同的企业规模不同、性质不同，包括支付方式都有不同的价值，要根据企业的特点来选择具体工具。

与此同时，朱永新主张加速推进中小企业的数字化标准建设。一方面，政府和市场要培养企业能够自主转型，通过组织开展数字化的相应培训，帮助他们进一步普及关于数字化的知识和技能。另一方面，要能够协助企业转型，政府部门可以加强针对中小企业数字化转型的规划，制定可行性的研究，牵头制定中小企业数字化转型的标准，发布转型的标杆案例，可以用政府购买的方式助力中小企业委托第三方专业机构开展数字化转型的规划设计，同时对转型过程能够进一步跟踪分析、诊断服务、绩效评价，并且对数字化转型成功的企业在融资、财政政策方面给予倾斜。"当然数字化转型不是一家企业、一个产业链的环节就能达成的，特别要注重推动上下游产业链同步转型。"

《发表于 2022 年 3 月 5 日《新京报》贝壳财经，记者：孙文轩、白金蕾）

《人民政协报》：孩子应该如何阅读？全国政协常委朱永新给出建议

编者按：不久前，习近平总书记致信首届全民阅读大会时指出，"阅读是人类获取知识、启智增慧、培养道德的重要途径"。全国政协常委、民进中央副主席朱永新一直是全民阅读的倡导者与推动者。怎样快乐阅读？阅读对人生有着怎样的影响？如何通过推广童书阅读进一步推进全民阅读？本期文化周刊刊发与"委员读书漫谈群"共同推出朱永新的访谈录。

让阅读成为生活方式

文化周刊：您曾谈到，个人在他成长的历程中，都需要一本本书去点燃，书是我们打开这个世界的一把最重要的钥匙。在您看来，书籍在儿童成长历程中起着怎样的作用？

朱永新：一个国家对于儿童的关爱与呵护，是一个国家文明程度的体现，也是一个国家未来发展的竞争力的体现。

童书是儿童认识世界的窗口。阅读，应该从儿童开始。人类那些最伟大的智慧就在那些最伟大的著作之中。对于儿童来说，认识人类创造的文字，开启真正的阅读生活，是他成为真正的人的开始，是他进入人类文明世界的第一步。儿童通过童书认识世界各种联系和关系，认识各种人物的命运和逻辑。

儿童时期的阅读，不仅促成了自己的精神发育，还奠定了一个人的精神底色。人生虽然有不同的阅读时期、不同的阅读重点、不同的阅读趣味、不同的阅读内容，但是，儿童时期的阅读起着关键性和基础性的作用。儿童从不同的书中不断地感受真与假、美与丑、善与恶，不断地体验、感受、总结、归纳、概括，从具象走向抽象。

另外，儿童时期的阅读刻骨铭心，是童子功。阅读，不仅是一种学习能力，还是一种学习习惯。书籍打开了一个个通向世界的窗户，每扇窗户外的风景都不相同。选择真正能够打动孩子心灵的既有意义又有意思的书籍，让孩子们走进阅读、热爱阅读，他们慢慢地就会懂得欣赏、学会思想，养成终身学习的习惯。当阅读成为儿童的生活方式时，我们就可以在此基础上，探索如何让儿童更为全面地发展，让我们的艺术、运动、生活等真正融入儿童的生活之中，让他们主动去追求和创造幸福完整的人生。

值得一提的是，党的十八大以来，以儿童文学、儿童戏剧为代表的儿童文艺迎来作品井喷式增长和原创力稳步提升，为少年儿童的精神成长提供了大量的好作品。少儿出版的原创能力大大增强，完成了由"进口为主"向"中国制造"的转变升级。我国每年出版的少儿类图书占据我国图书零售主要市场份额，2020 年上半年达到 31%。中国原创的儿童书籍不仅在国内成为市场主流，也开始为国际市场所接受。

阅读与经典同行

文化周刊：能否谈谈您的童年阅读经历，以及对您的人生影响？

朱永新：与许多农村的孩子一样，我的童年基本上没有什么阅读生活。虽然父亲是一个小镇的小学老师，教音乐和数学，但是身处那个物质相当匮乏的年代，家里同样几乎没有什么藏书。

上小学以后，认识的字多了起来，就开始主动找书读。记不清从几岁开始，我突然迷上了读书，而且一开始就与许多喜欢连环画的小伙伴不同，迷上的是厚厚的大书。那个时候，书非常稀少，又是在偏僻的乡村，找到的书大部分是没有封皮、没有结尾的残缺不全的书，但我照样读得津津有味。虽然不知道书名，书中的情节还是强烈吸引着我，甚至因为没有书皮、缺乏结尾，我不由自主地揣摩书名、自编结尾，反倒激起了更多的阅读乐趣。长大以后我才大概知道，那些书是《林海雪原》《青春万岁》《钢铁是怎样炼成的》《三国演义》《水浒传》，等等。

由于我母亲在招待所工作，全家就住在招待所。南来北往的客人，经常会有一些随身携带的好书，我就缠着他们借给我阅读。因为这些客人往往第二天就要离开，我就逐渐养成了一目十行的本领，快速阅读这些得来不易的书籍，有时候几个小时就可以浏览一本书的大概内容。当然，也在一定程度上形成了读书不求甚解的毛病。

进中学以后，读得最多的是《毛泽东选集》和《毛泽东诗词》，也开始阅读一些能够找到的文学杂志和诗歌，我对诗歌有着天然的兴趣，记得还用毛笔抄录了一本无名的长诗，用笔记本摘录了许多描写人物与风景的片段。那个时候，与许多少年一样，不知道天高地厚的我，做起了作家梦，津津乐道地与班上的一位同学写诗唱和，用过"过江""过海"等笔名，写了《车轮滚滚》等小说，还积极向报刊投稿。

文化周刊：近年来，随着童书出版与阅读越来越受到重视，不管是原创还是引进，市场上的儿童读物琳琅满目，很多家长、老师与学生都面临着"选择困难症"，如何选择适合不同年龄段孩子阅读的图书？

朱永新：现在每年有几十万种图书出版，一般的老师、父母和孩子选书就如大海捞针。书目是人们阅读的重要指南。同时，选书要有标准。现在很多书目最大的问题是没有自洽的、严格的、统一的评选标准。我和我的团队选择基础阅读书目时，会考虑文化的差异性、体裁的多样性，同时兼顾考虑经典性与可读性等。比如《中国幼儿基础阅读书目》，主张第一追求和展现真、善、美，要有价值引领；第二是以儿童为中心，不能离孩子太远；第三以故事为中心，要有吸引力、想象力，要充满趣味；第四以绘本为中心，对一般儿童来说，图画是他们的世界；第五以共读为中心，共读、共写、共同生活。针对不同年龄层次，"基础阅读书目"中选了相当多的经典，毕竟经典是时间帮我们大浪淘沙选出来的，对形成共同的价值观有重要意义。

播下读书的种子

文化周刊：好方法是实现儿童高效阅读的"利器"。儿童阅读有哪些好方法？如何为孩子播下读书的种子，培养孩子的阅读兴趣与习惯，让孩子自觉阅读、热爱阅读？

朱永新：没有孩子是天生不喜欢阅读的。恰恰相反，绝大部分孩子是喜欢阅读、喜欢听故事的，是喜欢翻阅那些他们喜欢的书籍的。关键在于能否找到此时此地最适合他们的图书，把那些最能够满足儿童的好奇心、求知欲和想象力，充满趣味、智慧、情感和真善美的书籍给孩子。不同年龄发展阶段的孩子，不同个性特点的孩子，不同性别的孩子，可能会对不同的图书感兴趣。比如把《红楼梦》推荐给本身没有养成阅读习惯的小学生，肯定不合适。所以，老师和父母不妨注意观察孩子的阅读口味，首先寻找最适合他们阅读的那些书。

在选对书以后，与孩子一起读书就显得非常重要了。再好的书，你简单扔给孩子去读，是很难让他们产生兴趣的。亲子共读是培养孩子阅读兴趣最有效的路径，也就是说，阅读的大门，也是需要父母的大手牵着孩子的小手一起进入的。美国著名阅读研究专家吉姆·崔利斯在《朗读手册》的扉页上引用过一首题为《阅读的妈妈》的小诗："你或许拥有无限的财富，一箱箱的珠宝与一柜柜的黄金。但你永远不会比我富有——我有一位读书给我听的妈妈。"这是一首很受美国人喜爱的诗，也从另外一个角度展现了美国家庭亲子共读的风景。

创造良好的家庭阅读氛围，也是培养孩子阅读兴趣的重要路径。父母是孩子的老师，更是孩子的榜样。想让孩子阅读，父母首先就要做阅读的榜样。优秀的父母一定是善于阅读、勤于学习的父母。优秀的父母不仅自己要阅读，为孩子做表率，而且要努力打造一个"书香门第"，为孩子创造一个良好的阅读氛围，建设一个美好的精神家园。

我一直认为，只要真正地认识到阅读的价值与意义，总能逐步找到有效的阅读方法。成年人如此，儿童也是如此。希望有越来越多的孩子喜欢上阅读，希望阅读成为中国家庭和学校最美丽的风景。读经典的书，做有根的人。读智慧的书，做幸福的人。

文化周刊：2012 年，您被任命为"全民阅读形象代言人"，近年来一直推广全民阅读，如何进一步推广全民阅读？

朱永新：现在的儿童，就是未来中国的主人，就是未来建设中国的主人公。现在儿童的核心素养、德行品格、精神趣味，就是未来的国民素质，是未来国家的精神力量，直接影响到未来国家的基础。未来的国民素质，未来国家的精神力量从何而来？从现在的童年而来，从现在的童书而来。所以，阅读对于一个国家的未来，起着举足轻重的作用。

（发表于 2022 年 7 月 11 日《人民政协报》第 9 版，记者：张丽）

《人民政协报》：朱永新跨界对话科学家企业家艺术家

在 2022 年 11 月 26—27 日举行的"首届教育局长高峰论坛"上，全国政协常委朱永新围绕"教育与中国式现代化"这个话题，和中国科技馆原馆长王渝生，海尔集团董事局主席、首席执行官周云杰，北京师范大学艺术与传媒学院院长、教授肖向荣展开了精彩的跨界对话——

●创新人才不是工业化流水线上的产品，创新人才的培养没有固定的模式。

●学校可否像企业那样为用户定制个性化的"产品"，让课程从"统一批发式"变成"按需定制式"？

●如果只停留在"术"上，艺术教育是没有意义的。艺术教育，是培养感受力、想象力和审美力的教育。

一、未来的教育与未来的学校

朱永新

我们正在面临中华民族伟大复兴战略全局和世界百年未有之大变局。新冠肺炎疫情持续蔓延、科技革命汹涌澎湃，人类社会发展充满了不确定性。在这样的大时代、大背景下，未来的教育与未来的学校会发生怎样的变化？

王渝生

党的二十大报告中，"教育""科技"和"人才"出现了多次，而且专门提出要加快建设教育强国、科技强国、人才强国。我认为，新时代的教育要重视两点：能够思考和能够实践。

创新人才的培养要通过提高科学素质、通过加快素质教育来得以实现。其中，创新人才最重要的是要有怀疑质疑的精神和创新创造的精神。

周云杰

我结合自己企业经营中的一些观察，谈谈学校教育面临的一些挑战。

一是学校组织形式的挑战，如何从一个封闭的校园变成一个开放的学习中心，即打破传统校园的"围墙"。二是课程设计的挑战，如何从"统一批发式"变成"按需定制式"。学校可否像企业那样为用户定制个性化的"产品"。三是教育组织方式的挑战，分科教育如何变成综合教育。因为面向升学考试的传统教育，重视学科知识系统的传承，但不利于培养学生的综合素养。

肖向荣

从某种程度上来说，我们目前的教育有点"刻舟求剑"。我们所处的时代"轻舟已过万重山"，可教育还在出发点。过去，我们把艺术作为一个技能教育，缺少对于"整个人"全面发展的教育。

近年来，国家发布了一系列改革措施，一是从新文科教育、新工科教育、新医科教育等角度，打通整个本科教育的学科壁垒；二是研究生教育，正在进行整体的学科目录的调整；三是基础教育，整体强化艺术教育的重要性。我想，我们应该建立具有中国特色的整体教育观。在横向上，要打通学科之间的壁垒；在纵向上，要形成从学前到大学甚至一直到终身教育的一整套体系。

二、如何全面提高人才自主培养质量？

朱永新

党的二十大报告吹响了"以中国式现代化全面推进中华民族伟大复兴"的号角。强调"教育、科技、人才是全面建设社会主义现代化国家的基础性、战略性支撑"，极具战略意义和深远影响。如何理解党的二十大提出的全面提高人才自主培养质量，着力造就拔尖创新人才？这对我国教育改革发展提出了什么样的新要求？如何看待教育、科技、人才三者的内在联系？

王渝生

首先，我认为教育是一门科学。过去很多人认为，一个人只要学习了教育学、心理学等知识，就可以当老师。但现在看来，教育应作为一门科学，因为它是需要科学基础的。比如，需要信息科学、大数据、云计算等，更需要有生命科学、生物技术、基因工程、神经科学、脑科学、认知科学、人工智能等作为教育科学的新的基础。但是，现在的师范生在这些方面的素养比较缺乏。

谈及创新人才培养，我认为，创新人才不是工业化流水线上的产品，人才培养的过程也不像用模子生产月饼。创新人才的培养没有模式。之所以称为"创新人才"，就是因为他有特殊的个人独具的特色和优势，而学校的那种标准化教育会"害死人"。我们的教师要做更大的努力，一定要在教育公平的前提下因材施教，在因材施教的过程中发现顶尖的创新人才，对创新人才的培养更要放开一点，老师可能还需要向学生学习，做到教学相长。

朱永新

教育是第一基础，它是科技的基础、人才的基础，是整个国家经济社会发展的大基础。接下来我想问周总，海尔的企业人才战略是什么？对我国大中小学人才培养提出了哪些挑战？创办海尔学校的初衷又是什么？

周云杰

在人才战略方面，海尔一直倡导"赛马不相马"。是不是人才不是领导说了算，而是在实战中赛出来的。我们认为，每个人都是有价值的，有多大的能力就给他提供多大的舞台。

当今时代，中小学要重视人的思维模式和自主意识的培养，让学生养成愿意学习的习惯，形成终身学习的能力，成为不可替代的人才，这是一个很有挑战的课题。

海尔创办学校主要基于三个方面的考虑：第一，坚守初心，回报教育。海尔援建了 345 所希望小学，累计投入了三个多亿建设了一所民办非营利高中——海尔学校，希望给学生提供优质的高中教育选择。第二，企业的"人单合一"模式，希望在教育领域得到复制，让"人单合一"理念成为激发海尔学校全体师生的原动力。第三，探索"三区合一"教育新模式，把社会生活和产业实践融入学校教育，让学生不仅学会学习研究，更能学会应用转化。

朱永新

中国企业创办学校的并不多见，尤其是创办基础教育。现在的学校正处在大变革的门槛上。我们对于海尔学校充满着期待，期待用企业家的精神来改革传统学校，为未来学校创设一条新路。

下面我想问肖院长，如何看待艺术教育在教育中的意义和价值？我国如何补齐艺术教育这一短板？

肖向荣

我认为，我们中文世界理解艺术时容易被"艺"后面那个"术"所干扰，老觉得艺术只是一个技术，当然艺术离开了技术是不成立的，但其实艺术与科学、技术、工程同样重要。

我认为，艺术教育首先是感受力的教育。我们要放在整体教育观上去理解艺术教育。和科学素养一样，艺术素养的培养同样是促成人的全面发展的一部分。今天的艺术教育，不是让学生成为一个歌唱家、舞蹈家、演奏家这种功利的想法，而是让学生成为一个有感受的、有感知的人，对外界敏感的人，这是非常重要的一个特征。

艺术还有另外一个重要的特征，就是想象力。爱因斯坦说过，"想象力比知识更重要"。艺术作为一切教育的基础，是一个非常值得重视的新的方向。艺术对于工程、科学、技术，对于未来人的整体创新能力的发展，都具有奠基的作用。所以，今天的艺术老师，不能仅是一个简单的"知识贩卖者"，而是要引导孩子们打开一个想象力的王国，打开另外一个世界。比如，数学的秩序感在音乐里同样存在，几何里面的空间美学在舞蹈和美术里也同样存在。如果我们不能理解这一层面，只是停留在术语上是没有意义的。我们的人才培养的关键症结是创新力不够，而创新力的重点，是想象力的养成。

除了感知力和想象力，艺术教育更重要的是审美力。美的反义词不是丑，而是麻木。我觉得美育之所以重要，在于社会主义强国背后需要有强大的精神和素养支撑，审美素养是整个艺术教育的一个重要指向。如果只停留在"术"上，艺术教育是没有意义的。如果不这样定位艺术教育，单单当作一个艺术课，就把艺术教育看小了，也把艺术老师给看矮了。总之，我们要把艺术与工程、科学、技术教育一样，作为教育的基础。

三、中国式现代化对教育提出新挑战和新要求

朱永新

人类教育不仅关乎当下，更关乎未来，人类教育如何变革？如何推动人类命运共同体的建设？大家对"教育与中国式现代化"这个主题有怎样的理解？

王渝生

谈到人类命运共同体，马克思有一句话：人的本质不是单个人所固有的抽象物，在其现实性上，它是一切社会关系的总和。中国式

现代化要跟世界联系起来，因为我们同在一个地球村。人口爆炸、资源匮乏、环境污染、生态破坏、自然灾害频发，这些都是后工业化给人类的生存包括教育带来的问题。我们搞中国式现代化，一定要吸取此教训。

美很重要，诺贝尔物理学奖获得者李政道说，科学与艺术是一枚硬币的两面。杨振宁说物理学的美，科学是求真，人文是向善，而艺术就是尚美。所以，每个人都要学好真善美。

现在的教育必须全面考虑人类真善美的各个方面。人类命运共同体是我们走向世界深化改革和扩大开放的需要，也是建设中国特色社会主义强大国家和实现中华民族伟大复兴的需要。

周云杰

现代经济的发展都是技术进步和技术迭代带来的，最核心的还是靠人才。而人才是靠教育实现的，要实现共同富裕首先要推动教育公平，这是教育变革重要的方面。

如何推动教育公平？第一，机会的公平。习近平总书记强调要坚持教育的公益性原则，把教育公平作为国家基本教育政策。公平的教育必须是均衡的、全面的，每一个孩子都有权利享受优质的教育，这不仅是政府的事情，还需要社会各界的支持，需要企业的参与，相信未来会有更多的企业参与。第二，内容的公平。每个人都应该得到适合的教育，不能说不能取得很高的分数和考上很好的大学的人就是失败的，他们一样可以成为国家的人才和国家的栋梁。

肖向荣

最近，大家都在学习中国式现代化，探讨中国式现代化在各个学科的表达。我认为，第一，要坚持守正创新。中国式现代化最重要的是站在中国文化立场上，探讨中国自主知识体系的构建。从艺术史的角度来讲，人类的文明是共建的，西方整个艺术史当中有大量来自东方的灵感。第二，坚持交流互鉴。在现代化进程中，中国从来没有离开过世界，世界也不可能离开中国。我们教育下一代，一方面要坚守中国立场，另一方面要认识到文明互鉴和文化交流是人类命运共同体的重要命题，也是建设人类命运共同体的重要路径。第三，坚持改革创新。其实人的创新是一种精神，是整体教育观下培养出来的人的一个化合反应，创新是藏在各个学科之内和教育全过程之中的。所以，我想中国式现代化实际上就是守正、互鉴、创新，它纲维有序、纵横交错，最后达到中国式现代化的未来。中国式现代化的未来，就是人类命运共同体共同面向的真善美的未来，这是人类的终极目标。

朱永新

的确，党的二十大报告关于中国式现代化的内涵很丰富，其中，谈到生态文明教育问题，中国式现代化是人和自然和谐相处的现代化。我们如何创建绿色校园，进行生态文明教育、"双碳"教育？这是摆在我们教育人面前的重大教育课题，我们要教育我们的孩子从爱家乡、爱社区到爱国家、爱民族，同样也要爱我们共同的家园——地球。

当然，中国式现代化是一条没有人走过的路，将为人类实现现代化提供新的选择，对于推进人类社会现代化进程具有重要的理论价值和实践意义。中国式现代化也对教育提出的新挑战和新要求，如何在中国式现代化的进程中发挥好教育的基础性、战略性支撑作用，教育如何为全面建设社会主义现代化国家、全面推进中华民族伟大复兴做出新的贡献，是摆在我们教育工作者面前的一项神圣的使命，也是各位教育局长要思考的大问题。

（发表于 2022 年 12 月 2 日《人民政协报》，记者：张惠娟）

《中华读书报》：朱永新：新教育实验的"长征"，把论文写在祖国的大地上

秋天，正是收获的季节。

诺贝尔奖颁发前夕，9月29日9时整，中国香港，全球最大教育奖项"一丹奖"揭晓。经过"一丹奖"独立评审委员会严谨的评选流程，朱永新教授与琳达·达林哈蒙德博士分获2022年"一丹教育发展奖"与"一丹教育研究奖"。由此，朱永新教授也成为第一位荣获"一丹奖"的华人。

诺贝尔奖设立于100多年前，它所关注的范畴，已经远远不能涵盖今天人类社会中的诸多重要领域。比如，教育。同时，教育领域内缺乏像诺贝尔奖那样具备突出影响力的世界性大奖。于是，腾讯主要创始人陈一丹先生退出腾讯后，2016年，拿出了25亿港元，设立了全球性的教育单项奖——"一丹奖"。"以教育提升人类福祉"，既是该奖项的宗旨，也是它的基本评选要求。陈一丹邀请了联合国教科文组织的重要成员、国际教育界的权威人士，组成独立评委会；他自己没有评审权，也不参与发表任何意见。这个奖项从一开始就志存高远，致力于成为推动人类社会发展的一个奖项。正如"一丹奖"评审委员会主席、联合国教科文组织前总干事松浦晃一郎博士所说："'一丹奖'表彰最具创新的教育理念，推广行之有效的教育创新，让世界更多人从中受益。"

"一丹奖"每年度评选一次，下设两个奖项："一丹奖教育研究奖"与"一丹教育发展奖"；每位获奖者奖金3000万港元，约390万美元，一半为奖金，另一半为支持推动教育研究或项目的资金。

"一丹奖"设立 6 年来，前 5 年都没有华人入选，也没有一个华人评委，直到去年，才在"一丹教育研究奖"中增加了一位华人评委。奖项的国际性、客观性很强。并不是说，这是一个中国人发起的奖项，就会对中国有所偏向。

从 1993 年出任苏州大学教务处处长至今 30 年间，朱永新一直知行合一，孜孜不倦探求中国教育改革发展的实践探索和理论体系；他从 2000 年发起的新教育实验，已然惠及全国 8300 多所学校、50 多万名教师和 800 多万名学生，其中超过一半来自农村及偏远地区。一项民间的教育实验，不仅正在逐渐推动和改变教育现实，影响着中国教育整体的走向，而且从实践到理论，再从理论反哺实践，既是中国素质教育的一面旗帜，也在某种程度上给中国教育的改革发展提供了一个模型。某种意义上，新教育实验也是中国教育领域的"改革开放"。

更有意义的是，扎根和生长在中国广袤大地上的教育实践和理论创造，融合了一代代中国教育学人的优秀教育传统，如生活教育理论、知行合一的行动理论等——它将为世界范围内更多不发达地区的教育发展与重塑，提供中国理论和中国方案。

中国教育这些年来的改革发展，得到了世界的关注和瞩目。

或许，这就是"一丹奖"评审委员会将"一丹教育发展奖"颁给朱永新教授的原因。

或许，这就是教育部原部长陈宝生在得知朱永新获奖后，发来热情洋溢的祝贺短信的原因。

"永新获奖，不仅是他个人的荣誉，更是中国教育的荣誉，热烈祝贺！一段时间以来，很多人在论道，不管是坐着还是站着，而永新却在行动，而且一步一个脚印地前进着。很多人在争相指摘今天的教育，而永新却在示范明天的教育。很多人提供的是设想和理念，而永新提供的是方案和经验。……故，我支持永新和他的新教育实验。"陈宝生先生说。

茨威格在《人类群星闪耀时》中喟叹，"充满戏剧性和命运攸关的时刻在个人的一生中和历史的进程中都是难得的；这种时刻往往只发生在某一天、某一小时甚至常常只发生在某一分钟，但它们的决定性影响却超越时间。"

今天，当我们看到新教育实验宛如长江黄河一般绵延不绝的活力，蓬勃的面貌，庞大的受益人群，历史性的推动和改变时；我们更要看到 20 年前，一群理想主义者一开始还比较孤独地行走和探索。信念和坚守，宛若星辰一般散射着光辉，普照着暂时的夜。

作为新教育实验的发起人，回望 20 年的实践过程，朱永新如是总结新教育实验的宗旨和目标，"过一种完整幸福的教育生活"。

20 年致力于"完整幸福教育生活"的"新教育"长征中，那些爬过的"雪山"，那些跋涉过的"沼泽地"，那些所有迷茫、失落、曾经无力的时刻，他从未提及。

如今，正是我们走进朱永新内心的时刻。

"新教师"项目

"首先要感谢'一丹奖'的所有评委，看到了我们这些年来的努力。"朱永新说。要知道，此次"一丹教育发展奖"的竞争对手也是非常强劲的，如非营利性教育组织可汗学院，它创建了对全世界教育都有相当影响的"翻转课堂"平台，在各个国家都有其学员，拥有全球性的影响力。当然，新教育实验也有自身的特点，在中国这么大的规模，8000 多所学校参与，规模、影响、覆盖面，以及新教育实验理念、理论的基础比较丰硕。"扎根基层，对理论的推进，以及对农村等不发达地区教育的关注，这或许是我们赢得了评委们青睐的原因。"

此前，朱永新已然表示，会将"一丹奖"奖金全部捐给母校苏州大学，用于研究和推广教育创新。而此次采访中，他向本报首次披露了关于"一丹奖"奖金的具体用途。

第一，"中国教育发展的关键点，还是在扎根于每一个课堂的老师身上"。由此，此次的奖金，朱永新将全部用于"新教师"项目。

朱永新会将全部奖金做一个种子基金——苏州大学新教师基金，每年的利息收入和有关捐赠支持将首先用于苏州大学的"教改班"，或"未来教师班"，用于师范教育的改革。朱永新计划，每年在苏州大学的新生中招一个班，选约 40 名学生，他亲自设计课程，邀请国内外的名师来这个班上课；同时，他准备再请约 40 位"新教育"的老师，组成一个导师团，一个老师带一个学生。这么"豪华"的配置，可能是全中国的师范教育都没有的。

无论是课程设置还是培养模式，朱永新都希望探索一条培养未来教师的新路径。在他看来，现在教师培养的问题可能有：其一，较少阅读。"那么这个实验班会把阅读作为教学的非常重要的一个部分，会给每个学生制订阅读计划，四年之间让学生大量阅读、海量阅读。"其二，缺少写作。"那么，学生们一进来就要开始写作，从写日记开始训练。"其三，欠缺实践。"每个学生都有老师带，四年学习期间，可以到这位老师的学校去跟岗学习。"

如此培养四年，这些师范新生几乎不需要职业的适应期。"教育改革的源头，就是从培养老师开始。"

第二，做在职老师的训练。"一丹奖"在 2020 年成立了"明师堂"，由历届"一丹奖"的获奖者和全世界最优秀的教育家、管理学家等组成，朱永新即首批"明师堂"的成员。对应"一丹奖"的"明师堂"，朱永新将在苏州大学成立一个"明师班"，计划在全国范围内招 20 个左右 45 岁以下、优秀的中青年校长和教师，再招 20 个左右来自乡村的 45 岁以下的校长和教师。当然，校长们自愿报名参加；每学期脱产一段时间集中学习。

"明师班"的含义，是用聪明的教师培养明天的教师，采取"大师带名师，名师带乡师"的方式。朱永新计划邀约"明师堂"的成员来给这个班的学员上课；同时，朱永新还会邀请国内诸多名家如王蒙、梁晓声、冯骥才等前来授课，邀请诸多科学家、包括多位院士前来授课，以拓宽老师们的知识和视野，强化老师的职业情怀。目前，已经有一些院士和作家表示愿意做志愿者了。

第三，准备做一个"乡村班"。名义为"班"，其实是一个区域。朱永新透露，每年准备选一到两个过去是国家重点贫困县、现在叫乡村振兴帮扶县的地方，为期三年，做一个全面帮助县域教师成长、提升县域教学质量的探索。现在初步选定了四川的马边县。接下来，

"新教育"的团队会到当地先做调研诊断，再对教师进行培训，以提升县域的整体教育品质。

第四，建立国际班。这个项目，朱永新准备和联合国的教师发展中心合作，放在他的另一个母校——上海师范大学。项目准备在发展中国家招募二三十位教师，到中国来培训。"把新教育的理念、课程、方法传授给他们，让他们在自己的国家也可以照葫芦画瓢，进行教育的改革提升。"

第五，建立网络班。其实就是一个线上教师学习中心。"新教育"有个网络教师学习中心（最初叫网络师范学院），先后有四万名老师在其中成长；新教育种子计划公益项目"新教师书院"，已经汇聚了七万多名老师。这些项目主要面向新教育实验校，已经十多年了。现在，朱永新准备在此基础之上建立一个开放的网络平台，把以前的内部资源对社会开放，同时也把以上各个班的资源都放在其中，希望对社会乃至其他国家有所贡献。

当然，"兵马未动，粮草先行"。朱永新清晰地认知到："新教育此前的发展，一直是'小马拉大车'。这一次'一丹教育发展奖'的奖金，为接下去的发展提供了重要的'粮草'基础。但是，真正把五个项目做好，现有经费仍然不够。接下去，会根据'粮草储备'依次推进。筹到多少钱，就办多少事。"

任何真正触达现实、改变现实的行动中，光有自上而下的政策是远远不够的，还需要自下而上、从点及面的实践、总结、实践的推广，才能真正改变人们的生活。早在十多年前，朱永新就曾经说过一句话："中国教育存在一些弊端，但'怒目金刚'式的斥责和鞭挞，虽痛快但无济于事。对于中国教育而言，最需要的是行动与建设。只有行动与建设，才是真正深刻而富有颠覆性的批判与重构。"

是的，"行动与建设"，早已写进了朱永新的生命中。

二十年"长征"发端

人们把朱永新2000年出版《我的教育理想》一书，作为新教育实验的发端。新教育实验最初的一些理念与行动，皆源自此书对教育问题的思考和对教育理想的探寻。《我的教育理想》是一个宣言，也可视为新教育实验的行动纲领。

事实上，在更早的 1993 年，朱永新就开始尝试探索教育领域的变革进步。在那之前，相对来说朱永新还是一位学者，虽然也做过大学教育科学部的主任，但还是以学术研究和教学作为工作主旨；从 1993 年开始，朱永新出任苏州大学的教务处处长，管理几万人的教学计划、教学改革，而整个苏州大学的教育改革，也是做得风生水起。在全国范围内，苏州大学较早地推出了许多教改措施，像激励学生做辅修，开设文科实验班、理科实验班，推出苏州大学生必读书目；等等。应该说，从那时开始，朱永新就已经开始了行动的探索。

1997 年，朱永新调任苏州市市政府副市长，分管教育。那时候，他和基础教育接触更多了，也更关注基础教育的改革。

1999 年，朱永新阅读《管理大师德鲁克》一书时，内心受到了极大的震撼与冲击。书中，熊彼特对年轻的德鲁克说："我现在已经到了这样的年龄，知道仅仅凭借自己的书和理论而流芳百世是不够的，除非能够改变人们的生活，否则就没有任何重大的意义"。此后，朱永新起身而行，走进中小学，开始了新教育实验。

朱永新回忆，1999 年，在面向江苏省的一个创新教育的论坛上，他做了一个讲演，谈他心目中的理想老师。江苏武进湖塘桥中心小学的校长奚亚英，觉得朱永新的讲演实实在在地打动了她。所以，奚亚英邀请朱永新到他们学校去做讲演，在那边带徒弟。晨诵的做法，教师的专业发展，教师的阅读和写作，都是从这所学校开始的。可以说，新教育实验从开始就定下了自己的"主基调"：扎根基层，扎根实践，把教育改革发展的论文写在中国大地上。

2002 年 9 月，苏州昆山玉峰实验学校成为第一所获得授牌的新教育实验学校；事实上，在昆山玉峰实验学校之前，江苏武进湖塘桥中心小学这所乡村小学，是真正跟着朱永新做新教育实验的第一所学校，只是当时没有正式命名而已。时至今日，这所乡村小学，已经走出了 60 多位正副校长。

苏州昆山玉峰实验学校，是一所蓬勃，有朝气、有希望、有号召力、有影响力的学校，因此和朱永新的"新教育"理念一拍即合。朱永新也没想到，他在学校开学典礼上的一段发言，关于未来教育探索的一些理念，昆山市教育局的储昌楼老师，后来也是新教育团队中非常重要的一位骨干，把这段讲话发到互联网上去了。此后，这段发言不断在全国中小学的老师和校长中流传、传播，由此，促成了2003年新教育实验首届研讨会上的十所新教育实验校的诞生。

在这段发言中，朱永新谈到了"五大行动"，现在已经与时俱进，完善成为"新教育"的"十大行动"。从这个"五大行动"的发言中，也可以看出新教育实验的"务实"特质，那就是——问题导向，针对束缚当时教育发展的主要问题，提出应对策略。

朱永新回忆，他当时着重谈了五点：第一点叫"营造书香校园"，推动学生阅读。第二点叫"师生共写随笔"，推动师生共同写作。第三点叫"聆听窗外声音"，即学校不能关起门来办学，应该关注社会和人类命运，应该利用社会的教育资源。第四点叫"培养卓越口才"。当时，朱永新观察到，我们的学校不太让孩子说话，不重视学生的表达沟通能力，但在国外，讲演是非常重要的能力，是构成领导力的要素之一。第五点叫"构建数码社区"，当时互联网才刚刚兴起，但朱永新提出，教师和学生应该具有信息的意识，懂得利用网络去获取知识，发现更大的世界。

在新教育实验发端之初，朱永新就定下了一个"坚持"："因为中国很大，区域差别很大，城乡之间差别很大，所以，我们一开始就定位，不走高端路线，新教育的行动、理念、课程，要不断往广大农村地方去走。"

到目前为止，"新教育"8000多所实验校，百分之五六十都在乡村。促进"教育公平"，希望能为弥合因为种种原因造成的教育不均等的鸿沟做出一点贡献，已经成为所有"新教育"人的信念。

行动和建设

在20世纪末21世纪初，中国教育最大的压力当然还是应试的压力，这是一种来自社会层面的焦虑和不满。对于新教育实验而言，还是尝试去化解这种焦虑，以及化解应试教育和素质教育之间的矛盾。

在开始新教育实验改革实践之际，朱永新和他的追随者给自己的定位就是，"为中国教育探路"。对现有教育的模式、课堂，是改善和完善，不是颠覆。另一个重要的要求是，新教育实验要经得起考试的检验。任何教育改革的风险就是，由于时间精力的分散，最后导致孩子们在硬性的考试中成绩下降了，那就会遭遇重重阻力，很难推行下去。所以，朱永新提出，"新教育不追求分数，但是不害怕考试"。从一开始，新教育实验就以提升教育品质为前提。

经过 20 年的实践检验，我们可以得出一个结论：从某种程度上来看，新教育实验是在引领中国教育。

20 年前，当"新教育"提出"书香校园"的主张，推广亲子阅读、家庭阅读的时候，这还是一项有点"孤独"的事业。父母会说，去做作业、看课本，甚至有些父母会把孩子的课外书撕掉。包括老师，也并没有意识到阅读会对促进学习有着怎样的作用。不让孩子看课外书，让做教辅、做习题卷，这是当时的学习的主导方式。

时至今日，"全民阅读"已经是国家战略了。无论是高考还是中考的改革中，阅读题的比重都越来越高。应该说，这和朱永新以及新教育团队 20 年来孜孜不倦地呼吁与践行有着密切的关系。

再如，关于"写作"的问题。过去，学校都是把写作当作语文能力的一种练习；但是，新教育实验提出的写作，是一种生活方式，是推进全学科的一种能力。朱永新认为，思考，是从写作开始的。比如数学的写作，可以写小论文，可以写数学故事；写作，是培养思维的训练方式，是学生对某一学科的认知的表达。阅读，不一定能够形成反思的能力；但写作，一定是训练思维的。"相信不出几年，它会成为中国学校新的教育改革的一股清风。"

2003 年，新教育实验开始关注家校共育的时候，《中华人民共和国家庭教育促进法》还没有出台。当时，他们发现，中国一大部分父母，有时候不仅不是教育的正能量，反而成为一种反教育的力量；有些父母不懂得什么是美好的教育，不懂怎么去培养孩子。所以，新教育实验认为，没有父母的成长，就没有孩子的成长；所以，必须让父母参与孩子的成长过程。而当下,"家校共育"已经成了一种共识。

所以,改革首先是判断,判断什么是束缚当前发展的关键问题;然后对症下药,去探寻解决的方案。实践也证明,"新教育"的诸多理念、探索,在经过充分地实践和探究之后,成为一种教育主流性的探索和改革。

当然,对于一项公益事业而言,最困难的,还是人和钱。新教育实验开始的一两年间,基本上每个星期六、星期天,朱永新都是在苏州、在全国各地奔波。后来,招了几位全脱产的人员,但是钱从哪里来,光靠朱永新个人的捐款是不够的。所以,这几个人最后是放在一所新教育实验学校——翔宇教育集团里,成立了一个"校中校"。这几位人员的工资由翔宇教育集团来发,但他们在集团里帮助教改,帮助培训教师。如此,新教育实验才慢慢开始做起来。

当时,《经济观察报》发表了一篇文章《零元企业和它的零元董事长》,讲朱永新和新教育的故事。上海的一位企业家看到后,说没有一分钱,怎么做事啊。于是,他捐了 200 万元,说你们成立一个基金会。在当时,200 万元就可以办一个基金会了,江苏昌明教育基金会成立,可以募集一些资金,基本可以维持新教育实验的运转。当然,直到今天,朱永新本人还是这个基金会里捐款最多的。他的讲课费以及有关稿费和奖金,基本都捐了。

不过,人和钱,一直是新教育实验最大的制约。既然是投身于教育的改革发展,就需要根据当下中国教育所需,不断研发新的课程,需要有很强专业能力的研发团队。2014 年,新教育实验遭遇的一次最重大的打击,就是专业的研发团队走了。"根本原因,还是经费不足。"

事业的新曙光

2004 年 5 月和 9 月,江苏省姜堰市教育局和河北省石家庄市桥西区政府分别建立了县域新教育实验区,开始以行政推动的方式推进区域实验。对于新教育实验而言,这正是一个突破性的里程碑事件。作为一个自下而上的民间公益性教育改革实验，在缺乏人力、物力、财力的背景下，能够持续发展壮大，来自行政层面的支持非常重要。而此后，区域推进新教育实验，逐渐成为新教育实验发展的主导模式。

朱永新回忆，当时石家庄市桥西区分管教育的区长叫邓小梅，是一位很有追求的领导。她上任之后，听取了多位校长、老师的意见，希望了解哪些地方的教育做得最好，哪些教育改革最成功。大家推荐了"新教育"。于是，邓小梅带着一些校长专门到苏州来找朱永新，参观"新教育"的实验学校，然后就决定加盟了。

姜堰市教研室当年的主任李宜华是朱永新的大学同学，当他知道朱永新带着一批学校在做新教育实验时，就说服了他们的教育局局长来了解新教育，朱永新也去当地做了一个报告。之后，姜堰市教育局就决定共同参加新教育实验。

后来，基本就不需要宣传了，各地主动来找他们。然而，其中也有朱永新的一个重要判断，在他看来，行政推动的模式固然是最有效的模式，比纯民间的推动有力量得多；但是，如果仅仅靠行政的力量，也有可能"人走政息"，建得快，消失也快。真正的"扎根"，是老师和校长们从思想上真正认同"新教育"的理念，是新教育的课程真正有效，这才是教育改革发展的长久之道。

慢慢地，以学术年会的方式推进新教育实验，也成为新教育实验的主要发展模式之一。

目前，新教育实验重要的学术年会，主要有新教育年度研讨会、新教育实验区工作会议、新教育国际高峰论坛、领读者大会等，即通过重要的论坛、会议，展示新教育实验的成果，同时交流、碰撞，部署新教育实验下一个阶段的工作。

把论文写在大地上

新世纪以来，"素质教育"的理念深入人心，但什么是素质教育、如何去做素质教育、如何真正能够达到素质教育的效果，需要真正地身体力行，再到效果反馈，再到路径总结。而新教育实验走过的20年，正是为构建中国大地上"素质教育"的理论和实践体系不断努力的20年。

朱永新如是表述新教育实验的两个愿景，一是成为中国素质教育的一面旗帜；二是成为扎根中国大地的新教育学派。前者是从实践角度，后者是从理论角度。在第一个阶段，新教育实验的主要目标是新教育理念的传播，让更多人了解它；在第二个阶段，主要是要构建新教育实验的理论体系；在第三个阶段，就是发展新教育实验的课程体系。

教育无外乎解决两个问题，一个是品质，另一个是公平。新教育实验的核心，也是面向这两个问题。因此，新教育实验一直坚持事业的公益性，不向学校收一分钱。

"新教育实验的理论基础有三大体系，包括哲学基础、心理学基础、伦理学基础；在这三大基础之上，我们构建了新教育实验的目的论、课程论。最关键的体系是新教育实验的课程论。"

目前，新教育实验已经基本形成了自己的课程体系。这个体系以生命教育作为基点，生命课程之上即为"真善美"："真"，就是大科学、大人文；"善"，就是大德育；"美"，就是大艺术。在此之上，还有个性化的课程；针对每个人的个性化课程，将通过项目研究来实现。"课程的综合化是未来课程的方向。"朱永新表示。

同时，朱永新提出，科学教育在现在的中小学是分裂的。在小学有综合的科学课程；到了中学，科学课程会分成物理、化学、生物。"其实科学课的逻辑是宇宙科学、生命科学、物质科学。我们完全可以按照这样的一个体系，把中小学通畅的科学教育体系设计好。"另外，到了高中，也许文科生就不学理科了，理科生不学文科了，朱永新建议，还是可以学习"大人文""大科学"。

"定风波"

"回首向来萧瑟处，归去，也无风雨也无晴。"

任何成果都不是一蹴而就的，任何事情也不可能一帆风顺。在朱永新发起并持续推动新教育实验的这些年中，也曾遭遇疾风骤雨。其间，有同行的误解，有匿名信的投寄，有核心研究团队的离开……

这么多年来，朱永新所有的业余时间都投入这项公益事业中；几乎所有的稿费、奖金，也都捐给了这项事业。更有焦虑、无力，心力交瘁的时候。

然而，变化确实地发生了。湖北随县，跟着新教育实验团队做了若干年后，整个县域教育生态实现了很大的改变。随州市整体评价考核初中的前 20 名，它们占了 17 个。安徽霍邱县，是一个国家级的贫困县，一开始在 2010 年参加新教育实验的时候，有一所学校的在校学生只有 500 人；参加新教育 5 年后的 2015 年，就增加到 1500 人，说明本来出去读书的孩子又回来了。江苏海门，原来是一个县，现为南通市的一个区，他们的前任教育局局长是朱永新的博士生，小小的一个县域，它的诸多教育指标，包括高考、中考成绩却在教育大省江苏省名列前茅。

"人生最重要的价值和意义，就是改变和创造。用你的创造去改变和影响更多的人。"朱永新说。

习近平总书记指出，"要把论文写在祖国的大地上。"朱永新和他的同仁们，20 年来，是这么想，也是这么做的。"吾生有涯，而知也无涯。"是的，对于朱永新和他的跟随者而言，理想长明，行动不止。

（发表于 2022 年 12 月 14 日《中华读书报》，记者：陈香）

《人民政协报》：朱永新荣获2022年"一丹教育发展奖"

　　2022年12月4日，全球教育"一丹奖"颁奖典礼在香港国际会展中心举行。香港特别行政区行政长官李家超作为主礼嘉宾出席颁奖典礼。苏州大学教授、新教育实验的发起人朱永新获得2022年度"一丹教育发展奖"。

　　"新教育实验"发起于2000年，在20多年来的素质教育探索实践中，该实验通过提供校园和课外阅读与学习资源，创新课堂教学方法，提高了学生学习积极性。此外，其团队还通过提供家庭教育课程以及与学生所在社区的积极互动，营造了更好的家庭学习环境。

　　据悉，朱永新将捐出个人奖金1500万元和项目经费1500万元，建立一个"新教师"专项基金，在线下推进几个重要的教师成长计划。包括建立一个培养未来教师的"实验班"、建立一个探讨在职教师培训方式的"明师班"、建立一个协助培养发展中国家教师的"国际班"及建立一个帮助乡村教师成长的"乡村班"等，并通过进一步梳理汇总后，整合新教育原有的教师网络学习项目，成立"线上学习中心"，使之成为教师能够进行专业阅读、专业写作、专业交往的自助学习、自主学习的教师成长共同体，并向全社会、全世界免费开放，以为中国以及全球的教师成长提供支持。

　　"一丹奖"由腾讯主要创办人之一、腾讯前首席行政官、腾讯终身荣誉顾问、腾讯公益慈善基金会发起人兼荣誉理事长陈一丹博士于2016年创办，旨在"以教育提升人类福祉"，推动教育创新，赋予教育领袖更强大的力量。该奖每年颁发一次，设教育研究奖和教育发展奖各一个，其中"一丹教育发展奖"主要表彰在全球教育领域做出卓越贡献的个人或团队三位主要代表，表彰他们在推动教师和学生掌握 21 世纪必需技能方面作出的贡献。

　　（发表于 2022 年 12 月 21 日《人民政协报》第 10 版，记者：张惠娟）

《人民政协报》：教育麦田的守望者

——新教育实验纪实

●党的二十大报告指出，要"加快义务教育优质均衡发展和城乡一体化"。

●乡村教育是中国教育的根，乡村教育的发展助力着中国教育的未来发展，并直接影响着国民素质的提高。而提高乡村教师的素质，关键在于唤醒他们的内驱力。

●作为项目发起人，朱永新和他的新教育实验团队22年来扎根乡村教育的田野，助力乡村教师成长。

从开张"成功保险公司"到唤醒"麦田里的守望者"

发起新教育实验之初，朱永新就把改变乡村教师的行走方式作为新教育的逻辑起点。

为了让乡村教师寻找到职业幸福感，在总结借鉴世界先进的教师成长理念的基础上，新教育实验将"职业认同"和"专业发展"作为教师成长的"两翼"，让乡村教师通过专业阅读、专业写作、专业交往开辟专业成长路径。

如何让老师爱上阅读和写作？2002年，朱永新通过网络发帖，"开张"了他的"成功保险公司"——承诺，"如果老师们肯坚持十年的教育反思写作，还不能成为一个成功者，我愿意以一赔百。"帖子发出后，一石激起千层浪，有人欣喜、跃跃欲试，有人诧异、将信将疑，当然也有人嗤之以鼻。

当时，在苏州屯村中心小学教书的管建刚，是这个"成功保险公司"最积极的"投保人"之一。他从看到这个启事起，就拿起笔写起了作文教学的故事，发表在该论坛里。仅仅写了一年多时间，就有人联系他出书。2005 年，管建刚的第一本书《魔法作文营》正式出版。出书，这对于一个乡村教师来说，无异于推开了专业发展的"芝麻之门"。从此，管建刚就在写书、出书这条路上一发而不可收拾。从 2002 年到 2022 年，20 年里，管建刚先后出版了 20 多本书。他也从一个农村中心小学的普通老师成长为江苏省特级教师、全国优秀教师、正高级教师、国家万人计划特殊支持领军人才。

受管建刚的影响，他的工作室成员也在新教育的感召下，相继走上了教育专业写作之路。

回想起自己的成长经历，管建刚说：如果不是被 2002 年朱永新老师的"'朱永新成功保险公司'开业启事"的帖子唤醒的话，也许自己还在屯村小学里浑浑噩噩地度日。

因相遇新教育而改变行走方式的乡村教师的故事，每天都在发生。安徽省六安市霍邱县户胡镇中心小学教师董艳，在新教育的引领下，开启读、写、思、行、研的新生活，12 年间写作 500 多万字，从一名贫困地区的村小教师成长为安徽省特级教师；湖北随县的王从伦，临近退休前相遇了新教育，开始建博客，先后写下了 100 多万字的随笔，出版了 16 万多字的个人文集《心履历程》，他本人也被评为湖北省十佳班主任、全国优秀教师；浙江边远山区美术教师周信达，在读过朱永新的《我的教育理想》一书后，产生了追随新教育的念头，自觉地按照新教育"十大行动"在所在的学校实践着。六年多的时间里，他成长为年轻的特级教师、浙江省第 21 届"春蚕奖"获得者……

推出教育"组合式套餐"，改变乡村学校的发展模式

在中国 40 多万所的中小学校及幼儿园中，有超过六成的学校在

乡村。

这些年，各级政府在改善乡村学校办学条件、提高农村教师待遇、促进城乡教育均衡发展方面投入巨大，也在很大程度上扭转了乡村学校脏、乱、差的局面。

然而，如果仅有物质条件的提档升级，而没有文化、课程、课堂、队伍建设等维度的更新迭代，乡村教育振兴的路仍然道阻且长。

新教育实验在出发之始，就把"改变学校的发展模式"写在自己的旗帜上，并陆续推出了营造书香校园、师生共写随笔、培养卓越口才、聆听窗外声音、构筑理想课堂、建设数码社区、推进每月一事、缔造完美教室、研发卓越课程、家校合作共育等"十大行动"，作为乡村学校提升办学品质的"组合式套餐"。

"新教育'十大行动'的每一个行动都是从方法论角度，用几乎手把手的方式，教会学校如何达至'办好'的境界。"这是来自新教育实验参与者的反馈。

苏州昆山市千灯镇的千灯中心小学，是一所有着 120 年办学史的乡村学校。尽管学校历史悠久，但很多年一直默默无名。2013 年，与朱永新一起在新教育起步阶段就参与进来的储昌楼成为这所学校的校长。

作为新教育实验最早的推广者之一，他来到千灯小学的目的很简单：用新教育的基因，让这所百年老校焕发生机，成为一所真正的新教育学校。他给当地教育局领导立下了军令状：一年让学校有模有样，三年让学校经看耐看，五年让学校成为一所公认的新教育好学校……而事实也交出了一份理想的答卷。

直面乡村学校的办学困境，帮助学校找到突围的路径，这是新教育多年来一直坚守的可贵品质。如今，参与新教育实验的乡村学校达 5000 多所。新教育实验让许多乡村学校的校长发现，原来在教育的世界里，还有比分数和考试更重要、更值得追求、更有意思的东西。

打造"新希望工程"，改变区域教育发展生态

朱永新有一个朴素的理想，用新教育的理想精神和行动哲学，为面广量大的乡村教育打造一个"新希望工程"。这个工程不只是给那些老少边穷地区增添书桌，而是志在改变区域教育生态，让书桌上的"人"精神生活充实起来、生命丰盈起来，过上幸福完整的教育生活。

四川盆地边缘的旺苍县，曾经是国家贫困县。面对区域内学校办学品质不高、教师成长缓慢、学生幸福感缺失等诸多难题，地方教育行政部门一直在苦苦寻找走出困境之道。

2018 年，旺苍县教育系统整体加入新教育实验后，逐步看到了教育更动人的生命样态，找到了理想与现实之间的链接路径。他们以构筑理想课堂为行动主题，不断优化课堂教学的维度，积极尝试自主探究式教学策略；开展师生共读共写活动，感受文字世界的魅力；积极缔造完美教室，通过班级的课程、庆典、活动、共读共写共生活，让班级文化一点一点生发出来……3 年后，旺苍县教育质量实现飞跃发展，获得家长和社会的好评。

其实，旺苍县只是因新教育实验而迅速"出圈"乡村教育县的缩影。山西绛县、宁夏中宁、四川遂宁、内蒙古阿兰旗、新疆奎屯、贵州凤冈、遵义、威宁、陕西定边、宁强等地区，都因为新教育的赋能，而提高了教育品质，拉升了师生的幸福指数，让乡村教育散发出了一种别样的味道。

乡村教育是中国教育的根，乡村教育的发展助力着中国教育的未来发展，并直接影响着国民素质的提高。新教育在一大批乡村教育县搅动了一池春水的实践，为中国教育界提供了一个很好的范本："只有以新的发展理念来撬动一场深刻的变革，才能推动落后的乡村教育爬坡过坎，迈过不具备乡村教育现代化发展的短板，实现教育的均衡"。

精心熬制"石头汤"，改变乡村儿童的生存状态

"教给孩子一生有用的东西"，这是新教育向儿童世界作出的庄严承诺。新教育认为，今天的孩子所面对的未来世界，充满了太多的不确定性，如果我们用昨天的方法教育今天的学生，就是在剥夺学生的未来。

在新教育实验的每一所乡村学校，学生的一天是这样开启的：早上8点到8点15分，是学生与黎明共舞的晨诵时间。下午1点到1点20分，是学生的午读时间，在与教师一起的整本书共读中，享受着彼此间传递的快乐与幸福。当一天的学习结束后，学生会进行暮省，写下自己学习生活的点滴，有的发布在班级网络主页，有的则珍藏在自己的小本上。

在课堂上，新教育的乡村老师带领学生在有效的课堂学习框架内，通过任务驱动、合作探究、积极实践、科学评价，发现知识的伟大魅力，实现知识、社会生活与师生生命的深刻共鸣。新教育的理想课堂，彻底摒弃了灌输、问答式的陈旧模式，实现了从"教堂"向"学堂"的翻转。

在新教育研发的课程里，乡村的孩子们会在经历体验、合作探究中，建立知识与世界、与自我的内在联系，将所有与伟大知识的遭遇转化为智慧，从而让生命更加丰盈。

特别值得一提的是，新教育尤其关注一间教室的容量与力量、温度与深度，通过缔造完美教室，把一间教室当成茫茫宇宙的中心，让伟大事物在这里汇聚，让学生在充满信任、愉悦、和谐的氛围中学习、游戏、创造，超越分数的异化但仍然确保学习的高质量。在新教育人看来，要将理想课堂、卓越课程、完美教室、卓越口才、每月一事、未来学校等涉及儿童生命成长的项目行动，放入即将走向未来的孩子的行囊，揣上最有用的东西；无一不让乡村校园里的每一个孩子脸上呈现更多的幸福表情。

在22年里，新教育已经从起步时的星星之火，成为遍地燎原的民间教育改革力量。为什么新教育能走这么远？新教育还能走多远？

这是包括朱永新在内的所有新教育人经常在做的灵魂拷问。"新教育实验是一个不断开放、不断成长、不断自我突破的实验，是一锅'石头汤'。"获得"一丹奖"后，朱永新表示，他和团队将把新教育实验做成中国基础教育的一间"百年老店"，用实际行动接续助力中国乡村教育的发展。

（发表于 2022 年 12 月 21 日《人民政协报》第 10 版，记者：林忠玲）

后 记

习近平总书记在中央政协工作会议暨庆祝中国人民政治协商会议成立 70 周年大会上的讲话中指出："政协委员作为各党派团体和各族各界代表人士，由各方面郑重协商产生，代表各界群众参与国是、履行职责。这是荣誉，更是责任。"

2018 年 3 月 14 日，全国政协汪洋主席在全国政协十三届一次会议闭幕会上也明确要求政协委员要做好"委员作业"，在政协大会时不仅有好的提案，也能交上好的履职报告。他提出，每位委员都应认识到，尽心履职是对人民的负责，是对制度的尊重。

按照习近平总书记和全国政协汪洋主席的要求，5 年来我一直把"坚持为国履职、为民尽责的情怀，把事业放在心上，把责任扛在肩上，认真履行委员职责"作为自己的履职目标。写好"委员作业"，提交履职报告，也成为每年的"必修课"。

5 年来，每一年写这样一本履职报告，已经成为惯例。2018 年的履职报告《共识凝聚力量》由山西教育出版社正式出版，2019 年开始的年度履职报告《使命与担当》《书香政协满庭芳》《协商的力量》等，由团结出版社正式出版。

2022 年的这一本，定名为《民主监督思与行》，是这 5 年履职的最后一本。使用这个书名，主要基于两个方面的考虑，一是人民政协的民主监督一直是政协工作中相对薄弱的短板，需要引起关注和深入研究；二是自从脱贫攻坚民主监督工作开展以来，民主党派在专项民主监督方面做了许多卓有成效的探索，每年围绕这项工作开展了多次调研，形成了不少很有特色的经验和做法，可以为政协的民主监督工作提供案例和借鉴。这本书中正好也收录了不少中国民主促进会专项民主监督的调研手记。同时，我把关于人民政协民主监督工作的思考整理成一篇文章作为代序，也是试图让这本书的主题更加突出。

与以往的出版周期大致相同，这本履职实录在春节时最后完工，预计在两会时出版。今年的春节比以往早了近一个月，所以赶得有点紧。

非常感谢民进参政议政部的同志们和我的秘书李宗主同志，他们协助我整理资料文献，做了大量基础性工作。感谢团结出版社的梁光玉社长和责任编辑李可，作为民主党派的出版社，他们为这本书的编辑出版工作付出了大量辛苦的劳作。

朱永新
2023 年除夕，写于北京滴石斋